'자유주의자 대공'으로 불린 막스 폰 바덴 대공. 평범한 인상이다.

1918년 11월, 혁명군이 베를린의 브란덴부르크 문을 지나 달리고 있다. 혁명으로 정치 체제가 바뀌었다.

로카르노 조약의 주역들. 독일의 외무부 장관 구스타프 슈트레제만(왼쪽)과 영국의 외무부 장관 오스틴 체임벌린(중앙), 프랑스의 외무부 장관 아리스티드 브리앙이 만났다. 독일·프랑스·벨기에가 서로 절대 전쟁을 벌이지 않기로 합의하면서 독일이 국제연맹에 들어갈 길이 열렸다.

대통령 파울 폰 힌덴부르크. 존경받던 육군 원수로, 1925년에 77세의 나이로 대통령에 선출되었다.

1929년 5월, 노이쾰른의 한 거리에 세워진 방어벽. 옥외에서의 집회 금지 조치를 무시하고 열린 노동절 집회를 경찰이 발포 진압하자 훗날 "피의 5월"이라고 불린 유혈 충돌이 발생했다.

총리 하인리히 브뤼닝. 가톨릭 보수 정치인으로 1930년 3월부터 1932년 5월까지 총리를 지냈다. 한 역사학자는 "심하게 분열하고 정치화한 시대에 필요한 능수능란함과 카리스마가 하나도 없었다"라고 평했다.

1931년 5월 8일 에덴 댄스홀 총격 사건 재판에서 한스 리텐에게 반대신문을 받으며 긴장한 아돌프 히틀러.

나치의 선전부장 요제프 괴벨스. 1930
년대에 베를린에서 활약했다.

그레고어 슈트라서. 1930년대에 나치를 주도하
던 정치 전략가이자 가장 유능한 연설가였다.

"독일의 자급자족 국가화"란 글씨
아래, 그림에서 사회민주당의 무
쇠전선(왼쪽)과 나치 돌격대(오른
쪽)가 대치하고 있다. 그 하단에는
"1914년 이후로 참 많이 발전했다!
독일인들은 이제 전쟁을 하는 데
다른 나라가 전혀 필요 없다"라고
적혀 있다. 풍자 잡지 《짐플리치시
무스Simplicissimus》는 국내에서 극심
해진 정치 폭력을 나치의 자급자족
경제 주장에 빗대 만평했다.

유권자들이 캠페인 광고를 살피는 1930년의 풍경. 당시 괴벨스는 "우리의 전쟁은 포스터로 치러질 것이다"라고 말했다.

이와 같이 광고와 선거 포스터를 전시하는 리트파스 기둥은 독일 대도시의 거리 이곳저곳에 있었다.

"하켄크로이츠 제국의 노동자": 1932년 카를 가이스Karl Geiss가 만든 사회민주당 선거 포스터는 독일 그래픽 아트의 높은 수준을 보여주는 전형이다.

배후 음모의 대가였던 쿠르트 폰 슐라이허는 결국 스스로 총리직을 맡게 됐다. 1932년 12월 15일 라디오 연설에서 정부 선언문을 발표하는 모습.

1933년 1월 31일, 집권 2일차인 아돌프 히틀러 총리와 그의 부총리 프란츠 폰 파펜. 파펜은 히틀러 총리 임명을 두고 "우리가 그를 고용"했다고 말했다.

부인들과 함께 연주회에 참석한 히틀러의 차기 외무부 장관 요아힘 폰 리벤트로프(왼쪽)와 앙드레 프랑수아-퐁세 프랑스 대사.

총리가 된 직후 베를린의 스포츠 궁전에서 연설하는 히틀러.

독일 민주주의의 마지막 밤.
1933년 2월 27일, 국회의사
당이 불탔다.

1933년 5월 1일 독일 노동절 행사에 참석한 힌덴부르크와 히틀러. 협력 관계를 보이는 상징적인 퍼포먼스였다.

우파 정치 활동가 에트가어 율리우스 융의 1920년대 모습. 당시에 융은 민주주의를 "열등한 자들의 지배"라고 불렀지만 훗날 후회했다.

파펜 부총리의 정보요원이었던 프리츠 귄터 폰 치어슈키의 1934년 모습. 히틀러 저항 세력의 주요 인물이었다.

# 히틀러를 선택한 나라

THE DEATH OF DEMOCRACY:
Hitler's Rise to Power and the Downfall of the Weimar Republic
by Benjamin Carter Hett

This Korean edition was published by Nulwa Co., Ltd. in 2022
by arrangement with Henry Holt and Company, New York
through KCC(Korea Copyright Center Inc.), Seoul.

이 책은 (주)한국저작권센터(KCC)를 통한 저작권자와의 독점계약으로
눌와에서 출간되었습니다.

# 히틀러를 선택한 나라

## THE DEATH OF DEMOCRACY

### 민주주의는 어떻게 무너졌는가

벤저민 카터 헷
지음

이선주
옮김

눌와

**일러두기**

- 정당명은 편의를 고려하여 일부는 정식 명칭에서 '독일'을 빼거나 약칭을 썼다. 사회민주당, 독립사회민주당, 국가인민당은 정식 명칭에서 '독일'을 뺀 것이다. 나치는 '민족사회주의독일노동자당'을 줄인 것이다. 독일공산당은 맥락에 따라 '공산당'과 혼용했다.
- 인명, 지명 등 외래어 고유명사는 국립국어원의 외래어 표기법에 따라 표기했다. 단 인명과 지명에 붙는 붙임표(-)는 원어 그대로 남기고, 일부 관용적으로 쓰이는 표기는 외래어 표기법을 따르지 않았다.
- 인근 여러 국가가 인접해 표기가 혼재되는 지역명은 대부분 독일어명을 따르나, 일부는 지칭 당시의 국적에 맞게 표현했다.
- 괄호 안의 내용은 지은이 주, 글줄 상단의 작은 글씨는 편집자 주다.
- 책, 신문, 잡지는 《 》로, 글, 영화, 노래는 〈 〉로 표시했다.
- 원서에서 쪽수로 구분한 미주는 본문에 주석번호를 달아 처리했다. '주요 인물 및 정치 지형도'는 한국어판에 더한 것이다.

자유, 인권, 민주주의, 평화와 관용을
쟁취하기 위해 싸우는 모든 사람들에게


그때에 임금이 그들에게 말하기를 "내가 진실로 너희에게 이르노니
너희가 여기 내 형제 중에 지극히 보잘것없는 사람 하나에게 한 것이
곧 내게 한 것이니라" 하리니.

**마태복음 25:40**

# 차례

# 주요 인물 및 정치 지형도

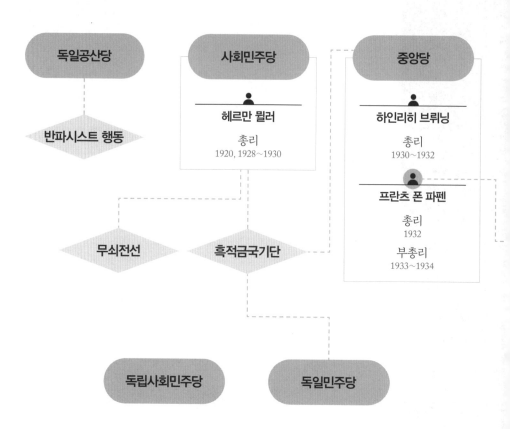

| 독일공산당 | 사회민주당 | 중앙당 |
|---|---|---|

**반파시스트 행동**

**헤르만 뮐러**
총리
1920, 1928~1930

**하인리히 브뤼닝**
총리
1930~1932

**프란츠 폰 파펜**
총리
1932
부총리
1933~1934

**무쇠전선**　　**흑적금국기단**

독립사회민주당　　독일민주당

## 프랑스 정부

**아리스티드 브리앙**
프랑스 외무부 장관
1925~1932

**앙드레 프랑수아-퐁세**
독일 주재 프랑스 대사
1931~1938

## 프로이센 주정부

**오토 브라운**
사회민주당

프로이센 주총리
1920~1932

**카를 제베링**
사회민주당

프로이센 주내무부 장관
1920~1926
내무부 장관
1928~1930
프로이센 주내무부 장관
1930~1932

## 대통령궁

**프리드리히 에베르트**
사회민주당

임시정부 수반
1918~1919
대통령
1919~1925

**파울 폰 힌덴부르크**

대통령
1925~1933

## 독일인민당

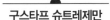

**구스타프 슈트레제만**

총리
1923

외무부 장관
1923~1929

## 국가인민당

**알프레트 후겐베르크**

## 나치

**아돌프 히틀러**

총리
1933

총통 겸 총리
1934~1945

**헤르만 괴링**

국회의장
1932~1945

프로이센 주내무부 장관
1933~1934

**빌헬름 프리크**

**요제프 괴벨스**

**그레고어 슈트라서**

## 부총리실 참모

**에트가어 율리우스 융**

**프리츠 귄터 폰 치어슈키**

**헤르베르트 폰 보제**

## 철모단

## 군부 세력

**에리히 루덴도르프**

**빌헬름 그뢰너**

국방부 장관
1928~1932

내무부 장관
1931~1932

**쿠르트 폰 슐라이허**

국방부 장관
1932~1933

총리
1932~1933

## 돌격대(SA)

**에른스트 룀**

## 친위대(SS)

**하인리히 힘러**

 정당. 왼쪽부터 차례대로 극좌~극우

 정당 준군사조직

 정부

 기타 세력

# 인물 소개

## 공화국 총리(취임 순)

- **헤르만 뮐러**Hermann Müller 1876~1931 사회민주당 정치인. 1920년 그리고 1928년부터 1930년까지 총리를 지내면서 '대연정'을 이끌었다. 바이마르 공화국에서 마지막으로 온전한 의원내각제 정부였다.

- **구스타프 슈트레제만**Gustav Stresemann 1878~1929 독일인민당의 지도자로 1923년에 총리 그리고 1923년부터 1929년까지 외무부 장관을 지냈다. 보통 바이마르 공화국에서 가장 훌륭했던 정치인으로 여긴다. 독일을 유럽 그리고 세계 공동체에 복귀시키기 위해 프랑스의 아리스티드 브리앙과 협력했다.

- **하인리히 브뤼닝**Heinrich Brüning 1885~1970 바이마르 공화국 시기의 중앙당 지도자 중 한 명이자 공화국에서 가장 중요한 정치인 중 한 명이었다. 1930년 3월에서 1932년 5월까지 총리를 지냈다.

- **프란츠 폰 파펜**Franz von Papen 1879~1969 육군 장교 출신 중앙당 정치인. 1932년에 총리, 1933년과 1934년에 히틀러 내각에서 부총리를 지냈다. 그 후 1945년까지 오스트리아와 터키 주재 대사를 지냈다.

- **쿠르트 폰 슐라이허**Kurt von Schleicher 1882~1934 육군 장교 출신. 1928년부터 군대에서 정치인들과 긴밀하게 소통하는 책임을 맡았다. 그리고 파울 폰 힌덴부르크의 충실한 조언자였다. 1932년에 국방부 장관,

1932년 12월부터 1933년 1월까지 총리를 맡았다.

- **아돌프 히틀러** Adolf Hitler 1889~1945  1920년부터 1945년까지 나치(민족 사회주의독일노동자당)의 지도자. 1923년에 뮌헨에서 비어홀 폭동을 이 끌었다. 《나의 투쟁*Mein Kampf*》의 저자, 1933년부터 독일 총리, 1934년 부터 1945년까지 '총리이자 총통'.

## 공화국 대통령(취임 순)

- **프리드리히 에베르트** Friedrich Ebert 1871~1925  1차 세계대전 중 사회민 주당의 지도자. 1918년 '11월 혁명(독일혁명)' 이후는 임시정부 수반을, 1919년에서 1925년까지는 바이마르 공화국의 대통령을 맡았다.
- **파울 폰 힌덴부르크** Paul von Hindenburg 1847~1934  1911년에 은퇴한 직 업군인 장교였다. 1차 세계대전이 발발하자 다시 전쟁터로 돌아갔다. 1914년에 타넨베르크 전투에서 결정적인 승리를 거둬 동프로이센을 러시아로부터 지켜내면서 국민 영웅이 되었다. 1916년부터 1919년까 지 독일군의 최고사령관이었다. 1925년에 선거를 거쳐 독일 대통령이 되었고, 1932년에 다시 대통령으로 당선되었다. 1933년에 아돌프 히틀 러를 총리로 임명했다.

## 그 외 정치인

- **막스 폰 바덴 대공** Prinz Max von Baden 1867~1929  바덴 대공국의 대공으 로, 1918년 10월과 11월에 독일제국 총리를 지냈다.
- **빌헬름 그뢰너** Wilhelm Groener 1867~1939  1차 세계대전 동안 그리고

1918년에 참모장교였다. 에리히 루덴도르프에 이어 제1참모차장이 되었다. 1928년부터 1932년까지 국방부 장관이었고, 1931년부터 1932년까지는 내무부 장관도 겸했다. 쿠르트 폰 슐라이허는 그가 특별히 챙기는 후배 장교였다.

- **아리스티드 브리앙**Aristide Briand 1862~1932   프랑스 정치인으로 여러 차례 총리를 지냈고, 1925년부터 1932년까지 외무부 장관이었다. 프랑스와 독일을 화해시키고, 평화를 정착시키기 위해 구스타프 슈트레제만과 협력했다.

- **알프레트 후겐베르크**Alfred Hugenberg 1865~1951   기업가, 언론 재벌, 1928년부터 우파 정당인 국가인민당의 대표. 1933년에 잠시 히틀러의 내각에 몸담았다.

- **앙드레 프랑수아–퐁세**André François-Poncet 1887~1978   1931년부터 1938년까지 독일 주재 프랑스 대사를 지냈다.

- **오토 마이스너**Otto Meissner 1880~1953   프리드리히 에베르트 대통령과 파울 폰 힌덴부르크 대통령 때 국무부 장관. 히틀러 정권에서 계속 국무부 장관을 맡았다.

- **오토 브라운**Otto Braun 1872~1955   사회민주당 정치인으로, 1920년에서 1932년까지 거의 내내 프로이센 주총리를 지냈다. 그다음 1933년 초까지는 권력이 제한된 주총리였다.

- **카를 제베링**Carl Severing 1875~1952   사회민주당 정치인. 1920년에서 1926년 그리고 1930년에서 1932년까지 프로이센 내무부 장관, 1928년부터 1930년까지 독일 내무부 장관을 지냈다.

- **프란츠 귀르트너**Franz Gürtner 1881~1941   바이에른 출신 정치인으로 국가인민당원. 1932년부터 1933년까지 프란츠 폰 파펜과 쿠르트 폰 슐라

이허 내각에서 법무부 장관을 지냈고, 그다음 1941년까지 히틀러 정권에서도 법무부 장관을 맡았다.

## 나치 세력

- **그레고어 슈트라서**Gregor Strasser 1892~1934　나치 운동가이자 조직가, 정치 전략가. 1932년 12월에 히틀러와 갈라섰다.
- **빌헬름 프리크**Wilhelm Frick 1877~1946　초창기부터 활동한 나치 운동가. 히틀러 정권에서 1933년부터 1943년까지 내무부 장관을 맡았다.
- **알프레트 로젠베르크**Alfred Rosenberg 1893~1946　에스토니아에서 망명한 독일인. 초창기 나치 운동가로, 나치의 철학자로 알려졌다. 《20세기의 신화*Mythus des 20. Jahrhunderts*》라는 책을 쓴 저자이자 나치 신문《푈키셔 베오바흐터(국민의 감시자)》의 편집장이었다.
- **에른스트 룀**Ernst Röhm 1887~1934　육군 장교 출신. 히틀러의 초기 추종자이자, 몇 안 되는 친구였다. 1930년부터 1934년까지 나치 돌격대 대장이었다.
- **요제프 괴벨스**Joseph Goebbels 1896~1945　1926년부터 1945년까지 나치의 베를린 조직을 이끄는 지역지도자였다. 1930년부터 나치 선전부장이었고, 1933년부터는 국민계몽선전부 장관이었다. 선전 전문가로서 탁월한 재능을 발휘했고, 히틀러의 핵심 참모 중 가장 지적인 인물 중 한 명이었다. 대화를 하면서 히틀러가 자극을 받는 유일한 사람이었다고 한다.
- **하인리히 힘러**Heinrich Himmler 1900~1945　1929년부터 나치 친위대 대장. 친위대는 규모가 훨씬 큰 돌격대 소속의 소규모 경호 부대였지만

힘러가 나치 독일에서 가장 강력한 조직으로 만들었다. 결국 모든 경찰과 보안 기관, 일부 군대 그리고 몇몇 중요한 경제 기관까지 아우르는 조직이 되었다.

- **헤르만 괴링**Hermann Göring 1893~1946  히틀러의 초기 추종자 중 한 명으로, 나치의 핵심 참모였다. 1932년에는 국회의장, 1933년에는 독일 무임소 장관이자 프로이센 내무부 장관이 되었다.

## 군부

- **막스 바우어**Max Bauer 1869~1929  1차 세계대전 전부터 군대에서 대령, 포병 전문가, 참모장교로 활약했다. 에리히 루덴도르프 장군에게 정치 경제 문제를 조언했다. 국내의 배신자들에게 '등을 찔려' 패전했다는 배후중상설을 처음 주창했다.

- **에리히 루덴도르프**Erich Ludendorff 1865~1937  고위 육군 장교로 1916년부터 1918년까지 제1참모차장이었다. 배후중상설을 주창한 주역 중 한 명으로, '총력전' 개념과 '전체주의 국가'를 위한 총력전의 의미를 설명한 가장 중요한 이론가였다.

- **오이겐 오트**Eugen Ott 1889~1977  쿠르트 폰 슐라이허 국방부 장관 밑에서 일했던 참모장교. 1932년 말, 모의전에 관한 결정적인 보고를 준비했다. 나치와 공산당이 폭동을 일으키고 외국이 침략하면 군대가 대항할 수 없을 것이라는 내용이었다.

- **카를 마이어**Karl Mayr 1883~1945  참모장교로 1919년에 아돌프 히틀러의 직속상관. 히틀러에게 나치의 전신인 독일노동자당과 관계를 맺고 정보를 수집하라고 명령했다.

- **쿠르트 폰 하머슈타인-에쿠오르트**Kurt von Hammerstein-Equord 1878~1943
  고위 육군 장교로 1930년부터 1934년까지 독일 군대의 최고사령관을
  지냈다. 나치에 반대해서 결국 자리에서 쫓겨났다.

## 기타 인물

- **루돌프 딜스**Rudolf Diels 1900~1957   1931년에 프로이센 공무원으로 채
  용된 후 내무부의 경찰 담당 부서에서 공산주의자의 폭력에 대한 보고
  서를 준비했다. 1932년에 딜스는 먼저 파펜, 그다음 나치에 충성했다.
  1933년에 게슈타포로 성장하는 프로이센 비밀경찰의 수장으로 임명되
  었지만 1934년 봄에 내쫓겼다.
- **볼프-하인리히 폰 헬도르프 백작**Wolf-Heinrich Graf von Helldorff 1896~1944
  작센 귀족 가문의 자손. 1931년에는 베를린 돌격대 대장이었고, 그다음
  나치 정권에서 포츠담(1933~1935)과 베를린(1935~1944) 경찰서장을 맡
  았다. 일찍이 1938년부터 저항 세력에 이끌렸고, 1944년에 발퀴레 작
  전이 실패한 후 처형됐다.
- **에트가어 율리우스 융**Edgar Julius Jung 1894~1934   우파의 '신보수주의'
  운동 지식인이자 정치운동가. 민주주의를 비판한 책 《열등한 자들의
  지배*Die Herrschaft der Minderwertigen*》(1927년)의 저자로 유명했다. 1933년과
  1934년에 프란츠 폰 파펜의 연설문을 써주었고, 파펜 집무실에서 벌어
  진 저항운동의 중심인물이었다.
- **오스카어 폰 힌덴부르크**Oskar von Hindenburg 1883~1960   육군 장교로 육
  군 원수이자 독일 대통령인 파울 폰 힌덴부르크의 아들. 오스카어는 바
  이마르 공화국의 마지막 몇 년 동안 힌덴부르크 대통령에게 영향력 있

는 주요 조언자였다. 학력이나 지적 수준이 높지 않아 내막을 잘 아는 사람들은 그를 "헌법에는 등장하지 않는 아들"이라고 비웃었다.

- **카를 슈미트**Carl Schmitt 1888~1985   우파 법률 전문가이자 정치 이론가. 쿠르트 폰 슐라이허와 프란츠 폰 파펜의 중요한 조언자였다. 히틀러의 총리 취임 이후 "나치의 계관 법학자"로 불렸다.

- **콘라트 하이덴**Konrad Heiden 1901~1966   사회민주주의자였던 기자. 1933년 이후 프랑스와 미국으로 떠돌았고, 히틀러에 관한 중요한 전기를 처음 썼다.

- **프리츠 귄터 폰 치어슈키**Fritz Günther von Tschirschky 1900~1980   슐레지엔 귀족 가문의 자손. 1933년과 1934년에 프란츠 폰 파펜의 부관으로 정보 관련 조언을 했다. 그리고 파펜 집무실에서 벌어진 저항운동의 중심인물 중 한 명이었다.

- **헤르베르트 폰 보제**Herbert von Bose 1893~1934   정보 장교였던 보수 활동가로 1933년과 1934년에 파펜 부총리의 언론 담당 비서를 지냈다.

# 바이마르 공화국의 주요 정당

## 극좌 정당부터 극우 정당까지 정치 성향에 따라 순서대로

• **독일공산당(공산당)**Kommunistische Partei Deutschlands  사회, 정치, 경제의 기존 질서를 뒤엎기 위해 헌신하는 정당. 보통 실직자, 비숙련의 가장 가난한 산업노동자들의 이익을 대변했다. 특별히 베를린과 함부르크 같은 대도시에서 세력이 강했고, 코민테른(공산주의 인터내셔널) 그리고 소련 이오시프 스탈린 정권의 강력한 통제를 받았다.

• **독립사회민주당(독일독립사회민주당)**Unabhängige Sozialdemokratische Partei Deutschlands  1차 세계대전 때 계속되는 군비 지출에 반대하려고 사회민주당에서 떨어져 나온 정당. 보다 급진적인 노동자와 좌파 지식인이 이 정당의 기반이었다. 1922년 이후에는 대부분의 당원이 사회민주당으로 돌아가거나 공산당에 합류하면서 유명무실해졌다.

• **사회민주당(독일사회민주당)**Sozialdemokratische Partei Deutschlands  1875년에 결성되어 독일에서 가장 오랫동안 지속적으로 활동한 정당이다. 1918년 혁명으로 사회민주당 지도자가 공화국의 지도자가 되었다. 비록 1920년 이후에는 국정 운영에 참여하지 않은 때가 많았지만, 흔들림 없이 민주적인 공화국을 만들기 위해 가장 헌신한 정당이었다. 노동조합에 가입한 숙련 노동자가 정당의 기반이었고, 1912년부터 1932년까지 당원 수를 보나 국회의원 수를 보나 독일의 최대 정당이었다.

- **독일민주당**Deutsche Demokratische Partei  1차 세계대전 전 좌파 자유
주의자들 사이에서 생겨난 정당으로, 민주주의와 시민의 자유를 얻기
위해 헌신했다. 지식인, 자유직업, 소상공인을 대변하는 정당이었다.
1919년, 바이마르 공화국의 첫 선거에게 아주 표를 많이 얻었지만, 그
후 얼마 되지 않아 지지율이 떨어졌다. 1930년 이후에는 우경화하면서
당의 이름을 '독일국가당(Deutsche Staatspartei)'으로 바꿨다. 그러나 아무
소용없었고, 마지막 선거에서는 득표율이 1%밖에 되지 않았다.
- **중앙당**Zentrumspartei  독일 가톨릭 신자 대부분을 대변했던 정당으로,
이념적으로 중간이었다. 1932년까지 모든 정부에 참여하면서 바이마
르 공화국에서 없어서는 안 될 정당이었다. 총리도 대부분 중앙당이 맡
았다. 민주주의를 수호하는 정당 중 하나였지만, 공화국의 마지막 몇
년 동안에는 우경화했다.
- **바이에른인민당**Bayerische Volkspartei  중앙당의 바이에른 지방 자매당.
중앙당과 비슷하게 가톨릭 신자들을 대변하는 정당이었다. 역사적으
로 바이에른은 독일 안에서 다른 지역보다 더 큰 자치권을 요구해왔다.
따라서 자치권이 보장되는 연방제도에 더 관심이 많았고, 중앙당보다
훨씬 더 보수적이었다. 그래서 1925년 대통령 선거에서는 중앙당 후보
빌헬름 마르크스가 아니라 파울 폰 힌덴부르크를 지지했다.
- **독일인민당**Deutsche Volkspartei  특히 대기업에 기반을 둔 우파 자유주
의 정당. 이 정당의 지도자인 구스타프 슈트레제만이 바이마르 공화국
에서 가장 뛰어난 정치인 중 한 사람으로, 1923년에 총리, 1923년에서
1929년까지 외무부 장관을 맡았다.
- **국가인민당(독일국가인민당)**Deutschnationale Volkspartei  1차 세계대전 전
의 독일보수당, 자유보수당과 다양한 반유대주의 정당들이 통합하면

히틀러를 선택한 나라

서 1918년에 결성되었다. 귀족 지주, 육군 장교, 고위 공무원과 일부 대
기업을 대변하는 우파 기득권층 정당이었다. 국가인민당은 1920년대
내내 공화국을 현실적으로 받아들여야 할지 문제로 의견이 갈렸다. 알
프레트 후겐베르크가 1928년에 대표가 된 다음에는 근본적으로 점점
더 공화국에 반대하는 당이 되었다.

• **나치(민족사회주의독일노동자당)** Nationalsozialistische Deutsche Arbeiterpartei
1919년에 결성된 독일노동자당(Deutsche Arbeiterpartei)에서 시작되었다.
1920년대 말까지는 극소 정당이었지만, 맨 처음 농촌의 신교도 지역에
서 상당히 많은 지지를 얻기 시작했다. 1920년에 대표가 되어 당을 장
악한 아돌프 히틀러는 당의 이름에 '민족사회주의'를 덧붙였다. 1932
년 7월부터 독일 최대 정당이 되었고, 1933년 7월부터 2차 세계대전이
끝날 때까지는 독일에서 유일하게 합법적인 정당이었다.

베를린의 쌀쌀한 겨울 저녁, 9시가 조금 지나자 무슨 일이 벌어질 조짐이 보이기 시작한다. 신학생 한스 플뢰터는 운터 덴 린덴의 주립도서관에서 저녁 공부를 끝낸 후 집으로 돌아가고 있었다. 거대한 국회의사당 앞 광장을 지나가니 유리창이 깨지는 소리가 들린다. 플뢰터는 국회의사당 앞에서 순찰하는 경찰관 카를 부베르트에게 알린다. 그렇게 시민의 의무를 다한 후 집으로 돌아간다.

나치 신문《푈키셔 베오바흐터 *Völkischer Beobachter*, 국민의 감시자》의 식자공 베르너 탈러 역시 부베르트에게 다가간다. 두 사람은 국회의사당에 가까이 다가가 1층 창문 너머를 들여다보다가 내부에서 누군가 손전등을 들고 있는 모습을 어렴풋이 본다. 부베르트는 손전등 불빛을 향해 권총을 쏘지만, 아무런 반응이 없다.

심상치 않은 소식이 속속 들려온다. 검은 코트를 입고 군화 같은 부츠를 신은 청년이 9시 15분에 브란덴부르크 문 경찰서에 나타나 국회의사당에 불이 났다고 알린다. 경찰은 시간과 내용을 조심스럽게 기록한다. 다만 너무 흥분하는 바람에 깜빡 잊고 그 청년의 이름을 묻지 않는다. 그가 누구인지는 오늘날까지도 수수께끼다. 몇 분 후, 국회의사당 본회의장의 둥근 유리 지붕 너머로 타오르는 불길이 뚜렷하게 보인다. 9시 27분, 본회의장이 폭발한다. 소방관과 경찰은 국회의사당 심장부에서 발생한 치명적인 화재와 맞닥뜨린다.

그보다 2분 전, 경찰은 불타는 본회의장 근처 복도에 숨은 수상한 청년을 체포했다. 기록에 따르면, 이 청년은 네덜란드 레이던 출신의 24세 석공 마리뉘스 판데르 뤼버Marinus van der Lubbe다. 웃통을 벗은 채 땀을 뻘뻘 흘리고 있다. 그리고 자신이 방화범이라고 선뜻 자백한다. 아무도 그가 혼자 방화를 저지를 수 있다고 믿지 않는다.

소방대원들은 건물 주위의 소화전뿐 아니라 근처 강에서도 물을 끌어와 불을 끄려고 서두른다. 불타는 건물을 둘러싸고 소방 호스의 물을 뿜는다. 소방 호스를 제대로 사용한 덕에 75분 만에 불을 끈다.

불이 아직 번지고 있을 때, 독일 정치지도자들이 국회의사당 앞에 속속 도착한다. 맨 먼저, 나치 당원으로 프로이센주의 내무부 장관인 헤르만 괴링Hermann Göring이 온다. 몇 분 후 총리가 된 지 얼마 되지 않은 아돌프 히틀러와 최고의 선전 전문가 요제프 괴벨스Joseph Goebbels가 검은색 메르세데스 리무진에서 내린다. 세련되고 귀족적인 부총리 프란츠 폰 파펜Franz von Papen도 도착한다. 늘 그렇듯 깔끔한 차림으로, 침착한 모습이다. 비밀경찰의 우두머리인 32세의 잘생긴 루돌프 딜스Rudolf Diels는 운터 덴 린덴의 우아한 카페 크란츨러에서 데이트하다(훗날 딜스는 "가장 경찰답지 않은 만남"[1]이었다고 표현한다) 소식을 듣는다. 딜스는 가까스로 제시간에 도착해 히틀러가 길게 늘어놓는 열변을 들었다고 한다.

히틀러는 누가 불을 질렀는지 이미 알고 있는 듯했다. 발코니에 서서 불타는 국회의사당을 바라보는 히틀러의 얼굴을 타오르는 불빛이 조명처럼 비춘다. 히틀러는 "이제 자비란 없다. … 공산당 간부를 보는 대로 쏴 죽이자. 공산당 의원들을 바로 오늘 밤에 교수형으로 처단해야 한다!"라고 분노에 차서 말한다.[2]

괴링은 히틀러의 바람을 담은 공식 보도자료를 곧장 내놓는다. 괴링은 국회의사당이 얼마나 심하게 피해를 봤는지 설명한 후 그 화재를 "이제까지 독일에서 벌어진 가장 무시무시한 볼셰비키 테러"이자 "피비린내 나는 폭동과 내란의 시작을 알리는 표시"라고 표현한다.[3]

그러나 공식 보도와는 전혀 다른 이야기도 동시에 빠른 속도로 퍼지기 시작한다. 자정도 되기 전 《비너 알게마이네 차이퉁*Wiener Allgemeine Zeitung, 빈 신문*》의 베를린 특파원이자 오스트리아인 기자인 빌리 프리샤우어Willi Frischauer가 신문사에 다음과 같은 기사를 전보로 보낸다. "히틀러 내각에게서 청부받은 사람들이 국회의사당에 불을 질렀다는 사실은 거의 의심의 여지가 없다." 프리샤우어는 아마도 이 '청부업자들'이 국회의장 관저와 국회의사당을 연결하는 지하도를 통해 국회의사당에 침입했을 것이라고 생각한다. 국회의장은 헤르만 괴링이다.[4]

기자들은 범행에 관해 이런저런 이야기를 하고, 정부는 사람들을 체포한다. 소방관들이 화재와 싸우는 동안에 별개의 두 집단이 진행하는 체포가 이미 시작된다. 명단을 공들여 준비한 베를린 경찰은 공산주의자, 평화주의자, 성직자, 변호사, 예술가, 작가 등 나치에 적대적일 것으로 여기는 사람은 누구든 체포하기 시작한다. 경찰은 용의자들을 알렉산더 광장의 경찰 본부로 불러들여 경찰 조서에 이름을 올린다. 모든 과정이 정당하고 공식적이다.

동시에 베를린의 나치 돌격대원들도 자체적으로 체포 작전을 벌인다. 돌격대원들도 명단을 가지고 있었지만, 체포자들을 공식적으로 기록하지는 않는다. 그들은 체포자를 버려진 지하실, 창고, 심지어 급수탑에까지 데려가서 갖가지 방법으로 때리고 고문한다. 죽이는 경우도 많다. 얼마 지나지 않아 베를린 사람들은 그 장소들을 "야만적인 강제수용소"라고 부른다.

1933년 2월 27일 월요일이다. 그날을 바이마르 공화국의 마지막 밤, 독일 민주주의의 마지막 밤이라고 할 수도 있다.

국회의사당이 불탄 시기는 아돌프 히틀러가 독일 총리로 임명된 지 정확히 4주가 지난 때였다. 히틀러는 헌법상 합법적으로, 심지어 민주적인 방식으로 총리가 되었다. 히틀러의 나치는 1932년 두 차례 선거에서 표를 가장 많이 얻고 국회에서 최대 의석을 차지하면서 독일 정치의 주요 세력으로 부상했다. 1933년 1월 말, 육군 원수 출신 대통령으로 신망이 높던 85세의 파울 폰 힌덴부르크Paul von Hindenburg가 마지못해, 하지만 적절한 방식으로 히틀러에게 총리를 맡아 내각을 구성하라고 요청했다. 힌덴부르크 대통령은 국방부, 외무부 등 핵심 부처 장관을 자신이 지명하겠다고 했다. 1932년에 잠시 총리를 지낸 프란츠 폰 파펜이 히틀러 밑에서 부총리를 맡는다는 조건 역시 거래의 일부였다. 독실한 루터교도인 힌덴부르크는 가톨릭 신자인 파펜을 종교적으로는 받아들이기가 무척 어려웠지만, 어쨌든 파펜의 후견인이었다.

1933년 1월 30일에 출범한 히틀러의 새로운 내각은 1932년 파펜 총리의 '남작님 내각'보다 조금 더 우파이긴 하지만, 민주적인 바이마르 공화국의 다른 내각과 상당히 비슷했다. 히틀러 내각 역시 다른 정당과 연합한 연립내각이었다. 핵심 부처의 장관 자리는 기성 우파 세력인 국가인민당과 보수 성향 참전군인 민병대인 철모단의 대표, 그리고 몇몇 무소속

히틀러를 선택한 나라

기성 정치인들이 차지했다. 히틀러를 제외하면 나치는 내각에서 두 자리 밖에 차지하지 못했다. 노련한 나치 행동대원 빌헬름 프리크Wilhelm Frick 가 내무부 장관이었고, 히틀러의 오른팔 헤르만 괴링이 무임소 장관(책임 지는 부처가 없는 장관)이었다. 그 당시에는 한 가지 세부 사항이 얼마나 결 정적으로 중요한지 알아차린 사람이 거의 없었다. 괴링은 독일 땅과 인구 의 5분의 3을 차지하는 거대한 프로이센주의 내무부 장관도 맡았다. 프로 이센주 경찰의 경찰관은 5만 명으로, 독일 군대의 절반 규모였다.[5]

노련한 사람들의 눈에도 1월 30일 취임한 히틀러 총리의 정치적 위상은 미약해 보였다. 미약하도록 '계획된' 자리였다. 히틀러 이전 세 명의 총리 가 그랬듯이 힌덴부르크 대통령의 핵심 측근 몇몇이 히틀러를 총리 자리 에 앉혔다. 측근들은 자신들의 계획을 추진하기 위해 히틀러의 선동가적 인 재능과 추종자들을 이용하려고 했다. 간판 역할을 할 히틀러 같은 인 물이 없으면 자신들 그리고 자신들의 정치적 목표는 선거에서 극소수의 지지밖에 얻을 수 없다는 사실을 알았다.

측근들은 히틀러를 확실히 통제하고 있다고 여겼다. 그렇게 생각하지 않 을 이유가 있었을까? 그들은 파펜 부총리와 힌덴부르크 대통령 같이 지 도자 교육을 받은 귀족이자 지휘 경험이 풍부한 육군 장교 출신들이었다. 반면 히틀러는 보잘것없는 오스트리아 세관원의 이름 없는 아들이었고, 정식 교육도 제대로 받지 않았다. 모국어인 독일어로 말할 때조차 문법을 실수했다. 1차 세계대전 때 독일의 서부전선에서 4년 동안 거의 끊임없이 복무했지만, 일병Gefreiter 이상으로 계급이 올라간 적이 없었다. 그를 지휘 한 한 장교는 히틀러가 병장이 될 지도자 자질이 부족하다는 평가를 받았 기 때문이라고 훗날 설명했다. 힌덴부르크는 히틀러의 계층과 계급, 그리 고 북독일 출신에 대한 자신의 편견을 뒤섞어 히틀러를 "보헤미아 졸병"

이라고 경멸적으로 불렀다. 히틀러는 집회나 비어홀에서 하층민 무리를 흥분시킬 수는 있었지만, 분명 신사는 아니었다. 도저히 나라를 다스릴 수 없다고 생각했다.

이는 독일 정치계 전체의 관점과 놀랄 만큼 똑같았다. 파펜은 히틀러에 대해 "우리가 그를 고용"했다며, "몇 달 안에 우리가 그를 궁지로 몰아넣어 삐걱거리게 할 것"이라고 자신 있게 기록했다.[6] 당시 무소속이던 민족주의자 정치인 고트프리트 트레비라누스Gottfried Treviranus는 자신이 아는 모든 사람이 히틀러가 "힌덴부르크, 군대, 헌법에 짓눌려 기진맥진할 것"이라고 예상했다고 몇 년 후에 기록했다.[7] 사회민주당 기관지 《포어베르츠Vorwärts, 전진》의 편집장 프리드리히 슈탐퍼Friedrich Stampfer는 외국 특파원에게 "으르렁거리는 이 고릴라가 나라를 다스릴 수 있다고 진심으로 믿습니까"라고 물으면서 히틀러 내각은 3주 이상 지속되지 못할 것이라고 덧붙였다.[8] 막스 퓌르스트Max Fürst라는 이름의 젊은 목수이자 가구 제작자(그의 정치 성향은 극좌였다. 또한 그의 룸메이트인 급진 사회주의자 변호사 한스 리텐은 2년 전 베를린 법정에서 히틀러를 반대신문해서 유명해졌다)는 "아마 파펜 내각보다 더 나빠질 수는 없겠지"라고 생각했다.[9]

물론 모두가 히틀러 웅변술의 과격한 말투를 알았다. 히틀러는 횡설수설하는 회고록 《나의 투쟁Mein Kampf》과 연설에서 '유대인'과 '마르크스주의자'에게 분노를 터뜨렸다. 1918년 휴전협정 이후 독일의 새로운 민주주의를 세운 사람들은 '11월의 범죄자들'일 뿐이라고, 그들의 평화 합의는 독일 국민과 독일의 영웅적인 군대를 배신한 행동이라고 공격했다. 또 '동쪽'에서 레벤스라움Lebensraum, 즉 '생존 공간'을 차지하기 위해 전쟁을 벌여야 한다고 공개적으로 이야기했다. 특히 최근 몇 년 동안 히틀러는 반대자들에게 잔인한 폭력을 휘두르면서 행동했고, 권력을 잡으면 더욱

더 위협했다. 1930년, 나치 행동대원이기도 했던 육군 장교 세 명의 폭동 선동죄 재판이 열린 법정에서 선서하고 증언하면서 "모랫바닥에 대가리들이 굴러다닐 것"이라는 말까지 했다.[10]

그렇지만 과격한 지도자들도 보통 권력을 잡으면 합리적으로 행동했다. 그렇지 않은가? 이 현상은 정치계에서 거의 보편적으로 나타나는 일이었다. 15년 동안 정치적으로 중요한 역할을 했던 사회민주당은 1933년이 되자 1914년 이전의 혁명적인 모습을 잃고 허약하고 소심해졌다. 게다가 유권자의 지지까지 급격하게 잃었다. 총선 득표율이 1919년에는 거의 39%에 달했지만, 1932년에는 20%로 뚝 떨어졌다. 힌덴부르크 대통령의 측근은 나치를 내각에 끌어들이면 사회민주당이 바이마르 공화국에서 겪은 일을 나치가 똑같이 겪겠다고 판단했다. 1933년 초에는 많은 독일인이 모두 그렇게 짐작했다. 집안 좋고 사려 깊은 한 사회평론가는 히틀러가 총리가 된 후 절제된 태도로 첫 연설을 하는 모습을 보며 놀랐고, '총리가 된 히틀러는 유권자 표를 구하던 히틀러와는 다르게 생각할 수도 있을까?'[11] 하고 생각했다.

그러나 히틀러는 총리가 된 첫 몇 주부터 파펜 내각보다 더 큰 우려를 안겼다. 폭력 사태가 더 많아졌는데, 새 내각이 경찰력으로 집단 모집한 나치 돌격대원들이 벌인 게 적지 않았다. 야당 신문은 문을 닫고, 정치 행사는 폐지되었다. 나치 외 정치집단은 조금이라도 정치 활동을 하는 게 점점 더 어려워졌다. 그렇다 해도 상황을 가장 확실하게 바꾼 건 국회의사당 화재였다.

히틀러 내각은 화재 다음 날 오전 11시에 모였다. 독일 내무부 장관 프리크는 '국회의사당 화재 법령'이라는 비공식명으로 계속 불린, '국민과 국가를 보호하기 위한 대통령 긴급명령'이란 문서를 내밀었다. 국회의사당 화재가 곧 공산주의자 폭동의 징조라는 히틀러의 주장을 그대로 담은 법령이었다. 국가를 지키려면 비상대권국가의 위급 상황에서 대통령이 특별한 비상조치를 취할 수 있는 권한이 필요했다. 이 법령으로 독일 헌법이 보장한 시민의 자유는 정지됐다. 정권이 정치적으로 위협이 된다고 여기면 누구든 재판 없이 합법적으로 가두고, 언론과 집회·결사의 자유를 사실상 없애고, 우편과 전보를 함부로 뜯어보고 아무 때나 무단 수색할 수 있게 되었다. 또한 연방의 어떤 주정부든 "공공의 안전과 질서를 다시 세우는 데 필요한 조처를 하지 않으면" 독일 정부가 대신 권한을 행사할 수 있게 되었다. 내각은 법안에 찬성했고, 힌덴부르크 대통령이 그날 늦게 서명하면서 법령이 효력을 얻었다.[12]

유명한 법학자 에른스트 프렝켈Ernst Fraenkel의 표현대로 국회의사당 화재 법령은 히틀러 제국의 '헌장'이었다. 모든 체포와 강제 추방, 강제수용소, 악명 높은 비밀경찰인 게슈타포의 법적 기반이 되었다. 또한 이 법령때문에 나치가 독일의 연방제를 폐지하고, 연방의 모든 주를 지배할 수있었다. 국회의사당 화재와 그 법령은 1933년에 독일에서 산 대부분 사람에게 중요한 전환점이 되었다. 경험이 풍부한 베를린 기자인 발터 키아울렌Walter Kiaulehn은 2차 세계대전이 끝난 후 자신이 태어난 베를린에 관해 애달픈 마음을 담아 쓴 책에서 "처음에는 국회의사당과 책들이 불타고, 곧이어 유대교 회당이 불탔다. 그다음 독일, 영국, 프랑스 그리고 러시아가 불타기 시작했다…"[13]라는 말로 결론을 내렸다.

어떻게 그러한 일이 벌어질 수 있었을까?

이는 인간의 역사 전반에서 정말로 중요한 질문이다. 히틀러가 총리가 된 후 어떤 일이 벌어졌는지 우리는 잘 알고 있다. 인류가 이제껏 겪은 전쟁 중 가장 파괴적인 전쟁이 일어났고, 조직적인 대량 학살이 벌어졌다. 법학자 라파우 렘킨Rafał Lemkin은 듣도 보도 못했던 대규모 학살을 설명하기 위해 '제노사이드genocide'라는 단어를 만들어냈다.

독일의 바이마르 공화국에서 어떻게 히틀러와 나치가 자라났는지를 생각하면서 이러한 질문을 던지는 게 괴로울 수도 있다. 바이마르 공화국은 분명 인류 문명에서 한 정점을 보여줬다. 1919년 바이마르 공화국의 헌법은 최첨단의 현대 민주주의를 만들어냈다. 비례대표제 선거제, 그리고 남녀평등을 포함해 인권과 자유를 보호하는 조항을 빈틈없이 갖춘 헌법이었다. 사회·정치운동가들은 훨씬 더 많은 요구를 하면서 투쟁해 상당히 많이 얻어냈다. 독일은 동성애자의 권리 운동이 세계에서 가장 활발하게 벌어지는 곳이었다. 또한 급진 페미니즘 운동의 본고장이었다. 여성들은 투표권을 얻은 후 낙태의 자유를 얻기 위해 투쟁했다. 사형제 반대 운동도 아주 성공적으로 펼쳐져서, 실질적으로는 사형제가 폐지되었다. 근로자들은 하루에 8시간만 일하면서 임금을 모두 받는 권리를 공화국 초기에 얻어냈다. 독일의 관용과 개방성에 이끌려 폴란드와 러시아에서 유대인들이 계속 이주해 왔다.

당시 독일은 정치와 사회운동뿐 아니라 다양한 분야에서도 세계를 이끌었다. 파블로 피카소는 1차 세계대전이 터지기 전부터 "내게 그림을 그리겠다는 아들이 있으면 파리가 아니라 뮌헨으로 보내 교육할 것"이라고 친구에게 말했다. 독일 표현주의와 신사실주의 화가들(에른스트 루트비히 키르히너Ernst Ludwig Kirchner, 에밀 놀데Emil Nolde, 게오르게 그로스George Grosz, 오토 딕스Otto Dix)은 당대에서 가장 흥미롭고 논란거리가 되는 작품을 창작하고 있었다. 바우하우스 학교에서 공부한 건축가와 디자이너들의 사상은 오늘날까지 영향을 끼치고 있다. 음악에 관해서라면 뛰어난 오케스트라, 합주단과 독주자들이 독일처럼 많은 나라를 찾아볼 수 없었다. 그리고 리하르트 슈트라우스Richard Strauss와 파울 힌데미트Paul Hindemith의 어려운 고전음악 작품이든, 베르톨트 브레히트Bertolt Brecht와 쿠르트 바일Kurt Weill이 협력해 만든 흥미진진하고 현대적인 음악극이든, 독일인들이 예술의 새 미래를 열어가고 있었다. 영화는 어땠을까? 베를린은 제2의 할리우드라고 주장할 수 있었다. 프리츠 랑Fritz Lang, 게오르그 빌헬름 파브스트G. W. Pabst나 프리드리히 빌헬름 무르나우F. W. Murnau 같은 감독들은 미국보다 예술 수준이 높은 작품을 내놓았다. 알프레트 되블린Alfred Döblin, 프란츠 카프카Franz Kafka(생애 후반기에 독일에서 살았다)와 토마스 만Thomas Mann, 하인리히 만Heinrich Mann 형제 같은 작가들을 보면 문학에서도 독일이 다른 나라에 뒤지지 않았다는 사실을 알 수 있다.

과학과 학문으로 쌓은 명성은 따라갈 만한 나라가 없었다. 1920년대에는 독일에서 쓴 논문이 세계 물리학 학술지의 3분의 1 정도를 차지했다. 알베르트 아인슈타인이 베를린대학의 교수였고, 그의 친구인 노벨상 수상 화학자 프리츠 하버Fritz Haber가 베를린 달렘 근교에 있는 카이저 빌헬름 물리화학·전기화학 연구소의 소장을 맡았다. 독일이 화학과 제약 같은 산업에서 세계를 이끌고, 미국 자동차와 양이 아니라 질로 치열한 경쟁을 벌였던 이유는 아마도 독일의 과학과 대학의 수준이 탁월했기 때문이라고 설명할 수 있었다.

독일은 오랫동안 '시인과 사상가의 고장'이라고 자부했는데, 1920년대에는 그 자부심이 더욱 치솟는 듯했다. 하지만 어떻게 된 일인지 그토록 앞서가고, 창의적이고, 엄청나게 현대적인 민주주의에서 인류 역사상 윤리적으로 가장 사악한 정권이 자라났다. 히틀러 제국은 바이마르 공화국의 창조성을 완전히 그리고 영원히 파괴했다. 그때 잃어버린 것들을 아직도 아쉬워하는 독일인이 많다. 출판인 볼프 욥스트 지들러Wolf Jobst Siedler는 2000년에 "우물쭈물한 독일인은 더 이상 유럽을 위협하지 않는다. 하지만 누구의 마음도 사로잡지 못한다"[14]라고 한탄했다. 우리는 그런 일이 어떻게 일어날 수 있었는지 아직도 골똘히 생각한다. 드높은 문명에서 그런 끔찍한 야만성이 나올 수 있다는 사실에 우리의 뿌리 깊은 믿음과 직관이 혼란에 빠지는 것 같다.

인류 역사상 모든 정권 중 히틀러 정권은 최소한 한 가지 면에서 유일무이하다. 진지한 역사학자라면 누구나 히틀러 정권은 결점을 상쇄하는 점이 전혀 없는 재앙이었다고 판단한다. 그런 정권은 이제까지 없었다. 스탈린이 다스리던 소련조차 미심쩍기는 하지만, 히틀러 정권과는 다르다고 주장할 수 있다.

다만 의견이 일치하는 부분은 히틀러 정권이 유일무이하다고 생각하는 점까지만이다. 히틀러 정권을 어떻게 생각하는지는 역사에 대한 일종의 로르샤흐 심리 검사좌우 대칭 얼룩을 보여주고 연상과 반응을 살피는 심리 검사와 같다. 무엇이든 우리가 가장 최악이라고 믿는 정치적 특징을 히틀러 정권에 투사한다. 우리가 어떤 사람이냐에 따라 생각이 달라질 수 있다. 모두가 똑같이 생각하지는 않는다. 히틀러 정권이 어떻게 생겨났는지 설명할 때도 그런 식의 투사가 영향을 준다. 때문에 바이마르 공화국의 몰락에 관한 역사학자들의 분석이 서로 정반대일 때도 많다.

1933년 독일이 충분히 민주적이지 않았던 게 문제였을까, 아니면 너무 민주적이었던 게 문제였을까? 나치즘이 등장한 건 권력 중심에 있던 사람들이 제멋대로 행동했기 때문일까, 아니면 독일인이 시민으로 해야 할 역할을 제대로 할 수 없었기 때문일까? 나치 당원들은 과거에 빠져 있었는가, 아니면 위험할 정도로 앞서나갔나? 나치즘은 독일만의 특수한 문제였는가, 아니면 더 광범위한 위기의 조짐이었는가? 히틀러의 집권은 몇몇 '대단한 인물'들이 만들어낸 역사의 한 사례일까, 아니면 뿌리 깊고 구조적인 요인들이 함께 작용한 결과일까? 기독교인, 특히 독일 복음주의 기독교인들은 나치즘을 지지하는 중요한 집단이었을까, 아니면 독일의 전통적인 루터교도·칼뱅교도·가톨릭교도의 가치관과 맞서면서 히틀러가 등장했을까? 영국의 위대한 역사학자 A. J. P. 테일러A. J. P. Taylor가 말했듯 히틀러의 등장은 강이 바다로 흘러가듯 피할 수 없는 일이었을까, 아니면 거의 일어날 수 없었던 일이 정말 우연으로 벌어졌을까?

1933년부터 일찍이 역사학자, 철학자, 법률학자, 심리학자, 정치인, 예술가, 작가, 음악가, 사회비판적 코미디언과 여러 분야 사람들이 히틀러의 등장을 설명하려고 노력해 왔다. 그들은 갖가지 대답을 내놓았다. 대부분은 솔깃한 대답이다. 왜 또다시 이 질문으로 돌아갈까? 아직도 할 말이 있을까?

이 질문에 몇 가지 답이 있다.

먼저, 역사 지식은 천천히 퇴적물처럼 쌓는다. 항상 새로운 퇴적층이 덧붙여진다. 20세기 독일 역사는 더 그렇다. 수많은 주요 자료들이 접근하기 어려운 기록보관소, 특히 동독과 소련에 너무 오랫동안 보관되었다. 냉전이 끝나자 볼 수 있는 자료가 많아져 나치 시대에 관해 상당히 많은 연구가 이뤄지고 있다. 역사학자들은 지금도 새로 이용할 수 있는 자료들을 찾아내고, 연구하고, 분석하고 있다.

우리가 독일의 나치 시대에 관해 안다고 생각하는 사실 중 많은 부분이 나치가 선전한 내용이거나, 2차 세계대전 직후 몇 년 동안 밝혀진 사실일 뿐이라는 게 그 과정을 통해 드러났다. 1940년대 후반과 1950년대 초에는 히틀러 제국에서 중요한 역할을 했던 수천 명이 전범 재판에서 살아남기 위해, 그리고 나치즘에서 벗어나는 과정에서 자신의 이야기를 거짓으로 꾸며내야 했다. 많은 유명 학자들은 히틀러가 집회에서 연설할 때만 살아 있는 것 같던, 뭔가 '보잘것없고, 장점이라고는 없는 인물'이라는 생각에서 한 발도 물러서지 않았다.[15] 이러한 생각 역시 '히틀러가 국민에게 헌신하기 위해 개인적인 삶을 모두 희생했다'는 나치의 선전 개념을 무의식적으로 반영할 뿐이다.

또한 시대가 달라졌다는 점도 나치 시대를 다르게 바라볼 중요한 요인이 된다. 시대가 변하면 우리 자신과 경험을 보는 시각이 달라지기 때문에 과거를 다르게 해석한다. 과거의 어떤 점에 주목하는지는 시대에 따라 달라진다. 이 점이 역사를 끊임없이 다시 쓰고 있고, 다시 써야 하는 이유 중 하나다.

예를 들어 1990년대에는 냉전이 끝나면서 민주주의와 자유자본주의 liberal capitalism가 드디어 승리했다고 마음껏 즐거워했다. 오늘날 우리가 사는 세상은 많이 바뀌었다. 이제 우리는 '세계화'와 자극적인 우파 포퓰리즘을 더 걱정한다. 1989~1991년에 활짝 핀 꽃봉오리는 시들었고, 냉전 후 세계 질서는 더욱더 불안정해졌다. 우리는 세계 곳곳의 난민 문제로 괴로워하고 있고, 난민 문제가 정치적 문제를 얼마나 불러올지 잘 안다. 또한 우리는 새로운 종류의 테러리즘이 세계 곳곳에서 한복판을 차지하는 모습을 봐왔다. 이러한 현상은 우리 시대가 여러 면에서 1990년대보다는 1930년대와 더 가깝다는 사실을 보여준다.

그래서 바이마르 공화국의 몰락과 히틀러의 등장을 새로운 방식으로 이야기할 때다. 이 책에서는 독일 문제를 국제적인 맥락에서 보면서 국제적으로 어떤 영향력을 끼쳤는지 점검하려고 한다. 나치는 권위주의적이면서 포퓰리스트였던 당대 다른 집단처럼, 1차 세계대전이 끝난 후 전 세계에서 압도적인 성공을 거둔 자유자본주의에 대응하며 등장했다.[16] 1차 세계대전 후 영국과 미국 중심의 세계는 긴축 정책(부채 상환과 배상금 지급, 그리고 금본위제 회귀로 상징되는)을 민주주의의 안정성과 연결시켰다. 그렇게 형성된 정치 논리는 긴축에 반대하는 사람들이 자유민주주의의 적대자가 되도록 내몰았다. 나치는 그들이 살던 세상의 혼란, 대부분 전쟁 때문에 생긴 혼란에 해결책을 제시하면서 성장했다. 영토를 어떻게 민족에 따라 나눌까? 국가는 소수 집단의 권리를 어떻게 다뤄야 할까? 난민과 이주민들은 어떻게 대해야 할까?

나치는 근본적으로 세계화와 그로 인한 현상에 반기를 들며 등장했지만, 유럽과 세계의 일반적 경향에 따라 세력을 얻기도 했다. 나치는 러시아, 이탈리아, 터키, 대영제국과 미국의 영향을 의식적으로 받았다. 나치 돌격대원들의 폭력과 테러조차 국제적인 영향과 관계가 있다.

1차 세계대전이 없었다면 나치는 생각할 수도 없었을 것이다. 많은 나치 지도자와 행동대원들이 전쟁 중 참호에서 싸웠고, 폭력에 너무 익숙해져서 민간인 생활에 적응하지 못한 게 그 이유 중 하나였다. 하지만 바이마르 공화국의 정치에 가장 큰 영향을 끼친 건 실제 전투 경험이 아니었다. 독일인이 전쟁의 시작과 끝을 어떤 식으로 기억하게 되었는지가 정말 중요했다. 1914년 8월과 1918년 11월, 눈부신 여름과 잿빛 늦가을, 열광적인 단결과 쓰라린 분열, 승리를 꿈꾸던 때와 끔찍하게 패배한 현실이 전쟁의 시작과 끝이었다. 이 개념들은 바이마르 공화국 구석구석에 퍼졌고, 독일인이 자신들의 정치 생활을 생각하는 방식을 근본적으로 바꿨다. 바이마르 공화국에 대한 모든 질문의 답을 1차 세계대전에서 찾을 수 있다는 말은 과장이 아니다.

국제 정세와 전쟁 후유증은 나치가 어떻게 독일에서 그렇게 추종자를 많이 만들어냈는지 설명하는 데 도움이 된다. 다만 수많은 추종자(1933년 이전에 유권자의 3분의 1 정도가 히틀러를 지지했다)만으로 히틀러가 권력을 잡을 수는 없었다. 권력을 잡기 위해서는 기성 보수 세력을 자기편으로 끌어들여야 했다. 무엇보다 힌덴부르크 대통령과 그의 측근들 그리고 군대가 권력의 열쇠를 쥐고 있었다. 이 보수파들은 히틀러의 발목을 붙잡을 수 있었다. 나치와 보수파의 연합은 언제 봐도 어색하지만, 보수파는 히틀러를 막는 대신 이용하기로 선택했다.

이 지점에서는 인물들 개개인이 중요해진다. 1930년 이후 독일의 정치는 점점 더 교착 상태에 빠져들었다. 국회에서 의석을 안정적으로 확보해 법안을 통과시키고, 정부 정책을 뒷받침하는 게 불가능했다. 민주주의 체제를 가장 심하게 파괴하는 나치와 공산당이 1932년 중반까지 국회에서 의석을 제일 많이 차지했다. 나치와 공산당의 정치적 입장은 서로 정반대여서 함께 협력할 수는 없었다. 힌덴부르크 대통령과 그가 임명한 총리들은 국회를 무시했다. 대통령과 총리들은 바이마르 헌법이 보장한 비상대권을 활용해 긴급명령으로 나라를 다스렸다. 소수 지도자가 권력을 비정상적으로 휘두를 수 있었고, 지도자들의 사적인 목표와 개성이 훨씬 더 중요하게 작용했다는 뜻이다.

힌덴부르크 대통령은 1847년에 태어난, 구시대 인물이었다. 프로이센 귀족 출신에 독일에서 가장 존경받는 군인이었고, 독실한 개신교도여서 가톨릭을 깊이 불신하고, 사회민주당을 혐오했다. 그는 헌법에 근거해 총리를 임명하고 해임할 수 있었다. 1925년에 대통령에 당선된 뒤부터는 독일의 영웅이자 통합자라는 자신의 명망을 유지하며 바이마르 공화국을 정치적으로 우경화할 방법만 찾았다.

힌덴부르크의 가장 가깝고 영향력 있는 측근은 역시 군인 출신인 쿠르트 폰 슐라이허Kurt von Schleicher 장군이었다. 슐라이허는 국방부 장관으로, 실제로 군대를 정치적으로 조정할 수 있었다. 그는 냉소적이고, 솔직하지 않고, 항상 비밀스러운 '뭔가'를 꾸미고 있었다. 슐라이허도 힌덴부르크처럼 민주적인 바이마르 공화국보다 훨씬 더 권위적이고 군사적인 정권을 만들려고 애썼다. 1929년에서 1932년까지의 중요한 그 시기에 누구보다 슐라이허가 총리와 정부를 좌지우지하면서 공화국이 내리막길을 걷는 데 결정적 역할을 했다.

바이마르 공화국에서 가장 오랫동안 총리를 맡은 경제학자 하인리히 브뤼닝Heinrich Brüning은 슐라이허와 대비되는 인물이었다. 슐라이허가 재치 있게 말 잘하고 경박하고 의뭉스러웠다면, 브뤼닝은 성실하고, 진지하고, 세상의 어떤 불합리성에 맞설지 파악하려 애쓰는 냉철한 합리주의자였다. 1930년부터 1932년까지 대공황이라는 최악의 시기에 총리를 지낸게 브뤼닝의 운명이었다. 다만 그의 목표는 대공황에서 벗어나는 길을 찾는 게 아니었다. 독일이 완전한 주권을 되찾는 것이었다. 이는 1919년 베르사유 조약에 의한 배상금 지급 부담에서 벗어나겠다는 뜻이었다. 배상금 문제를 해결하기 위해 브뤼닝은 점점 심해지는 경제위기에도 아랑곳하지 않았다.

브뤼닝의 뒤를 이어 총리가 된 사람은 프란츠 폰 파펜이었다. 역시 육군 장교 출신에 귀족이었고, 신문사 사주와 프로이센 주의회 평의원 이상의 공직 생활을 해본 적이 없었다. 파펜은 기병대에서 복무했고, 아마도 말을 잘 탔을 것이다. 때문에 '신사 기수'라는 별명으로 널리 알려졌다. 세련된 옷차림에 말솜씨도 좋았고, 프랑스어를 유창하게 구사하면서 프랑스와 독일의 관계 개선을 바랐다. 아무리 파펜과 가까운 지지자라도 파펜이 브뤼닝만큼 엄숙하다고 주장하지는 못했을 것이다. 그렇지만 총리가

히틀러를 선택한 나라

된 후 몇 달이 지나자 파펜은 권력의 특권을 즐기게 되었다. 결국 그는 권력을 잃고는 분노와 뒤틀린 자만심으로 바이마르 공화국 민주주의 붕괴의 최종막을 열었다.

그리고 물론 아돌프 히틀러가 있었다. 히틀러는 20세기 역사를 뒤바꾼 인물로 강력하게 꼽힌다. 그러나 히틀러에 대한 오해도 많다. 1919년, 정치를 시작할 때 히틀러는 경험도 없고 재능도 없는 것 같은 인물이었다. 그 후 14년 동안 끊임없이 무시당하고, 과소평가되었다. 사람들은 그가 기차역 식당의 웨이터나 이발사 같아 보인다고 말했다. 나치즘 등장에 경제 및 국제 정세면의 구조적 요인이 큰 역할을 했다고 해도, 어떻게 여러 사람 중 특별히 히틀러가 등장해 이제까지 볼 수 없던 권력을 휘두르게 되었을까?

물론 히틀러는 그 상황에서 몇 가지 특별한 재능을 발휘했다. 그에게는 목소리로 사람들을 휘어잡는 희한한 능력이 있었다. 사람들이 어떻게 느끼고 무슨 말을 듣고 싶어 하는지 읽어내고, 다음에 어떻게 행동할지 기가 막히게 예측하는 그의 능력과 무시무시한 직감을 동시대 사람들은 제대로 알아차리지 못했다. 히틀러는 사람들의 반응에 따라 순간순간 자신의 행동을 바꿀 수 있는 능숙한 배우였다. 또 자신의 몇몇 측근처럼 영리한 정치전략가였다. 어떻게 하면 나치가 권력을 잡을지 그리고 그만큼 중요한, 어떻게 하다간 권력을 놓칠지를 파악할 수 있었고, 그에 맞춰 계획을 세울 수 있었다.

그러나 그런 재능만으로 히틀러의 성공을 충분히 설명할 수는 없다. 그렇게 많은 독일인이 왜 그를 지지했는지를 이해하는 열쇠는 나치가 합리적인 현실 세계를 거부했다는 면에서 찾을 수 있다. 요아힘 페스트Joachim Fest가 쓴 전기에 따르면, "히틀러는 항상 상상도 할 수 없는 일들을 생각했고, 그의 말에는 언제나 현실을 격렬하게 거부하는 요소가 있었다."
1918년 이후 독일인이 직면한 현실은 받아들이기 어려울 지경이었다. 거의 2백만 명에 가까운 청년의 목숨을 앗아간 전쟁에서 졌고, 폭넓게 지지받지 못한 혁명이 일어났고, 불공평해 보이는 강화조약을 맺었고, 사회와 기술이 엄청나게 변화하면서 경제는 혼란에 빠졌다. 수백만 명의 독일인은 음모론에 빠져들었다. 그저 군사적으로 패배한 게 아니라 내부의 적에 등을 찔려서 패전했다거나, 음모를 꾸미는 공산주의자·자본주의자·유대인·프리메이슨 집단에 위협받고 있다는 소문이었다. 당대 다른 독일 정치인과 달리 히틀러는 이러한 현실 도피를 대변할 수 있었다.

사람들은 현실을 혐오하면서 정치를 경멸하게 되었다. 그보다 뭔가 정치적이지 않은 정치를 원하게 되었다. 결코 이룰 수 없는 바람이다. 민주주의가 작동하는 현장(거래, 청탁, 타협이 필요한)을 가까이에서 보면 별로 유쾌하지 않다. 바이마르 공화국도 물론 예외가 아니었다. 각 집단의 분명한 사회적 이해관계를 대변하는 수많은 정당은 권력과 이권을 차지하기 위해 싸우고, 가능하면 타협하고 협상한다. 그런데 그렇게 하지 못할 때가 많아서 정부가 금방금방 바뀐다. 14년 동안 21번이나 바뀌었다. 민주주의가 제대로 작동하려면 모든 정당이 최소한 어느 정도는 공통점이 있고, 타협할 수 있고, 타협해야 한다는 사실을 인정해야 한다. 그러나 1930년대까지는 독일 사회가 점점 더 심하게 분열하면서 그러한 정신이 거의 남지 않았다. 공화국을 두둔하면 그저 부패한 체제를 두둔하는 사람으로 보일 때가 많았다.[17] 통합과 부흥을 부르짖으면서 정치와 민주주의를 혐오하는 사람들이 도덕적으로 더 우월하게 보일 수 있었다. 히틀러는 인종차별주의 이론가인 휴스턴 스튜어트 체임벌린Houston Stewart Chamberlain이 자신을 "정치인과는 완전히 다르다"라고 평가하자 감격했다.[18] 나치는 바이마르 공화국을 '체제'라는 암호로 불렀다. '체제'를 경멸하면 하늘이 내린 지도자가 나라를 막막한 처지에서 건져낼 수 있다고 믿기 쉬웠다. 히틀러는 처음부터 끝까지 그렇게 호소했다. 물론 모두에게 호소하지는 않았다. 독일 사회의 분열은 절대 사라지지 않았다. 그래도 히틀러는 자신에게 필요한 만큼 많은 독일인을 설득할 수 있었다.

1933년 이후 나치가 한 일들은 모두 권력을 잡는 과정에서 미리 보여준 일들이었다. 예리하게 관찰한 사람들은 무슨 일이 생길지 알 수 있었다. 소설가 프리드리히 프란츠 폰 운루Friedrich Franz von Unruh는 《프랑크푸르터 차이퉁Frankfurter Zeitung, 프랑크푸르트 뉴스》 신문에 실어서 호평을 받은 연재 글에서 "독재정권이 들어서서 국회를 해산하고, 지적인 자유를 모두 파괴하고, 인플레이션, 테러, 내란이 시작될 것"[19]이라고 썼다. "히틀러는 전쟁이 다시 일어나야 한다는 인식에서 출발한다"[20]라고 관찰력이 뛰어난 자유주의 정치인 테오도어 호이스Theodor Heuss가 덧붙였다. 호이스는 나치가 비합리성을 받아들인다는 점도 놓치지 않았다. 운루는 한 가지만 틀렸다. 단호하게 반대했던 수백만 명이 히틀러 집권을 환영할 것이라는 사실은 몰랐다. 불행하게도 이 때문에 바이마르 공화국은 곤경에 처했다.

# 1장

# 패전의 그림자

## : 강화조약과
## 배후중상설

막스 폰 바덴 대공Prinz Max von Baden은 빌헬름 2세Wilhelm II 황제에게서 소식이 오기만 온종일 초조하게 기다린다.

막스 대공은 경험이 풍부하고, 잘 감동하지 않고, 인간에 대한 환상이 거의 없고, 심술궂은 표정으로 자신을 향한 카메라 렌즈를 하나하나 들여다보는 것 같은, 단정하고 예리한 사람이다. 그는 독일의 자유주의자 대공이라는 흔치 않은 평판을 듣는다. 51세인 그가 10월에 독일제국의 총리로 지명된 이유도 그 때문이었다. 막스 대공은 훗날 자신이 상대해야 했던 황제, 장군들, 온건한 사회주의자와 급진적인 사회주의자 등 거의 모든 사람에게 짜증이 났다고 건조한 말투로 자신의 경험을 기록한다.

15세기부터 베를린을 다스린 가문의 세습 황제가 제위에서 내려올 결심을 하지 못하는 게 막스 대공의 골칫거리다. 독일은 혁명의 소용돌이에 계속 빠져들고 있고, 한시가 급하다. 막스는 황제가 머물던 벨기에 스파Spa, 벨기에 리에주주의 도시의 육군 본부에 계속 전화했지만, 시간만 흘렀다. 대공은 가능한 한 옛 질서를 지키고 싶지만, 혁명이 성공하고 있다는 사실을 안다. 또 혁명을 무산시킬 수는 없어도 제어할 수 있겠다고 생각한다. 황제가 온건한 사회민주당의 지도자인 프리드리히 에베르트Friedrich Ebert를 총리로 지명해 혁명 세력을 받아들이는 게 유일한 방법이다.

황제가 임명하지 않으면 거리에서 벌어진 혁명에 의해서라도 어떻든 에베르트는 곧 총리가 될 것이라고 막스는 판단한다. "만약 군중이 에베르트를 국민의 보호자로 내세우면 우리 나라는 공화국이 되겠지"라고 중얼거린다. 상황이 더 나빠질 수도 있다. 군중이 에베르트 대신 더 급진적인 독립사회민주당의 카를 리프크네히트Karl Liebknecht를 총리로 세우면 '볼셰비즘도 판칠 텐데'라고 생각한다. '하지만 빌헬름 황제가 막바지에 에베르트를 총리로 지명하면 군주제를 유지할 수 있다는 가느다란 희망이나마 남겠지. 아마 우리는 혁명적인 에너지를 선거운동이라는 합법적인 수단으로 전환해야 해'라고 막스 대공은 생각한다.[1]

막스 대공은 황제가 있는 곳에서 벌어지는 드라마를 알지 못한다. 독일군 최고사령관인 육군 원수 파울 폰 힌덴부르크는 두 가지 사실을 분명히 파악한다. 황제는 퇴위해야 한다는 점, 자신이 그런 생각을 했다는 비난을 피해야 한다는 점이다. 황제는 군대를 이끌고 독일로 돌아가 혁명 세력을 진압할지 망설인다. 그렇게 하면 처참한 내란이 벌어진다는 사실을 힌덴부르크는 잘 알 뿐더러 그 일에 책임을 지고 싶지 않다. 하지만 힌덴부르크 역시 군주제를 지지하고, 군주제를 지지하는 다른 사람들이 자신에게 왕을 지키지 않았다고 비난할 수 있다는 사실을 안다. 힌덴부르크는 1차 세계대전에서 드물게 큰 승리를 거둔 타넨베르크 전투의 영웅이다. 그는 이제 와서 자신의 명망을 더럽히고 싶지 않다.

힌덴부르크는 부사령관인 제1참모차장 빌헬름 그뢰너Wilhelm Groener에게 책임을 미뤄 문제를 해결한다. 그뢰너는 군대를 지휘해 평화롭게 독일로 돌아가겠다며 "군대가 폐하 명령을 따르지 않을 겁니다. 더는 폐하를 지지하지 않기 때문입니다"라고 황제에게 직언한다. 힌덴부르크는 중립국이라 안전한 네덜란드로 황제가 도망가도록 준비를 조용히 시작한다.[2]

이러한 일은 되풀이될 것이다. 10여 년이 지난 후, 힌덴부르크는 다시 내란이 일어날까 봐 끙끙댄다. 그때도 여전히 자신의 명망을 유지하면서

히틀러를 선택한 나라

군대가 국내 분쟁에 개입하지 않을 방법을 찾으려고 애쓴다. 여전히 부하에게 불쾌한 일을 떠넘기면서 말이다.

스파에서 결정을 내리지 못하자, 막스 대공은 인내심을 잃고 자기 손으로 일을 처리하기로 한다. 그는 황제의 퇴위를 자신이 발표하려고 한다. 막스 대공은 에베르트를 부른 후 '군주제'를 따르면서 나라를 다스리겠느냐고 묻는다. 에베르트는 사회민주주의자로서는 드물게 보수적이지만, 상황을 돌이킬 수 없는 때였다. "어제였다면 무조건 받아들일 수도 있었겠죠. 하지만 오늘은 동료들과 먼저 의논해야 합니다"라고 에베르트는 막스 대공에게 말한다. 막스 대공은 미래 군주를 대신해 섭정해 줄 생각이 없느냐고 묻는다. 에베르트는 "너무 늦었습니다"라고 대답한다. 그 방의 다른 사회민주당 당원들이 에베르트 뒤에서 "너무 늦었어, 너무 늦었어!"라고 동시에 반복해서 말한다.

한편 에베르트의 동료인 필리프 샤이데만Philipp Scheidemann은 국회의사당 발코니 위에 서서 "공화국이여, 영원하라!"라고 외친다. 샤이데만은 훗날 그저 자신의 믿음을 고백했을 뿐이라고 말하지만, 사람들은 그 외침을 독일이 사실상 민주공화국이 되었다는 선언으로 받아들인다.

국회의사당에서 동쪽으로 8백여 미터 떨어진 왕궁에서는 급진적인 카를 리프크네히트가 독일이 '사회주의 공화국'이라고 선언한다. 이때가 되자 빌헬름 2세가 드디어 황제 자리에서 물러난다.

늦은 오후, 막스 대공은 에베르트와 마지막으로 만난다. 이번에는 에베르트가 대공에게 일종의 섭정을 해달라고 요구한다. 막스 대공은 "당신이 독립당(사회민주당보다 더 급진적인 독립사회민주당)과 협정을 맺기 직전이라는 걸 압니다. 난 독립당과는 함께 일할 수 없어요"라고 단호하게 거절한다. 자리를 나서면서 막스 대공은 고개를 돌리더니 "에베르트 씨, 독일

제국을 당신이 지켜주세요!"라고 마지막으로 한마디 한다.

에베르트는 "아들 둘이 이 제국을 위해 죽었습니다"라고 침통하게 대답한다.[3] 1918년 11월 9일이다.

이틀 후, 독일 정치인들과 연합군 장교들이 협상한 휴전협정의 효력이 발생한다. 1차 세계대전은 끝난다. 대부분의 독일인은 패전을 갑작스럽고 놀라운 일로 받아들인다. 전투에서 독가스 공격을 받은 후 베를린에서 북동쪽으로 120킬로미터 정도 떨어진 포메른의 작은 마을인 파제발크의 병원에서 회복 중이던 한 부상병도 마찬가지다.

"모두 헛수고였다. 모든 희생과 손실, 2백만 명의 아까운 죽음이 허사가 되었다. 조국을 형편없는 범죄자 무리 손에 넘기려고 병사들이 싸웠다는 말인가?" 어머니 장례식 이후 운 적이 없던 젊은 남자는 비틀거리며 병동에 돌아와 "빠개질 것 같은 머리를 담요와 베개 사이에" 묻는다.[4]

그는 아돌프 히틀러 일병이다.

## 현대 민주 국가의 탄생

자세히 들여다보면 바이마르 공화국과 관련된 거의 모든 일이 사실 1차 세계대전과 관련 있었다는 사실을 알 수 있다.

비교적 짧은 기간에 사상자가 그렇게 많이 발생한 전쟁은 한 번도 없었다. 4년이 조금 넘는 기간 동안 독일 병사 170만 명이 사망했다. 러시아를 제외하면 독일의 전사자가 제일 많았다. 여성을 포함해 민간인들이 군수산업 같은 전시 노동에 그렇게 많이 동원된 적도 없었다. 전쟁 중이었기 때문에 국가는 어느 때보다 많은 노동과 희생을 국민에게 요구했다. 그래서 계속 대중의 지지를 받는 게 중요했다. 새로운 대중매체가 등장하면서 국가가 전쟁을 '팔 수' 있는 가능성이 엄청나게 커졌다. 주로 갈등의 의미나 적의 본질에 관해 대체로 사실이 아닌 내용을 감정적으로 호소하면서 전쟁의 필요성을 선전했다. 전시 선전은 다른 나라에서와 마찬가지로 독일 국민의 마음에 깊이 새겨졌다.

1차 세계대전은 1914년 여름부터 1918년 늦가을까지 질질 끌었다. 그 중간쯤인 1916년 말을 앞두고 현실적으로 결정해야 할 순간이 찾아왔다. 전쟁에 참여한 나라들은 모두 전쟁 비용이 예상보다 너무 많이 들고, 국내 사정이 점점 더 불안해져서 깜짝 놀랐고, 결정을 내려야만 했다. 완전히 승리하거나 교착 상태를 인정하고 평화 협상을 해야만 했다. 승리하려면 빚을 더 많이 지고, 사상자가 더 많아져도 상관하지 않고, '국내 전선'이라고 불린 후방 국민에게 노동과 희생을 요구하기 위해 몇 배 더 노력해야 했다.

대부분 나라는 승리를 위해 밀어붙이는 길을 택했다. 모든 나라에서 더 과격한 지도자들이 권력을 잡았다. 1916년 12월, 영국에서는 기진맥진한 허버트 헨리 애스퀴스H. H. Asquith 대신 활기 넘치는 데이비드 로이드 조지David Lloyd George가 총리가 되었다. 1917년 11월, '호랑이'라는 별명을 가진 거친 성격의 조르주 클레망소Georges Clemenceau가 "저는 전쟁할 겁니다"라고 간단하고 단호히 약속하면서 프랑스 총리 자리에 올랐다. 독일에서는 그 과정이 좀더 미묘하게 진행됐다. 최고사령관인 파울 폰 힌덴부르크 육군 원수와 에리히 루덴도르프Erich Ludendorff 장군 두 사람은 1916년 후반기에 전쟁 지휘뿐 아니라 후방 국민의 관리까지 끊임없이 권한을 행사했다. 그들은 빌헬름 황제의 민간 정부를 밀어내고, 자신들의 '조용한 독재'를 시작했다. 여기에 독일의 미래를 암시하는 역설이 있었다. 황제가 원해서가 아니라 대중이 압박하는 바람에 힌덴부르크와 루덴도르프가 1916년 여름에 최고사령부로 임명되었다. 그래서 그들의 독재는 일종의 포퓰리즘이었다.[5]

아무리 무자비한 지도자라도 현대 총력전의 기본 요소를 바꿀 수는 없었다. 총력전을 하려면 모든 시민의 노동이나 전투력이 필요했다. 따라서 시민들에게 국가를 상대로 협상할 수 있는 힘이 전례 없이 생겼고, 국가는 승리 후 멋진 신세계가 펼쳐진다고 더욱더 과장되게 약속할 수밖에 없었다. 예를 들어 영국은 조약의 신성함, 그리고 독일이 공격한 '작고 용감한 벨기에'를 보호해야 한다고만 이야기하면서 전쟁을 시작했다. 하지만 신성한 조약을 위해 수십만 명의 청년에게 죽으라고 또는 사랑하는 사람의 죽음을 받아들이라고 할 수는 없다. 때문에 1918년, 로이드 조지 총리는 우드로 윌슨Woodrow Wilson 미국 대통령과 함께 '국제연맹'을 만들어야 한다고 주장하면서 그 싸움을 "전쟁을 끝내려는 전쟁"(영국의 과학소설 작가이자 사회평론가인 허버트 조지 웰스H. G. Wells가 처음 한 말)이라고 표현했다. 로이드 조지 총리는 광범위한 사회 개혁을 약속했고, 장관 한 명은 독일이 탈탈 털릴 때까지 배상금을 물리겠다고 말했다. 총력전을 할 때는 더 대중의 비위를 맞추고, 평등을 추구하고, 엘리트와 전통적 가치를 중시하지 않는 새로운 방식의 민족주의가 자라난다.

독일 정부는 민주적 개혁을 약속해야 한다고 느꼈다. 특히 부자에게 특혜를 많이 주었던 프로이센주의 선거 규칙을 바꾸겠다고 했다. 독일 제국 의회 의원으로, 훗날 바이마르 공화국에서 매우 중요한 국회의원이 되어 외무부 장관을 지낸 구스타프 슈트레제만Gustav Stresemann은 1917년, 동료 의원에게 전쟁 때문에 국민과 국가의 관계가 바뀌었다고 말했다. 또 전쟁이 끝나면 훨씬 더 민주적인 나라가 되어야 할 것이라고 말했다.[6] 힌덴부르크와 루덴도르프가 1916년에 도입한 '애국적인 지원 근무 법'은 근로자들을 군수 산업에 동원하기 위한 법인데도 민주적인 과정으로 보일 수 있었다.[7] 제국의회의 민주적인 정당들이 협력해서 만든 그 법률안에는 경영 관련 결정을 할 때에 근로자들이 참여한다는 조항이 들어 있었다.

전쟁 때의 다른 상황들을 보면 미래가 더 불길하게 보였다. 독일 정부는 승리하면 제국이 새롭게 위엄을 보인다고 국민에게 약속했다. 독일이 벨기에와 프랑스를 합병하고, 러시아 제국의 서쪽 땅을 더 많이 차지해 유럽의 지배적인 세력이 될 것이라고 했다. 1918년에 러시아가 전쟁을 중단하고, 독일이 지금의 폴란드·에스토니아·라트비아·리투아니아·벨라루스·우크라이나를 직간접적으로 지배하면서 그 약속은 잠시 현실이 되었다. 1917년에 새로 결성된 독일조국당(조국당)은 독일이 국내의 온건파를 무너뜨리고, 유럽의 지배자로 자리매김하고, 인도의 문 앞까지 가면서 완전한 승리를 거둘 때까지 전쟁을 계속해야 한다고 요구했다. 언론 재벌로 조국당 당원이었던 알프레트 후겐베르크Alfred Hugenberg는 바이마르 공화국에서 주류 기성 우파 정당인 국가인민당을 이끌게 된다. 뮌헨의 도구 제작자이자 자물쇠 제조공이던 안톤 드렉슬러Anton Drexler 역시 조국당 당원이었다. 드렉슬러는 1919년, 조국당의 비전을 되살리기 위해 독일노동자당이라는 당을 설립했다. 다음 해, 젊은 참전용사인 아돌프 히틀러가 들어온 후 독일노동자당은 '민족사회주의독일노동자당'으로 이름을 바꾼다. 나치라고 불린 당이다.

전쟁은 일부 독일인을 극우파로 떠밀었듯이 다른 독일인들을 극좌파로도 떠밀었다. 사회민주당 역시 전쟁이 불러온 환멸의 희생양이었다. 전쟁 전 사회민주당은 당원이 1백만 명에 이르는 독일 최대 정당이자, 세계에서 제일 큰 사회주의 정당이었다. 1912년, 사회민주당은 제국의회 선거에서 가장 많은 의석을 차지했다. 사회주의 이념에 따르면 평화를 추구해야 했는데도, 사회민주당은 전쟁을 벌이려는 독일을 아낌없이 지지했다. 사회민주당 의원들은 전쟁 경비 지출에 모두 찬성표를 던졌다. 어느 정도 그런 이유로 당원 수가 전쟁 중에 급격하게 줄어들어 1917년에는 25만 명 정도가 되었다.[8] 그해에 사회민주당의 한 파벌은 더 이상의 군비 지출에 반대하기 위해 갈라져 나갔다. 새로운 파벌은 독립사회민주당이 되었다. 1917년에는 당원이 12만 명에 이르러 기존 사회민주당 당원의 절반에 가까웠다. 독립사회민주당은 1918년 이후 독일공산당이 자라난 토대였다. 독일의 노동자 운동은 이제 돌이킬 수 없이 갈라졌다.

그래도 정치의 중심은 흔들리지 않고 굳건할 수 있었다. 1917년 7월, 가장 민주적이고 합치면 제국의회 의석의 거의 3분의 2를 차지하는 세 정당(사회민주당, 독일민주당, 중앙당)이 합병이나 강제 배상금 없는 평화 협상에 찬성하는 결의안을 통과시켰다. 결의안이 힌덴부르크와 루덴도르프를 구속할 수는 없었지만, 겁줄 수는 있었다. 제국의회의 과반수가 곧 독일인 과반수의 생각을 대변했을 수 있기 때문이었다. 그래서 두 장군은 결의안이 통과된 직후, 조국당 결성을 준비했다. 그들은 또한 정부를 책임지던 테오발트 폰 베트만-홀베크Theobald von Bethmann-Hollweg 총리를 해임했다. 제멋대로인 제국의회의 민주주의자들을 다루기에는 너무 약하다고 판단해서였다.

독일 정치에서 누가 민주적인 집단인지 명확하게 드러났다는 게 평화 결의안의 진정한 의미이기도 했다. 결의안을 지지했던 세 정당은 1918년

히틀러를 선택한 나라

이후 바이마르 민주주의의 기둥이 된다. 사실 그들은 '바이마르 연정'으로 불리게 된다. 바이마르 연정 같은 민주주의 집단과 민족주의 집단 사이 투쟁이 1917년부터 1933년까지 독일 정치의 특징이 된다. 민족주의 집단인 보수주의자들과 우파 자유주의자들은 전쟁을 더 적극적으로 하자는 주장을 지지했다.

1918년 늦여름이 되자 독일 군대는 기진맥진했다. 서부전선에서는 패색이 짙었다. 루덴도르프는 프랑스 북부의 아미앵에서 연합군의 공격을 받았던 8월 8일을 "독일군 암흑의 날"이라고 불렀다. 그리고 9월 말에는 서구 열강과 휴전 협상을 벌일 방법을 찾아야 할 때라고 황제에게 말했다. 언제나 그렇듯 장군들은 직접 협상하지 않겠다고 했다. 대신 그 일을 제국의회의 민주적인 지도자들에게 넘겼다. 불행히도 우드로 윌슨 역시 독일 '군국주의자들'과는 협상하지 않겠다고 했다. 보통 양쪽의 사령관이 휴전 협상을 하지만 이 경우에는 민주적인 정치인들이 독일의 운명을 책임졌다. 그래서 훗날 비난을 짊어지게 된다.[9]

1918년 가을, 독일 군대는 유럽 여기저기를 차지하고 있었다. 여전히 벨기에 대부분과 프랑스 북부의 많은 부분을 차지하고, 동유럽의 드넓은 땅도 지배하고 있었다. 반면 적군이 점령한 독일 영토는 전혀 없었다. 2차 세계대전 때와는 달리 항공기와 폭탄 기술이 발달하지 않아서 연합군의 공군이 독일 도시에 심각한 피해를 줄 수 없었다. 독일 언론은 전쟁 중에 검열을 심하게 받았기 때문에 승전보와 희망적인 약속밖에는 실을 수가 없었다. 민간인 중 지식이 풍부하거나 통찰력이 탁월했던 사람만 독일이 패배하기 직전이라는 사실을 알아차렸다. 그러한 사람들 눈에도 지도자들이 너무 갑자기 휴전을 요청했다. 독일인 대부분이 독일이 왜 패배했는지 이해하기 어려웠던 건 당연했다.

한편 휴전협정 효력이 발생하기도 전에 독일은 혁명으로 휘청거린다. 영국군을 상대로 자살이나 다름없는 임무를 수행해야 했던 해군 병사들이 명령을 거부하면서 번진 해군 반란으로 혁명이 시작되었다. 전쟁으로 지쳐 기진맥진하고 굶주린 나라에서 혁명은 이 마을 저 마을 그리고 프랑스에 있던 부대에까지 퍼졌다. 바이에른 지방의 비텔스바흐 왕가, 작센 지방의 베틴 왕가처럼 여전히 독일 연방을 나눠 다스리던 오랜 왕가 전체와 결국 베를린의 빌헬름 황제까지 11월 초 며칠 동안에 퇴위해야 했다. 11월 9일, 사회민주당과 독립사회민주당이 독일의 수도에서 정권을 장악했다. 불과 1년 전에는 하나였던 당이다. 두 당은 이제 혁명을 위해 일시적으로 다시 뭉쳤다.

독일의 새로운 지도자인 프리드리히 에베르트는 자신이 '인민대표평의회'라는 곳의 우두머리라는 사실을 알게 되었다. 사회민주당원 3명과 독립사회민주당원 3명으로 구성된 조직이었다. 당시에는 이 조직이 독일의 정부였다. 에베르트가 맞닥뜨린 문제는 심각했다. 전쟁에서 졌고, 수백만 명의 군인이 제대해서 집으로 돌아가야 하고, 영국의 해상봉쇄로 수많은 사람이 굶주리고 있고, 승리한 연합군이 어떤 강화조약 조건을 내세울지 불확실했다.

에베르트와 사회민주당원들이 원하는 바는 뚜렷했다. 독일이 다른 서양 국가처럼 의회민주주의 국가가 되기를 원했다. 멀리 동쪽의 러시아에서 일어난 혁명은 내란, 기근, 국가 폭력 따위로 상황이 나빠질 때 일어날 수 있는 일 중 무시무시한 사례였다. 에베르트는 사회혁명(정치지도자만 바꾸는 게 아니라 재산 소유권과 계급까지 뒤엎는)을 끔찍하게 싫어했다. "죄와 같다"라고 말할 정도였다. 에베르트와 사회민주당은 새로운 헌법안을 만들 국회를 구성할 선거를 빨리 치르고 싶었다.

그렇다고 모두가 러시아혁명을 무시무시한 사례로 여기지는 않았다. 좋은 본보기가 된다고 생각하는 무리도 있었다. 또한 1918년 말, 독일에서는 몇몇 다른 혁명이 진행되고 있었다. '더 위대한 베를린 노동자와 군인 평의회'는 러시아의 소비에트를 모델로 만들어졌다. 그 평의회의 집행위원회는 인민대표평의회를 좌지우지하려고 했다. 또한 러시아 볼셰비키 혁명처럼 독일을 급진적으로 바꾸려고 했다. 사회주의 지식인 카를 리프크네히트와 로자 룩셈부르크Rosa Luxemburg가 이끄는 스파르타쿠스 연맹 같은 다른 좌파 집단처럼 더 급진적이었던 독립사회민주당 역시 똑같은 것을 원했다.

이러한 상황에서 에베르트가 이끌던 연립 내각은 오래갈 수 없는 운명이었다. 군대와의 관계도 주된 긴장 요인이었다. 에베르트는 취임 첫날에 빌헬름 그뢰너 장군과 합의했다. 그뢰너 장군이 군대는 '더 위대한 베를린 노동자와 군인 평의회'가 아니라 에베르트 정부를 지지하겠다고 합의했다. 에베르트는 보답으로 군대와 장교단을 건드리지 않기로 약속했다. 1918년 12월, '인민해군'이라는 극좌파 혁명군 부대가 베를린의 왕궁을 점령하고, 몇몇 사회민주당 정치인들을 인질로 잡았다. 에베르트는 그뢰너 장군과 합의해 군대에 반란군을 격퇴할 권한을 주었다. 이 결정으로 독립사회민주당은 사회민주당의 에베르트와 갈라섰다. 법을 지키면서 노동자 운동을 하려는 진영과 혁명으로 세상을 바꾸려는 진영 사이 틈은 점점 더 벌어지고 있었다.[10]

또한 혁명파는 조직을 재정비하고 있었다. 1919년이 시작될 때 독립사회민주당 중 급진파와 스파르타쿠스 연맹 등 몇몇 다른 급진적인 집단이 손을 잡고 러시아의 소비에트를 본떠서 독일공산당을 결성했다. 1919년 1월 4일, 카를 리프크네히트는 에베르트 정부에 대항해 혁명적인 봉기를 일으키자고 선언했다. 그 봉기는 곧 '스파르타쿠스 봉기1월 봉기'로 불렸다. 에베르트는 이번에도 그뢰너 장군에게 손을 내밀었다. 에베르트 정부는 퇴역 군인 및 참전하지 못해 좌절한 학생들로 구성된 준군사조직인 자유군단과 군대의 도움을 받아 극좌파 봉기를 진압했다. 자유군단은 로자 룩셈부르크와 카를 리프크네히트를 모두 체포해서 살해했다. 이러한 사건(극좌파의 봉기와 자유군단의 피비린내 나는 진압)은 1919년 봄, 베를린과 뮌헨에서 되풀이됐다(뮌헨의 경우에는 600명 정도의 극좌파가 살해됐다).[11]

1월 19일, 독일은 국회의원 선거를 치렀다. 이 선거에서 에베르트의 사회민주당은 거의 39%에 이르는 표를 얻었다. 1957년에 서독의 콘라트 아데나워Konrad Adenauer 총리가 세 번째로 압도적인 승리를 거두기 전에는 히틀러의 나치를 포함해 독일의 어떤 정당도 자유선거에서 이보다 높은 득표율을 기록하지 못한다. 새로운 민주주의를 만들려고 애쓰던 중앙당과 좌파 진보주의 독일민주당은 각각 19.7%와 18.6%의 표를 얻었다. 독일인의 4분의 3 이상이 진보적·민주적인 정치를 위해 표를 던졌다는 뜻이다.

강화조약 조건에 대한 격렬한 논쟁과 정치 폭동으로 지극히 혼란하던 1919년 2월 초에서 8월 사이, 국회는 현대 민주주의를 위한 최첨단 헌법의 초안을 마련했다. 바이마르 헌법의 기둥을 세운 사람은 후고 프로이스 Hugo Preuss라는 법학 교수였다. 프로이스는 몇 년 후 미국 기자 두 명과 인터뷰하면서 미국 헌법을 그저 모방하기만 하려는 압박을 느꼈다고 밝힌다. 그는 "윌슨 대통령의 입지가 최고일 때 협상을 진행했습니다. 그렇지만 윌슨이 힘을 잃고(프로이스는 아마도 윌슨이 강화조약에 대한 국회 동의를 받지 못했다는 뜻으로 말했을 것이다), 대통령과 의회의 줄다리기는 교착 상태에 빠졌죠. 미국 제도에 우리가 피해야 할 단점이 있는 게 분명했습니다"라고 말했다.[12] 프로이스가 교착 상태를 피하기 위한 헌법 초안을 만들었다

히틀러를 선택한 나라

는 게 아이로니컬했다. 1930년에 바로 그 헌법 때문에 독일 정치가 교착 상태에서 벗어날 수 없었기 때문이다. 그런데도 프로이스에게는 자신이 만든 제도가 그러한 교착 문제를 피할 수 있다고 생각할 만한 타당한 이 유가 있었다.

새 헌법은 미국 헌법에서 몇몇 요소들을 가지고 와서 대통령의 강력한 지위 그리고 개인의 기본권을 하나하나 늘어놓았다. 동시에 영국 제도를 본떠 의원내각제 규칙을 상세히 설명했다. 영국인은 공식 헌법에 그런 규칙을 기록한 적이 없었다는 게 또 하나의 아이러니다. 바이마르 헌법의 일부는 독일 역사를 바탕으로 만들었고, 일부는 완전히 혁신적이었다.

20세 이상의 모든 남녀가 최소 4년마다 선거로 의원을 뽑아 국회를 구성하는 게 새로운 헌법의 핵심이었다. 선거의 놀랍고 혁신적인 요소는 비례대표제였다. 비례대표제에서는 영국과 미국의 하원의원 선거처럼 유권자들이 각 지역의 한 후보에게 투표하는 게 아니라, 각 정당의 후보 목록을 보고 정당에 투표한다. 그러면 각 정당은 국민에게서 표를 얻는 비율만큼 의석수를 얻는다.[13]

오늘날 유럽에서는 비례대표제가 흔하다. 독일에도 여전히 남아 있다. 유권자의 선택을 정확하게 반영하는 의회를 만들 수 있다는 게 비례대표제의 장점이다. 반면 영미의 선거 같은 다수대표제는 40% 정도의 표를 얻을 수 있거나, 득표율이 특별히 높은 지역이 따로 있는 정당에 아주 유리하다. 반대로 전국 각지에서 비슷한 득표율을 보이는 정당에는 불리하다. 보통 두 정당이 싸우는 미국의 국회의원 선거조차 의석수가 득표율을 반영하지 않을 때가 많다. 비례대표제의 단점은 군소 정당을 포함해 수많은 정당의 의원들로 의회가 구성되어 정부가 불안해질 수도 있다는 점이다. 바이마르 공화국이 이 문제로 심하게 골치를 앓았다.

헌법 제52조와 54조의 상호 작용 때문에 그랬다. 제52조에 따르면, 총리와 내각은 국회 신임이 필요했고, 신임을 잃으면 사퇴해야 했다. 정부가 계속 국회의원 과반수의 지지를 받아야 했다는 뜻이다. 의원의 50% 이상이 반대표를 던져 신임하지 않겠다는 뜻을 보이면 총리와 내각은 사퇴해야 한다. 이것이 의원내각제의 기본 원칙이다. 정부를 민주적으로 통제하기 위한 수단으로, 논리적이고 합리적으로 보인다. 그렇지만 바이마르 공화국에서는 이 때문에 위기가 끊이지 않았고, 공화국의 마지막 몇 년 동안에는 교착 상태를 넘어 거의 내란에 가까운 상황이 되었다.

바이마르 헌법에서 대통령은 물론 중요 인물이었다. 국회의원 선거와는 별도로 모든 국민이 투표해서 대통령을 뽑았다. 대통령 임기는 7년이고, 대통령은 국가 원수였다. 헌법에는 '독일 국민의 번영'을 위해, '독일 국민이 해를 입지 않도록 지켜주기' 위해 그리고 '헌법과 법률을 보전하기' 위해 온 힘을 다해 헌신해야 한다는 대통령의 일반적 의무들이 간략하게 나열되어 있다. 국제적으로 나라를 대표하는 일과 조약과 협정을 승인하는 일도 대통령의 책임이었다. 외국 대사들은 대통령에게 신임장을 제출해야 했다. 국내 정치에서는 총리를 임명할 권한을 가졌다(총리가 다수 국회의원의 지지를 받아야 한다는 사실은 달라지지 않았다). 총리의 제안을 따라야 하기는 했지만, 대통령은 장관들도 임명했다.

대통령에 관한 조항 중 가장 문제가 된 건 헌법이 대통령에게 부여한 비상대권이었다. 바이마르 헌법에서 제48조가 가장 중요하면서도 누군가는 가장 악명 높다고 말할 조항이 되었다. 48조에 따르면, "공공의 안전과 질서가 심하게 불안하고 위태로워지면" 대통령은 군대의 도움을 받는 등의 방법으로 "필요한 조처를 할" 수 있었다. 대통령은 또한 주정부가 "군대의 도움을 받아서라도" 헌법의 의무를 다하도록 강요할 수 있었다. 이러한 권력을 견제할 방법도 있었다. 대통령이 48조에 따라 어떤 조처를 했든 국회의원 과반수의 투표로 뒤집을 수 있었다.

헌법이 대통령에게 부여한 역할에는 또 다른 아이러니가 있었다. 새로운 제도에서 의회와 대통령 중 어느 쪽에 더 권한을 맡길지가 헌법의 뼈대를 만든 사람들의 논쟁거리 중 하나였다. 프로이스는 처음에 국회가 최고 권한을 가져야 한다고 주장했다. 그러나 종교(가톨릭과 개신교), 사회 계층, 지역에 따라 이리저리 분열한 독일의 상황을 극복하려면 말썽 많은 국회보다 나라를 하나로 통합할 강력한 대통령이 권한을 가져야 한다고 생각을 바꿨다. 대통령에 더 비중을 둔 데에는 더 중요한 요인이 있었다. 헌법 초안을 만든 다른 사람들처럼 프로이스도 사회주의자가 아니라 자유주의자였다. 1919년의 상황에서는 사회주의자들이 새로운 국회에서 계속 다수파를 차지할 수 있을 것으로 보였다. 프로이스는 사회주의자가 계속 득세하면 "원래 의도와는 반대로 권위주의 국가가 될까" 두려웠다. 강력한 대통령(필요하면 정당들을 좌지우지할 비상대권으로 무장한)이 민주주의를 확실히 지켜줄 것이라고 프로이스는 생각했다.[14]

1925년, 프로이스를 인터뷰하던 미국 기자들은 대통령이 권력을 남용할 수 있다고 생각하지 않느냐고 물었다. 프로이스는 그러한 생각은 하지 않는다고 대답했다. 의회가 마지막으로 따져본 후 대통령을 견제할 수 있다고 말했다.[15] 제48조에 따른 명령을 포함해 대통령의 모든 명령에 총리나 장관이 함께 서명해야 했다. 물론 총리나 장관은 의회 신임을 받아야 한다. 민주주의에 반대하는 사람이 대통령에 선출될 수도 있고, 그다음 제도를 뒤엎을 수도 있다는 사실을 프로이스도, 바이마르 헌법의 뼈대를 만든 다른 사람들도 생각하지 못했다. 더더구나 민주적인 제도에 적대적인 정당들이 의회의 과반수를 차지하리라고는 아무도 상상하지 않았다.

미국의 유명한 법학자 올리버 웬들 홈스<sup>Oliver Wendell Holmes</sup>가 왜 좋은 사람이 아니라 '나쁜 사람'을 상상하면서 법률안을 만들어야 안전하다고 말했는지 잘 알 수 있는 사례다.[16]

문서로 된 성문법은 그 자체로는 별로 의미가 없다. 의미가 많다고 해도 결과는 똑같다. 법은 스스로 적용될 수 없다. 실수하기 쉬운 인간이 어떤 정치 문화에서 법을 집행하는지가 중요하다. 바이마르 헌법은 근본적으로 1차 세계대전 이전에 형성된 정치 문화에서 작동할 예정이었다.

## 열세에 몰린 우파

1914년 이전 독일은 엄밀하게는 민주주의 국가라고 부를 수 없었지만 완전히 비민주적이라고 할 수도 없었다. 1871년 헌법에 따라 카이저<sup>Kaiser</sup>라는 칭호의 세습 황제가 독일을 다스렸다. 1888년부터 1918년까지 제국을 마지막으로 다스린 카이저는 빌헬름 2세였다. 미국 대통령처럼 카이저는 정부를 이끌 총리와 여러 부처 장관 등 행정부의 모든 인물을 임명했다. 임명된 이들은 오직 카이저를 만족시키기 위해 일했다. 그렇지만 독일에는 25세 이상 모든 남성이 투표권을 가지고 선출한 의원들로 구성된 제국의회가 있었다. 조세와 재산권에 대해서만 투표권이 있던 영국 등 많은 나라와 비교하면 제도가 아주 민주적이었다. 제국의회의 승인을 받지 못하면 어떤 법률안도 통과될 수 없었다. 독일제국의 47년 역사에서 제국의회가 행정부에 미치는 영향력은 꾸준히 커졌다.

사실 독일제국을 세웠던 1871년부터 1차 세계대전이 일어난 1914년까지의 정치 흐름은 자유주의나 민주주의를 지향하는 정당에 유리했다. 반면 우파 정당들은 계속 힘을 잃었다. 우파 정당들이 대변하는 사회 집단들(주로 엘리트 귀족, 고위 장교, 고위 공무원, 대기업이었지만, 지방과 농촌 집단도 있었다)은 나라가 자신들의 이익에서 멀어지는 방향으로 움직이고 있다는 사실을 알았다. 독일 사회에서 새로운 집단들이 힘을 얻고 있었다. 그들 중 일부는 오랫동안 가장 가난하고 취약했던 산업노동자와 유대인 같은 소수민족이었다. 때문에 우파 정당들은 더 화가 났고, 더 절망적이고 절박한 어조로 말할 때가 많았다.

독일제국이 건국되던 1871년에는, 황제와 교회를 향한 충성이 보수주의의 특징이었다. 대표적인 보수주의 신문 《크로이츠 차이퉁*Kreuzzeitung*, 십자가 신문》은 '황제와 조국을 위해 하나님과 함께 나아간다'는 좌우명을 내세웠다. 그러나 1914년쯤에는 대부분의 극우파가 전통에 등을 돌린 자유주의와 사회주의 세력의 부상에 매우 좌절하고 분노하며 달라졌다. 극우파는 거의 혁명에 가까운 운동을 하면서 대놓고 반체제 세력이 되었고, 때때로 황제를 향해 분노를 터뜨리기까지 했다.

우파는 문화 전쟁에서도 지고 있었다. 사회비판 연극, 성행위를 노골적으로 표현한 소설, 표현주의 회화 등 새로운 양식의 예술과 문학을 내놓는 좌파에 밀리고 있었다. 영화와 대량 발행 신문 같은 새로운 형태의 미디어에서도 불안한 위치였다. 우파 신문은 정치와 외교 문제보다 스포츠, 범죄, 스캔들 기사로 가득했다. 사회 변화 역시 좌파가 주도하고 있었다. 페미니스트 운동과 동성애자 운동은 이성애자 남성의 정체성에 이의를 제기했다.

한편 1906년, '쾨페니크의 대위'로 더 잘 알려진 빌헬름 포크트Wilhelm Voigt라는 뛰어난 사기꾼이 가짜 군복을 입고 감쪽같은 연기로 순진한 병사들을 속였다. 병사들은 그가 베를린 외곽 쾨페니크 구청을 털도록 도와주기까지 했다. 군대 규율을 무너뜨리는 대담함으로 포크트는 잠시 민중의 영웅이자 미디어의 슈퍼스타가 되었다. 하지만 바흐와 칸트, 괴테의 나라에서 어떻게 범죄자가 영웅이 됐는지 의아해하는 독일인이 많았다. 1908년, 한 신문은 그 모든 상황을 되돌아보면서 "우리 국민이 도덕적으로 회복하려면 나라 안이나 밖에서 철저히 파괴적인 대재앙이 벌어져야 할 것"[17]이라고 한탄했다.

대재앙은 1차 세계대전이라는 형태로 닥쳤다. 그러나 전쟁으로 독일 정치 문화의 기본 요소들이 바뀌지는 않았다. 더 심각해졌다. 독일은 이미 대중을 정치에 동원하는 데 너무 익숙해지고, 정치적 충성이라는 행동 양식이 확고히 자리 잡은 상태에서 전후 시대를 맞았다. 우파는 정치뿐 아니라 문화에서도 그 어느 때보다 질 것 같은 싸움에서 필사적으로 싸우고 있다고 느꼈다.

## 8월 신화와 11월 신화

독일인들은 전쟁 자체보다 종전 과정과 후유증에서 영향을 더 많이 받았다. 보수주의 지식인 에트가어 율리우스 융Edgar Julius Jung은 "전선이 무너지고, 11월 혁명독일혁명. 세습황제가 다스리던 독일제국을 붕괴시키고, 바이마르 공화국을 탄생시킨 1918년의 민주주의 혁명이 일어나고, 조국이 점령된 무시무시한 시기에 나는 세상을 새로운 눈으로 보기 시작했다"라고 기록했다.[18]

전후 독일의 상황에 주된 영향을 끼친 건 1919년 6월 28일에 체결된 베르사유 조약이었다. 독일의 국경 지역을 폴란드·덴마크·벨기에·프랑스에 넘기고, 독일의 육해군 규모를 제한하고, 공군을 금지하며, 독일과 오스트리아가 통합하지 못한다는 조건이었다. 또한 독일은 새로운 국제기구인 국제연맹에 들어오지 못하게 했다. 그렇지만 실제로 독일인의 관심이 쏠린 조항은 전쟁 책임에 관한 231조였다. 231조에 따르면, 전쟁이 벌어진 책임을 독일 혼자 져야 했다. 그리고 232조에 따라 독일은 승전국들에 배상금을 지급해야 했다. 조약에서는 배상금의 구체적인 금액을 정하지 않았다. 파리에 모인 정치인들은 몸에 밴 관료적인 태도로 그 과제를 위원회에 떠넘겼다. 그래서 이후 13년 동안 질질 끌면서 배상금 협상을 거듭했다.

사람들은 베르사유 조약의 조건이 지나치게 모질고 혹독해서 독일인이 분노했기 때문에 나치가 탄생했다는, 근거 없는 믿음을 끈질기게 이야기해 왔다.[19] 실제로는 1차 세계대전 후 강화조약 중 베르사유 조약의 조건이 가장 온건했다. 독일 역사와 외교사를 전공한 학자들은 베르사유 조약이 1차 대전과 2차 대전 사이 유럽의 모든 문제를 일으킨 원인은 아니었다는 의견에 대체로 동의한다. 거의 모든 독일인이 베르사유 조약은 부당하니 조약을 맺을 이유가 없었다고 여긴 건 분명하다. 그렇지만 조약 자체보다는 그 조약에 어떻게 대처할지를 가지고 독일 국민이 분열했다는 게 더 중요했다. 무력 저항을 포함해 저항으로 이 상황을 극복해야 할까? 아니면 끈질긴 외교로 문제를 해결해야 할까?

전쟁에 대한 그릇된 믿음 두 가지가 전후 분열을 일으키는 데 최소한 조약 이상으로 중요한 역할을 했다. 하나는 전쟁 시작과 관련된 '1914년 신화'였다. 또 하나는 혁명으로 '등을 찔리면서' 패배해 전쟁이 끝났다는 1918년의 신화였다. 두 신화는 통합과 분열, 애국심과 반역, 승리와 패배, 우파와 좌파, 8월과 11월 등 선명히 대조됐다. "전쟁은 화창한 여름날에 시작되었지만, 혁명은 춥고 습하고 안개 낀 11월에 일어났기 때문에 혁명이 아주 불리했다"라고 독일 언론인이자 역사학자 제바스티안 하프너 Sebastian Haffner는 기록했다. 전쟁이 끝날 때 그는 베를린에서 사는 열한 살

남학생이었다. 하프너는 그 대조가 얼마나 영향력 있는지를 민주주의자조차 느꼈다면서, "그들은 실제로 혁명이 일어난 11월 9일을 떠올리게 하고 싶지 않았고, 한 번도 기념하지 않았다. 나치는 1차 세계대전이 벌어진 1914년 8월과 1918년 11월을 대비하며 언제나 쉽게 사람들을 설득했다"라고 말했다. 11월 혁명은 살육이 끝나고 "남편은 아내에게 돌아갔고, 남자들은 삶을 되찾았다"라는 뜻이었지만, 기쁨이 전혀 없었다. "그저 나쁜 기분, 패배, 불안, 무의미한 총질, 혼란과 나쁜 날씨밖에 없었다." 전쟁은 분명 재앙을 불러왔지만 "거의 모든 사람이 전쟁이 시작되던 때를 의기양양했던, 강렬하고 잊을 수 없는 날들로 기억했다." 반면 혁명은 "독일인 대부분의 마음에서 어두운 기억"만 일깨울 뿐이었다.[20]

하프너가 주장하듯 8월과 11월의 대비가 바이마르 공화국의 정치를 근본적으로 규정했다. 두 신화 모두 별로 현실에 바탕을 두고 있지 않지만, 11월 신화의 현실적 근거가 더 약하다. 사실이 아니라고 증명할 수 있는 일들까지 수백만 명의 국민이 굳게 믿는다는 게 바이마르 공화국의 치명적인 단점이었다.

1914년 신화에 따르면, 전쟁이 일어나자 독일 국민이 갑자기 열광적으로 하나가 되었다고 한다. 사회 계층·정당·종교와 지역으로 나뉘어 오랫동안, 때론 격렬하게 싸우던 분열이 열렬히 타오르는 애국심에 녹아 없어졌다고 한다. 훗날 극작가가 된 카를 추크마이어Carl Zuckmayer는 10대 소년이던 전쟁 당시 어느 날, 가족과 함께 네덜란드에서 지내다 독일로 돌아가던 길이었다. 기차를 타고 마인츠 지방의 집으로 가던 그는 방금 아내와 헤어진 기병 장교를 지켜보았다. 추크마이어는 몇 년 후 "그 젊은 장교의 운명은 내 운명이기도 했다. 그와 나를 분리할 수 없었다. 우리 둘 사이에는 어떤 간격도 없었다"라고 적었다. 그러한 감정이 "거의 종교와 같은

힘으로” 그를 덮쳤다.[21]

몇몇 우는 여성들을 묘사하기도 하면서 추크마이어는 1914년의 열광적인 분위기를 전형적으로 보여줬다. 사실 그 감정은 추크마이어 같은 중상류층 젊은이들이 주로 느꼈다. 독일인 전체가 전쟁에 열광했다는 견해는 어떤 의미로 봐도 신화일 뿐이다. 1914년에는 여론조사가 없었기 때문에 역사학자들은 군중집회와 신문 사설을 바탕으로 당시 사람들이 어떻게 느꼈는지를 판단한다. 군중집회라면, 최소한 전쟁에 찬성하려고 모인 사람보다는 전쟁에 반대하기 위해 베를린 거리로 나온 사람들이 더 많았다.[22] 7월 28일, 10만 명에 이르는 사람들이 베를린에서 열린 반전 공청회에 참석했다. 신문 사설은 대개 전쟁을 저지할 수 있다는 희망을 이야기하거나 전쟁의 야만성을 일반적으로 비판했다.[23] 다가오는 전쟁에 실제로 열광하는 신문은 거의 없었다. 전쟁이 진행되고, 좌파의 독립사회민주당과 우파의 조국당이 생기면서 독일이 더 분열되었을 뿐이었다.

그렇지만 아마도 똑같은 이유로 분열이 사라지고 모든 독일인이 하나가 되어 함께 싸우던 때에 대한 꿈이 강력한 힘을 얻었다. 그 꿈은 많은 독일인이 열렬히 돌아가고 싶어 한 이상향, 일종의 잃어버린 민족주의 낙원이었다.[24] 바이마르 공화국 시대에는 온갖 정치인들이 1914년의 기억을 들먹였다. 다만 그 기억을 제대로 이용한 쪽은 결국 나치였다.

주로 최고사령관 힌덴부르크와 루덴도르프, 그리고 그들과 가까운 몇몇 장교들 때문에 독일 군대가 ‘등을 찔렸다’는 배후중상설이 만들어졌다. 1918년 8월이 지나자 그들은 독일 군대가 전쟁에서 패배할 수밖에 없고, 전쟁을 가능한 한 잘 끝내기 위한 협상을 하는 게 유일하게 합리적인 방법이라는 사실을 깨달았다. 약삭빠른 그들은 1917년 평화결의안의 주창자인 중앙당의 마티아스 에르츠베르거Matthias Erzberger의 애국심에 감정적으로 호소하면서 협상이라는 내키지 않는 일을 맡아달라고 설득했다. 에르츠베르거는 감동해서 눈물을 흘리고, 그들 요구대로 휴전 협상을 했다. 우파에게 비난과 모욕을 당한 게 그가 받은 보상이었다. 1921년, 에르츠베르거는 암살당했다.

1919년 봄, 막스 바우어Max Bauer라는 육군 대령이 《우리는 전쟁을 피할 수 있었을까, 이길 수 있었을까, 아니면 중단할 수 있었을까?*Konnten wir den Krieg vermeiden, gewinnen, abbrechen*》라는 제목의 소책자를 냈다. 바우어는 루덴도르프의 주요 참모였던 인물이다. 소책자 제목의 질문에 대한 그의 대답은 명확했다. 처음에는 독일이 쉽게 이길 수 있었고 심지어 나중에도 전망이 좋았지만 "오직 고국의 문제 때문에 전쟁에서 졌다. 특히 가장 어려운 순간에 혁명이 독일 운명을 결정지었다"라고 말했다.[25]

1919년 11월, 힌덴부르크와 루덴도르프는 독일이 패배한 원인을 조사하려고 만든 국회 위원회의 청문회에 함께 출석했다. 두 사람은 모두 군복을 입지 않았다. 군복을 입고 나타나면 증언을 들을 국회의원에게 지나친 존경을 보여줄까 봐 그랬다고 그들은 공개적으로 설명했다. 게오르크 고타인Georg Gothein이라는 위원회 위원장이 힌덴부르크에게 질문하려고 했지만, 힌덴부르크는 그를 무시하고 루덴도르프가 초안을 작성한 성명서를 읽었다. 고타인이 이를 중단시키려고 했지만, 힌덴부르크는 차분하게 계속 읽었다. "적이 병력이나 군수물자 모두 우월했지만, 우리는 전쟁을 유리하게 이끌 수 있었다. 그런데 정당들의 각기 다른 당리당략이 드러나기 시작했다. 이러한 상황에서 전쟁에 대한 우리의 의지가 금방 무너졌다. 붕괴는 불가피해졌고, 혁명으로 마지막 희망도 사라졌다." 힌덴부르크의 성명서는 "독일 군대는 등을 찔렸다"라는, 오랫동안 기억될 말로 끝을 맺었다.[26]

히틀러를 선택한 나라

1914년 신화와 배후중상설에는 중요한 공통점이 있다. 힌덴부르크가 말했듯 병력이나 군수물자가 아니라 의지력이 전쟁에서 결정적인 역할을 한다는 생각이 바탕에 깔려 있다. 또한 둘다 보수적이고 반민주적인 정치 전략을 뒷받침할 수 있다. 모두가 하나가 되었던 1914년 8월이 1918년 11월 같은 몰락의 해결책이라는 게 우파의 생각이었다. 이 생각의 극단적 형태가 나치가 말한 민족공동체, 폴크스게마인샤프트Volksgemeinschaft였다. 나치는 폴크스게마인샤프트가 1914년 정신을 다시 만들어낼 것이라고 분명하게 주장했다.[27]

군대의 최고사령부는 전쟁에 패배한 책임은 민주주의자들에게 있고, 베르사유 조약은 민주주의자들이 군대를 상대로 음모를 꾸민(등을 찌른) 결과라는 개념을 자신들의 책임을 회피하기 위한 거짓말로 활용하기 시작했다. 민족주의자들은 민주주의자들을 몰아내기 위해 그러한 개념을 받아들였다. 민주주의자들은 역사학자 제프리 버헤이Jeffrey Verhey 박사가 썼듯이, "이성적인 사람들이 엄청난 불합리성과 맞닥뜨렸을 때 느끼는 불신"으로 대응하는 편이었다.[28] 그렇지만 수백만 명의 독일인은 어쨌든 국내 세력에 등을 찔려 패전했다고 믿었다. 그게 합리적인 생각인지 아닌지 상관하지 않았다. 마음속 깊이 자리 잡은 이념이나 세계관과 맞았고, 어쩌면 그들의 심리적인 욕구와 맞을지도 몰랐다. 독일인들은 그러한 생각을 믿고 싶었다.

전쟁에 왜 패배했는지 그리고 전후 협상에 어떻게 대응할지에 대해 전혀 사회적 합의가 이뤄지지 않았던 점이 독일이 처음 경험한 민주주의의 근본적인 문제였다. 전쟁 결과를 받아들인 사람들은 자원, 병력과 해군력이 풍부했던 연합군이 독일을 제압했다는 사실을 인정했다. 영국과 미국의 자본주의와 제국주의가 전후 세계를 좌지우지했다. 영국과 미국의 강력한 힘이 세계화(그러한 말이 생기기도 전에)를 촉진했다. 1차 세계대전 이후 세계의 세력 불균형은 숨이 막힐 정도였다.[29] 1922년의 워싱턴 해군 조약은 그러한 상황을 한눈에 보여준다. 1920년대에는 큰 비용과 정교한 기술이 필요한 전함이 국력을 가장 명확히 보여줬다. 하지만 워싱턴 해군 조약은 강대국인 영국, 미국, 일본, 프랑스와 이탈리아가 각각 건조하는 전함의 비율을 10:10:6:3:3으로 못 박았다. 다른 나라는 아예 포함되지도 못했다.[30]

이러한 상황에서 독일은 영국과 미국이 주도한 세계화를 받아들이고, 적응하려고 애쓰고, 궁극적으로는 그들의 이익에 맞추려고 노력할 수도 있었다. 반대로 모든 어려움을 딛고, 어쩌면 말도 안 되지만, 맞서 싸울 수도 있었다. 바이마르 공화국은 내내 두 정책 중 하나를 외교 원칙으로 선택해야 했다.

독일은 민주주의자와 민족주의자, 그리고 전쟁 결과를 받아들이려는 집단과 받아들이지 않으려는 집단으로 어지럽게 분열했다. 민주적인 정치인들은 세계 질서에 적응해야 한다고 했지만, 우파 민족주의자들은 맞서 싸워야 한다고 주장했다.

우파 민족주의자들의 주장에 담긴 함축적 의미를 명확하고 간결히 설명한 사람은 루덴도르프 장군이었다. 처음에는 국회 위원회 앞에서 증언하면서, 그다음 몇 년 후에는 자신의 유명한 전쟁 회고록 《총력전*Der Totale Krieg*》에서 그 의미를 설명했다. 회고록은 영어로 번역되어 《전쟁 중인 나라*The Nation at War*》라는 명시적인 제목으로 출간되었다.[31] 더 명시적이었던 것은, 의도치 않게 정확하긴 했지만 루덴도르프가 쓴 독일어 단어 '총력전(totaler Krieg)'의 번역이었다. 번역자는 이 용어를 있는 그대로의 뜻인 '총력전(total war)'이 아니라 '전체주의 전쟁(totalitarian war)'으로 옮겼다. 전체주의 사회는 루덴도르프가 딱 원한 사회였다. 만약 후방 국민의 규율이 무너지는 바람에 독일이 전쟁에서 졌다면, 그런 일이 다시 벌어질 수 없도록 사회를 효율적으로 통제하는 게 나라를 위한 첫 번째 과제였다. 그러려면 반대 의견을 무자비하게 짓밟아야 한다. 산업 현장에서 일하든 군복무를 하든 전쟁 준비를 위해 모든 국민을 어떤 식으로든 동원해야 했다. 사상 통제와 효과적인 선전은 필수적이었다. 독재국가만이 이 모든 일을 할 수 있었고, 그러니 전후의 세계 질서를 받아들이지 않았던 민족주의자들에게 민주주의는 독일이 결코 선택해서는 안될 제도였다.

루덴도르프의 참모였던 막스 바우어는 "통치한다는 것은 지배한다는 뜻이다"라고 이를 직설적으로 표현했다.[32]

1920년대 초, 루덴도르프는 파제발크 병원에서 부상병으로 전쟁을 마쳐야 했던 아돌프 히틀러와 협력하며 자신의 생각을 전달하기 시작했다.

2장

# 히틀러의 등장

: 화가에서
내란의 주모자로

공무원들은 그의 안전을 걱정했다.

공산주의자들이 그를 공격할지도 모른다는 경고가 있었다. 베를린 모아비트 지역의 투름 거리 91번지의 형사법원 앞에 수많은 사람이 모였다. 대부분은 나치 돌격대원들이었지만, 공산주의자가 어딘가에서 노리고 있을지 알 수 없는 일이었다. 경찰(경찰도 많이 와 있었다)이 시위를 벌이는 나치를 조금씩 골목으로 밀어 넣었다.

법원 청사는 1906년부터 투름 거리와 라테노버 거리 사이 모퉁이에 서 있다. 사람들은 그곳을 아직도 '새' 형사법원이라고 부른다. 라테노버 거리와 옛 모아비트가 만나는 그 지역의 반대편 끝에는 1870년대에 세워진 '옛' 법원이 있다. 그리고 중간에는 두 법원 청사와 비밀통로로 연결되는 구치소가 있다. 덕분에 그들은 바깥에 모인 사람들을 감쪽같이 피해 그를 데리고 들어온다.

그는 오늘 제복이 아니라, 일반적인 푸른색 정장을 입었다. 나치를 상징하는 핀만 단춧구멍에 꽂혀 그의 정치적 역할을 보여준다. 경호원들은 재빨리 움직이면서 그와, 그의 부관 빌헬름 브뤼크너Wilhelm Brückner를 3층의 664 법정으로 안내한다. 그가 들어가자 나치 피고 네 명이 벌떡 일어서더니 오른팔을 들어 올리고 "하일 히틀러(히틀러 만세)!"라고 외친다. 그다음 그들은 앉지 않겠다고 한다. 나치 신문 《데어 안그리프Der Angriff, 공격》는 "그들은 교도소에 들어갈 처지가 되었을 때조차 무시당하지 않겠다는

의지를 자신들의 지도자에게 꼿꼿하고 열렬하게 보여줬다"라고 뿌듯하게 기록한다.[1]

1931년 5월 8일이다. 민족사회주의독일노동자당(나치)의 지도자인 아돌프 히틀러는 소환장을 받고 증언하기 위해 나치 돌격대원 네 명의 살인 미수 재판에 왔다. 히틀러는 곤경에 빠졌다. 몇 달 전, 돌격대원들이 공산주의자 하이킹 클럽의 파티가 열린 댄스홀에서 마구 총을 쐈다. 때문에 젊은 남자 세 명이 상처를 입었고, 27세의 급진 사회주의 변호사 한스 리텐Hans Litten이 법정에서 피해자들을 변호하고 있다. 리텐은 히틀러의 증언을 이용해 나치의 폭력이 그저 성마른 청년들이 흥분해서 저지른 일이 아니라는 사실을 보여주고 싶다. 히틀러가 직접 명령한, 계획적이고 조직적인 범죄라는 점을 증명하려고 한다.

히틀러가 리텐의 질문에 대답하면 딜레마에 빠질 수 있다. 사실 히틀러는 폭력을 저지르라고 돌격대원들을 자주 부추긴다. 그게 나치의 특징이다. 하지만 나치는 중산층 유권자에게 호소한 덕에 1930년 9월부터 선거에서 표를 많이 얻고 있다. 그렇게 승리를 거두기 위해 나치는 바이마르 헌법과 독일 법률을 충실히 지키겠다고 굳게 맹세했다. 중산층(혹은 그렇게 생각하는) 유권자들은 난폭한 정치운동가를 좋아하지 않는다. 나치의 폭력이 지나치면 겁나서 도망갈지도 모른다. 그렇다고 나치가 헌법에 너무 충실하면 폭력적인 쿠데타를 꿈꾸는 난폭하고 혁명적인 돌격대원들을 화나게 한다. 히틀러가 당의 노선을 어느 쪽으로 제시하든 한쪽 지지자를 잃거나 위증죄로 검찰에 출두해야 할지 모른다.

모아비트 법정에 들어서는 히틀러에게 문제는 딜레마만이 아니다. 히틀러는 자신이 통제할 수 없는 상황을 정말 싫어한다. 전지전능한 힘을 가진 것 같은 자신의 세련된 분위기가 거짓이라는 게 드러날 수 있어서다. 게다가 히틀러는 자신의 교육 수준이 낮은 데 대해 심하게 불안해한다. 반면 한스 리텐은 훌륭한 집안 출신의 수재로, 손쉽게 뛰어난 법학도가 된 사람이다. 변호사로서 일찌감치 법률 논쟁의 대가가 되어 판사·증인·반대편 변호사와 겁 없이 대결하고, 지칠 줄 모르고 증거를 찾는다. 기억력도 좋아 사진 찍듯이 모든 걸 기억한다. 게다가 그의 부모 중 한쪽이 유대인이다.

신문에는 세 시간이 걸렸다. 리텐은 차분하지만 집요하게 질문해 히틀러의 기운을 끊임없이 빼놓는다. 사진작가 레오 로젠탈Leo Rosenthal은 이날, 여느 때처럼 자신의 카메라를 몰래 숨기고 법정으로 들어간다. 로젠탈은 불법 법정 사진을 전문적으로 촬영한다. 로젠탈은 심리 상태가 드러나는 히틀러의 자세를 예리한 눈으로 포착한다. 등을 앞으로 구부리고, 어깨는 긴장하고, 걱정스러운 표정이다. 강력한 지도자의 모습은 어디에도 보이지 않는다.

나치의 선전부장 요제프 괴벨스가 쓴 소책자가 도마에 오를 때 긴장감이 최고조에 이른다. 당원을 새로 모집하기 위해 나치 이념을 간단히 소개하는 소책자다. 소책자에는 나치가 선거로 권력을 잡을 수 없으면 "그때 우리는 혁명을 일으킬 것이다! 그때 우리는 의회를 완전히 쫓아내고 독일인의 주먹과 독일인의 두뇌로 나라를 세울 것이다!"라고 약속하는 내용이 들어 있다. 히틀러의 정당이 합법적이라면 정당의 선전 책임자가 어떻게 그런 글을 쓰고 또 공식적으로 발간할 수 있었을까? 오전에 히틀러는 정당이 그 소책자를 승인한 적이 없다고 부인하면서 질문을 회피한다. 하지만 리텐이 점심시간 동안 괴벨스의 집회 그리고 당의 모든 책방에서 아직 그 소책자를 판매한다는 사실을 알아낸다. 히틀러가 이를 설명할 수 있을까? 히틀러는 설명하지 못한다. 궁지에 몰리자 알아들을 수 없게 화를 내면서 고함을 지른다. 리텐은 제대로 대답하라면서 침착하게 히틀러를 압박한다.

그때 쿠르트 오네조르게Kurt Ohnesorge 판사가 히틀러에게 구명줄을 던진다. 바이마르 공화국의 판사 중에는 보수 기성 정당인 국가인민당 당원이 많고, 오네조르게도 그중 한 명이다. 오네조르게가 난폭한 나치를 좋아하는 건 아니다. 어쩔 수 없이 선택해야 한다면 사회주의자와 공산주의자보다는 나치가 나아서다. 오네조르게는 "그건 이 재판과 아무 상관없습니다"라고 말하면서 더 질문하지 못하게 한다. 당황하고 동요했던 히틀러는 이로써 구원받았다.[2]

변호사이자 자유주의 신문의 칼럼니스트인 루돌프 올덴Rudolf Olden이 그 순간을 가장 예리하게 논평한다. 다음 날 《베를리너 타게블라트*Berliner Tageblatt*, 베를린 일간 신문》에 실린 글에서 올덴은 "히틀러는 자신의 합법성을 거듭거듭 맹세한다. 그러나 그를 믿는 사람은 거의 없다"라고 지적한다. 히틀러는 정말로 누군가가 자신의 말을 믿기를 원할까? 올덴 생각에는 나치의 핵심 지지자들, 특히 청년 돌격대원들은 히틀러의 맹세를 믿고 싶지 않다. 폭력적인 혁명 이야기를 더 좋아한다. 혁명 운동에 참여했다고 생각했다가 이제 헌법을 충실히 지킨다는 히틀러의 말을 듣고 환멸을 느껴 떠난 나치 당원도 있다. 그들은 "실망하면서 그를 떠났다."

올덴은 한스 리텐의 교묘한 전략을 알아차린다. 히틀러가 법정에서 증언하면서 나치의 합법성을 주장하고, 돌격대원들에게 때때로 전보를 보내 폭력을 부추기던 일을 중단한다면 아마도 상당히 많은 지지자가 떠날 것이다. 올덴은 리텐이 독일 사람들에게 전하고 싶어 한 메시지를 이렇게 요약한다. "더 이상 그를 신봉하지 마라. 그의 말은 진담이다." 그러나 올덴은 독일 국민에게 별로 기대하지 않는다. "사람들은 그렇게 금방 이해

하지 못한다"라고 쓴다.³

실제로 국민들은 이해하지 못한다. 그리고 한스 리텐은 이날 법정에서 히틀러를 궁지로 몬 일에 대한 대가를 톡톡히 치른다. 7년도 채 지나지 않아 구타와 고문, 중노동에 수년 동안 시달린 끝에 34세밖에 되지 않은 나이로 새로 생긴 강제수용소라는 곳에서 죽게 된다.

## 정치인 히틀러의 역설

아돌프 히틀러는 줄곧 거짓말을 했다. 그렇지만 자신이 무슨 일을 하고 있는지, 어떻게 할 계획인지 분명하게 이야기하기도 했다. 이것이 아돌프 히틀러의 본질적인 역설이다.

우리는 히틀러와 가까웠던 사람들의 기억을 통해 그 역설이 어떻게 작용했는지 알 수 있다. 변호사이자 독일이 점령한 폴란드에서 총독을 지낸 한스 프랑크Hans Frank는 1920년에 히틀러 연설을 처음 들었을 때 "이 사람은 자신이 완전히 믿지 않으면 남을 설득하려고 하지 않는, 진심으로 말하는 사람이다"⁴라고 느꼈다고 기억했다. 사회민주주의 사상을 가진 기자이자 중요한 히틀러 전기를 처음으로 썼던 콘라트 하이덴Konrad Heiden은 뮌헨에서 기자로 일할 때 히틀러 연설을 여러 차례 지켜봤다. "연설이 절정에 이르면 그는 자기 자신에게 매혹된다. 그리고 순수한 진실을 이야기하든 거짓말을 이야기하든 그 순간에는 자신의 존재를 완전히 표현하면서 말한다. … 거짓말을 할 때조차 진정성이 넘쳐흘렀다"[5]라고 하이덴은 기록했다. 한편 히틀러 정권의 재무부 장관이었던 루츠 슈베린 폰 크로지크Lutz Schwerin von Krosigk 백작은 "그는 가장 친한 친구에게조차 정직하지 않았다. … 내 생각에 그는 거짓말이 너무 몸에 배어서 거짓과 진실의 차이를 더는 깨달을 수 없었다"[6]라고 평가했다.

히틀러는 《나의 투쟁》에서 자신이 정직하지 않다고 놀랄 만큼 솔직하게 말했다. 정치적 메시지는 정직하지 않을수록 좋다고 히틀러는 썼다. 그에 따르면 정치인은 작고 사소한 거짓말을 할 때 실패한다. 작은 거짓말은 쉽게 들키기 때문에 정치인으로서 신뢰가 무너지게 된다. '큰 거짓말'을 하는 게 훨씬 낫다. 왜 그럴까? "큰 거짓말 안에는 언제나 뭔가 신뢰하게 하는 요소가 있다." "많은 사람이 머리보다는 마음 깊은 곳에서 더 쉽게 무너질 수 있어서다. 그들 마음속 원초적인 단순함 때문에 작은 거짓말보다 큰 거짓말에 더 넘어가기 쉽다. 그들 자신이 때때로 작은 거짓말은 하지만, 수치스러워서 너무 큰 거짓말은 하지 못하기 때문이다"[7]라고 히틀러는 설명했다.

"그렇게 순진하고 단순한 사람들은 '어마어마한 거짓말'을 지어내겠다는 생각을 절대 하지 않을 것이고, 다른 사람이 그런 거짓말을 할 수 있다고 상상도 하지 않는다. 사실인지 아닌지는 그들에게 전혀 중요하지 않다. 거짓말이었다고 이야기해 줘도 평범한 사람들은 최소한 (거짓말의) 일부는 진짜일 것이라고 생각하면서 계속 흔들린다. 가장 뻔뻔한 거짓말은 언제나 무언가 영향을 준다. 다른 사람은 몰라도 이 세상의 뛰어난 거짓말쟁이들은 누구나 잘 아는 사실이다."[8]

그다음 히틀러의 주장은 묘하게 변한다. 정치적 이익을 위해 엄청난 거짓말을 해야 한다고 방금 주장해 놓고, 자신이 최대 적이라고 여기는 사람들을 '진짜' 거짓말쟁이라고 비난했다. 히틀러는 "먼 옛날부터 거짓말과 중상모략을 잘할 수 있는 최고의 전문가는 유대인이었다"라고 썼다. "위대한 철학자 아르투르 쇼펜하우어는 유대인을 '거짓말의 대가'로 불렀다. 쇼펜하우어가 꿰뚫어 본 '진실'을 깨닫지 못한다면, '그것을 믿고 싶지 않다면' 결코 진실이 승리하도록 도울 수 없을 것이다"라고 히틀러는 말했다.[9] 어떤 진실이 승리하도록 도울 수 있다는 건지, 자신이 거짓말을 하면서 무슨 일을 할 수 있는지는 확실히 밝히지 않았다.

여기서 또 인상적인 사실이 드러난다. 아돌프 히틀러는 그저 독일 국민을 경멸할 뿐이었다. 이 사실이 놀라울 수 있다. 대부분 히틀러를 극단적인 민족주의자로 알기 때문이다. 히틀러는 부와 영토를 확장하면서 독일을 다시 위대하게 만들겠다고 꿈꾸었고, 독일의 우수한 인간 자원으로 제국을 세우려고 했다. 독일인은 지배자 민족이 아니었는가? 그런데 히틀러의 말을 자세히 들여다보면 그가 정치를 시작했던 때부터 죽을 때까지 독일 국민이 무식하고, 약하고, 어리석다고 생각했다는 사실을 알아차릴 수 있다.

"국민 대부분은 게으르고 겁쟁이다"[10]라고 히틀러는 《나의 투쟁》에서 썼다. 관세나 조세 규모 혹은 외국과 조약을 맺은 자세한 내용에 관한 복잡한 메시지로 국민과 소통하려고 애써봤자 아무 의미가 없다. 그렇게 하려고, 박식하고 무미건조한 정책 강의를 늘어놓는 게 바로 '부르주아지(중산층 자유주의자)' 정치인들이 실수하는 점이다. 평범한 사람은 복잡한 메시지를 이해하지 못하고, 굳이 이해하려고 하지도 않는다. 보통 사람들의 마음속 깊이 들어가려면 메시지가 간단해야 한다. 지적이지 않고 감정적이어야 한다(증오심이 잘 먹힌다). 그리고 끊임없이 반복해서 말해야 한다는 게 히틀러의 생각이었다.

사실 히틀러는 정치를 하면서 독일 국민의 '자질'에 여러 차례 심한 좌절감을 드러냈다. 《나의 투쟁》에는 도시 빈곤이 노동자 계층 가정을 타락시키는 영향에 대한 흥미진진한 구절이 들어 있다. 1928년에 《나의 투쟁》 속편으로 썼지만 2차 세계대전 후에야 출판된, 소위 '두 번째 권'에서 히틀러는 "독일 국민은 예를 들어 영국인의 평균 자질조차 가지고 있지 않다. 비록 영국인은 우리 국민처럼 위험해지지도, 빛나는 정점으로 올라가지도 않겠지만"[11]이라고 불평했다. 2차 세계대전에서 상황이 나빠지기 시작하자 그는 "독일 국민이 약하다는 게 드러나면 더 강한 국민들에 의해 소멸될 수밖에 없어. 아무도 동정하지 않겠지"[12]라고 자주 반복해서 매일 말했다.

두 번째 역설은 히틀러가 사람들 마음을 이상한 방식으로 사로잡으면서 정치적으로 성공했지만, 사실 아무에게도 관심이 없었다는 점이다. 히틀러는 다른 사람과 진정한 관계를 전혀 맺지 않았다고 역사학자들은 언제나 이야기한다. 그가 사랑한 사람은 어머니밖에 없었다. 다른 사람은 그저 모두 이용하기 위한 존재였다. 또한 가까운 친구가 없었다. 있었다 해도 결국 헤어졌거나 죽이기까지 했다. 여자와 제대로 연애해 본 적도 없다(그의 애인 에바 브라운Eva Braun도 그저 그가 이용한 사람일 뿐이었다). 히틀러와 오랜 시간을 보낸 사람들은 그가 언제나 냉담하고 알 수 없는 사람이었다고 말했다.

그렇지만 히틀러에게는 다른 사람(개인이든 군중이든)의 생각, 희망, 공포와 필요를 기가 막히게 꿰뚫어 보는 직관적인 통찰력이 있었다. 오랫동안 히틀러의 해외공보실장을 지낸 에른스트 한프슈탱글Ernst Hanfstaengl은 히틀러의 그런 자질을 "흥미로운 사람(한동안 누구에게든 흥미를 느꼈다)을 만나자마자 그의 내면에 있는 기계가 작동하는 게 거의 보이는 것 같았다"

라고 묘사했다. 한프슈탱글은 "같이 있는 사람을 탐지기 같은 감각으로 살핀 후 그 사람의 사고방식과 비밀스러운 갈망, 감정까지 순식간에 명확하게 파악했다"라고 회고했다. 그래서 히틀러와 대화를 나눈 사람은 "히틀러가 엄청나게 이해심이 많고, 깊이 공감하는 사람이라고" 생각하기 시작했다. 한프슈탱글은 히틀러가 "내가 만난 어떤 사람보다 무시무시하게 강력한 설득력을 가지고 있었다"라고 결론을 내렸다.[13]

한프슈탱글이 말했듯이 이러한 설득력은 히틀러가 군중을 끌어당길 수 있었던 비결로만 그치지지 않았다. 히틀러는 영국 총리 데이비드 로이드 조지와 네빌 체임벌린Neville Chamberlain처럼 세계의 노련한 정치인들 여럿에게도 좋은 인상을 주었다. 말솜씨뿐 아니라 (그의 뛰어난 재능 중 하나인) 연기력과도 어느 정도 관련이 있었다. 히틀러는 상황에 따라 조용하고, 겸손하고, 합리적인 사람으로 보일 수 있었다. 마찬가지로 분노를 터뜨리고, 감정에 벅차서 눈물짓는 일 역시 그저 효과를 높이기 위한 연기일 때가 많았다. 지지자와 악수하면서 오랫동안 눈을 깊이 들여다봐 강력하고 지속적인 인상을 남기는 수법 역시 연기였다.[14]

히틀러는 원하는 효과를 거두기 위해 군중과 개인을 상대로 끊임없이 연기했다. 개인 사진사 하인리히 호프만Heinrich Hoffmann이 히틀러의 연설 자세를 연속해서 촬영했고, 히틀러는 사진을 보고 모든 손동작과 얼굴 표정을 가다듬을 수 있었다. 나치의 수많은 고위 인사들에게 들은 이야기를 바탕으로 히틀러 전기를 쓴 콘라트 하이덴은 히틀러가 열광적인 추종자 루돌프 헤스Rudolf Hess의 도움을 받아 어떻게 중요한 손님을 맞을 준비를 했는지를 기록했다. 맨 먼저 히틀러는 헤스를 보내 손님을 미리 만나보게 했다. 그다음 헤스는 히틀러에게 손님에 대해 상세히 보고하고, 두 사람은 실제 만날 때를 대비해 연습했다. 헤스가 손님 역할을 맡았다. "손님은 '자연스러운 권위'를 기대할 겁니다. 길게 이야기하셔도 괜찮습니다. 흔들리지 않는 의지를 보여주세요"라고 헤스는 히틀러에게 말했다. "그러면 크지는 않지만, 단호한 목소리로 말해야 하겠나?"라고 히틀러는 물었다. "물론입니다"라고 헤스는 대답했다. 히틀러는 그 방법대로 해보고, 헤스는 "조금 더 차분하게, 흥분하지 말고, 위엄 있게 말하세요. 아무것도 바라지 않는 것처럼 보이세요. 운명에 맡기는 것처럼"이라고 다시 조언했다. 히틀러는 헤스가 말한 방법이 마음에 들었고, 몇 분 더 연습한 다음에 말을 멈췄다. 그러고는 헤스에게 "자, 이제 방법을 찾은 것 같네"라고 말했다.[15]

## 군 복무 전의 삶

셀 수 없이 많은 전기가 나왔지만, 우리가 정말 알고 싶은 내용 대부분은 계속해서 의심, 수수께끼, 논쟁에 둘러싸여 있다. 히틀러는 젊은 시절에 빈에서 반유대주의를 받아들였다고 《나의 투쟁》에서 주장했다. 또 전쟁은 생애 최고의 경험이었고, 자신이 용기 있고 뛰어난 군인이었다고 썼다. 그는 휴전협정이란 충격적인 소식을 들은 후, 전쟁에 총력을 기울이던 독일을 배반하고 불법 정부를 만든 '11월의 범죄자들'을 응징하기 위해 정치에 뛰어들기로 결심했다고 설명했다.

최근 연구는 히틀러의 주장을 거의 모든 면에서 조목조목 비판한다. 그렇다면 이제, 우리는 어떻게 이 사람을 이해해야 할까?

아돌프 히틀러는 1889년 4월 20일에, 오스트리아의 브라우나우암인Braunau am Inn에서 태어났다. 그의 아버지 알로이스 히틀러Alois Hitler는 오스트리아-헝가리 제국의 세관 공무원이었다. 가난한 농촌 소년으로 고등

교육을 받지 못했던 알로이스로서는 신분이 상당히 상승한 셈이다. 히틀러 어머니의 결혼 전 이름은 클라라 푈츨Klara Pölzl이었다. 알로이스보다 스물세 살 어리고, 사실 그의 조카딸이면서 세 번째 아내였다. 히틀러는 두 사람의 네 번째 아이였지만, 유아기를 넘기고 살아남은 아이로는 첫 아이였다.[16]

　의미가 중요하지만 불확실한 점 중 하나가 히틀러 이야기를 시작하자마자 나타난다. 히틀러의 아버지는 혼외 자식이었다. 광범위한 연구로도 알로이스의 아버지가 누구인지는 아직 명확하게 밝혀내지 못했다. 알로이스의 어머니는 마리아 안나 쉬클그루버Maria Anna Schicklgruber였고, 알로이스는 39세가 될 때까지 쉬클그루버라는 어머니 성을 사용했다. 요한 게오르크 히들러Johann Georg Hiedler와 요한 네포무크 히들러Johann Nepomuk Hiedler 형제 중 한 명이 알로이스의 아버지일 가능성이 가장 높다. 요한 게오르크는 알로이스가 태어난 후 마리아 안나와 결혼했지만, 아내의 아들에게 자신의 성을 준 적이 없었다. 요한 게오르크가 죽은 다음에야 요한 네포무크는 알로이스가 요한 게오르크의 법적 아들이라고 신고하도록 도왔고, 알로이스는 그제야 성을 히들러Hiedler로 바꿨다. 하지만 철자를 '히틀러Hitler'라고 썼다. 당시 오스트리아 시골에서는 그렇게 철자를 바꾸는 일이 흔했다.[17]

　이외에도 마리아 안나가 가정부로 일했던 그라츠 지방의 유대인 가족 중 한 명이 알로이스의 아버지일 것이라는 추측도 나왔고, 특히 한스 프랑크가 이 추측을 지지했다. 최근 연구는 이를 설득력 있게 반박한다. 그렇지만 히틀러 자신은 그 말이 진짜일까 봐 두려워했고, 그의 행동에도 영향을 준 것 같다. 이러한 배경에서 히틀러가 자신의 혈통을 포함해 순수 혈통에 그렇게 집착하고, 1935년 뉘른베르크법으로 아리아인 여성이

유대인 가정의 가정부로 일할 수 없도록 금지했을 수도 있다. 히틀러는 게슈타포에게 계속 자기 혈통을 조사하게 했지만, 결정적인 단서를 찾지 못했다. 가장 놀라운 것은 그의 아버지가 태어났고, 할머니가 묻힌 오스트리아의 마을 될러스하임Döllersheim의 운명이다. 1938년 3월, 독일이 오스트리아를 합병하자마자 히틀러는 될러스하임을 군대에 넘겨 포병사격장으로 사용하게 했다. 주민들은 마을을 떠나야 했고, 군대는 포격으로 마을뿐 아니라 묘지까지 초토화했다.[18]

훗날 히틀러는 성을 바꾼 게 아버지가 자신에게 해준 일 중 최고였다고 말했다.[19] 찰리 채플린의 영화 〈위대한 독재자〉처럼 풍자하려는 게 아니라면 열광한 군중이 "쉬클그루버 만세"라고 외치는 장면을 상상하기란 쉽지 않다.

아버지 알로이스의 직업과 가만히 있지 못하는 성격 때문에 히틀러 가족은 독일 국경 지역인 파사우(히틀러는 파사우에서 익힌 바이에른 억양을 평생 사용했다), 그다음 오스트리아 린츠로 자주 이사했다. 전해지는 많은 이야기와는 반대로, 히틀러는 어린 시절을 상당히 행복하게 보낸 것 같다. 알로이스는 권위적인 데다 때때로 폭력적이었지만, 당대 많은 아버지가 그랬다. 히틀러는 학교에서 대부분 좋은 성적을 얻었다. 훗날《나의 투쟁》에서 말했듯이 주로 진로와 관련해서 아버지와 충돌했다. 화가가 되는 게 꿈이었지만, 아버지는 공무원이 되라고 했다고 히틀러는 말했다. 이 역시 히틀러가 자신에 관해 꾸며낸 이야기 같다.[20] 만약 아버지가 아들을 공무원으로 만들고 싶었다면 대학 입학을 준비하는 인문계 고등학교인 김나지움에 보냈을 것이다. 그러나 알로이스는 아들을 실업계 고등학교인 레알슐레로 보냈다. 타협한 끝에, 아들이 건축가가 되기 위한 준비를 해도 된다고 허락했던 것 같다.

물론 히틀러에게 삶은 원하는 대로 펼쳐지지 않았다. 아버지는 1903년 1월, 히틀러가 13세 때 사망했다. 거의 5년 후 어머니가 죽고 히틀러는 훨씬 큰 충격을 받았다. 어머니는 1907년 초에 유방암 진단을 받았고, 12월에 사망했다. 치료를 맡은 의사는 히틀러가 놀랍도록 헌신적으로 어머니를 돌봤고, 어머니가 사망했을 때 히틀러처럼 그렇게 깊이 슬퍼하는 사람을 본 적이 없다고 회고했다.[21]

히틀러는 미술 아카데미에 입학하겠다는 계획을 가지고 빈으로 이사했다. 미술 아카데미는 입학을 두 차례 거부했고, 히틀러는 그때부터 7년 동안 방황했다. 유산으로 물려받은 돈이 어느 정도 있었고, 고모한테 용돈도 받았지만, 돈이 점점 바닥났다. 몇 년 후 그는 빈의 북쪽 끝에 있는 남자 공동 숙소에서 생활하며 엽서 그림과 빈의 거리 풍경 그림을 팔아서 먹고살아야 했다. 1913년에는 독일 뮌헨으로 이사했지만, 오스트리아의 군 복무를 회피한 문제로 곤란해졌다.

## 1차 세계대전 참전

우리에게 전해진 이 시기 히틀러의 삶 이야기는 여러모로 모두 신뢰하기 어렵다. 몇몇은 남자 공동 숙소에서 함께 살았던 사람들이나 그림을 팔아준 사람이 히틀러에 관해 기억한 것을 짜 맞춘 이야기들이다. 히틀러는 자신이 어릴 때부터 천재였다는 사실을 보이고 정치적 메시지를 강조하려는 의도로, 아우구스티누스나 맬컴 X의 자서전처럼 자기 삶을 교훈적인 사례로 내세워 《나의 투쟁》을 썼다. 그렇지만 1차 세계대전이 벌어지지 않았다면 히틀러는 아마 평생 방황하면서 빈이나 독일 남부의 어느 작은 도시에서 무명의 그림엽서 화가로 근근이 살아가다 죽었을 것이라고 말해도 될 것이다.

어쨌든 1차 세계대전은 터졌다. 1914년 8월, 독일이 선전포고를 하자 "이런 시대에 살게 해주신 데 대해 감격해 무릎을 꿇고 하늘에 감사드렸다"[22]라고 히틀러는 회고했다.

히틀러는 오스트리아-헝가리 제국의 종교적·민족적 다양성을 심하게 경멸했다. 그래서 오스트리아 군대에는 가지 않으려고 했다. 반면 바이에른 군대에는 1914년 8월에 곧장 지원했다(바이에른주는 작센주와 마찬가지로 프로이센-독일 군대와 별도로 군대를 유지했다). 히틀러는 그때까지 오스트리아 시민이어서 바이에른주는 입대를 거부해야 했다. 하지만 히틀러는 전쟁 발발로 혼란스러운 틈을 타서 군대에 슬쩍 들어가 바이에른 제16예비보병연대에 배치되었다. 첫 지휘관 이름을 따라 비공식적으로 '리스트 연대'로 불리는 곳이었다. 10월 29일, 히틀러의 대대는 벨기에 이프르 근처에서 전투를 시작했다. 전투 나흘 만에 3600명 중 611명만 남았다고 그는 훗날 기록했다. 지휘관 율리우스 리스트Julius List 대령도 사망했다.[23]

히틀러는 쏟아지는 포화 속에서 자신이 어떻게 느꼈는지를 정말 침통하게 묘사했다. "낭만적인 투쟁심이 공포심으로 바뀌었다. 열정이 점점 식고, 열광적인 환희는 죽음의 공포 때문에 사라졌다", "모든 장병은 살아남으려는 욕구와 사명감 사이에서 몸부림쳤다, 나 역시 이러한 갈등에서 벗어날 수 없었다"라고 말했다. 또 죽음의 위기를 느낄 때 자신의 마음속에서 "알 수 없는 무엇인가"가 치솟아 "약한 육체"에 확신을 주려고 했는데, 그것은 "이성"이었지만 "실제로는 그저 비겁함이었다"라고도 말했다.[24]

개인적 위기를 히틀러가 어떻게 해결했는지에 관한 이야기는 별로 놀랍지 않다. 그는 "결국 내적갈등은 끝나고 사명감이 이겼다. 1915년에서

1916년으로 넘어가는 겨울에 이미 내적갈등은 해결되었다. 마침내 의지가 완전히 나를 지배했다"[25]라고 적었다. 현실을 이기는 의지(실제 현실을 고집스레 인정하지 않으려고 한다고 말할 수도 있다)는 히틀러의 삶과 정치 경력에서 끈질기게 등장하는 주제 중 하나가 된다. '비겁함'과 '이성'을 대조하는 게 효과적이었다.

히틀러는 군대에서 특별한 임무를 맡았다. 그는 연대의 전령이었다. 연대 지휘부 명령을 연대의 여러 대대 지휘소로 전달했다는 말이다. 1916년 말, 히틀러는 상처를 입은 후 요양 휴가를 받아 독일로 돌아온다. 1918년 말에는 가스 공격을 당했다. 그래서 11월 11일에 독일과 연합군이 휴전협정을 맺었을 때 히틀러는 파제발크의 병원에 있었다. 이때와 드문드문 잠시 휴가를 받았을 때를 제외하면 전쟁 내내 서부전선을 지켰다. 부대가 첫 전투를 마치자마자 히틀러는 일병으로 진급했다. 그 후에는 더 이상 진급하지 못했다. 그렇지만 용맹함으로 훈장이 두 번 수여됐다. 먼저 2급 철십자 훈장을 받고, 그와 같은 계급에는 최고의 명예인 1급 철십자 훈장까지 받았다.

이러한 기록의 의미에 대해서는 논쟁이 되고 있다. 역사학자인 토마스 베버Thomas Weber는 히틀러의 임무가 그 자신의 주장만큼 용감하고 위험한 일은 아니었다고 최근 주장했다. 연대 전령은 참호가 아니라 본부에서 머물렀고, 그래서 최전선 소총수보다 안전하고 편안한 임무였다는 주장이다. 본부 장교들은 잘 아는 병사들에게 훈장을 나눠주었기 때문에 용감한 군인만 훈장을 받는 게 아니었다. 그러한 정황으로 히틀러가 어떻게 훈장을 받았는지 설명할 수 있다고 주장했다.[26]

분명 전령도 충분히 위험한 임무였다. 히틀러는 때때로 전방의 참호 안에 있었고, 후방 병사들도 포탄 공격을 받을까 두려움에 떨어야 했다. 히틀러가 아닌 다른 사람 이야기라면 소총수보다 죽을 가능성이 조금 낮았다고 전령 임무를 깎아내리는 게 쩨쩨해 보일 것이다. 전기 작가 폴커 울리히Volker Ullrich는 "모든 자료를 샅샅이 조사한 결과, 히틀러는 특별히 용감하지도 않았고, 위험을 피할 수 있는 안전한 일만 맡았던 것도 아니었다"라는 균형 잡힌 결론에 이르렀다.[27]

히틀러 일병이 왜 1914년 이후 한 번도 진급하지 않았는지 역시 수수께끼다. 1차 세계대전의 군대에서 1914년부터 1918년까지 살아서 전선을 지킨 군인은 많지 않았다. 있다면 최소한 하급 장교까지는 진급했다. 1916년과 1917년에 리스트 연대 부관을 지냈던 프리츠 비데만Fritz Wiedemann은 히틀러가 병장에게 필요한 '지도자 자질'이 부족하다는 평을 받았기 때문이라고 2차 세계대전 후에 증언했다. 정확히는 '총통Führer' 자질이 부족했다고 표현해서 증언이 더 흥미로웠다.[28] 이 말에 뉘른베르크 전범 재판소에 있던 사람들은 웃음을 터뜨렸다. 반면 리스트 연대의 병장이었고, 나중에 나치당 출판사의 대표를 맡았던 막스 아만Max Amann은 히틀러 자신이 하급 간부로 진급하지 않으려고 했다고 증언했다.[29] 군 간부가 다른 계급보다 죽거나 다치는 비율이 높다는 사실을 히틀러가 알았고, 더 위험한 자리로 올라가고 싶지 않았을 수도 있다.

내 생각에는 히틀러의 군 복무에서 두 가지 점이 중요하다. 첫 번째는 그의 용기와 헌신이 평범했다 해도, 전쟁터에서 보냈던 4년을 엄청난 자기 홍보 수단으로 활용할 수 있었다는 점이다. 1차 세계대전의 병사였다는 경험을 들먹일 수 없었다면 전후 독일 정치에 얼굴을 내미는 일은 상상도 하기 어렵다.

두 번째는 히틀러가 전쟁 때문에 정치의식을 가지게 되었다고 주장했다는 점이다. 히틀러는 이 점을 《나의 투쟁》에서 분명하게 밝혔다. 4년이나 전쟁터에서 시달리며 피를 흘렸지만, 적에게 항복하고 혁명을 일으킨 '11월의 범죄자들'에게 배신당한, 헌신적이고 용기 있는 병사로 자신과 전우들을 묘사했다. 히틀러의 회고록에서 이 부분은 극우파의 정치적인 계획을 명확하게 선언하면서 끝난다.

전쟁터에서 피를 흘린 대가로 그저 '비열한 범죄자들'이 권력을 쥐게 할 수는 없다는 것이다. 여기서 말하는 '범죄자'들은 "유대인과 타협 같은 걸 할 수는 없다. 엄격하게 양자택일을 해야 한다"라는 발언으로 보아 분명 사회주의자이자 유대인이었다. 그 구절은 "그래서 나는 정치를 시작하기로 결심했다"라는 간결한 선언으로 끝난다.[30]

## 좌파에서 우파로

그러나 히틀러는 정치적 방향을 그렇게 정하기까지 복잡한 과정을 거쳤다. 히틀러는 사실 혁명 세력과 사회민주주의자들의 적이 아니라 지지자로 전후 시대 초기를 보냈다.[31] 1919년 봄, 동료 병사들은 그를 혁명 조직 중 하나인 '군인 평의회'의 평의원으로 두 차례 선출했다. 신뢰할 만한 자료를 통해 히틀러가 속했던 부대의 4분의 3 정도가 1919년 1월 선거에서 주류였던 사회민주당에 표를 던졌다는 사실을 알 수 있다. 히틀러가 그들과 같은 정치관을 가졌다고 생각하지 않았다면 평의원으로 뽑히지 못했을 것이다.

1919년 봄, 공산주의 봉기로 뮌헨에서 잠시 '소비에트 공화국뮌헨(바이에른) 소비에트 공화국'이 들어섰을 때 전우들은 히틀러를 대대의 부대표로 뽑았다.[32] 생명이 짧았던 소비에트 공화국에서 히틀러는 소비에트 선전부의 연락 담당을 맡았다. 바이에른 독립운동 지도자 쿠르트 아이스너Kurt

Eisner의 장례 행렬에서 검은색 애도 완장과 사회주의 정부를 지지하는 붉은색 완장도 찼다.

이 모습을 히틀러의 훗날 행적과 어떻게 연결할까? 우파든 좌파든 집단주의 이념을 가진 정부라면 일찍이 어디에든 적응할 수 있었다고 설명할 수 있다. 아니면 단순히 기회주의자였을 가능성이 더 크다. 히틀러 일병은 전쟁 전의 가난하고 고립된 삶으로 돌아가고 싶지 않았다. 군대는 그의 일터이자 집이 되었다. 군대에 머무르려고 급진 사회주의 정부를 위해 일해야 한다면 그렇게 할 수도 있었다.[33]

유대인에 대한 히틀러의 태도도 거의 마찬가지다. 그는 《나의 투쟁》에서 1차 세계대전 전에 빈에서 반유대주의자가 되었다고 주장했다. 히틀러는 빈 도심에서 '긴 카프탄<sub>유대인과 지중해 동부 아랍인이 입던 로브풍 전통의상</sub>을 입고, 옆머리를 꼬아서 길게 늘어뜨린' 이국적인 남자와 맞닥뜨렸던 경험을 예로 들어서 이야기한다. "처음에 '이 사람도 유대인일까?' 궁금했다. 그래서 몰래 그리고 조심스럽게 지켜보았다. 이국적인 얼굴을 빤히 쳐다보고, 특징을 하나하나 분석할수록 마음속 질문이 '이 사람도 독일인일까'로 바뀌었다"라고 그는 말했다. 히틀러는 이 경험 때문에 유대인이 정치, 사회생활, 언론 그리고 예술 등 모든 분야에서 얼마나 '파괴적으로' 영향을 끼치는지 깨달으려고 '유대인 문제'를 연구하기 시작했으며, "점점 더 유대인을 증오하기 시작했다"라고 썼다.[34]

1919년 이후 히틀러가 유대인을 독하게 공격한 수많은 표현은 그가 1913년 이전에 빈에서 읽은 특정 신문, 소책자와 책들의 영향이라고 말할 수 있다.[35] 히틀러는 분명 그 시기 빈의 독특한 반유대주의를 흡수했다. 하지만 그가 그 뒤에도 실제로 그 생각을 유지했다는 증거는 하나도 없다. 빈에서나 전쟁터에서나 유대인과 친하게 지냈고, 유대인 문화를 높이

평가했다는 증거도 상당히 많다. 유대인을 향한 증오는 현상되기 전 필름처럼 잠재해 있었던 것 같다.

1919년 5월, 베를린의 사회민주당 정부가 보낸 군대가 뮌헨 소비에트 공화국을 무참하게 진압했고, 바이에른에 우파 주정부가 들어섰다. 주정부 위원회는 군대가 소비에트 공화국에서 어떤 역할을 했는지 조사하기 시작했다. 히틀러는 여전히 필사적으로 군대에 남으려고 했고, 이제 소비에트 공화국을 지지했던 최근 이력이 골칫거리가 되었다.[36] 히틀러는 좌파를 지지한 동료 병사들을 밀고하면서 조사관들을 돕기 시작했다. 막스 아만은 제대 전 히틀러에게 신문을 받았다고 2차 세계대전 후 증언했다. 히틀러가 자발적으로 밀고했는지, 아니면 수사관이 히틀러의 약점을 이용해 밀고하도록 강요했는지는 알 수 없다. 어느 경우든 공산주의에 빠져든 과거를 지울 가장 편리한 방법은 반대편 정치 영역으로 뛰어드는 일이었다. 그렇지만 히틀러는 바이에른의 우파 주정부 위원회를 돕던 1919년 9월에 상관에게 보낸 메모에서조차 "남자가 더 드높은 목표를 향해 노력하게 되는" 이상으로 '사회주의'와 '민주주의'를 함께 꼽았다.[37]

그때는 히틀러가 뮌헨의 반혁명 선전 부대 카를 마이어Karl Mayr 대위 아래에서 일하고 있을 때였다. 마이어 대위는 유대인이 위험하다고 경고하는 편지에 대한 답장 초안을 히틀러에게 쓰라고 맡겼다. 히틀러가 쓴 답장 초안은 그가 앞으로 계속 가질 생각을 보여준다. 그는 유대인들은 돈에만 관심이 있는 '기생충'이고, 사상에는 아무 관심도 없다고 썼다. 유대인의 권리를 '없애고', 궁극적으로 '유대인도 모두 없애는' 게 독일의 목표가 되어야 한다고 했다. 두 목표 모두 "강력한 국력을 갖춘 정부 아래에서만 가능하다."[38]

히틀러가 혁명적 사회주의자에서 반유대주의 극우파로 변한 사실은 히틀러뿐 아니라 1919년 독일에서 무슨 일이 벌어지고 있었는지를 이해하는 데도 중요하다. 신학자 에른스트 트뢸치Ernst Troeltsch의 표현에 따르면, 독일인은 1919년 전반기까지도 전후 세계에 대해 낙관적인 환상을 품은 채 "휴전협정의 꿈나라"[39]에서 살았다. 제헌 국회를 구성하는 선거에서 유권자의 4분의 3이 민주적인 정당들을 지지한 게 이 시기였다. 그러나 시간이 지나면서 연합군이 전혀 타협하지 않으려 하는 베르사유 조약 조건들에 대해 알게 되었다. 그러자 힌덴부르크와 루덴도르프가 국내의 배신자들에게 등을 찔렸다는 배후중상설을 퍼뜨리기 시작했고, 중앙정부는 베를린과 뮌헨을 뒤흔든 극좌파의 봉기를 자유군단의 도움으로 무자비하게 진압했다. 세상은 갑자기 더 어두워졌다. 전쟁 자체보다 전쟁의 후유증으로 인한 어두움이었다.

물론 이러한 일들로 모든 독일인이 우파로 전향하지는 않았다. 독일 민주주의가 이미 실패할 운명이었다는 뜻도 아니었다. 그보다는 민주주의와 전후 질서에 대한 환멸이 퍼지기 시작했다. 1920년 국회의원 선거 결과는 그러한 현실을 보여준다. 사회민주당의 득표율은 39%에서 21%로 거의 절반 가까이 떨어졌다. 사회민주당에 등을 돌린 유권자들은 대체로 독립사회민주당과 독일공산당으로 옮겨갔고, 자유주의를 내세운 독일민주당에 표를 던졌던 유권자들은 더 우파인 독일인민당과 훨씬 더 우파인 국가인민당으로 옮겨갔다.

독일인에게 전쟁 경험은 히틀러가 빈에서 보낸 시간과 정말 비슷하게 작용했다. 계속 오락가락 바뀌던 의미가 나중에 벌어진 일로 인해 규정된다. 1919년에는 혁명과 강화조약의 조건 때문에 전쟁 경험에 더 암울하고 분열적인 의미가 생긴다.

# 연설가 히틀러 등장

히틀러 일병의 삶에도 뭔가 심상치 않은 일이 벌어진다.

마이어 대위 밑에서 일하며 히틀러는 '강화조약 조건과 재건', '이민'과 '사회·정치·경제적인 표어'을 주제로 병사들에게 강의하기 시작했다.[40] 그는 "난 엄청난 열정과 애정을 가지고 시작했다. 그리고 갑자기 더 많은 사람 앞에서 연설할 기회를 얻었다. 순전히 느낌으로 어림짐작한 게 그때 확실히 증명되었다. 난 '연설할 수' 있었다"라고 회고했다.[41]

히틀러는 우연히 자신이 정말 잘 해내는 일을 발견했다. 자신이 강렬하게 느끼는 분노를 드러내면서 듣는 사람들을 선동하는 일이었다. 이때 이미 히틀러의 강의에는 분노, 특히 유대인을 향한 분노로 가득했다. 강의 원고는 하나도 남아 있지 않지만, 히틀러 자신과 다른 사람들이 남긴 묘사와 강의 주제를 볼 때 그때부터 패전 그리고 가혹한 조건의 베르사유 강화조약을 맺은 책임을 유대인들에게 돌리기 시작한 것 같다. 히틀러의 상관은 사실 사람들이 그저 반유대주의를 선동하는 강의로 여기지 않도록 반유대주의 발언을 조금 삼가라고 그에게 충고했다.[42]

마이어 대위는 그때부터 히틀러를 대단하게 여기기 시작했다. 마이어는 히틀러에게 편지하며 "정말 존경하는 히틀러 씨"라고 인사하고(어떤 군대에서도 대위가 일병에게 그렇게 말하지는 않는다), 뮌헨에서 생겨난 여러 작은 정당들의 회의에 히틀러를 정보원으로 보내기 시작했다. 1919년 9월, 히틀러는 독일노동자당이라는 정당을 엿보려고 갔다. 토론에 참여하는 일은 히틀러의 임무가 아니었다. 그렇지만 한 연설가가 바이에른이 독일에서 독립해야 한다고 주장하자 히틀러는 화가 났다. 히틀러는 자신의 역할을 잊고 벌떡 일어나 비난을 퍼부었고, 연설가는 '비 맞은 푸들'처럼 풀

죽어 보였다고 한다. 독일노동자당 대표인 안톤 드렉슬러는 히틀러를 바라보며 '와, 말재주가 대단하네. 우리가 그를 이용할 수 있겠어'라고 생각했다고 한다.[43]

히틀러는 계속 군대에 몸담은 채 독일노동자당 당원이 되었고, 뮌헨 주위 비어홀에서 열리는 모임에서 자주 연설하기 시작했다. 정당이 점점 더 널리 알려지고 모이는 사람이 늘어나면서 히틀러도 점점 더 유명해졌다. 1920년 2월 24일, 독일노동자당은 뮌헨 중심가에 있는 유명한 호프브로이하우스의 대연회장에서 첫 대중 집회를 열었다. 2천 명이 모여든 집회였다(아마도 이 중 5분의 1은 좌파 반대자들이었을 것이다). 히틀러와 드렉슬러는 이 행사를 앞두고 25개조의 공식적인 정당 강령을 만들었다. 그리고 얼마 후, 히틀러의 충고로 정당 이름을 '민족사회주의독일노동자당'으로 바꿨다. 그 후 민족사회주의독일노동자당은 이름을 줄여 간단하게 '나치스'로 불렸다. 사회민주당이 때때로 '조치스'로 불린 것과 비슷하다.[44]

히틀러는 그날 밤에 첫 연설자로 나서지 않았지만, 가장 인상 깊은 연설을 했다. 뮌헨 경찰 보고서를 보면 히틀러가 무슨 이야기를 했는지 잘 알 수 있다. 모든 사람이 가난에 찌들고, 비참하고, 굶주린다고 히틀러는 말했다. "언제까지 이럴지 모두가 궁금합니다. 관리들이 문제를 해결하려고 무슨 일을 했습니까? 아무 일도 하지 않았습니다! 정부는 너무 비겁해서 국민에게 진실을 이야기하지 못합니다. 그저 더 열심히 일하라고 거듭 말했을 뿐입니다. 하지만 그런 수고가 우리에게 하나도 도움되지 않고, 적만 돕는다는 걸 말하지 않습니다. 강화조약 때문에 계속해서 어마어마한 고통이 새로 생겨나니까 말입니다."

그다음 히틀러는 자주 공격하는 다른 목표물인 마티아스 에르츠베르거에게 화살을 돌렸다. 에르츠베르거는 휴전협정에 서명한 후 베르사유 조약을 받아들여야 한다고 주장하는 정치인이었다. 히틀러는 독일 관리들은 한때 청렴하기로 유명했지만, 에르츠베르거 같은 배신자가 활약하는 정부가 어떻게 정직하길 기대할 수 있겠느냐고 물었다. 에르츠베르거는 가톨릭교도였지만, 이름을 듣고 유대인인 줄 아는 독일인이 많다는 사실을 교묘히 이용했다. 경찰 기록에 따르면, 히틀러의 발언에 사람들은 열광적으로 박수를 쳤다. 히틀러가 계속 "우리는 이런 사람이 아직 교도소에 들어가지 않았다는 걸 이해할 수 없습니다"라고 외치자 다시 열렬한 박수가 잇따랐다.

히틀러는 노동자들은 그저 독일에서 러시아로 이민하면 된다는 말을 항상 들어왔다며, "차라리 러시아에 살던 유대인이 독일로 오지 않아서 우리에게 일자리가 정말 많다면 어떻겠습니까?", "그게 더 현실적인 생각 아니겠습니까?"라고 말했다. 여기서 히틀러는 이전 러시아 제국령에서 독일로 이민한 유대인 문제, 전후 독일인 삶에서 여러 해에 걸쳐 많은 논란이 된 문제를 이용했다. 사람들은 그의 말에 또다시 박수갈채를 보냈다. 히틀러는 "이 사람들이 이민 와서 어떤 직업을 가졌는지 짐작할 수 있지 않겠습니까?"라고 빈정거리는 말투로 덧붙였다(사람들은 박수를 치면서 "유대 언론을 타도하자! 몰아내자!"라고 외쳤다). 히틀러는 "범죄 저지른 사기꾼과 고리대금업자들에게 벌금형은 너무 약하죠"라고 말을 잇고, 사람들은 "때리자! 목매달자!"라고 소리쳤다. 히틀러가 25개조 강령을 읽자 박수가 터졌지만, 반대자들이 끼어들어 방해하기도 했다. 지켜보던 경찰은 언제든 싸움이 벌어질 수 있겠다고 생각했다. 히틀러는 "우리가 갈 길은 오직 투쟁뿐입니다. 우리 목표를 향해 흔들림 없이 갈 겁니다"라고 결론을 내렸다.[45]

젊은 시절 뮌헨에서 기자로 일했던 콘라트 하이덴은 히틀러가 중요한 인물이 될 것을 처음부터 알아보았고, 일찌감치 히틀러의 비어홀 연설을 자주 지켜봤다. 비록 하이덴은 사회민주당 당원이었지만, 히틀러는 비판적인 관심도 선전에 도움이 된다는 사실을 알았다. 그래서 그 시절, 하이덴이 와 있다는 사실을 확인하기 전에는 히틀러가 연설을 시작하지 않는다는 소문도 돌았다. 하이덴은 히틀러가 연설로 사람들을 사로잡는 이유 중 하나를 파악했다. 특별해 보이지 않는 남자가 쏟아내는 웅장한 목소리였다. "약간 움츠린 그의 두 어깨 사이에 힘과 굳건함, 통솔력과 의지를 확실하게 느끼게 하는 어조의 발음기관이 있다", "가만히 있을 때도 요란한 천둥이고, 북받치면 사이렌 같은 아우성이자 무자비한 경보"였지만 한편으로는 "친근함, 분개 혹은 경멸을 담은 인간적인 저음"도 낼 수 있었다고 하이덴은 썼다.[46]

점점 더 자만심이 커지고 자기 홍보를 잘하게 되면서 히틀러는 나치 초창기를 이야기할 때마다 영웅이자 정치적 천재, 그리고 천부적 지도자로서 자신을 부각했다. 하지만 히틀러가 자신을 발견할 시대에 살지 않았다면 아무런 인물도 되지 못했을 것이다. 당시 독일인 대부분은 경제적 고통을 겪으면서 굴욕감과 공포(언제나 가장 위험한 정치적 정서)를 함께 느꼈다. 패전, 굴욕적인 강화조약 조건, (특히 바이에른에서) 불확실하고 폭력적인 혁명과 후유증 때문에 히틀러만이 기회를 잡을 독특한 분위기가 만들어졌다. 히틀러는 자신만이 구원의 길을 제시한다고, 연설을 듣는 수천 명을 설득했다. 논리적으로 설득력이 있어서가 아니었다. 어지러운 문제들에 간단한 해결책을 제시한다는 강력한 확신을 가지고 있어서였다. 1918년의 배신에 대처하려면 '11월의 범죄자들', 사회주의자와 유대인을 몰아내야 했다. 독일을 재건해 예전에 누린 강대국 지위를 되찾아야 했다. 그래야 전후 질서의 조건들을 되돌릴 수 있었다. 히틀러는 언제나

1914년 8월과 1918년 11월을 대조하면서 연설했다. 1914년 8월은 통합되고 강력한 독일의 위대한 상징이지만, 1918년 11월은 패배하고 내부의 적들에 배반당한 순간이었다.

히틀러 성격의 일부 특성은 이 초기에 분명해졌고, 어떤 지도자가 되어 어떤 운동을 이끄는지로 구체화된다. 불안정하면서 비판을 참지 못하고, 자기 권위를 강렬하게 주장하는 특성이 가장 명백했다. 불안정한 성격은 어릴 때부터 그의 특징이었다. 어릴 적 친구인 아우구스트 쿠비체크August Kubizek는 히틀러가 빈 미술 아카데미에 입학을 거부당한 후 "아주 사소한 일에도 벌컥 화를 냈"으며, "진정한 예술성을 전혀 이해하지 못하는 아카데미의 화석화된 구식 관료주의를 저주했다. 또 누군가 자신의 진로를 망치려고 교묘하게 덫을 놓았다고 했다. 그리고 이렇게 무능하고 노망난 바보들에게 그들 없이도 잘해낼 수 있다는 걸 보여주겠다고 말했다"라고 기억했다. 쿠비체크는 빈에서 음악 공부를 했다. 스승이 쿠비체크에게 개인 교습생들을 보내자 히틀러는 더욱 화를 내면서 친구가 잘되는 모습을 질투했다. "엄청난 음모가 있다는 사실을 이제 알 수 있다고 그는 말했다", "아돌프가 정신적으로 불안정하다는 인상을 받았다"라고 쿠비체크는 말했다.[47]

히틀러는 또한 자신의 학력과 지식이 부족하다는 사실에 민감했다. "대부분의 무식한 사람들처럼 그도 콤플렉스 때문에 아무것도 배우지 않아도 된다고 우겼다"[48]라고 에른스트 한프슈탱글은 기억했다. 쿠비체크가 히틀러에게 책을 읽으면서 계속 혼자 공부할 계획이냐고 물은 적이 있었다. "그는 놀란 눈으로 날 보더니 '물론, 너한테는 선생이 필요하겠지. 난 이해할 수 있어. 하지만 나한테는 필요하지 않아'라고 소리쳤다."[49] 히틀러는 틈만 나면 지식인과 전문가들을 경멸하는 말을 했다. "교육받았다고 생각하는 사람들 대부분이 얄팍하고 천박한 데다 우쭐대고 거만한 멍청이일 뿐이다. 그들은 자신이 얼마나 터무니없는 아마추어인지 깨닫지도 못한다"라고 했다. 히틀러는 자신이 모든 일에 전문 지식을 충분히 갖췄다고 생각하고 싶어 했다. 어느 날은 자신이 '은퇴' 후에 쓰게 될 책이 유일하게 정말 중요한 책이 될 것이라고 말하기까지 했다. 그러면서도 전문가들한테 인정받기를 간절히 원했다. 본대학 심리학 교수가 《나의 투쟁》의 개념을 강의했을 때 그는 신나서 우쭐해했다. "대단한 기쁨"이라고 히틀러는 말했다.[50]

## 비어홀 폭동과 수감

1923년은 히틀러에게 끔찍한 해일 수 있었고, 끔찍한 해가 되는 게 당연했다. 그러나 이상하게 승리하면서 끝났다. 연초에 프랑스가 배상금 지급을 강요하려고 독일 산업의 중심지인 루르 지역을 점령한 일부터 시작해 독일은 전쟁 이후 최악의 위기를 계속 겪었다. 루르 지역과 독일 중부에서 극좌 폭동이 다시 일어나고, 작센과 튀링겐 지방에서는 급진적인 정부가 들어서고, 라인란트에서는 분리주의 운동이 일어났다. 인플레이션에서 초인플레이션 상태로 접어들며 물가가 폭등해 국가의 통화 체계는 사실상 마비되었다. 미화 1달러당 1만 7천 마르크를 맴돌던 1월의 환율도 심각했지만, 8월에는 1달러당 460만 마르크, 9월에는 9890만 마르크, 11월에는 22억 마르크, 12월에는 42억 마르크가 되었다.[51]

이러한 상황이 되자 히틀러는 무솔리니가 1922년에 일으킨 무혈 쿠데타인 '로마 진군'을 본보기 삼아 베를린 정부에 대항해 쿠데타를 일으킬 때가 왔다고 판단했다. 히틀러가 일으킨 쿠데타는 11월 8일, 뷔르거브로이켈러Bürgerbräukeller라는 뮌헨의 비어홀에서 열린 대중 집회에서 시작되었다. 나치는 쿠데타 성공을 위해 다른 몇몇 우파 단체들 그리고 1차 세계 대전에서 지휘관이었던 에리히 루덴도르프와도 손을 잡았다. 그러나 다음 날, 경찰이 히틀러와 추종자들에게 총을 쏘기 시작하면서 쿠데타는 완전히 실패했다. 추종자 중 몇몇은 죽거나 상처를 입었다.

히틀러는 11월 10일에 체포되었다. 다음 해 봄, 히틀러는 루덴도르프, 준군사조직 지도자 에른스트 룀, 그리고 그와 공모한 몇몇 보수 지도자 및 장교들과 함께 뮌헨의 특별법원에서 재판을 받았다.

패배는 특별법원에서 승리로 바뀌었다. 히틀러는 분명 비어홀 폭동뮌헨반란으로 불린 사태로 내란죄를 저질렀고, 무거운 형벌을 선고받아야 했다. 게다가 독일 시민이 아니었기 때문에 법원은 히틀러에게 추방도 함께 명령해야 했다. 그런데 판사들은 주요 피고인으로 법정에 선 히틀러를 분명 감탄하면서 바라보았다. 히틀러가 법정에서 처음 진술한 후 판사 중 한 명은 "히틀러는 정말 굉장한 친구야!"[52]라고 사람들이 감탄하는 소리를 들었다. 철십자 훈장을 단 히틀러는 법정에서 자기 말재주를 보여줄 기회를 충분히 활용했다. 재판은 주요 뉴스로 전국에 보도되었고, 히틀러는 전국에서 유명 인사가 되었다. 법원은 그에게 명목상 5년 형을 선고했지만, 일찍 석방될 것으로 예상되었다. 그가 독일 군대에서 복무한 점을 고려해 법원은 히틀러의 추방을 명령하지 않겠다고 했다.

교도소는 사실 히틀러에게 휴식처 같은 곳이 되었다. 그의 감방은 편안한 아파트에 가까웠다. 추종자들이 충성을 맹세하려고 찾아오고, 초콜릿·케이크와 맛있는 음식 선물이 너무 많이 쏟아져 들어와서 히틀러의 몸무게가 상당히 늘어났다. 교도소에 있는 동안 히틀러가 헌신적인 조수인 루돌프 헤스에게 《나의 투쟁》 내용을 받아쓰게 했다는 이야기도 있었다.[53] 실제로는 히틀러가 자기 생각을 먼저 대략 손으로 쓴 후 독수리 타법으로 힘겹게 타자를 쳐서 원고를 완성했다. 교도소에서 지내면서 그 책을 쓴 건 어쨌든 확실하다.

1924년 12월, 히틀러가 교도소에서 나왔을 때의 독일은 1년 전과는 아주 다른 곳이었다. 위기에 몰렸던 1920년대 초에 비해 새로운 독일은 히틀러가 활동하기 훨씬 더 어려운 환경이라는 게 드러난다. 대부분의 변화는 1920년대 중후반에 독일 정치를 좌지우지하던 인물인 구스타프 슈트레제만과 관련이 있었다. 온갖 면에서 히틀러와 정반대인 인물이었다.

## 걸림돌, 구스타프 슈트레제만

총리는 1923년에 몇 달밖에 맡지 않았지만, 1923년부터 1929년까지 외무부 장관을 지냈던(자기 정부를 포함해 아홉 번의 정부를 거치며) 슈트레제만은 바이마르 공화국에 가장 위대한 족적을 남겼다. 그렇다고 행적에 논란이 없다는 이야기는 아니다. 활동 당시부터 시작된 논란은 오랫동안 끝나지 않았다.[54] 그는 국내에서는 민주주의, 해외에서는 평화와 화해를 이루려던 '훌륭한 독일인'이었을까? 아니면 평화적인 미사여구로 팽창주의자의 음모를 감추었던 그저 또 다른 공격적인 민족주의자, 양의 탈을 쓴 늑대였을까? 양쪽 시각 모두 일리가 있었다. 어쨌든 슈트레제만이 생각하기에(그의 가장 중요한 상대인 프랑스 외무부 장관 아리스티드 브리앙Aristide Briand을 대할 때) 독일의 국익을 위해서는 프랑스와 화해하고, 평화를 유지하고, 세계 경제에 통합되어야 했다.

슈트레제만이 어떤 인간이었는지에 대한 의견도 가지각색이다. 영국 언론인 클라우드 코번Claud Cockburn은 "그를 믿지 않기만 하면 재미있다"

라며, "뚱뚱하고 마음씨 좋은 아저씨인 척할 뿐 아니라 맥주를 마시고 곤드레만드레 취한 연기도 정말 잘했다. 사실 그는 전기톱처럼 예리하고 머리 회전이 빨랐다"라고 표현했다. 바이마르의 또 다른 자유주의 정치인으로 훗날 서독의 첫 대통령이 되었던 테오도어 호이스는 슈트레제만을 "견딜 수 없었다"라고 말했다. 반면 소설가 토마스 만은 슈트레제만에 대해 "활기가 넘치면서도 병 때문에 분위기가 차분하기도 하고, 이해심이 넘치는 대단한 인물"이라고 평했다.[55] 1920년대 초에 베를린에서 영국대사를 지냈던 다버넌 자작Vicomte D'Abernon의 의견이 가장 미묘했다. 그는 슈트레제만이 "상당히 거부감을 잘 불러일으켰다"라며, 아마도 "조급한 성격이어서 굳건하다는 인상을 주지 못하고, 발음이 너무 또랑또랑하고, 표현이 너무 현란해서 심사숙고하는 듯 보이지 않았기 때문"으로 보인다고 했다. 또한 "재주가 많아서 그러한 결함이 있다는 소리를 들었지만, 사실은 무모함이나 신념 부족 같은 결함이 전혀 없는 사람이었다"라고 썼다.[56]

슈트레제만은 1878년에 태어났다. 아버지가 맥주 유통업을 해서 당시 유럽의 다른 외무부 장관들과 달리 집안이 좋지 않았다. 그래도 7남매 중 막내인 슈트레제만을 대학에 보낼 형편은 되었다. 베를린대학과 라이프치히대학에서 정치경제학을 공부했고, 베를린 병맥주 산업을 주제로 한 논문으로 박사학위를 받았다. 훌륭한 학생이었으니, 아마 학자의 길을 가고 싶었을 것이다. 하지만 생계 해결도 해야 했기 때문에 슈트레제만은 작센 지방의 산업무역협회에서 일했고, 국민자유당에 들어가서 정치를 시작했다.[57]

일을 시작한 후 그에겐 결혼하고 싶은 여성이 생겼지만, 장래가 너무 불확실하다는 이유로 청혼을 거절당했다. 그 여성의 판단은 빗나갔다. 뛰어난 두뇌와 열정으로 열심히 일한 슈트레제만은 일에서나 정치에서나 금방 두각을 나타냈다. 28세이던 1907년에는 제국의회 의원이 되었다. 작센 지방의 가난한 지역에서 의석을 차지하던 사회민주당을 선거에서 이긴 결과였다. 슈트레제만은 그 해 선출된 제국의회 의원 중 최연소였다.[58]

슈트레제만의 정치관은 일생 자유주의와 민족주의 사이에서 팽팽한 긴장감을 유지했다. 1차 세계대전이 일어나자 그는 영토 확장과 무제한 잠수함 작전을 지지했지만, 민주 개혁을 지지하기도 했다. 때문에 개혁 없이 승전을 원하는 우파 민족주의자와 평화와 민주화를 원하는 좌파로 나뉜 제국의회의 주요 두 진영 사이에서 점점 더 끼인 존재가 되었다. 그러나 전쟁이 끝나자 태도가 변한 듯했다.[59] 슈트레제만은 황제의 통치와 작전 참모들을 맹렬하게 비난하고, 막스 폰 바덴 대공과 사회민주당, 프리드리히 에베르트만 칭찬했다. 전쟁 전의 좌파 자유주의자들과 국민자유당을 통합하려는 노력은 실패했고, 슈트레제만은 국민자유당에서 새롭게 변신한 독일인민당의 대표가 되었다.[60]

바이마르 공화국의 첫 2년 동안 슈트레제만과 그의 당은 베르사유 조약과 바이마르 헌법에 적대적인 우파 민족주의자 야권에 속했다. 그러나 전쟁 중에는 민족주의자였던 슈트레제만이 평화기에는 협상 지지자로 점차 확실히 변해갔다. 잠시 총리 자리에 앉았을 때나 오랫동안 외무부 장관을 맡았을 때도 비슷한 과정을 거치면서 독일을 이끌었다.[61]

그가 총리와 외무부 장관을 지낸 시기에 독일은 뚜렷하게 변화했다. 1924년에는 초인플레이션이 끝나가 치솟던 물가가 떨어지고 독일 경제가 안정되었다. 같은 해에 미국 은행가 찰스 도스Charles Dawes가 마련한 도스 플랜에 따라 독일의 배상금 지급 일정이 조정되고, 연합국의 일부 통제 하에 독일의 중앙은행이 다시 설립되었다. 대신 프랑스는 루르 공업지

대의 점령을 포기했다. 1925년에는 스위스의 소도시 로카르노에서 독일·프랑스·벨기에·영국·이탈리아가 파리 강화 회의에서 확정한 독일의 서쪽 국경을 공인하고, 독일·프랑스·벨기에는 서로 절대 전쟁을 벌이지 않기로 합의했다. 복잡한 문제가 해결되었고, 독일은 동쪽 국경에 대해 폴란드·체코슬로바키아와 비슷한 협정을 맺지 않아도 되었다. 1926년에는 로카르노 조약에 따라 독일이 국제연맹(오늘날의 유엔 안전보장이사회와 같다)에 들어갈 길이 열렸다.

2년 후 1928년에는 프랑스 외무장관 아리스티드 브리앙과 미국 국무장관 프랭크 켈로그Frank Kellogg 주도로 프랑스·미국·독일과 주요 국가 대부분이 전쟁을 국가 정책의 수단으로 이용하지 않겠다는 켈로그-브리앙 조약에 서명했다. 1929년에는 다시 배상금을 재협상해 영 플랜Young Plan으로 독일이 매년 지불할 배상금을 또 한 번 줄이면서 지급 기한도 1980년 대로 연장했다. 브리앙은 국제연맹 연설에서 여러 제안을 하면서 유럽 통합을 향한 첫걸음을 내디뎠다. 연합군의 라인란트 점령을 끝내고, 프랑스가 관리하던 자를란트의 독일 반환을 논의한다고 합의하기도 했다. 이 짧은 기간에 독일은 최하층 신세에서 벗어나 유럽과 세계 정치에서 중요한 역할을 하는 국가라는 원래 자리로 돌아갔다.

슈트레제만 혼자 힘으로 그 일들을 이뤄냈다고 말하려는 게 아니다. 국내외 정치와 경제의 복잡한 요소들이 중요한 역할을 했다. 유능한 관리와 외교관들, 민주적인 정당의 국회의원들이 슈트레제만이 하는 일을 지지했다. 로카르노 조약은 이상주의보다는 주로 재정 압박 때문에 추진되었다. 조약으로 서유럽 정치가 안정을 되찾지 않았다면 미국 은행들은 프랑스나 독일에 돈을 빌려주지 않았을 것이다.[62]

그리고 슈트레제만과 브리앙의 관계도 중요했다. 프랑스 외무부 장관인 브리앙 역시 보잘것없는 집안 출신이고, 한때 영토 확장을 주장했다. 브리앙도 슈트레제만처럼 프랑스와 독일이 화해해야만 유럽에 지속적인 평화가 정착한다는 사실을 전후 몇 년에 걸쳐 깨달았다. 날카로운 유머 감각을 가졌다는 점도 두 사람이 똑같았다. 어느 날, 독일 총리였던 한스 루터Hans Luther가 독일의 문제가 얼마나 심각한지 늘어놓고 있을 때 브리앙이 끼어들어 "계속 이야기하면 우리 모두 울기 시작할 겁니다"라고 말했다. 루터가 짜증을 내자 브리앙은 과장되게 겁먹은 표정을 지었고, 슈트레제만은 웃음을 터뜨렸다.[63] 영국의 외무부 장관이었던 오스틴 체임벌린Austen Chamberlain은 훗날 슈트레제만과 브리앙을 "피투성이 폐허에서 평화의 신전을 다시 건설하려고 노력했던 위대한 독일인과 위대한 프랑스인"으로 묘사했다.[64]

슈트레제만은 자신과 브리앙이 인간적으로 통한다는 점을 알아차렸고, 정치적으로도 똑같은 과제를 안고 있다는 점도 알았다. 국내의 강경한 민족주의자들의 구미에 맞게 화해해야 한다는 과제였다. 슈트레제만은 1926년에 한 회의를 한 후 아들에게 편지를 보내면서 "브리앙은 우리 대화를 프랑스식 표현으로 묘사했다. '우리 영혼이 흰 산 위의 눈처럼 하얗다'라고 말했다"라고 썼다. 슈트레제만과 브리앙은 와인 네 병을 나눠 마시면서 다섯 시간 동안 이야기를 나눴다. 슈트레제만은 "우리 둘 다 빙하들을 극복해야 해"라고 덧붙였다.[65] 브리앙에게는 보수적인 민족주의자로 그의 맞수였던 레몽 푸앵카레Raymond Poincaré가 빙하였다. 브리앙은 주로 레몽 푸앵카레 총리 밑에서 외무부 장관을 맡았다. 슈트레제만에게는 특히 알프레트 후겐베르크가 빙하였다.

# 동맹자, 알프레트 후겐베르크

슈트레제만처럼 알프레트 후겐베르크 역시 보잘것없는 집안 출신으로 정치경제학으로 박사학위를 받은 후 정치계에 들어왔다. 두 사람의 닮은 점은 그것밖에 없다. 후겐베르크는 1861년에 하노버에서 태어났다. 공무원이었던 아버지가 일찍 사망하는 바람에 그의 가족은 가난하게 살아야 했다. 후겐베르크는 성장하면서 공격적인 민족주의자가 되었고, 19세기 말부터 정말 널리 퍼졌던 사회진화론을 깊이 신봉했다. 1891년, 그는 히틀러 시대가 될 때까지 독일 정치에 해악을 끼친 민족주의자 로비 단체인 전독일연맹 설립에 참여했다. 같은 해에 그는 정부의 농민 지원 그리고 독일이 영토를 확장할 필요에 대한 논문으로 박사학위를 받았다. 그가 내내 추구한 이념이었다. 후겐베르크는 공무원을 지낸 후 은행 이사회에서 일하다가 1909년, 주요 철강과 무기 제조업체인 크루프의 이사회 회장이 되었다. 그가 관리하면서 크루프는 배당금을 1908년 8%에서 1913년 14%로 늘릴 정도로 성장했다.[66]

1916년, 후겐베르크는 독일의 거대 미디어 제국 중 하나인 아우구스트 쉘 회사를 사들였다. 쉘은 여러 신문과 잡지를 발행했고, 그중 가장 중요한 매체인 《베를리너 로칼-안자이거*Berliner Lokal-Anzeiger*, 베를린 지방 신문》의 하루 발행 부수는 대략 25만 부에 달했다. 베를린에 기반을 둔 다른 두 언론 제국인 모세와 울슈타인은 유대인 가문이 소유한 데다 자유주의 정치를 주장했다. 아우구스트 쉘은 유대계 회사가 아니었고, 보수 성향 신문들을 발행했다. 후겐베르크는 1920년대에 '텔레그라펜 우니온'이라는 뉴스 통신사를 사들이고, 영화제작사 우파UPA도 인수해 단연코 독일에서 가장 중요한 미디어 기업가가 되었다. 그는 극우 민족주의이자 반민주주

의적인 정치를 뿌리내리기 위해 이 미디어들을 활용했다.[67]

후겐베르크는 1920년대 초반에 국가인민당의 거물이 되었다. 당시에는 국가인민당이 우파의 유일한 주요 정당으로 떠오를 수 있을 것 같았다. 그는 그다지 반유대주의자도 아니었고, 무너진 군주제를 그리워하지도 않았다. 하지만 1920년대에 공화국 그리고 전후 협상에 타협하는 슈트레제만의 정책들에 가장 격렬하게 반대하는 주요 인물이었다.[68]

1920년대 중반에는 국가인민당조차 새로운 민주주의와 화해하기 시작했다. 그들은 1925년 한스 루터 총리, 1927년에서 1928년까지 빌헬름 마르크스Wilhelm Marx 총리 때 정부에 참여한 대가로 로카르노 조약 그리고 국제연맹에 대한 슈트레제만의 정책을 받아들였다. 그러나 후겐베르크는 달랐다. 그는 국가인민당이 계속 강경 노선을 고집하기를 바랐다.

1928년 선거에서 국가인민당의 득표율은 20.5%에서 14.3%로 떨어졌다. 온건파가 힘을 잃으면서 후겐베르크가 당 대표를 차지하게 되었다. 당이 표와 당원을 잃는 게 후겐베르크에게는 중요하지 않았다. 그저 국가인민당이 사회민주주의자들이 두려워서 모인 중산층이 뒤죽박죽 섞인 정당으로 전락할까 두려웠다. 확고한 세계관으로 똘똘 뭉친, 흔들림 없이 굳건한 조직을 원했다. 당원들은 자신의 세계관을 받아들이거나 떠나야 한다고 후겐베르크는 말했다.[69]

구스타프 슈트레제만은 독일의 새로운 민주주의를 위해 외교 정책과 국내 정책이 분리될 수 없다는 사실을 알았다. 외교적 노력이 국내의 민주주의 체제를 안정시킬 수 있지만, 또다시 전쟁이 일어나면 독일이 더 분열되고, 민주 정치는 불가능해질 뿐이라고 생각했다. 그는 1926년에 "재건으로 새로운 독일을 만들려면 평화가 뒷받침되어야 한다"라고 말했다. 또 평화를 이루려면 프랑스와 화해해야만 했다. 슈트레제만은 유럽 경제가 더 긴밀하게 통합되기를 원했다. 하지만 세계적인 관점에서 보았을 때, 무역과 금융으로 맺어진 영미와의 관계를 통합의 대가로 단절해야 한다면 그건 원하지 않았다.[70]

슈트레제만을 가장 극렬하게 반대하는 사람들이 보기에도 그가 이례적인 성공을 거둔 게 분명했다. 훗날 히틀러는 자신이 임명한 외무부 장관 요아힘 폰 리벤트로프Joachim von Ribbentrop에게 자신이 "슈트레제만보다 더 외교적 성과를 거둘 수는 없었다"[71]라고 말한다. 그러나 슈트레제만의 노력이 결실을 거두기까지는 쉽지 않은 과정을 거쳐야 했다. 브리앙, 오스틴 체임벌린 등과 협상할 때마다 불신과 불확실성, 전후 후유증으로 인한 불평불만에 시달렸다. 1920년대 후반에 '로카르노 정신'이 유럽 전체로 퍼져나갈 때조차 어려움은 계속 늘어났다.

1928년 말에는 국가인민당을 좌지우지하는 후겐베르크와 그의 미디어 제국이 휘두르는 힘이 슈트레제만의 가장 큰 걱정거리였다. 후겐베르크가 국가인민당의 대표가 되자 슈트레제만은 친구에게 편지하면서 "처음에는 그저 암울한 상황이지만, 끝내 내란이 일어날 수도 있다"라고 썼다. 그때쯤에는 한때 각별했던 슈트레제만과 브리앙의 사이도 서먹해졌다. 1929년에는 뭔가 바뀌었다.[72] 그해 7월, 슈트레제만은 프랑스 기자에게 "강화조약뿐 아니라 사회 질서에도 맞서면서 반란을 선동하는 아돌프 히틀러가 이제는 후겐베르크보다 더 큰 걱정거리"라고 말했다.[73]

그 무렵 1년 동안 슈트레제만의 건강은 눈에 띄게 나빠졌다. 1929년 10월 2일, 그는 심한 뇌졸중으로 쓰러졌다. 다음 날 그는 다시 뇌졸중으로 쓰러졌고, 사망했다. 51세밖에 되지 않은 나이였다. 독일과 전 세계에서 지켜보던 사람들은 모두 슈트레제만의 죽음이 바이마르 공화국과 유럽의 평화에 심각한 타격이 될 거라는 사실을 금방 알아차렸다. 누구보다 아리스티드 브리앙이 잘 알았다. 슈트레제만의 사망 소식을 들은 브리앙은 "두 사람을 위한 관을 주문해"[74]라고 외쳤다고 한다.

슈트레제만이 사망했을 때 후겐베르크는 독일의 배상금 지급을 조정한 영 플랜에 반대하는 운동을 준비하느라 바빴다. 국회에서의 투표와 국민투표를 하도록 서명 운동을 벌인다는 생각이었다. 어떤 형태로든 독일 관리가 배상금을 모아서 지불하면 반역죄라고 선언하는 법이 국회에서 통과되도록 운동을 벌이기도 했다. 후겐베르크는 슈트레제만의 정치적 기반이었던 작센주의 선거에서 최근 두 배로 늘어난 득표율을 기록한 히틀러와 동맹을 맺는 데 성공했다. 9월 30일, 슈트레제만은 마지막 연설에서 후겐베르크는 사실 자신이 아무리 방해해도 영 플랜이 통과된다는 사실을 안다고 주장했다. 나치와 동맹을 맺고 전선을 넓혀서 공화국에 맞서 싸우는 게 후겐베르크의 진짜 목표였다. 슈트레제만은 다시 한번 내란이 일어날지도 모른다고 경고했다.[75]

슈트레제만 시대가 히틀러에게는 힘든 시기였다. 자신을 정치적 굴욕과 경제적 어려움의 희생자라고 느끼는 사람들의 분노를 이용하는 게 히틀러의 가장 큰 재능이었다. 히틀러 스스로 그 일에 분노를 느꼈기 때문에 그 일을 정말 잘할 수 있었다. 히틀러는 위태로운 시기에 강한 정치인이었다. 시대에 맞춰 자신의 어조를 조절할 수 없었다. 공화국이 1923년의 끔찍했던 상황에서 점차 회복되던 1925년 12월에도 히틀러는 "독일이 붕괴하고 있다"[76]라는 말밖에 할 수 없었다. 1차 세계대전이 끝난 지 7년이 지난 때에 그는 뮌헨 청중에게 "우리는 점점 더 침몰했다고 할 수 있습니다"라고 말했다. 1926년 4월, 그는 "쇠약해진 산업 분야에서 실업자가 1200만 명에 이릅니다"라고 말했지만, 사실 그해 어느 때에도 실업자가 200만 명을 넘은 적이 없었다. '로카르노 정신'이 절정에 이르렀을 때도 히틀러는 계속 국제 문제로 독일인이 고통을 겪는다고 주장했다. 도스 플랜과 로카르노 조약은 그저 독일의 굴욕 그리고 다른 강대국들에 종속되었다는 사실을 보여줄 뿐이라고, 슈트레제만은 반역자일 뿐이라고 그는 말했다.[77]

비어홀 폭동이 실패하면서 히틀러는 경찰·군대와 등을 돌리는 게 아니라 손을 잡아야만 권력을 잡을 수 있다는 사실을 깨달았다. 헌법을 지키고 선거에서 이기면서 공화국에 맞서 싸워야 한다는 의미였다. 아마도 그는 그때 이미 기성 보수 세력을 속인 후 뒤집어엎을 방법을 생각하고 있었을 것이다. 후겐베르크와 손잡고 영 플랜에 맞서는 게 첫 번째 단계로 효과적이었다.

그러나 히틀러를 위해서는 독일이 1929년 가을보다 훨씬 더 나쁜 상황에 빠져야 했다. 다행히도 그렇게 될 조짐이 보였다.

# 3장

# 피의 5월

## : 분열된 공화국, 드리우는 암운

경찰은 몇 주 동안 준비했다. 모두 합해 1만 3천 명에서 1만 4천 명 정도의 경찰관을 베를린 거리에 배치하려고 한다. 이 중 일부는 다른 도시에서 지원 온 경찰관이다. 프로이센 내무부 장관 카를 제베링Carl Severing은 훗날 "독일 어딘가에서 정적이 총에 맞거나 두들겨 맞거나 칼에 찔리지 않은 날이 거의 없었다"라고 한탄한다.[1] 막스 퓌르스트라는 이름의 젊은 목수이자 좌파 운동가가 말한 "마지막 전투가 시작되었다"라는 표현이 아마딱 맞을 것이다.[2]

온갖 위협과 긴장감이 넘쳤지만, 그날은 아주 조용히 시작된다. 아침에 몇몇 소규모 집단이 노동자 계층이 사는 동네에 모여 베를린 중심부를 향해 걷기 시작한다. 멀리 가지 않아 경찰이 그들을 모두 막는다. 그렇지만 시간이 지나가면서 경찰과 시위 참가자들의 충돌이 심해지기 시작한다. 경찰은 먼저 경찰봉을 휘두른다. 그다음 경고 사격을 한다.[3]

막스 퓌르스트와 젊은 아내 마르고트는 시위 참가자다. 막스는 23세, 마르고트는 16세밖에 되지 않는다. 막스는 젊고 가냘픈 마르고트가 언제나 "깡마르고 비참해 보인다"라고 말한다. 마르고트의 내면은 외모와 다르다. 몇 년 후 강제수용소에 있는 친구를 구하려고 목숨을 걸 때 자신이 놀랍도록 도덕적이고, 용기 있고, 강인하고, 지적인 여성이라는 사실을 증명한다. 이날은 경찰이 마르고트에게 자비를 베풀지 않는다. 막스는 경찰들이 경찰봉을 휘두르면서 어떻게 자신과 마르고트를 계속 공격했는지 이야기한다. 한번은 그들 뒤에 있던 경찰이 경찰봉을 들고 마르고트를 치려고 하자 막스가 팔로 겨우 막아낸다.[4]

상황은 점점 심각해지고 있다. 많은 노조가 문을 닫아걸고 집회를 열었다. 집회가 끝나자 많은 사람이 거리로 쏟아져 나온다. 낮 12시 직전, 하케셔 시장에서 첫 사망자가 나온다. 경찰은 시위자들이 경찰관을 공격해 넘어뜨렸다고 주장한다. 경찰관들이 이제 대응한다. 몇몇 경찰관은 시위대를 향해 무차별 사격을 한다. 한 시위 참가자가 총알 세 발을 맞고 사망한다. 4명이 상처를 입는다.[5]

베를린 도심의 북쪽, 가난에 찌든 잿빛 빈민촌 지역인 베딩의 쾨슬리너 거리 주위는 시위 중심지 중 하나다. 경찰은 오후 내내 시위자들을 거리에서 계속 몰아낸다. 그러나 베를린에서 가장 가난하고 취약한 주민들이 경찰에 욕을 퍼붓고, 돌과 병을 던졌다는 이야기도 있다. 경찰은 총을 뽑아 들고, 주민들에게 바깥으로 나오지 말고 창문을 닫으라고 명령한다.

한 남자가 이 명령을 곧장 따르지 않는다. 막스 게마인하르트라는 배관공으로, 사회민주당 당원이자 그 당의 준군사조직 '흑적금 국기단' 대원이다. 게마인하르트는 경찰과 이야기하고 싶은 것 같고, 열린 창문 앞에 서 있다. 한 경찰관이 그를 정면으로 겨냥해 총을 쏜다. 총알이 그의 이마에 박힌다. 그는 베딩의 첫 사망자로, 마지막 사망자는 아니다.[6]

일부 시위자는 좁은 거리에 방어벽을 세워서 경찰의 폭력에 대응한다. 경찰은 권총뿐 아니라 기관총, 소총 같은 총기를 더 가져온다. 경찰은 방어벽을 무너뜨리려고 장갑차를 이용하고, 점차 정당방위를 위해 총을 쏜다는 구실을 벗어던진다. 군중에게 총을 마구 쏘고, 창문 앞에 선 사람들에게도 총을 겨눈다. 밤 10시 정도, 한 남자가 자기 집 현관문 사이로 들어온 총알에 맞는다. 그는 집 안에 있었고, 시위에 전혀 참가하지 않았었다고 훗날 그의 아내가 설명한다. 총소리가 잦아들자 그는 근처 아파트에 살며 자신의 17세 아들과 함께 있는 어머니가 걱정돼 찾아가기로 마음먹었다. 현관문을 열기 직전, 그는 팔에 총알을 맞았다. 등에도 총알 두 발이 더 박혔다. 치명상은 아니었지만 총알이 빗발치는 바람에 의사 도움을 받을 수 없었고, 경찰은 전혀 도와주지 않았다고 그의 아내는 말한다. 피해자는 "한 시간 동안 피를 철철 흘리며 누워 있었"다고 한다. 조금이라도 도움을 받을 수 있게 되었을 때는 너무 늦었다.[7]

노이쾰른 지역 헤르만 광장 주위에서도 똑같은 일이 벌어진다. 파울 판데라는 17세 소년은 담배를 사러 나가고 싶었다. 담배 사러 가는 길에 아는 사람을 만나 거리에서 수다를 떤다. 파울의 어머니는 걱정돼 아들을 데려오려고 한다. 경찰은 경고도 하지 않고 총을 쏘기 시작한다. 아직 집을 나서지 않았던 파울의 어머니는 총을 맞는다. 어머니는 병원으로 옮겨지고, 얼마 지나지 않아 그곳에서 사망한다.[8]

1929년 5월 1일, 오월절이다. 얼마 되지 않아 많은 언론이 이날을 "피의 5월Blutmai"이라고 부른다. 어떻게 봐도 선량한 시민에게 어마어마한 폭력을 휘두른 날이다. 이런 일이 왜 일어났을까? 베를린에서 가장 가난하고 혜택 받지 못한 사람들에 대한 경찰의 태도에서도 답을 찾을 수 있다. 경찰은 노이쾰른과 베딩 같은 지역을 증오하고 두려워한다. 범죄자들과 공산주의자들의 온상으로 여기며 두 곳을 구별 못 할 때도 있다. 《시카고데일리 뉴스Chicago Daily News》의 베를린 특파원은 "우린 온상 전체를 뿌리 뽑고 싶다. 완전히 다르게 공격을 퍼붓고 싶지만, 허용되지 않는다"라는 이 지역들에 대한 경찰의 과격 발언을 보도하면서 논조를 잡는다.[9]

1889년 이후 유럽 전역과 심지어 미국에서까지 노동자들은 5월 1일을 노동자의 날로 기념했다. 사회주의 정당들과 노동조합은 노동자들의 행진과 시위를 준비한다. 1918년 전에는 사회민주당이 독일에서 이런 전통을 지켰다. 1929년에는 두 가지 점이 다르다.

하나는 사회민주당이 프로이센주와 독일 전체에서 집권하고 있다는 점이다. 사회민주당은 수도 역할을 하는 베를린에 사는 시민의 안전을 책임져야 한다. 베를린에서 정치폭력은 점점 심해지고 있다. 정반대 노선인 나치와 공산당 사이 폭력은 특히 더 심하다. 폭력을 억제하기 위해 베를린 당국은 야외에서 열리는 모든 정치 집회를 금지한다. 베를린 당국이 사회민주당이니, 노동자 대표와 많은 사람들은 당국이 노동절인 5월 1일만은 예외로 할 것으로 기대한다. 그러나 당국은 그렇게 하면 무책임하고 일관성 없어진다고 판단한다.

이 때문에 두 번째 다른 점이 생긴다. 1918년 이전에는 독일의 정치적 좌파가 사회민주당으로 통합돼 있었다. 1929년, 좌파는 사회민주당과 공산당으로 심하게 분열되었다. 분열은 전쟁 중 사회민주당의 일부가 탈당해 독립사회민주당을 만들며 이미 시작되었다. 1918년에 11월 혁명이 일어나고, 1919년 프리드리히 에베르트 정부 때 자유군단이 좌파 급진주의자들을 공격하고, 로자 룩셈부르크 및 카를 리프크네히트를 포함해 다른 수백 명을 살해하면서 분열은 더욱 심해졌다.

좌파의 두 당은 정말 다른 집단을 대표한다. 사회민주당은 전문적이고, 비교적 보수를 많이 받고, 노동조합에 소속된 제도 안 근로자들을 대변하는 정당이다. 공산당은 특별한 기술이 없고, 실업자고, 가장 가난하고 가장 취약한 최하층을 대변하는 정당이다. 베딩과 노이쾰른 같은 곳에 사는 사람들이다. 온건한 개혁주의자로 이제 집권한 사회민주당과 달리, 공산당은 러시아의 소비에트 혁명 같은 혁명을 일으키기 위해 전념했다. 공산당이 사회민주당보다 증오하는 정당은 없다. 나치도 그만큼 싫어하지는 않을 것이다. 공산당 입장에서 사회민주당은 그저 적이 아니다. 사회민주당은 반역자다.

1929년, 공산당은 전통인 노동절 시위를 벌이겠다고 우긴다. 노동절 행진 금지를 고집하던 사회민주당 당국이 당황한다면 더욱 좋다. 공산당 매체들은 노동절 시위를 준비하면서 비난을 퍼붓는다. 사회민주당이 "프로이센에서 독재정권을 세우려고 한다"라고 공산당은 주장한다. 공산당은 정치 집회에 대해 똑같은 입장이었던 황제의 관료와 사회민주당을 비교하기 좋아한다. 사회민주당은 "공산당에는 선전을 위한 시체가 필요하다"라고 대답한다.

그런 시체는 아주 많다. 5월 1일에 대한 공식 보고서에 따르면, 노동자와 시위자 중 9명이 사망하고, 63명이 심한 부상을 당했다. 경찰 25명도 부상을 당했다. 이후 이틀 동안 폭력은 더 심해진다. 경찰 때문에 5월 3일까지 33명의 민간인이 사망하고, 98명이 부상당하고, 1천 명이 훨씬 넘는 사람들이 체포된다. 경찰도 47명이 부상을 당했지만, 사망자는 없다. 경찰 한 명이 총상을 입었지만, 자기가 쏜 총에 맞아서다.[10] 언론인 카를 폰 오시에츠키Carl von Ossietzky의 말대로 피의 5월에 죽은 사람은 "사회민주당과 공산당이 벌인 전쟁"의 희생자다.[11]

공산당과 나치의 싸움, 공산당과 사회민주당의 싸움, 경찰에 저항하는 노동자들…. 1929년쯤에는 온갖 극렬한 분열로 독일 사회가 산산조각이 나고 있다.

# '교파화'와 농촌의 분노

로마니쉐 카페는 대단하거나 자신이 대단하다고 생각하는 베를린의 예술가와 지식인들이 만나는 장소였다. 이러한 이유로 '과대망상증 카페'라는 별명이 붙었다. 하지만 손님들이 평등하게 만나지는 않았다. 언론인 마테오 퀸츠Matheo Quinz는 그 카페를 "수영하는 사람들을 위한 커다란 웅덩이와 수영하지 않는 사람들을 위한 작은 웅덩이가 있는 수영장"으로 비유했다. 어떤 손님을 카페의 어느 쪽으로 안내할지는 수위가 판단했다. 큰 웅덩이에는 영화감독과 배우, 광고 책임자, 몇몇 특별히 성공한 예술가들이 모였다. 작은 웅덩이에는 작가와 기자, 나머지 예술가, 정치운동가, 탈무드 학자들이 모였다. 더 많은 무리로 나뉘기도 했다. 한쪽에서는 공산주의자들이 자리를 차지했고, 미술상 알프레트 플레히타임Alfred Flechtheim이 한쪽에서 좌중을 이끌고, 탈무드 학자들도 자연스럽게 따로 모였다. 다양한 작은 무리와 패거리들이 서로 별로 섞이지 않고 따로따로 모인다. 오직 기자 에곤 에르빈 키슈Egon Erwin Kisch가 '이 자리 저 자리 다니면서 흥미진진한 대화를 동시에 나누는 놀라운 능력'을 보여줬다. 모든 신문을 읽으면서 모든 여자를 지켜보기까지 했다.[12]

로마니쉐 카페는 또한 콧대 높은 곳으로도 유명했다. 수위가 모르는 예술가는 '그야말로 존재하지 않는 존재'였다. 한 잔만 시켜도 온종일 머물 수 있는 손님은 극작가 베르톨트 브레히트 같은 몇몇뿐이었다. 대부분은 빨리 계산을 치르고 떠나라는 이야기를 들었다.[13] 역사학자 에릭 웨이츠Eric Weitz는 그 카페를 "활기 넘치고, 민주적이고, 분주하고, 이리저리 나뉘고, 분열을 초래하고, 끼리끼리만 이야기하는 바이마르 공화국의 정치와 사회를 완벽하게 보여주는 상징"이라고 표현했다.[14]

정치, 종교, 사회 계층, 지역에 따라 점점 더 타협할 가능성 없이 극심해진 분열은 바이마르 공화국의 특징이었다. 여러 해 동안 동독 정보기관의 대외정보국 국장을 지낸 마르쿠스 볼프Markus Wolf는 1920년대에 적극적인 공산주의자 집안의 아들로 이러한 상황을 지켜보았다. 볼프는 당시 우파와 좌파의 정치 싸움은 "집단 패싸움과 같았"고, 나치는 "우리 가족과 완전히, 종족조차도 다르게" 느꼈다고 여러 해가 지난 후 회고했다.[15]

바이마르 공화국이 결국 히틀러의 독재정권에 무릎 꿇었기 때문에 바이마르의 민주주의자와 반민주주의자 사이의 분열에 초점을 맞추는 게 자연스럽다. 의심할 여지 없이 베를린 정치인들에게는 민주주의와 반민주주의 사이 분열이 가장 중요했다. 그러나 나라 전체로 보면 훨씬 더 복잡하다. 당시에는 여론조사가 없었다. 그래서 선거 때마다 독일 유권자들이 어떤 생각을 했는지 확실히 알 수 없다. 하지만 공화국의 수많은 정당을 지지했던 다양한 집단과 지역에 대해서는 잘 밝혀져 있다.

바이마르 공화국의 매우 중대한 분열은 '정치적 교파화'와 관련 있었다. 역사학자들이 만든 용어로, 사람들이 이웃·동료·교회·동호회·신문이나 다른 매체 같은 사회적 배경의 영향을 받아 투표할 때가 많다는 뜻이다. 일단 정치적 교파화가 되면 유권자들은 자신이 좋아하는 집단을 절대 바꾸지 않으려고 한다. 어느 교파를 이루는 성당이나 교회 공동체에 들어가서 사회화되는 일과 비슷하다.

바이마르 공화국에는 '교파화'된 진영이 세 곳 있었다. 사회주의 진영(기본적으로 사회민주당과 독일공산당), 가톨릭 진영(중앙당과 바이에른 지방의 자매당인 바이에른인민당), 신교도 중산층 진영(보수적인 국가인민당, 자유주의자인 독일민주당과 독일인민당 그리고 소상공인당 같은 다양한 비주류 집단)이었다.[16]

바이마르 공화국의 정치적 불안정이 최고조였는데도(정권 교체가 너무 잦아 14년이 조금 넘는 기간에만 정부가 21번, 총리가 13명 새로 들어섰다), 진영은 1919년부터 1933년까지 흔들리지 않았다는 게 가장 중요한 점이다. 각 진영의 폭이 넓어서 그 안에 민주적인 부류도 있고, 반민주적인 부류도 있었다. 유권자들의 표는 보통 각 진영 안에서 움직였다. 진영을 바꿔서 투표하지는 않았다. 사회민주당은 처음에는 독립사회민주당, 그다음에는 공산당에 유권자를 빼앗겼다. 그러나 (1919년에 이례적으로 최고 득표율을 기록한 이후) 사회주의 진영의 득표율은 전체의 35~40%라는 예측 가능한 범위로 자리 잡았다. 가톨릭 진영의 표는 15% 안팎으로, 더 좁은 범위에서 움직였다. 나치는 사실 득표율이 30% 후반에서 40% 초반에 이르러 사회주의 진영보다 약간 앞서는 신교도 중산층 진영을 장악하면서 상당히 많은 표를 끌어모으기 시작했다. 히틀러는 1925년에 "우리는 코를 움켜쥐고 가톨릭과 마르크스주의 의원들과 맞서면서 국회에 들어가야 합니다"[17]라고 추종자에게 말하면서 독일 정치의 기본 요소를 이해한다는 사실을 보여줬다. 히틀러의 나치는 이미 사회주의 진영으로 '교파화'된 유권자 무리를 1932년까지는 잘 끌어들이지 못했다. 가톨릭 진영의 유권자도 별로 끌어오지 못했다. 나치가 1932년과 1933년 선거에서 최고의 승리를 거둘 때도 두 진영에는 별로 파고들지 못했다.[18]

세 진영이 흔들림 없이 견고했다는 사실은 바이마르 공화국 시기 독일 사회가 얼마나 뿌리 깊게 분열됐는지를 또다시 잘 보여준다. 하지만 뭔가 다른 점도 보여준다. 유권자들이 자신의 진영에서 벗어나지 않았다는 사실은, 처음 진영에 발을 들인 사회화 과정이 공식적인 정치 이념만큼, 아마 그보다 더 표에 영향을 끼친다는 의미다. 가톨릭 신자들은 중앙당이나 바이에른인민당에 표를 던졌다. 그게 가톨릭 신자로서 적절한 행동이라고 믿었기 때문이었다. 도시 노동자들은 자신의 사회 계층에 충성하려고 사회민주당이나 공산당에 투표했다. 그리고 나치는 중산층 신교도들이 이미 가지고 있던 기본적인 세계관에 맞는 청사진을 내놓았기 때문에 성공했다.

독일 정치에서 '교파화' 같은 분열은 농촌과 도시, 그리고 무엇보다 베를린에 사는 사람과 살지 않는 사람의 구분으로 더 증폭되었다.

우리가 떠올리는 바이마르 공화국 시절 독일은 거의 베를린과 관련된 이미지다. 게오르게 그로스의 그림, 쿠르트 바일과 베르톨트 브레히트가 함께 만든 오페라, 에리히 멘델존의 건축, 크리스토퍼 이셔우드의 소설에 등장하는 카바레 가수 샐리 볼스, 크고 개방적인 동성애자 공동체 그리고 온갖 성적 실험 말이다. 하지만 1925년에 독일인 6250만 명 중 4백만 명만 베를린에 살았다. 인구의 3분의 1 이상은 농촌 사회, 주민이 2천 명을 넘지 않는 마을에서 살았다. 베를린 밖 주민들의 삶은 베를린의 초현대적인 삶과 엄청나게 달랐다.[19]

20세기 초중반의 도시에서는 오늘날 우리 생각보다 계층 차이가 더 뚜렷했다. 또 사회 계층에 대한 유럽인의 생각은 (그때나 지금이나) 미국인과 다르다. 미국인은 보통 소득으로 계층을 구분한다. 유럽인은 계층을 주위 환경, 장래성, 경제 형편 등 훨씬 더 복잡한 문제로 여긴다. 노동자 계층은 시장에 자기 노동력만 내놓는 사람이지만, 중산층은 수입과 상관없이 사업을 하거나 변호사나 의사처럼 독립적인 직업을 가진 사람이다. 1920년대와 1930년대에는 옷차림, 말씨, 키와 (조지 오웰이 인상적으로 묘사했듯) 냄새로 노동자 계층과 중산층이 금방 구별되었다. 이러한 도시 사회 구조는 결국 한쪽은 노동자 계층 정당, 다른 한쪽은 중산층 정당으로 분명하게 나뉘는 현대 도시 정치를 낳았다.

농촌 마을에는 도시 같은 사회 구조가 없었다. 대신 역사학자 셸리 바라노스키Shelley Baranowski가 '농촌 신화'라고 부르는 게 있었다. 농사는 가장 고귀한 일이고, 전원생활은 건강에 좋고, 진정성 있고, 사회적 안정과 조화와 평화를 만든다는 신화다. 농촌 신화의 바탕에는 분명 위계질서, 특히 귀족 영주와 농업 노동자 사이 위계질서가 있다. 목사, 교사 같은 전문직은 중간 계층이었다. 그러나 공동체 의식으로 위계질서의 긴장감이 누그러졌다. 위계질서에 속한 사람들은 모두 자신의 자리를 알았고, 자기 의무와 책임감도 알았다. 아무래도 '반대편'이 있기 때문에 그런 믿음을 유지할 수 있었다. 도시는 적이었다. 바라노스키의 표현에 따르면, 도시는 "공화주의·다원주의·기계화·미국화·파벌주의·교육 실험·도덕적 타락이 팽배하고, 특히 남녀 사이의 적절한 경계가 무너진 곳"이었다.[20]

종교적 믿음은 농촌의 정체성에서 상당히 중요한 요소였다. 시골에서는 교회에 대한 소속감이 도시보다 훨씬 강했다. 1차 세계대전 후 폴란드가 독립해 떨어져 나가자 신교도가 많은 동프로이센에서 신교도의 정체성이 더욱 강해졌다. 폴란드는 가톨릭 국가를 표명했기 때문이었다. 이 때문에 프로이센 사람이라면 무엇보다 신교도라는 사실이 중요하다고 생각하는 경향이 훨씬 더 커졌다.

농촌 사람들이 바이마르 공화국을 싫어할 만한 이유가 있었다. 사회민주당의 득세는 도시 노동자 계층이 전쟁 전보다 더 많은 정치적인 영향력을 발휘한다는 뜻이었다. 또한 정부가 농산물 가격을 낮게 유지하려고 더 큰 노력을 기울인다는 뜻이었다. 수출 산업의 중요성이 커지자 관세 인하를 위한 무역협정을 벌일 가능성이 높아졌다. 반면 농촌 사람들 입장에서는 수입 식품의 관세와 농산물 가격이 높을수록 이익이 커졌다. 다른 곳도 아니고 폴란드에서 농산물을 수입한다는 1929년 무역협정에 농촌 지역은 격분했고, 절대 비준될 수 없었다. 1927년과 1928년에 이미 떨어지고 있던 세계의 농산물 가격이 갑자기 더 빨리 폭락했다. 어떤 농민은 세금을 내지 못했고, 어떤 농민은 파산했다.[21]

1차 세계대전은 다른 면에서도 농촌 지역에 막대한 영향을 끼쳤다. 총, 비행기와 현대전에 필요한 온갖 무기들을 생산하려면 수많은 공장 노동자들이 국내에 남아 있어야 했다. 다른 모든 유럽 군대처럼 독일 군대는 도시보다 농촌 지역에서 신병을 더 많이 모았고, 이는 농촌 청년들이 죽어가는 일을 맡았다는 뜻이었다. 때문에 도시를 향한 농촌 지역의 분노는 점점 커졌다(무엇보다 전쟁에 나가지 않아도 되었던 지식인이나 전쟁으로 폭리를 취한 사람들의 본거지로 여기는 베를린에 대한 분노가 컸다).[22]

베를린의 문화예술적인 실험은 보수적인 농촌 사람들에게 별로 호소력이 없었다. 대도시를 싫어하는 이유는 그것만이 아니었다. 베를린은 중요한 산업 중심지였고, 아에게나 지멘스 같은 거대한 전자제품 제조업체 그리고 기계·직물과 갖가지 물건을 만드는 제조업체들의 본거지였다. 19세기에 산업화가 시작된 이후 대부분 나라에서 그랬듯 많은 독일인은 공장을 악마로 생각하고, 농경 생활을 동경했다. 베를린은 독일의 금융 중심지이기도 했고, 은행과 증권거래소는 그것으로 생계를 유지하지 않는 사람들에게는 인기가 없었다.

베를린의 사회 구성은 다른 지역과 완전히 달랐다. 베를린은 독일에서 유대인이 가장 많이 모여 사는 지역이었다. 독일 전체에서 유대인의 비율은 1%였지만, 베를린은 7% 정도로 훨씬 높았다. 베를린은 공업 중심지였기 때문에 자연스럽게 수많은 산업노동자들의 본거지였고, 산업노동자들은 사회민주당이나 공산당에 투표할 가능성이 높았다. 바이마르 공화국의 거의 모든 선거에서 사회민주당과 공산당이 함께 베를린에서 절반이 넘는 표를 얻었다. 나치나 다른 우파 정당들은 베를린을 "붉은 베를린"이라고 불렀다.

그러니 대다수 독일인에게 베를린은 바이마르 공화국에서 싫어하는 점을 모두 모아놓은 상징이 되었다. 그래서 베를린에 대한 반대는 곧 바이마르 질서에 대한 반대를 의미했다. 바이에른의 작가 루트비히 토마Ludwig Thoma는 "베를린은 독일이 아니다. 사실 정반대다. 베를린은 타락했고, 갈리치엔갈리치아 지방의 독일어 명칭의 오물로 더럽혀졌다"[23]라고 말했다. 폴란드 갈리치아 지방에서 온 유대인 이민자가 정말 많았기 때문에 '갈리치엔 사람'은 유대인을 부르는 은어였다. 비슷한 이유로 보수 언론인 빌헬름 슈타펠Wilhelm Stapel은 베를린을 "공화국의 시궁창"이라고 불렀다. 그는 "너무 많은 슬라브인과 통제받지 않는 너무 많은 동유럽 유대인들이 베를린 사람들에 뒤섞였다"라고 말하면서 이러한 '언짢은 혼합'이 베를린의 특징이 되었다고 덧붙였다. 슈타펠은 이민자들이 들여왔다고 생각하는 "무례한 독선과 끊임없이 낄낄거리며 비꼬는 말"과, 지방을 베를린처럼 만들어야 한다고 생각하는 지식인의 오만을 싫어했다. 베를린을 치유할 약은 무엇일까? 칸트와 괴테 같은 독일의 문화 전통일 수도 있고, 루터교의 '단호한 의지'일 수도 있다. 슈타펠은 독일 전원 지역의 농부들이 저항하기 시작했다고 말했다.[24]

농촌과 교회가 베를린에 갖는 반감에는 대도시의 다양한 성적 취향과 탐색을 못마땅해하는 부분도 컸다. 그저 내숭 떠는 게 아니었다. 뭔가 더 뿌리 깊은 원인이 있었다. 독일 신교도들이 보기에는 남성 중심의 가족이 사회 질서의 핵심이었다. 아버지는 집안뿐 아니라 정치와 경제생활도 다스려야 했다. 남성 중심에서 벗어난 성적 관계나 가족 구조는 모두 정치·사회권력의 근본에 대한 직접적인 위협이었다.[25]

어떤 베를린 시민들은 우월감을 보이거나 시골에 사는 동포를 경멸하기까지 했다. 시인이자 어린이책 작가인 에리히 캐스트너Erich Kästner는 시골에서 와서 베를린의 분주하고 국제적인 포츠담 광장(무엇보다 유럽에서 처음으로 신호등이 설치된 곳)에 압도된 관광객이 '차에 치일' 때까지 '온갖 잘못'을 저지르며 '고통스럽게' 웃는 장면을 상상했다.[26] 언론인 쿠르트 투홀스키Kurt Tucholsky는 슐레지엔, 동프로이센, 포메른 교외에 살고 구닥다리 옷을 입은 교양 없고 우스꽝스러운 사람들을 묘사했다. 그는 '목소리를 내서' 어두움 속에 사는 지방에 베를린의 빛을 비추자고 베를린 사람들에게 촉구했다. 그러면서도 냉정하게 현실적으로 전망했다. 투홀스키는 "여러 민주적인 신문이나 예술가, 자유주의 단체들의 명성은 사실 실제 능력과는 아무 관련이 없다"라고 썼다. '반작용의 힘(이미 존재했고, 더 교묘하게, 무엇보다 별로 정중하지 않게 휘두르는)'은 '주식 시장과 상인 계층'의 지원을 받아 조용히 작동했다.[27]

농민들이 저항하기 시작했다고 쓴 빌헬름 슈타펠이 맞았다. 1928년, 독일 농업을 강타한 경제 위기 가운데 급진적인 농촌 저항운동이 벌어졌다. 스스로 란트폴크Landvolk, 시골 사람라고 부르면서 프로이센 북부의 농촌 지역인 슐레스비히-홀슈타인에서 시작한 저항운동은 북부와 동부의 농촌 전체로 퍼졌다. 란트폴크는 수입 농산물에 관세를 새로 부과하고, 쉽게 대출받을 수 있게 하고, (주로 도시가 혜택을 받던) 사회 복지를 줄이라고 요구했다. 저항운동은 정치적으로 극우였고, 목적을 이루기 위해 정부 건물에 폭탄을 터뜨리는 테러리스트 전략을 사용했다. 1929년, 저항 세력은 증오하는 공화국과 베를린에 대한 궁극적이고 상징적인 공격으로 국회의사당에 폭탄을 터뜨렸다. 당시에는 잘 알려지지 않았지만, 경찰은 나치가 란트폴크와 관련이 있다는 사실을 찾아냈다. 나치는 곧 농민 유권자들을 사로잡는 데 성공한다.[28]

# 반유대주의 코드

독일의 정치적 분열에서 유대인에 대한 독일 기독교인의 태도 역시 중요한 역할을 했다.

1차 세계대전이 일어나기 수십 년 전에도 독일에서는 반유대주의가 정치적 우파의 특징이었다. 역사학자 슐라미트 볼코프Shulamit Volkov가 쓴 대로 반유대주의는 사람들의 여러 믿음을 하나로 묶어주는 접착제인 '문화코드'였다.[29]

여러 믿음 중 가장 중요한 건 독일 민족주의였지만, 권력 숭배, 남자다움과 정력 중시, 엘리트주의, 인종차별주의, 여성혐오도 있었다. 우파 민족주의자들은 민주주의, 자유주의, 사회주의에 적대적이었다. 또 도시를 싫어하고 시골을 좋아했다. 상업적이기보다 군사적인 가치관을 가지고 있었고 군사적인 예법을 중시해서, 물질주의와 자본주의를 반대하기 쉬웠다.[30] 여기에서 반유대주의로 나가기는 너무 쉬웠다. 정치에서 반유대주의는 포퓰리즘 경향이 강했다. 반유대주의 때문에 농민이 곡물상에 맞서고, 소상공인이 백화점에 맞섰다는 주장도 있다. 반유대주의는 엘리트주의, 자본주의, 현대화에 반대했다.

반면 반대쪽 끝에서 반유대주의에 반대하는 세력은 민주적이거나 사회주의적인 정치 성향, 평화주의, 페미니즘과 강하게 연결되었다. 전쟁 전에 사회민주당의 위대한 지도자였던 아우구스트 베벨August Bebel이 반유대주의는 "바보들의 사회주의"라고 선언했던 게 가장 유명한 사례다. 그와 같은 사람은 많았다. 역사학자 테어도어 몸젠Theodor Mommsen은 반유대주의가 유대인뿐 아니라 '교육, 자유와 인간애'를 증오하기도 했다고 말했다. 페미니즘 지지자였던 철학자 테어도어 레싱Theodor Lessing은 여성과

유대인은 똑같이 탄압을 받았기 때문에 도덕적으로 우월하다고 1910년에 썼다.[31]

반유대주의는 1918년 이후 우파 민족주의자들이 문화코드로 활용하면서 점점 더 뚜렷해졌다. 전쟁 전 독일에서는 지역 사회나 특정 업계 안에서의 위기 때문에 반유대주의가 폭발하곤 했다. 그러나 1918년 이후에는 나라 전체의 위기(패전, 혁명, 내란, 초인플레이션, 높은 실업률)가 많아서 반유대주의도 더 심해졌다.[32]

바이마르 공화국의 정치 구조는 어쩔 수 없이 독일에 사는 유대인에게 유리하지 않았다. 반유대주의는 포퓰리즘이기 때문에 전쟁 전의 독일제국 시절에는 약간 권위주의적이던 연방주가 반유대주의를 반대하는 편이었고, 정당의 힘이 강하지 않아 반유대주의 운동가들이 영향력을 행사하기 어려웠다. 새로운 민주주의에서는 이러한 모든 상황이 바뀌었다. 바이마르 공화국의 공산당도 때때로 어떤 당 못지않게 반유대주의 발언을 했지만, 보통 반유대주의는 우파 민족주의자들의 전유물이자 특징이었다. 요즘 미국에서 낙태 문제에 대한 태도로 민주당인지 공화당인지 구분하는 것과 어느 정도 비슷하다. 대다수 사람에게는 반유대주의 편인지 아닌지가 결코 가장 중요한 문제가 아니었다. 그러나 반유대주의의 상징성 때문에 이쪽 혹은 저쪽을 선택해야 했다.[33]

문화코드가 만들어지고 나면 유대인이라는 말을 전혀 입에 올리지 않아도 반유대주의 수사법이 효과적으로 작동할 수 있다. 권력에 더 가까이 다가갔을 때 히틀러의 많은 연설이 그랬다. 히틀러가 "국제적인 금융 거미들"에 관해 말하거나 "오늘날에는 국제적인 대규모 금융기관이 독일의 주인이자 군주"[34]라고 불평하면 듣는 사람들은 그가 실제로 누구를 이야기하는지 이해했다.

# 반정부를 위한 반민주

바이마르 민주주의는 거의 가망이 없는 토대 위에서 세워졌다. 최악의 패전과 증오 대상이던 강화조약에 더해 엄청난 정치적·경제적 격변이 뒤따랐다. 그렇지만 어려움에도 공화국은 무너지지 않았고, 슈트레제만 시대에는 번창하기까지 했다. 예상과 달리 바이마르 공화국이 살아남아 국제사회에 통합되었다는 사실은 공화국이 처음부터 불운하지는 않았다는 걸 강력하게 보여준다.

공화국이 상당히 성공적으로 안정을 이뤘기 때문에 반대파들은 더 격분하면서 필사적이고 비타협적으로 되었고, 결국 민주주의를 뒤엎는 전략을 세워 성공했다. 1920년대 중반부터 후반까지 성격이 다른 네 가지 주요 반정부 노선이 독일 민주주의의 기반을 흔드는 역할을 했다. 1930년대 초에 민주주의가 무너지는 데 각각의 반정부 노선이 한몫했다.

가장 뚜렷한 반정부 노선은 극단적인 민족주의 운동이었다. 1920년대 거의 내내 후겐베르크와 국가인민당이 그런 반정부 운동을 이끌었다. 그러나 분명 그들만이 아니었다. 히틀러도 1923년과 1924년에 중요 역할을 했고, 1929년쯤 다시 인기를 얻은 것 같았다. 같은 시기에 란트폴크의 격렬한 민족주의자 시위가 농촌 지역에서 벌어지기 시작했다.

정치 영역에서 반대쪽 끝에 있는 공산주의자들도 우파 민족주의자들처럼 민주적 제도를 뒤엎으려고 몸을 던졌다. 1928년에 소련이 주도하고 코민테른이라고 알려진 공산주의 인터내셔널의 6차 대회는 세계 자본주의가 위기와 혁명이라는 '제3시기'로 접어들었다는 독트린을 선언했다. 소련은 혁명을 일으키려는 노동자들에 맞서 필사적으로 자신을 방어해야 할 대기업이 파시스트에게 지원을 요청할 것이라고 예상했다. 또한 노동자의 가짜 동지로 사실은 자본가를 지지하는 사회민주당에 대기업이 도움을 청할 것을 예상했다. 공산주의자들은 파시스트에 반대하듯 사회민주당을 '사회주의 파시스트'라고 맹렬하게 비난하면서 반대하게 되어 있었다. 코민테른의 방침은 1차 세계대전과 스파르타쿠스 봉기로 시작된 좌파 정당들의 분열을 장기화했고, 민주주의가 무너진 다음에도 분열이 계속되게 했다.[35]

독일에서는 대기업과 군대가 강력한 두 집단이었다. 둘은 각기 다른 이유로 사회민주당이 아무 권력도 갖지 못하도록 몰아내고 싶었다. 이는 사실 법을 만들고 내각을 구성하는 국회의 문을 닫거나 최소한 힘을 제한할 길을 찾는다는 의미였다. 기업가와 군인들은 보다 권위주의적인 통치를 원했다. 대기업은 국가의 중재 제도로 대부분 시행되는 임금 인상 합의에 점점 더 신경이 거슬렸다. 군대는 사회민주당이 군비 지출에 찬성표를 던지지 않으려고 해서 화가 났다. 1920년대 후반으로 접어들면서 군대와 대기업 모두 새로운 단계의 정치 활동으로 전환했다. 이익집단을 만들고, 동조하는 정당들을 끌어들이고, 민주주의의 토대를 흔들 합법적인 전략을 찾았다.

이러한 모든 반정부 활동은 바이마르 공화국의 '좋은' 시절 동안, 정확히는 좋은 시절에 대처하면서 새로운 해결책, 새로운 강도로 시작되었다.

뭔가 다른 요인이 대기업과 군대를 도왔다. 모든 사회와 민주주의에는 분열이 있다. 계층, 지역, 종교, 성별, 민족 사이의 분열이다. 분열된 집단이 궁극적으로 서로 타협하려고 하지 않는 한 어떤 민주주의도 길게 지속될 수 없다. 그렇지만 두 가지 중요한 요인 때문에 바이마르 공화국에서는 분열된 집단들이 타협하기가 어려웠다. 한 가지 요인은 구조적이었다. 독일 사회는 전쟁이 주는 압박 때문에 각자의 경제적인 이익에 따라 분열되었다. 바이마르 공화국의 정치 체제에서는 각각의 이익집단을 위한 정당이 있었고, 정당들은 자기 집단의 이익을 위해서만 영향력을 행사하고 법률을 제정하려고 했다. 다른 집단 사람들(노동자나 고용주, 농민이나 기업가)은 알 수 없는 이방인이었다. 각 당은 어떤 경우에도 뚜렷이 구분되는 집단을 대표했다. 그래서 정당들은 '경계를 뛰어넘으려는' 의욕이나 능력조차 별로 키운 적이 없었다.[36]

이 문제는 이념적인, 거의 철학적인 차원으로 볼 수도 있다. 민주적이든 반민주적이든 바이마르 공화국의 모든 진영은 하나같이 타협을 막는 강력한 문화적 편견을 가지고 있었다. 국가인민당은 국익을 위해 1920년 대에 몇 차례 국회에서 자신들의 이념과 정반대인 정책을 지지했다. 그런 태도라면 국가인민당은 민주적인 공화국을 점차 받아들여야 했다. 로카르노 조약 시기에는 잠시 그렇게 되는 듯했다. 그러나 민주적인 정치인들은 국가인민당의 폭넓은 시야를 칭찬하기보다 "등뼈가 부러졌다"라고 조롱했고, "이런 일 이후에도 민족주의자 유권자들이 (국가인민당에) 남는다면 어떤 정당도 그런 유권자를 가졌다고 (국가인민당을) 부러워하지 않을 것"이라고 느꼈다.[37]

## 힌덴부르크 대통령과 반정부 세력

1925년에 프리드리히 에베르트 대통령이 갑자기 사망하는 바람에 치른 대통령 선거에서 육군 원수 파울 폰 힌덴부르크가 당선하자 민주주의를 지키려는 사람들의 걱정은 깊어졌다. 힌덴부르크는 6년 전에 국내 세력에 '등을 찔렸다'는 배후중상설을 만들어서 퍼뜨린 사람 중 하나였다.

파울 폰 힌덴부르크는 1847년 10월 포젠에서 13세기부터 군인 집안이었던 가정에서 태어났다. 그런 프로이센 가정의 아들이라면 한 가지 직업밖에 생각할 수 없었다. 어릴 때 힌덴부르크가 불평하면 언제나 유모가 "일동, 조용!"이라고 소리 질렀다고 한다. 그는 11세에 프로이센 사관학교에 들어가 1866년에 소위로 임관했고, 때마침 쾨니히그레츠 전투에 참여했다. 이 전투에서 프로이센이 오스트리아를 이겼고, 덕분에 이후 통일된 독일에서 프로이센이 우위를 차지하게 된다. 힌덴부르크는 4년 후 프랑스와 전쟁할 때도 활약했다. 그는 철십자 훈장을 받았고, 독일제국이 프랑스 베르사유에서 건국을 선포할 때 자신의 연대 대표로 참석했다. 그 다음 평시의 군대에서도 잘 해냈지만, 그다지 눈에 띄지 않는 경력을 쌓았고, 1911년에 은퇴했다.[38]

1차 세계대전이 일어나지 않았다면 역사에서 힌덴부르크의 역할은 여기까지였을 것이다. 1914년 8월 22일, 66세였던 그의 삶은 그야말로 하룻밤에 바뀌었다. 그는 동프로이센을 공격한 러시아군과 싸우는 독일군의 지휘관으로 임명되었고, 곧장 전쟁터로 달려갔다. 이 타넨베르크 전투에서 독일군에게는 1차 세계대전 중 얼마 되지 않는 결정적인 승리를 거뒀다. 이 전투로 러시아는 독일에 진격하겠다는 희망을 완전히 버렸다. 대부분은 재능 있는 부하들인 참모장 에리히 루덴도르프와 막스 호프만Max Hoffmann 중령 덕분이었지만, 힌덴부르크는 전투 승리로 엄청난 신망을 얻었다.[39] 호프만은 훗날 힌덴부르크가 자신의 어린 딸만큼만 승리에 이바지했다고 말했다. 그렇지만 타넨베르크 전투 때부터 힌덴부르크는 프로이센과 독일의 구원자, 우상이 되었다. 어떤 것도 그에게 감도는 영웅적인 분위기를 희미하게 만들 수 없었다.[40]

키가 큰 데다 군인다운 꼿꼿한 자세 때문에 굉장히 매력적으로 보이고, 죽기 직전까지 혈기왕성했던 힌덴부르크는 대부분의 독일인이 멜랑콜리하고, 깊이가 있고, 자기 일에 헌신적이라고 여기는 진지한 표정을 항상 지었다. 단호하고, 용기 있고, 침착하게 비극과 직면했던 남자처럼 보였고, 이 외모는 독일 역사의 중심에 있던 시기(타넨베르크 전투부터 1934년에 사망할 때까지)에 열렬한 추종자가 늘어나는 데 많은 역할을 했다.[41] 힌덴부르크는 독일 역사의 산증인이었고, 아마도 이 때문에 자신의 상징적인 영향력을 어떻게 정치에 활용할지 직감으로 잘 파악했다.[42]

그는 1879년에 게르트루트 폰 슈펠링Gertrude von Sperrling과 결혼해 자녀를 네 명 낳았다. 그중 한 명은 어려서 죽고, 1880년에 태어난 이르멘가르트Irmengard, 1883년에 태어난 오스카어Oskar, 1891년에 태어난 아네마리Annemarie가 살아서 성인이 되었다. 힌덴부르크는 가족에게 헌신적이었고, 밖에서 사람들과 어울리기보다 가족과 함께 지내는 걸 좋아했다. 대통령이 되었을 때는 얼마 되지 않는 가까운 친구들도 죽고 없었다.[43] 한편 독실한 루터교도여서 가톨릭에 약간 반감이 있었다. 그가 속한 계층과 배경을 보면 의무감, 근검절약, 명예와 희생 같은 프로이센의 법도를 신봉했다는 게 놀랍지 않다. 정치관이 완전히 보수적이었다는 사실 역시 놀랍지 않다. 가톨릭 신자를 불편하게 여겼기 때문에 중앙당과는 기껏해야 불편한 동업자가 되었다. 사회민주당에 대한 그의 반감은 훨씬 더 깊었지만, 그 당의 몇몇 사람들과는 잘 지냈다. 특히 오랫동안 프로이센 주정부의 총리를 지냈던 오토 브라운Otto Braun과는 사냥을 좋아한다는 공통점이 있어서 가깝게 지냈다.[44] 대부분의 독일인처럼 사회민주당조차 그에게 존경심을 표현하면 힌덴부르크는 언제나 얼떨떨해했고, 즐거워할 때도 있었다. 어느 날, 그의 70번째 생일을 축하하려고 사회민주당 당원들이 전시 사령부로 찾아오자 힌덴부르크는 '동지들'에게 인기가 너무 좋아져서 이제 빨간 모자를 사야겠다고 농담했다.[45]

힌덴부르크는 자신이 쉽게 흔들리지 않고 냉정하며 태연한 사람이라는 사실을 여러 차례 증명했다. 젊은 군인으로 쾨니히그레츠 전투에서 싸웠을 때는 그야말로 죽을 고비를 넘겼다. 총알이 철모를 뚫고 들어왔지만, 두개골을 살짝 비껴간 덕분에 살았다. 그러나 침착하게 자신의 임무를 계속했다. 프랑스와 전쟁할 때는 그의 부대에서 사상자가 끔찍하게 많이 나왔다. 그는 그때 자신의 경험에 대해 "그런 아수라장에서 어떻게 그렇게 냉정을 유지할 수 있었는지 나 자신도 이해할 수 없다"[46]라고 썼다. 최고 사령부는 정확히 그런 이유로 그를 다시 불러 1차 세계대전에서 동부전선의 독일군을 지휘하게 했다. 그가 러시아 침공으로 인한 위기감을 침착하게 가라앉히고, 그보다 전략적으로는 더 뛰어나지만 흥분을 잘하는 루덴도르프를 다독일 수 있어서였다.[47]

힌덴부르크는 독일 사람들이 하나같이 추구하는 교양을 갖춘 이상적인 인물과는 거리가 멀었다. 30년 전쟁에서 활약한 유명 장군의 삶을 그린 실러의 희곡 《발렌슈타인》말고는 문학작품을 읽을 시간이 없었다. 주로 역사나 전쟁사 책을 읽었다. 고급장교의 자질을 갖추는 데 도움이 되기 때문이었다. 라틴어와 그리스어를 가르치면서 젊은이의 시간을 빼앗는 학교는 그에게 성가신 존재였을 뿐이다. 행진곡 말고는 음악도 좋아하지 않았다. 1911년부터 1914년까지 잠시 은퇴 생활을 할 때 자주 여행을 다녔지만, 풍경을 보면서 군사적 이용 가치에만 관심을 가졌다. 정말 좋아하는 취미는 사냥이었고, 87세로 사망하기 직전까지 열심히 사냥하러 다녔다.[48]

그렇지만 힌덴부르크는 따분하고 멍청한 장군이라는 고정관념에는 맞지 않았다. 많은 사람이 주장해 왔듯 그저 마음 약하고 설득하기 쉬운 인물도 아니었다. 그의 시야는 당시 프로이센 귀족들의 시야보다 넓었다.

젊은 장교였을 때 그는 베를린대학에서 민족주의 역사학자 하인리히 폰 트라이치케의 강의에 꼭 참석했다. 힌덴부르크는 신기술을 최대한 활용해 군사 현대화를 이루려고 했다.[49] 한편 그의 글은 엄밀하고 정확했다. 대통령을 맡았을 때는 보고서와 서명할 서류를 아주 신중하게 꼼꼼히 읽었다. 회의를 준비하면서 의논하고 싶은 문제들을 기록할 뿐만 아니라 회의 결과도 기록해서 적절히 지시할 수 있었다.[50] 이렇게 정성 들여 준비하는 바람에 측근이 그를 조종하기가 어려웠다.

그런데 힌덴부르크에게는 1890년대에 올덴부르크에서 연대장을 맡았을 때부터 끈질기게 나타나는 또 다른 특징이 있었다. 가능한 한 많은 일을 아랫사람에게 위임한다는 점이었다. 전쟁 기간에 루덴도르프의 도움을 오랫동안 받으면서 민감한 문제까지 맡기는 그의 습관은 유명해졌다. 독일군 최고사령부의 수많은 고급장교들은 힌덴부르크가 얼마나 일을 적게 하고, 루덴도르프가 힌덴부르크를 대신해 얼마나 많은 일을 맡았는지를 지켜볼 수 있었다. 해군 제독 마그누스 폰 레베초Magnus von Levetzow (훗날 나치 치하에서 베를린 경찰서장을 지냈다)는 전쟁이 끝나갈 때 본부를 찾았다가 그 순간을 지켜보았다. 힌덴부르크는 저녁을 먹으면서 그저 재미있는 일화만 이야기했다. 마침내 루덴도르프가 일어서더니 작전실로 돌아가 일해야 한다고 말했다. 힌덴부르크는 자신을 찾아온 장교들 앞에서 체면을 구길까 봐 마지못해 "아마 나도 가야 할 것 같네"라고 덧붙였다. 그러나 루덴도르프는 "그러실 필요 없습니다. 원수님"이라고 말했다. 약간 당황한 것 같은 힌덴부르크는 아까 작전장교들과 이미 이야기했다고 핑계를 대면서 다시 앉았다.[51]

힌덴부르크는 전쟁 지휘를 어렵지 않게 여겼다. 무슨 일이 생기든 명목상으로는 궁극적인 책임을 져야 하는 황제 밑에서 임무를 수행하는 일이어서였다. 그러면서도 중요하지만 자신의 명망이 떨어질 수도 있는 결정을 직접 하고 싶지 않았다. 이렇게 책임을 회피하려는 끈질긴 욕망은 1918년 휴전협정을 할 때 드러나고, 대통령을 하면서도 자주 나타나는 모습이 되었다.

1925년, 힌덴부르크가 우파 민족주의자 후보로 대통령 선거에 출마하기로 결심하자 민주적인 정당들은 어려운 문제에 부딪쳤다. 힌덴부르크는 국민들이 너무 존경하는 인물이어서 대놓고 공격할 수가 없었다. 그래서 민주적인 정당들은 힌덴부르크에 대한 존경심을 강조하면서 그의 뒤에 있는 인물들을 실컷 경멸했다. 2차 투표에서 48.3%의 표를 얻은 힌덴부르크가 45.3%를 얻은 중앙당 대표 빌헬름 마르크스를 근소한 차이로 이기면서 민주적인 정당들은 당연히 불안해했다.[52]

힌덴부르크가 처음에는 헌법을 엄격하게 수호하고, 외무부 장관 구스타프 슈트레제만의 정책을 기꺼이 받아들이자 그를 비판하던 사람들은 깜짝 놀랐다. 1924년과 1928년 국회의원 선거에서 극우 정당의 득표율은 꾸준히 떨어졌다. 나치의 득표율은 1924년 5월의 6.5%에서 1924년 12월의 3% 그리고 1928년에 2.6%로 극적으로 떨어졌다. 그동안 사회민주당의 득표율은 1924년 5월에 20.5%에서 1924년 12월에 26%, 1928년에 거의 30%로 올라갔다. 1928년 선거 후 힌덴부르크 대통령은 적절한 절차에 따라 사회민주당 대표 헤르만 뮐러Hermann Müller에게 내각을 구성하라고 요청했다. 그 결과 좌파인 사회민주당부터, 중도 우파로 친기업적인 슈트레제만의 독일인민당까지 민주적 정당들의 '대연정'이 만들어졌다.

역설적이지만 바이마르 민주주의의 죽음은 이 선거의 민주적인 결과와 함께 시작되었다.

1928년조차 상당한 정치적 불만이 득표수에 숨어 있었다. 유권자의 4분의 1은 득표율이 5%도 되지 않는 군소 정당들에 표를 던졌다. 주요 정당들에게 등을 돌린 유권자들이었다.

국가인민당은 부유하고 영향력 있는 소수 엘리트의 이익을 대변하는 정당이었지만, 용감하게도 국가인민당이라는 이름처럼 포퓰리스트 보수주의를 만들어내려고 했다. 국가인민당은 전쟁 전의 독일보수당과 자유보수당이 합당하면서 만들어진 당이었다. 슈트레제만의 국민자유당은 '독일인민당'으로 이름을 바꾸면서 비슷한 움직임을 보였다.

국가인민당이 1924년 두 차례 선거에서 19.5%와 20.5%의 득표율을 올리면서 계획대로 되는 듯 보였다. 그렇지만 1928년에는 득표율이 6%나 떨어졌다. 이렇게 계획이 실패하자 국가인민당의 대표가 된 알프레트 후겐베르크는 집권하기 위해서는 새롭고 역동적인 나치와 손을 잡아야겠다고 생각했다.

대기업 역시 점점 더 노동계와 타협하지 않으려고 했다. 1918년 혁명 덕분에 노동조합은 협상 상대로 완전히 인정받으면서 하루 평균 8시간만 근무하면서 기본급을 받는 노동조건을 확보할 수 있었다. 정부는 산업 임금의 중재 제도를 마련했다. 이것이 바이마르 공화국의 매우 중요하고 독특한 업적이다.

그런데 1920년대 임금 협상으로 임금은 빠르게 늘어났지만, 노동자의 생산성은 높아지지 않았다(경제가 건강하면 생산성, 즉 주어진 시간에 각 노동자가 생산할 수 있는 양이 꾸준히 증가해서 임금과 기업 이익을 모두 늘릴 수 있다). 1928년에 시간당 임금은 10%가 올랐지만(인플레이션에 맞춰 조정), 생산성은 사실 4.8%가 떨어졌다. 1930년, 독일제국산업협회는 "정치에 좌지우지되면서 자본주의와 사회주의 사이에서 오락가락하는 경제 체제"는 "가장 날카로운 비판"을 받는 게 당연하며, 그 때문에 자본주의가 "사회주의의 실수"에 의해서도 비난을 받았다고 주장했다. 또한 독일 정치는 "사회주의와 자본주의 경제 방식 사이에서 타협점을 찾을 수는 없다"라는 사실을 깨달아야 한다고 했다. 기업가들은 정부가 재정 지출을 줄이고, 임금을 낮추고, 정부 규제를 완화하라고 요구했다.[53]

재계 대표들은 정치적 좌파, 특히 사회민주당을 몰아내야 목표를 이룰 수 있다는 사실을 잘 알았다. 그들은 '독일제국부활연맹' 같은 단체들을 후원하기 시작했다. 정치 제도를 민주주의에서 권위주의로 바꿔놓는 게 목표인 단체였다. 기업이 독일인민당을 상대로 로비를 벌이자 독일인민당은 1929년과 1930년에 연정 파트너인 사회민주당에 훨씬 비타협적인 태도를 보였다. 결국 바이마르 민주주의의 돌이킬 수 없는 정치적 교착이 이때부터 시작되었다.[54]

그다음 군대가 있었다.

## 슐라이허 장군과 '대통령 내각'

쿠르트 폰 슐라이허 장군은 바이마르 공화국의 마지막 5년 동안 가장 중요한 역할을 했던 인물이다. 역사적으로 이렇게 자기 이름의 뜻과 꼭 맞는 인물을 찾기 어렵다. 독일어로 '슐라이허Schleicher'는 '몰래 숨어서 행동하는 사람'이라는 뜻이다. 쿠르트 폰 슐라이허는 뒤에서 조종하고, 음모를 꾸미는 데 명수였다. 항상 이 방 저 방 기웃거리고, 중요한 사람들의 귀에 속삭였다.

슐라이허는 재미없고 엄숙한, 전형적인 프로이센 장교와는 거리가 멀었다. 현실적이고 격식에 얽매이지 않았다. 그의 참모장교였던 빈센츠 뮐러Vincenz Müller는 슐라이허의 집무실 분위기가 개방적이고 솔직해서 좋았다고 기억했다.[55] 독일 유머는 지방 방언과 억양을 주로 활용한다. 베를린 노동자 계급의 거칠고 비꼬는 듯한 방언을 자유자재로 구사하며 떠들썩하게 농담하는 게 슐라이허의 특기였다.[56] 베를린 사람 특유의 공격적으로 빈정거리는 말투는 '베를린 주둥이'로 불릴 정도였는데, 동료들은 슐라이허가 심하게 솔직한 건지 아니면 그저 심한 농담을 하는지 확실히 구분하기 어려운 때도 많았다.[57] 뮐러가 약혼했다고 말했을 때 슐라이허는 무시무시한 농담으로 대답했다고 한다. 슐라이허는 "정말 충분히 생각해 봤어?"라고 물었다. 그다음 농담이었다고 뮐러를 안심시켰다. 그리고 "내가 하는 이런 농담에 익숙해질 거야"라고 말했다.[58] 어느 날 슐라이허는 흥분한 아돌프 히틀러 지지자가 히틀러의 지도자 자질과 정치적 재능에 대해 열광적으로 이야기하는 소리를 들었다. 슐라이허는 "맞습니다. 다만 미친 사람이라는 게 유감이죠"라고 대답했다. 이 말은 히틀러의 귀에 들어갔고, 히틀러는 그 일로 슐라이허를 절대 용서하지 않았다.[59]

슐라이허는 계산적이고, 사람들을 잘 조종하고, 정직하지 않을 때가 많았다. 그의 농담 섞인 말투가 두 가지로 해석될 수 있듯 그의 자신감도 경솔함으로 느껴질 수 있었다. 참모들은 보통 그를 존경했지만, 분노하거나 증오하기까지 하는 참모들도 많았다. 국방부 장관 빌헬름 그뢰너는 1932년 말에 슐라이허와 자신 사이에 벌어진 일을 쓰면서 "사이가 나빠졌다는 말은 너무 가벼운 표현"[60]이라고 설명했다. 오랫동안 독일 주재 프랑스 대사를 지낸 앙드레 프랑수아-퐁세André François-Poncet는 사람들이 슐라이허를 "좋아하기보다 두려워했다"라고 말했다.

거의 모든 사진에서 슐라이허의 표정은 비웃거나 조롱하는 듯 보인다. 프랑수아-퐁세는 "슐라이허의 외모는 호감을 주지 못했다. 머리를 빡빡 밀었고, 얼굴은 창백할 뿐 아니라 잿빛이 돌았고, 불쾌한 지방으로 덮인 얼굴에서 눈이 날카롭게 빛났고, 입술은 흐릿하고 얇았다"라고 기억했다. 대화를 나눌 때는 "직설적이고, 인정사정없고, 조롱하고, 비꼬고, 재치가 넘칠 때가 많았다. … 그의 지성은 깊고 본질적이기보다 재빠르고 활기찼다"라고도 했다.[61]

슐라이허는 1882년에 브란덴부르크에서 태어났다. 전쟁 때 참모장교로 복무했고, 빌헬름 그뢰너가 그의 후견인이 되었다. 그뢰너는 1928년에 국방부 장관이 되었고, 슐라이허를 사실상 차관으로 임명했다. 군대를 대표해 정계를 상대로 로비를 벌이는 게 슐라이허의 임무였다.[62]

슐라이허의 재능과 세계관에 완벽히 어울리는 임무였다. 그는 모든 진영의 정치인들과 폭넓은 인맥을 맺고 있었다. 무엇보다 힌덴부르크 대통령과 국무부 장관 오토 마이스너Otto Meissner, 그리고 대통령의 아들 오스카어 폰 힌덴부르크Oskar von Hindenburg가 그의 말에 귀를 기울였다. 슐라이허와 오스카어는 나이가 비슷한 데다 같은 연대에서 함께 복무했다. 때문에 슐라이허는 누구와도 비교할 수 없는 영향력을 가졌다. 헌법에 따라 슐라이허를 총리로 임명한 건 대통령이었다. 바이마르 공화국의 마지막 5년 동안 힌덴부르크 대통령은 주로 슐라이허의 충고대로 행동했다.

그러한 힘을 가지고 있으니, 슐라이허가 정치를 어떻게 생각하는지가 중요했다. 일찍이 1924년에 그는 빈센츠 뮐러에게 자신의 목표를 설명했지만, 그 후 몇 년 동안 거의 아무것도 바꾸지 못했다. 슐라이허는 주정부보다 중앙정부, 입법부보다 행정부와 군대의 권한을 강화하고 싶었다. 또한 위기에 찌든 바이마르 공화국의 경제를 안정시키고, 특히 나라가 군비를 더 많이 지출할 수 있기를 바랐다. 그러나 프로이센 장교의 기준에서 슐라이허의 생각은 진보적이었다. 하루 8시간 노동과 의료보험, 실업보험 같은 사회 혁신을 이전으로 되돌려야 한다고 요구하는 기업의 압력을 정부가 물리쳐야 한다고 그는 말했다. 이는 사회 평화 그리고 나라의 힘을 키우는 데 '핵심적인 문제'였다.[63]

마지막으로 슐라이허는 독일은 베르사유 조약의 '쇠사슬'에서 벗어나야 한다고 생각했다. 외교 문제에 접근하는 방식도 자신의 성격대로 음흉했다. 독일은 연합국이 평등한 조건으로 협상하는 데 익숙해지도록 유도해야 하며, 맞부딪치기보다는 교묘한 속임수로 빼앗아서 프랑스가 라인란트에서 물러나게 하고, 하나씩 독일의 영토를 되찾아야 한다고 생각했다.[64] 1933년, 슐라이허는 편안한 자리에서 기자들에게 베르사유 조약에 서명한 건 잘한 일이라고 늘 생각했다고 말했다. 덕분에 독일에 "10년 동안 전쟁을 멈추고 회복할 시간이 생겼다"라고 했다. 덧붙여 그는 "내부에서 점차 힘을 키우려면 적이 국경을 넘어오지 못하게 해야 한다"라고 설명했다.[65]

처음에 슐라이허는 원하는 목적을 이룰 수 있다면 사회민주당과 기꺼이 협력했다. 그러나 1920년대 중반이 되자 점점 더 독일의 좌파 정치에 환멸을 느꼈다. 그는 훗날 사회민주당이 '민족주의적 사회민주주의'를 발전시키기 위해 전쟁을 끝내는 '중대한 임무'를 맡았다고 생각했었다고 설명했다. 그의 생각대로 되었더라면 나치는 필요하지 않았을 것이다. 그러나 사회민주당은 자기 임무를 깨닫지 못하고 방위비 지출에 반대했다. 이에 슐라이허는 어떻게 그들의 정치권력을 완전히 빼앗을지 생각하기 시작했다.[66]

슐라이허가 그렇게 생각을 바꾼 일이 역사에서 운명의 장을 열었다.

1926년 12월, 영국 일간지 《맨체스터 가디언》이 독일이 베르사유 조약을 어기고 유지하고 있던 비밀 군대 '흑색 국가방위군'에 관한 기사를 터뜨렸다. 그 기사에 사회민주당은 격렬하게 화를 내면서 중앙당의 빌헬름 마르크스 총리가 이끌던 정부에 대한 지지를 철회했다. 슐라이허는 국회의 다수당, 다시 말해 사회민주당의 지지를 받지 않아도 우파 연정으로 통치할 수 있다고 상상하기 시작했다. 헌법으로는 불가능한 일이었다. 슐라이허는 헌법의 빈틈을 이용하면 된다고 생각했고, 힌덴부르크 대통령이 임명한 국무부 장관이자 가장 중요한 법률 고문인 오토 마이스너도 생각이 같았다. 헌법에 따르면, 대통령이 국회를 해산하고 다시 국회의원 선거를 치를 수 있다. 국회를 해산한 후 다시 선거를 치를 때까지 총리와 내각은 국회 간섭을 받지 않고 나라를 다스릴 수 있다. 대통령의 이러한 권한을 이용하면 야당을 위협하면서 소수 우파 정부가 계속해서 정권을 유지할 수 있었다.[67]

이 전략을 다른 각도에서 볼 수도 있었다. 바이마르 헌법의 48조에 따르면, "공공의 안전과 질서가 심각하게 불안해지거나 위태로워지면" 대통령이 긴급명령을 통해 통치할 수 있었다. 헌법은 그러한 경우 대통령이 군대를 동원할 수 있고, 개인의 모든 기본적인 권리와 자유를 유예할 수도 있다고 명시했다.

물론 어떤 명령이든 국회가 투표로 뒤집을 수 있었다. 그러나 과반수가 반대하지 않거나 국회가 해산된 후 아직 선거를 치르지 않았다면 명령은 유효했다. 때문에 소수 국회의원의 지지만 받는 정부도 대통령과 48조의 도움으로 유지될 수 있었다. 그러한 정부는 얼마 지나지 않아 '의원 내각'과 구별해 '대통령 내각'으로 불렸다. 민주적인 바이마르 헌법의 48조는 독일이 독재국가로 굴러떨어지는 일종의 통로였다.

1928년 선거로 슐라이허의 생각은 더 굳어졌다. 사회민주당은 "아이들에게 순양전함이 아니라 밥을 주자"라는 구호를 내걸고 선거운동을 했다.[68] 선거에서 사회민주당이 이기자 힌덴부르크 대통령은 사회민주당의 대표 헤르만 뮐러에게 총리가 되어달라고 요청했다. 슐라이허는 뮐러 정부가 자신이 원하는 종류의 군사 예산을 확보하지 못할 것을 알았다. 뮐러 정부의 경제 운영 능력도 믿지 못했다. 사회민주당이 뮐러 총리의 뜻까지 외면하고, 순양전함을 만드는 데 필요한 자금 지원에 반대하면서 선거 공약을 충실히 지키자 슐라이허의 인내심도 한계에 이르렀다. 슐라이허는 대안을 고려하기 시작했다.[69]

슐라이허는 보수적인 중앙당 대표 하인리히 브뤼닝에게 정부를 새롭게 맡기고 싶었다. 브뤼닝이 '몇몇 인물이 이끄는 정부', 헌법 48조에 따른 긴급명령으로 무장한 우파 대통령 내각을 이끌게 한다는 게 힌덴부르크 대통령과 마이스너 국무부 장관 그리고 슐라이허의 속셈이었다. 그러한 정부로 국가 재정을 회복하고, 독일의 배상금 지급 기준도 유리하게 바꿔 놓는다는 계획이었다.

브뤼닝이 가톨릭 신자이기는 하지만, 참호에서 잘 싸운 참전용사였기 때문에 힌덴부르크 대통령의 마음을 살 수 있다고 슐라이허는 생각했다. 브뤼닝은 경제학 박사인 데다 이름난 금융 전문가였다. 중앙당에서 우파에 속하는 민족주의자였지만, 사회적 이념이 온건해서 사회민주당의 지지를 받을 수도 있었다. 브뤼닝이 긴급명령에 의존해 통치해야 한다면 군대의 지원에만 의지하지 않아도 되었다. 농촌 지역에서도 추종자가 있을 터였다.

슐라이허는 추종자를 끌어들이는 게 정말 중요하다고 생각했다. "총검으로 통치할 수는 없다"[70]는 게 유난히 강조하며 자주 하던 말이었다. 그는 현대 산업사회에서는 군사독재조차 탄압에만 의지할 수 없고, 대중의 지지가 필요하다는 사실을 알았다. 많은 독일인, 우파조차 1차 세계대전을 통해 배운 교훈이었다. 독일인들은 전쟁의 마지막 2년 동안 어떻게 전방의 사기가 꺾였고, 그렇게 꺾인 사기가 어떻게 독일군에 부담이 되었는지 지켜봤었다.

에리히 루덴도르프와 아돌프 히틀러는 각자 다른 방식으로 다른 면에 주목하면서 똑같은 교훈을 얻었다. 그것은 최신 교훈, 즉 총력전에 대한 교훈이었다. 그러한 교훈이 2차 세계대전이 끝날 때까지 독일의 미래를 결정지었다.

## 대공황 이전의 경제 위기

1929년 10월 월스트리트 금융시장 붕괴가 대공황을 불러일으켰고, 대공황이 히틀러를 자극해 독일의 민주주의가 막을 내렸다고 사람들은 믿는다. 사실 대공황과 바이마르 공화국의 지지 감소, 나치의 정치적 성공 사이의 인과관계는 훨씬 더 복잡하다. 또한 모든 일이 월스트리트 금융시장이 붕괴하기 전에 시작되었다. 슈트레제만이 사망하고, 후겐베르크가 세력을 얻고, 농촌의 불만이 점점 더 커지고, 코민테른이 '제3시기'로 접어들었다고 선언하고, 기업가가 좌절감을 느끼고, 군대가 공화국 때문에 제약을 받고, 주의회선거와 지방선거에서 나치가 처음으로 많은 표를 얻는 등 1928년과 1929년에 벌어진 일들은 독일이 전후의 세계 공동체에서 확실히 벗어나고 있다는 점을 보여줬고, 이는 또한 민주주의에 등을 돌린다는 의미였다. 게다가 1920년대 말에는 독일 경제 상황도 최악이었다. 1929년 이전부터 각 분야에서 점점 심각해지던 몇몇 경제·금융 문제가 한데 모였다.

문제 중 하나는 농민들의 저항을 불붙였던 전 세계 농산물 가격 하락이었다. 독일 동부의 많은 지역(슐레지엔, 포메른, 프로이센)과 북부와 서부, 특히 슐레스비히-홀슈타인과 니더작센 지방은 대부분 농촌이었고, 1920년 대 중반부터 큰 고통을 받았다. 슐레스비히-홀슈타인의 농민들은 그 문체로 가장 큰 타격을 받아, 유권자들이 먼저 매우 강렬하게 공화국에 등 돌린 지방이었다는 게 우연이 아니었다. 1932년에 슐레스비히-홀슈타인 의 어떤 지역에서는 유권자의 80%가 나치에 표를 던졌다.[71]

그다음 요인으로 산업 생산성을 개선하기 위해 기술을 많이 활용하면서 더 효율적으로 경영하는 '합리화'(오늘날 우리는 '자동화'라고 부른다)를 들 수 있다. 보통 그렇듯 생산성을 개선하면 고용이 줄어든다. 합리화가 몇몇 산업에만 집중되었지만, 그 몇몇이 주요 산업이었고, 실업 문제가 심각했다. 1922년에서 1928년 사이에 루르 지역의 광부 수가 33% 줄어들었다. 금속과 자동차 제조업에서도 비슷한 일이 벌어졌다.[72]

어느 정도 이러한 이유로 1928년 중반이 되자 독일의 실업자가 130만 명에 이르렀다. 1년 후에는 150만 명으로 늘었다. 실업자들에게 실업급여를 줘야 하니 정부는 세금을 더 거둬들일 방법을 찾거나 다른 부분에서 예산을 줄여야 했다. 뮐러 정부는 누가 비용을 부담해야 할지 합의하지 못했고, 이 문제를 둘러싼 갈등이 계속 정부의 발목을 붙잡았다.[73]

그러나 독일을 위기로 몰아넣은 건 무엇보다 재정 문제였다.

독일을 불경기로 몰아넣은 건 1929년의 월스트리트 붕괴가 아니라 1928년 월스트리트의 상승장이었다. 독일은 배상금을 지불하고 소비자 지출을 유지하기 위해 대부분 단기인 외채에 크게 의존했다. 그런데 전 세계의 자본이 엄청난 이익을 거둘 수 있는 뉴욕으로 몰려가는 바람에 독일은 자본이 부족해졌다.[74]

이것이 새로 취임하는 총리가 맞이한 상황이었다.

# '굶주림 총리', 브뤼닝

최악의 대공황을 겪었던 1930년 봄부터 1932년 이른 여름까지 총리를 지낸 게 새 총리 하인리히 브뤼닝의 불운이었다. 반대자들은 그를 "굶주림 총리"라고 불렀다. 평생 독신이었고 금욕적이고 시무룩한 브뤼닝은 사진에서 장례식에 참석한 것처럼 보일 때가 많았고, 대중에게 인기를 끌 만한 구석이 없었다. 유명한 국제관계 전문 역사학자 자라 스타이너<sup></sup>Zara Steiner는 "심하게 분열하고 정치화한 시대에 필요한 능수능란함과 카리스마가 브뤼닝에게는 하나도 없었다"라고 썼다. 그리고 2차 세계대전 후 미국에서 브뤼닝의 제자로 지냈던 경험을 덧붙였다. "그의 나이 그리고 전쟁 후유증을 고려하더라도 하버드대학에서 브뤼닝의 1945년 이후 세미나에 참석한 사람들은 그의 말이 얼마나 지루했는지 기억할 것이다."[75]

브뤼닝은 최전선에서 기관총 중대의 소위로 복무했고, 정치관을 주로 전쟁을 통해 형성했다. 또한 1918년 11월 혁명을 패전의 결과가 아니라 원인으로 생각하면서 정말 싫어했다. 강화조약도 싫어했고, 그러한 곤경에서 벗어나는 게 독일 정치인의 가장 큰 임무라고 믿었다. 가톨릭 신자인 브뤼닝은 독일 가톨릭 신자는 애국심과 충성심이 약하다는 신교도들의 공격을 끊임없이 들었다. 그는 증명이라도 하듯 우파 신교도들보다 더한 민족주의자가 되려고 노력했다.[76]

브뤼닝은 항상 가장 강경한 입장으로 외국 정치인들을 대했지만, 외국 정치인들은 보통 그를 상당히 존경했다. 프랑수아-퐁세는 브뤼닝이 "겸손하고, 진실하고, 지적이고, 친절한 태도로 신뢰감과 공감을 불러일으켰다"라고 썼다. 브뤼닝은 차분하고 품위 있는 태도로 독일의 입장을 잘 호소했다. "이런 사람이 독일을 통치하고 있다면 분명 누구든 프랑스-독일

문제를 해결하기 위해 기꺼이 시간을 들일 가치가 있다고 믿을 것이다"라고 프랑수아-퐁세는 평했다.[77]

브뤼닝은 외국 정치인보다 독일 국민을 더 상대하기 어려워했다. 오늘날 사람들이었으면 경제학 박사인 그를 두고 정책만 아는 바보라고 불렀을 것이다. 총리로서 그는 절대 합리적으로 될 수 없는 사람들, 실제 사실이나 논리에는 관심도 없는 사람들에게까지 항상 논리정연한 주장을 하려고 했다. 너무 합리적이어서 불합리한 사람들을 파악하지 못하는 게 브뤼닝의 문제였다. 어느 날 그는 나치의 선동을 막아내려고 대부분 농촌이고 가난한 독일 동부를 순방하기로 했다. 브레슬라우에서 그는 4만 명에 이르는 군중을 만났고, 군중 중 많은 사람이 그의 자동차 행렬에 돌을 던졌다. 브뤼닝은 이러한 경험으로 "나치 같은 선동가가 더욱더 터무니없고 급진적인 주장과 약속을 할수록 더 큰 인기를 얻는다"라는 사실을 확인했을 뿐이었다. 그는 6년 동안 동부의 한 지역을 대표하는 국회의원을 지냈는데도 "정치적 성숙도에 있어서 동부와 서부의 차이가 얼마나 큰지 난 아직도 다 헤아릴 수 없다"라고 말했다.[78]

또 어느 날, 그는 고집불통으로 유명한 알프레트 후겐베르크를 설득하려고 했다. 브뤼닝이 자기 정책을 끈질기게 설명하느라 그들의 만남은 몇 시간 동안 이어졌다. 브뤼닝은 "처음부터 나는 호의를 가지고 정중하고, 따뜻하고, 가장 허심탄회하게 내 생각을 모두 털어놓았다"라고 회고했다. 브뤼닝은 가톨릭 정당(중앙당)과 함께 강력하고 보수적인 개신교 정당(후겐베르크의 국가인민당)도 독일에 필요하다고 말할 정도로 관대했다. 그렇게 몇 시간이 지나자 후겐베르크가 갑자기 시계를 보더니 벌떡 일어났다. 그리고 브뤼닝에게 "당신 그리고 체제에 맞서 싸워야겠다고 그 어느 때보다 확신한다"라고 차갑게 말했다.[79]

그렇지만 브뤼닝은 바이마르 공화국 정치인 중 몇 안 되는 진정성 있는 인물이었다. 정적을 포함해 많은 독일인이 그를 존경했다. 1931년 늦가을, 사회민주당의 프로이센 주총리 오토 브라운은 브뤼닝이 프로이센 주총리까지 겸한다면 물러나겠다고 했다.[80] 히틀러조차 1930년에 브뤼닝과 만났을 때 브뤼닝의 능력과 자연스러운 권위에서 나오는 힘을 느꼈다. 히틀러와 함께 일했던 그레고어 슈트라서Gregor Strasser는 훗날 "히틀러는 브뤼닝의 외모와 행동에서 너무 강렬한 인상을 받았다. 그에 대한 증오심을 일부러 키워 겨우 열등감에서 벗어날 수 있었다"라고 말했다.[81]

슐라이허는 1929년 여름에 이미 브뤼닝을 총리로 만들 계획을 세우기 시작했다. 그는 국회가 독일의 배상금 지급 조정을 위한 영 플랜을 비준하는 법안을 통과시킬 때까지만 기다리고 싶었다. 헤르만 뮐러 총리가 법안을 통과시킬 적임자라고 생각했기 때문이었다.

1929년 12월 말에 슐라이허와 오토 마이스너 국무부 장관은 브뤼닝과 함께 저녁을 먹으며 브뤼닝을 총리로 만들 계획이라고 이야기를 꺼냈다. 그들은 바이마르 헌법 48조를 통해 긴급명령으로 나라를 다스린다는 구상을 설명했다. 필요하면 언제나 힌덴부르크 대통령의 서명을 받을 수 있다고 그들은 약속했다. 국회가 긴급명령을 뒤집으면 힌덴부르크 대통령이 국회를 해산하면 되었다. 브뤼닝은 그들 생각의 허점을 지적했다. 계속해서 국회를 해산하고 선거를 치를 수는 없었다. 다른 방법, 예를 들어 국회만 해산하고 선거를 치르지 않는 것은 헌법을 침해하는 일이어서 쿠데타와 다를 바 없다고 브뤼닝은 지적했다. 슐라이허는 법적 자문을 받았다고 브뤼닝을 안심시켰다. 슐라이허는 모험을 피하려는 브뤼닝의 태도를 보고 자신이 총리를 맡아야 할지도 모르겠다고 걱정했다.[82]

1930년 3월 12일, 국회는 영 플랜을 승인했다. 이러한 장애물이 사라지자 뮐러 연정에서 이념적으로 양쪽 끝인 독일인민당과 사회민주당 사이에서 실업급여를 두고 오랫동안 부글부글 끓던 의견 충돌이 폭발했다. 각자의 입장은 놀랍지 않았다. 독일인민당은 지불금을 줄이자고 했고, 사회민주당은 기업이 내는 돈을 늘리자고 했다. 충직한 하인리히 브뤼닝은 타협이 실패하면 자신이 총리가 된다는 사실을 알았지만, 타협에 이르려고 애썼다. 내각은 브뤼닝의 해결책을 승인했다. 하지만 사회민주당 의원 단체가 부결하는 바람에 결국 자기네 당의 뮐러 총리가 물러나게 하는 결과만 낳았다. 뮐러 연정은 무너졌다. 3월 30일, 힌덴부르크의 임명을 받은 브뤼닝이 공화국의 열한 번째 총리로 취임했다.

독일 정부의 수장은 새로 취임할 때 '정부 선언문'을 발표하는 게 전통이었다. 브뤼닝의 선언문은 그가 얼마나 슐라이허의 각본을 충실하게 따랐는지를 보여줬다. 그의 정부는 "어떤 연합도 하지 않는다"라고 브뤼닝은 밝혔다. 또한 정책을 만들면서 국회의 의견을 무시하지 않겠다고 약속했다. 그렇지만 자기 정부가 "이 국회와 협력하려는 마지막 시도"가 될 것이라고 암울한 암시를 했다. 이어서 "신속하게 행동해야 할 때", 아무도 "중대한 과제"를 미루지 말아야 한다고 밝혔다. 만약 국회가 협조하지 않으면 더 과격하면서 국회를 무시하는 해결책을 사용할 수 있다는 위협이었다.[83]

브뤼닝은 예상대로 지출을 엄청나게 줄이고 세금을 올려 예산을 안정시키는 법안을 내놨다. 7월 16일, 국회는 브뤼닝의 예산안을 부결했다. 힌덴부르크는 법안이 통과되도록 두 가지 긴급명령을 발동했다. 7월 18일, 국회는 그 명령들을 거부했다. 그러자 대통령 내각 계획에 따라 힌덴부르크 대통령이 국회해산령을 내렸다. 같은 날, 브뤼닝은 이야기한 대로 "국회를 집으로 보냈다." 다음 선거까지 브뤼닝의 계획을 방해할 국회가 없었다. 힌덴부르크가 7월 26일에 새롭게 내린 두 가지 긴급명령으로 예산안은 통과되었다. 선거는 9월 14일에 실시되었다.

1930년의 국회의원 선거로 아무도 해답을 모르거나 그로 인해 생길 결과를 예측하지 못하는 문제가 떠올랐다. 나치가 약진하면 어쩌겠는가?

1928년 선거에서 나치가 기록한 낮은 득표율은 나치가 독일 국민 사이에서 가진 위상을 전부 보여주지는 않았다. 상상력이 풍부하거나 앞날을 내다보는 사람들의 눈에나 현재와 미래에 나치가 약진할 조짐이 보였다. 1928년 5월, 나치는 올덴부르크주의 지방선거에서 난데없이 7.5%의 득표율을 기록했다(3년 후 나치는 그 지방 최대 정당이 된다). 1929년에 튀링겐주에서는 11.3%의 득표율을 올린 후 연정에 참여했고, 나치의 주요 인물 중한 사람인 빌헬름 프리크가 내무부 장관이 되었다. 같은 해 바덴주에서는 7%를 얻었다. 1930년 브라운슈바이크주에서는 국가인민당과 함께 연정을 구성했다.[84]

나치는 당의 정치조직 책임자 그레고어 슈트라서의 뛰어난 관리 능력 덕에 상당히 끈질기게 퍼져나간 풀뿌리 조직의 결실을 맛보고 있었다. 또한 농촌 상황이 점점 어려워지면서 불만이 커지고, 점점 더 위계질서만 따지는 데다 엘리트주의에 찌들어 과거에만 집착하는 것 같은 국가인민당에 대한 환멸이 커지면서, 중산층 신교도 진영에서 유권자가 이탈하는 상황 덕을 톡톡히 봤다.[85]

1930년 6월 말에는 로카르노 조약 조항에 따라 프랑스의 마지막 점령군이 라인란트에서 철수했다. 역사학자 헤르만 그라믈Hermann Graml의 표현대로 독일은 "드디어 모든 사슬에서 풀려나고 국제무대에서 자유롭게 활동할 수 있게 되었다고 완전히 속아서" 축하했다. 그렇지만 어느 독일인도 라인란트에서 일찍 철수하면서 협정을 지킨 프랑스에 감사한 마음을 표현하려고 하지 않았다.

대신 공격적인 민족주의가 극성을 부렸다. 프랑스와 '협력'했다고 생각되는 사람들을 폭력적으로 대했다. 우파 참전용사 조직 '철모단'의 부대 표인 테오도어 뒤스터베르크<sup>Theodor Duesterberg</sup>는 서프로이센, 상부 슐레지엔, 1차 세계대전 후 폴란드에 빼앗긴 지역과 벨기에에 빼앗긴 오이펜-말메디, 프랑스에 빼앗긴 알자스-로렌의 반환을 주장했다. 극우 운동가가 그런 말을 하는 것과 내각에서 그런 말이 퍼지는 건 다른 문제였다. 국가인민당 국회의원을 지내다 탈당 후 브뤼닝 내각의 장관이 되었던 고트프리트 트레비라누스가 옛 해군 제복을 입고 시위대에 나타나 오이펜-말메디와 자를란트 그리고 프랑스가 차지한 옛 독일 영토의 '동포'들을 이야기했다. 또한 독일 동부 국경의 '치유되지 않은 상처'를 이야기하면서 '독일인 전체의 단결과 헌신'을 요구했다.<sup>86</sup>

1930년 여름에는 구스타프 슈트레제만과 프랑스 외무부 장관인 아리스티드 브리앙 사이 협력 시대가 이래저래 쓸쓸히 막을 내렸다. 슈트레제만이 죽기 직전 1929년 가을에 브리앙은 국제연맹 연설에서 '유럽 연합'이라는 개념을 소개했다. 정치·경제적 통합을 촉진할 유럽 국가들의 연합을 만드는 게 브리앙의 생각이었다. 정치인들이 대개 그렇듯 브리앙에게도 다양한 동기가 있었다. 자신과 슈트레제만의 사이가 아무리 좋아도 둘 다 그 자리를 계속해서 지킬 수는 없고, 머지않아 독일의 규모와 인구가 다시 한번 프랑스를 위협할 것이라는 사실을 알았다. 독일을 더욱 확실하게 유럽 공동체로 흡수해 송곳니를 빼는 게 프랑스의 안전을 위해 가장 좋은 조치로 보였다. 또 유럽이 연합해야만 경제·정치·군사적으로 미국 및 소련과 동등한 힘을 가질 수 있다고 생각했다. 그렇지만 브리앙에게는 이상주의자적인 면도 있었다. 그는 1차 세계대전 후 서부전선의 참사가

되풀이되는 걸 막기 위해 크게 헌신해 왔다. 슈트레제만처럼 브리앙도 유럽의 평화를 추구했다.[87]

브리앙이 자신의 신념을 실현할 수 있을 때쯤 슈트레제만이 사망했고, 훨씬 더 보수적인 브뤼닝이 총리가 되었다. 또한 라인란트 철수를 둘러싸고 불붙은 애국 광풍으로 프랑스와 독일은 로카르노 정신에서 더 멀어졌다. 그런데도 1930년 5월, 프랑스 정부는 국제연맹의 모든 유럽 정부에 브리앙의 구상이 담긴 긴 제안서를 제출했다. 평화를 향한 유럽 공동의 소망과 가치관을 확인하는 전반적인 협정이 필요하다는 제안이었다. 각 정부의 대표들이 모이는 유럽 의회, 국제연맹이사회 같은 정치 위원회, 일상 업무를 위한 사무국을 만들자는 제안이었다. 처음에는 경제 문제보다 정치와 안보 문제와 관련된 연합이어야 한다는 내용이었다. 그러면서도 경제적으로 통합하면 유럽에 평화가 정착되리라고 기대했다. 상품과 자본의 경제 공동체를 만든다는 게 장기적인 목표였다. 제안서는 "유럽이 스스로 운명을 결정해야 할 때다"라고 선언했다. "통합하고, 살아남고, 번창하는" 것이 시급한 과제였다.[88]

정말이지 결단의 시간이었다. 1930년 여름, 독일과 프랑스 그리고 유럽 전체 앞에 두 갈래 길이 펼쳐졌다. 하나는 정치·경제적 통합과 평화에 이르는 길로, 1950년대 유럽과 아주 비슷해 보일 것이었다. 다른 하나는 나라마다 민족주의를 바탕으로 권리를 주장하고 경쟁하면서 자기 나라의 이익만을 최우선하는 길이었다. 1930년대 상황에서 두 번째 길을 선택하면 심각한 전쟁 위기를 각오해야 했다.

브뤼닝 총리와 율리우스 쿠르티우스Julius Curtius 외무부 장관(슈트레제만의 독일인민당 출신이지만, 이제 슈트레제만은 없었다)은 주저 없이 두 번째 길을 선택했다.

7월 8일 내각 회의에서 브뤼닝은 "현재의 유럽 상황(프랑스가 독일보다 잠시 우위에 있다는 의미였다)을 고착화하는 게 브리앙의 의도"라고 말했다. 독일 국경을 새로 정하고, 가혹한 전쟁배상금을 물린 베르사유 조약에 분노를 심하게 느끼는 브뤼닝으로서는 절대 받아들일 수 없는 일이었다. 프랑스 정부 제안에 브뤼닝은 "독일은 정의로우면서 지속적인 유럽 질서의 전제 조건을 제시해야 하고, 그 질서 안에서 마땅한 생존 공간을 충분히 확보해야 한다"라고 말했다. 쿠르티우스는 독일 정부는 브리앙의 조치를 "정중하게 매장해 버리는 방식"으로 프랑스 정부에 대응할 것이라고 내각에서 이야기하면서 동의했다. 이러한 반응은 7월 15일에 파리에 전달되었다.[89] 대부분의 유럽 국가들은 브리앙의 구상에 열렬히 호응했지만, 영국이 반대하는 바람에 독일의 반대가 두드러지지 않을 수 있었다. 더 넓은 범위의 국제 문제와 제국에 더 관심을 기울였던 영국 정부는 유럽 연합을 만들자는 브리앙의 구상에 독일 정부만큼 심드렁했다.[90]

그래서 유럽은 완전히 다른 미래로 접어들었다. 브뤼닝 총리는 민족주의 열풍이 치솟고, 주의회 선거에서 나치의 득표율이 높아지는 현상을 경고 신호로 알아차리고 조금 더 안정을 되찾을 때까지 선거를 미뤄야 했다. 그러나 브뤼닝은 1930년 가을에 선거를 치렀고, 이후 그 일로 계속 심한 비난을 받았다. 이전에 총리를 지냈고 1930년에는 독일의 중앙은행 총재였던 한스 루터처럼 충실한 지지자는 훗날 브뤼닝이 선거 결과가 어떻게 나올지 전혀 몰랐고, 날벼락 같은 결과였다고 주장했다. 브뤼닝 자신은 나치 득표율이 전보다 훨씬 높아질 것으로 예상했다고 1944년에 썼다. 그러나 당시 실제로 그렇게 예측했다기보다는 과거를 회고하면서 더 통찰력 있어 보이려고 한 말일 수도 있다. 사망 후인 1970년에 출간된 회고록에서 브뤼닝은 불황이 4년 동안 계속 이어지겠다고 예상했고, 강력한

조처를 할 권한을 원했다고 썼다.[91]

브뤼닝과 함께 전략을 세운 슐라이허 역시 방심했다. 슐라이허는 나치를 사회민주당을 상대할 우파 정당 정도로 보면서 우려하지 않았다. 그는 몇 넌 후 빈센츠 뮐러에게 "히틀러에 대한 내 전략은 기본적으로 우리가 1918년과 1919년에 군대 최고사령부에서 혁명 세력에 대처했던 전략과 같네"라고 설명했다. 1918년 전략은 '사회민주당을 끌어들여 급진적인 부분을 제거하고, 폭동을 일으키지 않도록 예방한다'는 전략을 뜻했다. 나치는 사회민주당과 달리 민족주의자이자 군국주의자였다. 슐라이허는 나치의 그런 점이 상당히 좋아 보였다. 군인으로서 나치의 돌격대를 눈여겨보았다. 그는 뮐러에게 "특히 돌격대에는 좋은 점이 많다고 믿었네. 군대는 예비군 확보를 위해 돌격대에 관심이 많았지"라고 말했다. 슐라이허는 나치 득표율이 높아지는 일을 두려워하기보다 환영했다.[92]

이후 2년 반 동안 펼쳐진 독일 정치에서 나치를 끌어들이려는 슐라이허의 노력이 중대한 역할을 했다. 슐라이허는 독일을 더 권위주의적으로 개조하고 싶었다. 또한 권위주의 국가에서도 필요하다고 생각하는 추종자를 모으기 위해 히틀러와 나치를 이용할 생각이었다. 그들이 이상적인 도구가 될 수 있다고 여겼다. 하지만 그러려면 매우 교묘히 움직여야 했다. 슐라이허는 나치가 조금이라도 진짜 힘을 가지기 바랄 정도로 바보는 아니었다. 언제나 두 가지를 동시에 준비하는 게 슐라이허의 전략이었다. 가능하면 나치를 활용할 계획을 세우고, 활용할 수 없다면 내쫓을 준비를 했다. 아마도 자기 꾐수에 자기가 당할 수도 있다는 생각은 하지 못했던 것 같다.

# 4장

# 세계화와 대공황

## : 부상하는 민족주의와 나치

베를린 북부, 가난하고 음침한 동네의 어두운 밤. 노동자들이 사는 라이니켄도르프 지역 동부, 빌케 거리와 쇤홀처 길의 모퉁이 근처에 많지 않은 가로등이 드문드문 서 있다. '일곱 다리'라고 불리는 지역이다. 북부 철도의 육교가 어둠 속에서 희미하게 보인다. 서쪽에는 금속 울타리가 펠제네크 주말농장이자 형편없는 오두막들이 모인 곳을 가른다. 그곳 주민들은 대부분 실직자로, 가난한 사람 중에서도 가장 가난한 사람들이다. 공산주의 신문 《디 로테 파네*Die Rote Fahne*, 붉은 깃발》의 표현대로 "끝으로 내모는 경제 위기와 자동화로 직장에서 쫓겨난"[1] 사람들이다.

요한 바누셔란 남자와 그의 처제는 빌케 거리에서 서둘러 걷고 있다. 고요한 밤이어서 발소리만 크게 들린다. 그들은 펠제네크 주말농장에 있는 바누셔의 집 앞에서 갑자기 걸음을 멈춘다. 여덟 명에서 열 명 정도 되는 남자들이 두 사람을 위협한다. 제복이 금지돼 일반인 복장이지만, 분명 나치 돌격대원들이다. 남자들이 바누셔를 둘러싼다. "그 사람이야. 우리가 지금 그를 잡았어"라고 누군가 말한다. "공산당원 맞아. 여기 살고 있잖아. 공산당원이지"라고 다른 사람이 말한다. 세 번째 남자가 "증거 확인했어?"라고 묻는다. 대원들을 이끄는 헤르만 슈르는 "네가 클렘케지?"라고 묻는다. 누군가 바누셔가 코르덴 바지를 입고 있는지 확인하려고 코트를 벗긴다. 돌격대원들은 무기로 사용하려고 벨트를 푼다. 하지만 바누셔는 자신이 누구인지 증명할 수 있다. 위험한 순간은 금방 지나간

다. "꺼져, 가자"라고 슈르는 부하들에게 말한다.[2]

외모나 옷차림이 요한 바누셔와 상당히 비슷한 프리츠 클렘케는 얼굴이 말쑥한 젊은 남성이다. 클렘케는 열흘 전 라이니켄도르프에 있는 직업소개소에서 몇몇 돌격대원들과 싸움을 벌였다. 그리고 바로 어제, 빈터거리 근처에서 공산당원들과 나치가 다시 싸움을 벌였다. 이번에는 형사고발이 기다렸다. 나치는 복수에 나선다. 1932년 1월 16일 새벽이다.

돌격대원은 이틀 후에 다시 그곳으로 온다.

베를린 북부의 몇몇 돌격대원 부대, 모두 합해 200명 정도가 1월 18일 저녁에 바이트만슬루스트 지역의 베르크쉴로스라는 식당에 모여 친목을 다진다. 밤이 깊어지자 그들의 지도자 베르너 슐체[Werner Schulze]가 일어서더니 부하들에게 연설한다. 그는 "우리는 오늘 작은 일을 하나 더 할 것"이라고 말한다. 그리고 펠제네크로 곧장 행진하라고 명령한다. "공산당원을 만나면 누구든 죽여버린다."

펠제네크는 베를린 라이니켄도르프의 236군데 주말농장 중 하나다. 평상시에 도시에 사는 사람들이 일요일 오후에 휴식을 취하면서 장미 덤불을 가꾸던 자그마한 땅들이 있는 곳이다. 1932년 1월은 평상시가 아니다. 이제 실직자들이 이곳에서 생활한다. 나무판자나 마분지로 지은 판잣집에서 와들와들 떨면서 지낸다. 놀랍게도 슐체가 이끄는 돌격대원들은 경찰의 호위를 받으면서 펠제네크로 행진한다. 더욱더 놀랍게도 돌격대원들이 주말농장에 도착하자 호위하던 경찰이 사라진다. 나치는 '사격선'으로 알려진 공격 대형을 갖춘다.

돌격대원들은 찾고 있는 남자를 발견한다. 몇몇 나치 당원이 어떻게 프리츠 클렘케를 쇠막대로 때려눕혔는지 하인리히 빌보크라는 18세 돌격대원이 훗날 설명한다. 안경을 쓴 키 큰 남자가 코트 깃으로 얼굴을 가린

채 갑자기 나타나더니 다른 사람들을 밀어젖힌다. 그는 의식을 잃은 클렘케의 등을 권총으로 쏜다. 총알이 클렘케의 심장을 관통하고, 클렘케는 곧장 사망한다.[3]

이젠 나치도 무사히 빠져나가지 못한다. 주말농장 근처 어두운 거리에서 싸움이 격렬해지면서 공산당의 준군사조직인 '반파시스트 행동'의 누군가가 에른스트 슈바르츠라는 돌격대원을 칼로 찔러 죽인다. 슈바르츠는 58세로, 돌격대가 되기에는 무척 나이가 많은 미술 교사였다.

1932년 겨울은 대공황으로 독일 경제가 나락으로 떨어져 있다. 불황이 심각할 때 나타나는 정치의 모습은 이렇다.

## 1930년, 나치의 선거 승리

1930년 9월 15일 한밤중에 히틀러는 뮌헨의 뷔르거브로이켈러 비어홀로 돌아왔다. 약 7년 전, 그가 공화국에 대항해 쿠데타를 일으키려고 했던 곳이다. 이제 나치는 선거일 밤 파티를 시끌벅적하게 열고 있다. 밤 10시부터 선거 결과가 나오고 있었다. 자정이 되자 그들은 대단한 승리를 거뒀다는 사실을 알았다. 자정이 지나자 히틀러가 추종자들에게 연설하려고 도착했다.[4]

히틀러는 단어를 신중하게 골랐다. 승리를 축하하고 싶었지만, 제멋대로인 나치 무리가 자신의 말을 듣고 얼마나 쉽게 폭력적으로 행동할 수 있는지 알았다. 이번에는 불법 폭력 사태가 벌어지기를 원하지 않았다. 나치는 "완전히 합법적인 방법으로" 목표를 이뤄야 한다고 히틀러는 주장했다. 그러면서도 다른 당들이 이제 나치를 분열시키려고 애쓰니 나치는 한 사람처럼 뭉쳐 지도자를 따라야 한다고 했다.

히틀러는 분명한 경고를 섞어서 말했지만, 확신하기도 했다. 추종자들에게 "시간은 지금 우리 편입니다", "우리가 마침내 권력을 차지할 시간이 옵니다"라고 말했다.

일이 잘 풀릴지는 나치조차 예상치 못했다. 나치의 해외공보실장이 된 에른스트 한프슈탱글은 히틀러가 자신에게 국회에서 40석만 얻어도 만족하겠다고 이야기했다고 주장했다.[5] 루돌프 헤스는 히틀러가 60석에서 80석 정도 예상했다고 말했다. 그런데 나치는 18.3%의 표를 얻어 107석을 차지했다. 1928년에 2.6%의 득표율로 12석을 얻은 데 비하면 믿기지 않는 결과였다. 독일 총선 60년 동안 이렇게 놀라운 속도로 성장한 정당은 없었다. 나치는 주로 신교도 중산층 진영의 표를 가져왔다. 후겐베르크가 이끄는 국가인민당의 득표율은 1928년의 형편없는 득표율에서 다시 그 절반까지 떨어졌다. 독일민주당이 우경화하면서 당명을 바꿔 출범한 독일국가당과, 슈트레제만이 사망한 후의 독일인민당 역시 나치의 약진에 표를 뺏겼다.[6]

독일 자유주의자들의 좌절감은 컸다. 자유주의자 귀족인 하리 케슬러 Harry Kessler 백작은 그날을 "독일 역사에서 암울한 날"이라고 생각했다. 다른 나라들은 분명 독일의 미래가 재앙적이라고 봤을 것이고, 그래서 "외교와 금융에 엄청난 충격을 주었다"라고 말했다. 국회의원 577명 중 나치가 107명, 후겐베르크 파(후겐베르크가 이끄는 국가인민당 의원)가 49명 그리고 공산당 의원이 70명이 넘었다. "220명 정도 의원이 당시 독일 정부를 철저히 거부했다." 독일은 "공화국을 인정하거나 적어도 참아낼 수는 있는 세력이 모두" 힘을 합해야만 극복할 수 있는 위기를 맞았다. 그러나 케슬러는 "그저 경제적 이익을 대변하는 정당이 아니라 나치, 공산당, 중앙당처럼 확고한 이념을 가진 정당들의 득표율이 높았다는 것은 독일 유권자의 수준이 낮지 않다는 걸 보여준다"라고 생각했다.[7] 소설가 테아 슈테른하임Thea Sternheim은 "유대인 출신은 대부분 완전히 혼란에 빠졌다"라고 생각했다. 베를린의 기자 벨라 프롬Bella Fromm은 벌써 이민을 생각하고 있었다.[8] 영국 대사 호러스 럼볼드Horace Rumbold와 이야기를 나눈 프로이센의 한 고위 관리는 소련이 나치의 선거 자금을 지원했다고 생각한다고 말했다.[9]

많은 자유주의자는 선거 결과를 보면서 민주주의 자체가 살아남을 수 있을지를 걱정했다. 이런 유권자들에게 의존한다면 민주주의가 어떻게 작동할 수 있을까? 자유주의 신문 《베를리너 타게블라트》는 "이렇게 대단한 문명국에서 640만 명의 유권자들"이 "가장 천박하고, 공허하고, 상스러운 협잡꾼"을 지지했다는 사실이 "무시무시하다"라고 전했다.[10] 국가인민당은 보도자료에서 "급진주의가 이성을 이겼다"라고 한탄했다. 그러면서도 독일 유권자들이 "혼란에서 벗어나 다시 건설적으로 되기를" 희망했다.[11]

10월에 국회가 새로이 문을 열 때 나치가 어떻게 베를린의 유대인 가게를 약탈하면서 축하했는지 벨라 프롬은 기록했다. 나치 지도부는 공산주의자의 '도발'에 대응하느라 폭력 사태가 벌어졌다며 구차하게 변명했다고 프롬은 썼다. 프롬은 그런 변명도 "너무 파렴치"하지만, "보수 성향 신문들이 극도로 조심하면서 자신들이 먼저 갈색(나치를 상징하는 색) 무뢰배들에게 '공산주의자의 도발'이라는 변명거리를 넌지시 던져주었다는

게 더욱더 놀랍다"라고 생각했다.[12]

독일을 걱정한 사람들은 독일 자유주의자들만이 아니었다. 선거 결과를 보고 불안해진 외국 투자가들이 독일 은행에서 예금을 인출하면서 금융 위기가 발생했다. 한 달 만에 8억 라이히스마르크(1930년 환율로 1억 9천만 달러 정도, 오늘날에는 28억 달러)의 외국 자본이 독일에서 빠져나갔다. 국제 시장에서 독일의 유가증권 가격이 큰 폭으로 하락했고, 중앙은행이 금 보유고의 절반을 잃었다. 그래서 금리를 5%(뉴욕은 2%, 런던은 3%)로 올릴 수밖에 없었다. 물가가 떨어지고 있어서 실제로 돈을 빌리는 비용은 12%로 올라갔다. 이미 경기 침체를 겪는 상황이어서 더욱 심각했다. 독일 경제는 더 깊은 불황에 빠져들었다.[13]

프랑스에서 아리스티드 브리앙은 그와 슈트레제만이 이루려고 애썼던 일들의 잔해를 뒤적였다. 히틀러가 선거에서 엄청난 승리를 거뒀다는 소리를 들었을 때 브리앙의 반응은 1년 전 슈트레제만이 죽었을 때의 반응과 비슷했다. 그는 자신을 "나치의 첫 번째 희생자"라고 불렀다.[14]

왜 나치가 그렇게 많은 표를 얻었을까? 나치는 유권자들에게 무엇을 약속했고, 유권자들은 나치에게서 어떤 희망을 보았을까?

## 나치의 25개조 강령

나치 운동을 이해하려면 정치의 기본적인 요인을 이해해야 한다. 나치는 정당이었다. 다른 나라의 파시스트를 포함해 모든 정치인처럼 그들 역시 자신들이 이용할 수 있는 정치 공간으로 옮겨갔고, 자신들이 끌어들인 지지자에 맞춰 계획을 바꿔나갔다. 나치의 이념과 목표는 언제나 의도적으로 모호했고, 항상 바뀌었다. 히틀러는 1920년에 큰 소리로 팡파르를 울리면서 '25가지 주장'이 들어간 나치 강령을 발표했고, 이러한 주장들은 바뀌지 않는다고 엄숙하게 선언했다. 그러더니 히틀러는 이 주장들을 버렸기 때문에, 그가 권력을 잡은 다음에 한 일들은 강령들과는 거의 관련이 없었다.[15]

그렇지만 나치가 초창기에 어떻게 사람들을 끌어들였는지 이해하려면 25개 조항에 담긴 주장을 살펴보는 게 중요하다.

일부는 민족주의자들이 상투적으로 내세우는 주장들이다. 나치는 '민족자결권'을 바탕으로 "더 위대한 독일에서 모든 독일인이 하나가 되자"라고 주장했다. 이는 체코슬로바키아의 수데텐 지역과 오스트리아를 합병하고, 폴란드·프랑스·벨기에에 '빼앗긴' 땅들을 회복하자는 뜻이었다. 베르사유 조약과 생제르맹 조약(연합국과 오스트리아 사이 강화조약)을 폐기하고, 평화 협상에서 승전국들에 빼앗긴 독일의 해외 식민지를 되찾아야 한다는 요구였다.

다른 주장들은 성격이 달랐다. 자본주의와 엘리트주의에 반대하고, 사회 복지를 지향하는 게 나치가 초기에 내세운 이념의 핵심이었다. 나치는 전쟁으로 폭리를 취하는 일을 금지하려고 했고, 대기업과 백화점의 국유화와 대기업의 이익 분배, 조건이 좋은 노령연금, 가난한 아이들이 더 좋은 교육을 받을 기회 보장(국가가 교육 과정을 엄격하게 통제하면서), 체조와 스포츠를 의무화하는 법률 제정, 그리고 청소년의 체력 단련과 관련 있는 모든 조직 지원을 요구했다.

가난한 사람들의 복지에 대한 관심은 성명서의 세 번째 주요 주제였는데, 이는 같은 민족이 아닌 사람들에 대한 증오로 쉽게 변질했다. 7조에서는 "시민의 생계를 보장하는 게 국가의 주요 의무다. 국민 전체를 부양할 수 없다는 게 입증되면 외국인을 독일에서 내쫓아야 한다"라고 요구했다. 뒤이어 8조에서는 이민자를 향한 증오를 드러내면서 국외 추방을 하자고 했다. "독일인이 아니면 누구든 더 이상 이민을 오지 못하도록 막아야 한다. 독일인이 아니면서 1914년 8월 2일 이후에 독일로 들어온 사람은 누구든 지체 없이 독일에서 추방할 것을 우리는 요구한다."

나치는 주로 유대인이 이주해 올 것을 걱정했다. 1차 세계대전 때문에 유대인 약 8만 명이 대부분 이전 러시아 제국령에서 피난을 왔다. 1922년에는 들어오는 난민이 줄어들었지만, 바이마르 공화국은 절대 동쪽 국경을 빈틈없이 통제할 수 없었다. 이는 정치적으로 대단히 중요한 문제로 계속 남았다. 이른바 '동유럽 유대인Ostjuden'은 일찌감치 독일에 정착해서 동화된 유대인과는 문화적으로 완전히 달랐다. 1923년 베데커 여행안내서의 베를린 편에도 동유럽 유대인의 존재가 넌지시 표현되어 있다. 안내서 집필자는 "주로 동유럽에서 잔뜩 몰려온 외국인들이 쉽게 눈에 띄면서 황실의 찬란함은 사라졌다"[16]라고 한탄했다. 전쟁과 혁명에 시달리면서 이미 달아올랐던 반유대주의를 난민들이 더욱 불붙였다.

그러니 나치 강령에서 반유대주의가 뚜렷했던 게 놀랍지 않다. 4조에서는 일종의 인종차별주의 삼단논법이 명확하게 드러난다. "동포만 시민이 될 수 있다. 종교와 상관없이 독일 혈통을 이어받은 사람만 동포가 될 수 있다. 그러니 유대인은 동포가 될 수 없다." 유대인이냐 아니냐는 종교와 거의 관련 없다고 나치는 생각했다. 유대인으로 분류된 사람은 개종해도 자신의 신분을 바꿀 수 없었다. 가족이 대를 이어 독일에서 살아왔어도, 독일 사회에 완전히 동화되었어도, 기독교로 개종했어도, 1차 세계대전 때 참호에서 피를 흘리며 싸웠어도, 유대인은 나치 제국의 시민이 될 수 없었다.

계속해서 나치 강령은 이러한 주장의 몇 가지 다른 의미를 간결하게 설명했다. 5조에서 "시민이 아니면 독일에서 그저 손님으로만 살 수 있다. 그리고 외국인 체류자 법률을 따라야 한다"라고 했다. 시민만 공직에서 일할 수 있다. 모든 시민에게는 '평등한 권리와 의무'가 있다. 물론 이러한 평등은 나치가 적합하지 않다고 생각하는 사람을 모두 독일에서 내보낸 다음에야 이룰 수 있다. 실제로 권력을 잡자 나치는 정적, 신체적·정신적 장애인, 상습범, 여호와의 증인, 집시, 동성애자 등 평등한 권리를 누리지 못할 집단들을 더 추가한다.[17]

강령에서는 어느 주장을 다른 주장들보다 몇 배 더 길게 강조했는지 아주 잘 드러났다. 23조에는 반유대주의와 언론과 선전에 대한 히틀러의 집착이 뒤섞여 있다.

우리는 국제적·정치적 거짓말 그리고 언론을 통해 그러한 거짓말을 퍼뜨리는 행동에 대해 법적 투쟁을 요구한다. 독일적인 신문의 창간을 촉진하기 위해 우리는 이렇게 요구한다.

ⓐ 독일어로 발행하는 신문의 기자와 기고자는 모두 독일인이어야 한다.
ⓑ 비독일인이 발행하는 신문은 정부의 명시적인 허가를 받아야 한다. 이러한 신문은 독일어로 인쇄될 수 없다.
ⓒ 비독일인이 독일 신문의 지분을 보유하거나 어떤 방식으로든 영향을 끼치는 일은 법으로 금지된다.

이러한 법을 어기면 관련 신문사의 문을 닫고, 독일인이 아닌 관련자를 즉각 추방할 것을 요구한다.

공익을 침해하는 신문은 금지해야 한다. 국민 생활에 나쁜 영향을 끼치
는 예술과 문학 사조에 대해서는 법정 투쟁을 벌이고, 이러한 요구를
어기는 문화 행사는 탄압할 것을 요구한다.[18]

이 강령만 보아도 나치가 통치하는 제국에서 언론의 자유는 없겠다는
사실을 알 수 있다. 나치를 향한 어떠한 반대도 '비독일인'의 활동, 따라
서 '공익'을 침해하는 활동으로 여기리라는 게 너무 분명했다.

다양한 영역을 다루는 주장도, 애매모호하고 이상한 주장도 있었다(예
를 들어 19조는 독일인 대부분이 거의 관심도 없는 로마법 적용에 반대한다는 주장이
었다). 정치 단체가 주장하고 약속하는 일과 유권자가 반응하는 일은 별개
다. 어떤 주장이 독일 유권자들의 마음을 울렸을까?

## 신교도 유권자와 나치

어떤 사회 집단이 나치에 투표할 가능성이 높았는지 돌이켜 보는 게 중요
하다. 1930년에는 뚜렷한 흐름이 나타났다. 앞에서 말했듯 나치는 중산층
신교도 진영을 넘겨받았다. 가톨릭 진영 표를 약간 가져오고, 사회주의
진영에서 약간 더 가져왔지만, 신교도 진영에서 가져온 표가 훨씬 더 많
았다. 그래서 나치를 뽑은 유권자는 기본적으로 농촌 지역, 특히 독일 북
부와 동부의 농촌 지역 신교도와 도시에 사는 중산층 신교도였다. 가톨릭
신자와 노동자는 대부분 자신들의 전통적인 진영에 남아 있었다.

독일 신교도들이 바이마르 공화국을 싫어할 만한 종교적·정치적 이유
가 있었다. 신교도는 인간 본성을 비관적으로 생각했고, 권위주의 국가
만이 인간의 죄악을 바로잡을 수 있다고 느꼈다. 권위주의 국가는 하나님

의 도구이고, 혁명은 하나님에 맞서는 일이나 다름없었다. 프로이센에서는 1817년에 루터파와 칼뱅파 교회가 통합되면서 프로이센 교회 연합이 만들어졌고, 1918년 이전까지 프로이센 왕이 이 연합의 수장이었다. 독일 수도사 마르틴 루터가 로마 가톨릭 교회에 맞선 1517년 이래, 독일 개신교가 극도로 민족주의적으로 된 일은 자연스러웠다. 훗날 주교가 된 오토 디벨리우스Otto Dibelius 목사는 "교회는 정치적으로 중립이지만 국가인민당에 투표한다"[19]라고 말했다(그는 모순을 의식하지 못했던 것 같다).

바이마르 공화국은 신교도가 싫어하는 요소들을 모두 가지고 있었다. 1918년 이전에 신교도들은 강력한 군주제가 정치를 넘어서는 국가 기관으로서 도덕적인 사회생활을 보장한다고 생각했다. 정당이 권력을 가지고 세속적인 민주주의 국가인 바이마르 공화국이 들어서자 신교도들은 어찌할 줄 몰라 했다. 타협과 부패로 얼룩진 정치가 국민 생활을 지배하고, 오랫동안 확고했던 도덕이 사라졌다고 여겼다.

게다가 혁명으로 새 국가가 들어섰고, 자유주의자와 사회주의자들이 헌법을 만들고, 가톨릭을 대변하는 중앙당이 매우 중요한 정당으로 자리 잡았다. 중앙당은 중도인 데다 선거에서도 표를 많이 얻어 바이마르 공화국의 어떤 연정에서도 중요 위치를 차지했다. 1932년까지 모든 프로이센 주정부와 연방정부 구성에 참여한 정당이었다. 신교도는 그렇게 정치적 힘을 얻은 가톨릭을 질투하며 화를 냈다. 구스타프 슈트레제만 같은 사람들은 보수주의 정당과 자유주의 정당들을 한데 모아 개신교적인 대안을 만들어 균형을 잡으려고까지 했다. 독일 신교도 세계관으로는 전쟁을 끝내고 혁명을 일으킨 일을 반역으로 보는 게 당연했다. 한 신교도는 사회민주당이 "쓸데없고 믿을 수 없을 정도로 바보 같은 혁명을 일으켰"을 뿐 아니라, "그저 자기 당이 집권하려고 나라를 배신했다"라고 말했다.[20]

새로 들어선 공화국은 현대적이고, 세속적이고, 도시적이고, 물질주의적이었다. 신교도들은 이 모든 특징이 불쾌했다. 한 신교도 신학 교수는 "물질주의적인 개화와 민주주의와의 결합은 보통 문화민족이 쇠퇴할 때 나타나는 전형적인 증상"[21]이라고 말했다. 공화국에서는 가톨릭뿐 아니라 유대인의 세력까지 강했다. 민족주의 우파는 1919년 헌법의 기초를 만든 사람이 유대인 법학 교수 후고 프로이스라는 점을 항상 집중적으로 공격했다. 전쟁이 끝난 후에는 독일인이 이제 "유대인의 노예에 지나지 않는다"라고 하는 시가 베를린에서 돌아다녔다.[22] 오토 디벨리우스는 자신이 항상 반유대주의자였다고 자랑했다. 그는 "현대 문명의 타락을 보여주는 온갖 현상에서 유대인이 주도적인 역할을 했다는 사실을 인정할 수밖에 없다"라고 말했다. 앞에서 보았듯 '유대인 문제'는 민족주의와 민주주의에 대한 독일인의 태도를 결정하는 문화코드였다.[23]

신교도들은 자신들이 경멸하는 공화국에 맞서 저항할 전략을 세웠다. 개신교 공동체 구축 후 20세기의 대중 정치에 동원할 '국민교회Volkskirche'를 만든다는 생각이었다. 국민교회가 하나님을 믿지 않는 나라에서 개신교와 독일의 가치관(신교도는 둘을 똑같이 생각했다)을 지킬 방법이 될 것으로 생각했다. 많은 신교도는 그런 구상이 나치가 민족 통합을 위해 내세운 '민족공동체(폴크스게마인샤프트)' 개념과 아주 비슷하다고 생각했다.

오스나브뤼크 출신 목사로, 유명한 신학자 카를 바르트의 친구인 리하르트 카르벨Richard Karwehl은 바이마르 신교도의 생각을 잘 보여줬다. 카르벨은 나치에 반대했고, 나치 이념을 예리하게 비판했다. 그렇지만 바이마르 공화국도 좋아하지 않았고, 신교도들이 왜 나치에 끌렸는지 이해할 수 있었다. 카르벨은 신교도들이 나치와 함께 '진정한 의미의 국민교회'를 세울 수 있다고 생각했다. 그의 말에 따르면 하나님은 각각의 독일인을

'우리 국민' 속에, 그리고 '우리 조국'의 땅에 두셨다고 한다. 카르벨이 느끼기에는 나치는 개인이 공동체에 속한다는 사실을 재발견했다. 반면 공화국은 '현실과 동떨어진 개인주의적 합리주의' 그리고 '서로 간섭하지 않는 문학적 지식인'을 내세웠다. 나치 운동에는 "이러한 부자연스러운 현상, 현대 문화에서 타락하고 후퇴한 측면"에 대한 근본적인 분노가 있다고 카르벨은 생각했다.[24]

한편 카르벨이 나치즘의 어떤 면을 좋아하지 않는지(주로 나치의 인종 차별주의)를 보면, 독일 신교도들이 나치즘에 반대할 수 있었다는 걸 알 수 있다. 민주주의·관용·다원주의를 받들어서가 아니라 그저 나치의 절대주의와 상반되는 또 다른 절대적인 이념을 믿었기 때문이다. 이는 나치에 반대한 신교도들의 세계관에서 정말 중요한 요소였다.[25] 수년 후 신교도 레지스탕스 헬무트 야메스 폰 몰트케Helmuth James von Moltke 백작이 나치 인민법정에서 반역죄로 재판을 받을 때 롤란트 프라이슬러Roland Freisler 판사가 "기독교와 민족사회주의(나치즘)에는 한 가지 공통점이 있어요. 둘 다 전인적인 인간을 요구하죠"라고 말하자 폰 몰트케 백작은 전적으로 동의했다.[26] 목사이자 나치에 저항했던 영웅 마르틴 니묄러Martin Niemöller는 그리스도가 "세상을 위해 전체주의 제도를 요구했다"라고 전쟁 후에 말했다.[27] 카르벨은 나치즘과 자유주의가 근본적으로 비슷하기 때문에 나치즘이 절대 자유주의를 극복할 수 없다고 생각했다. 나치즘은 그저 자유주의에서 나타나는 '개인의 오만'을 '민족의 오만'으로 바꾸려고 했을 뿐이라고 주장했다. 어느 이념도 하나님을 가장 중요하게 여기지 않았고, 이것이 두 이념과 개신교의 아주 중요한 차이였다.[28]

그렇지만 분명 많은(결국, 아마도 대부분) 신교도들이 카르벨보다 훨씬 더 나치에 마음을 빼앗겼다. 1931년, 루터교 단체 '내적 선교Innere Mission' 모임에서 연설자마다 나치에 대해 열변을 토해 '우레 같은 박수갈채'를 받았다. 나치가 종교에 관해 아직 입장을 정하지 않았을 때, 한 나치 고문은 모임에서 "그리스도, 주의 사람, 주의 말씀, 주의 일을 중심에 두고 … 어느 편을 들지 정하자! 볼셰비즘과 맞서 싸우자! 복음주의 교회는 본질이나 역사를 볼 때 독일 민족주의와 가장 가깝다!"라고 말했다.[29]

신교도가 바이마르 공화국의 민주주의에 품은 적대감이 공화국의 운명에 결정적인 역할을 했다는 사실은 그렇게 증명된다. 가톨릭 교회도 공화국을 그리 좋아했던 것은 아니다. 샤를 모라스의 반공화주의 단체 '악시옹 프랑세즈'처럼, 가톨릭 권위주의가 목소리를 높이던 시류에 발맞춘 우파 민족주의 가톨릭 단체가 이탈리아와 스페인 등 유럽 곳곳에 많았고 독일에도 있었다. 그렇지만 독일 가톨릭은 중앙당이라는 확고한 정치적 보금자리가 있었다. 중앙당은 공화국에 적극적으로 참여하는 정당이었기 때문에 가톨릭 신자가 반민주적이더라도 그리 위협적이지 않았다.

이와 비슷하게 신교도 노동자 계층도 사회민주당이라는 정치적 보금자리가 있었고, 실직자가 되면 공산당으로 옮겨갈 수 있었다(이 경우 어쨌든 교회를 떠났을 것이다). 반면에 농촌 지역과 중산층 신교도들은 바이마르 공화국에서 정치적 보금자리를 찾기 어려웠다. 또한 국민교회에 숨겨진 대중 동원 개념은 새로운 형태의 정치조직과 완벽하게 들어맞아서 결국 정치적 보금자리가 없던 신교도들이 나치로 몰려갔다.[30]

1차 대전이 끝나자 명망가로 불리던 정치 엘리트에게 사람들이 품는 태도가 대부분 완전히 바뀌었다. 전쟁 전 독일에는 귀족과 중상류층의 명망가들이 엘리트 계층을 이뤘다. 그러나 전쟁이 대중적이고 평등을 중시하는 민족주의를 불러일으켰다. 옛 명망가들이 나라를 재앙에 빠뜨렸으니 이제 군주제나 다른 옛 엘리트들의 귀환을 간절히 원하는 독일인은 거의 없었다. 전쟁이 끝난 다음 날, 보수 성향 신문 《크로이츠 차이퉁》은 "왕과 조국을 위해 하나님과 함께 전진"이라는 옛 좌우명을 "독일 국민을 위해"로 바꿨다. 바이마르 공화국에서는 국민이 전부였다.[31]

바이마르 공화국의 중산층이 사회문제를 해결하는 평등주의 정치를 원하면서도 민족주의자였다는 증거는 많다. 나치로 옮겨간 한 독일 유권자는 "옛날 정당들은 국민들을 제대로 대하지 않고 기꺼이 도와주려고 하지 않았다"라고 설명했다. 포퓰리즘적인 정치 운동은 거의 언제나 사회 개혁과 민족주의가 결합한 형태로 나타난다.[32]

아마 중산층은 자신이 추구하던 바를 사회민주당에서 찾을 수도 있었을 것이다. 그러나 바이마르 공화국에서는 노동자층과 중산층이 사회적으로 완전히 분리되어 있었다. 중산층이 사회 개혁과 사회 복지를 원할 수도 있지만, 러시아의 볼셰비키 혁명은 사회주의가 어떻게 될 수 있는지 보여준 무시무시한 경고였다. 또 중산층 중 누구도 자신이 노동자층의 일원이라고 느끼고 싶지 않았다. 이러한 중산층은 절대 사회민주당에 투표하려 하지 않았고, 물론 공산당에도 투표하지 않았다. 어쨌든 슐라이허 같은 중산층 대부분은 사회민주당은 민족주의자와 거리가 멀다고 생각했다. 여기서 독일은 또 다른 유럽 국가와 비슷한 양상을 보였다. 당시 유럽에서는 민주주의가 발달한 곳에서만 파시즘이 고개를 들었다. 중산층이 두려워할 정도로 사회주의 좌파가 약진했기 때문이었다. 파시즘은 좌파를 가장 두려워하는 사람들의 방어적 대항이라고 할 수도 있었다.[33]

종교적 분열도 심했다. 신교도는 중앙당이나 바이에른주의 중앙당 자매당에 아무도 투표하려고 하지 않았다. 신교도는 신교도 진영에서 정치적 보금자리를 찾으려고 했고, 1920년대 초에는 그게 국가인민당이었다. 때문에 국가인민당은 1924년에 두 번째로 큰 정당으로 성장했다. 그러나 국가인민당은 옛 엘리트나 대기업과 너무 유착해 위계질서를 따졌기 때문에 포퓰리즘에 끌리는 유권자를 오랫동안 붙잡을 수 없었다. 앞에서 봤듯, 1920년대 후반에는 중산층 신교도가 농촌의 저항운동에 합류하면서 소상공인당처럼 경제적으로 세분화한 당으로 옮겨갔다. 그렇지만 이런 정당들로는 결코 국가 전체를 실제로 변화시킬 수 없었다.[34]

나치의 지도자 대부분은 보잘것없는 집안 출신이라 자신들이 내세우는 사회적 의제의 강력한 사례가 될 수 있었다. 그들은 분명 특정 층의 이익을 옹호했다. 예를 들어 25개조 강령은 특별히 소작농과 영세 상인의 이익을 옹호했다. 하지만 나치는 항상 '폴크스게마인샤프트'라는 민족공동체를 들먹이며 호소했다. 폴크스게마인샤프트는 '1914년 신화'를 바탕으로 한 개념으로, 결국 나치의 정치적 자산이 된다. 나치는 모두가 자기 자리를 가지고, 모두가 평등하게 잘 사는 독일을 건설하겠다고 약속했다. 최소한 유대인과, 부끄러움을 모르는 마르크스주의자를 뺀 모두였다.

나치의 민족주의는 자세히 살필 필요가 있다. 1920년대와 1930년대에는 세계화라는 단어를 아무도 쓰지 않았지만, 사람들은 그러한 현실에 너무나 익숙했다.

나치는 무엇보다 세계화에 맞선 민족주의 저항운동이었다.

## 세계화에 대한 저항

다음 구절들은 오늘날 읽어도 놀랍다. 시대를 뛰어넘어 요즘 이야기처럼 느껴진다.

"독일 국민은 독일 금융그룹과 독일 선박회사가 상하이에 이른바 자회사를 설립해 중국 노동자를 고용하고, 외국산 철강을 사용해 중국 배를 만드는 일에는 전혀 관심이 없다." 독일 회사는 그렇게 해서 이익을 거두 겠지만, "매출이 해외로 빠져나가면서 독일 국민은 계속 손해를 볼 것이 다." 자본가가 경제와 정치를 좌지우지할수록 이렇게 외국에 설립하는 자회사가 점점 더 많아지고, 독일인은 점점 더 외국에 일자리를 빼앗길 것이다. "지금은 미래가 어떻게 펼쳐질지 모르고 웃을 수 있는 사람도 있 지만, 30년이 지나면 유럽에서 빚어진 결과를 보고 한탄할 것이다"[35]라 고 히틀러는 썼다.

히틀러가 그렇게 쓴 건 1928년, 출간되지 않은 《나의 투쟁》 속편에서 다. 그는 바이마르 공화국의 가장 핵심적인 문제를 언급했다.

1920년대 말에 히틀러는 세계 경제 및 금융 체제에서 독일의 취약한 위 치를 주로 들먹이면서 독일 국민, 특히 나치의 기반이 된 신교도 집단을 정치적으로 동원했다. 농민들은 무역협정에 분노해서 시위를 벌였다. 캐 나다, 미국과 아르헨티나가 엄청난 양의 농산물을 수출해 세계 농산물 가 격이 내려가던 시기에 들려온 수입 농산물 관세 인하 협정이었다. 히틀러 는 알프레트 후겐베르크의 영 플랜 반대 운동에 참여하면서 사회적으로 인정받으려고 했다. 후겐베르크는 배상금을 모으는 데 참여하는 독일 관 리를 처벌하는 법률을 채택하자고 주장했다.[36]

독일 바이마르 공화국은 여러 면에서 독일이 통제할 수 없는 국제적인 역학 관계의 희생물이었다. 영국과 미국은 자유무역과 금본위제를 바탕 으로 세계 경제 체제를 재편해 부와 권력을 누렸다. 영국과 미국은 이러 한 부와 권력으로 1차 세계대전에서 이겼고, 독일이 헤쳐나가야 하는 세 계를 계속해서 좌지우지했다. 하인리히 브뤼닝 정부에서 국무장관을 지 낸 베른하르트 폰 뷜로Bernhard von Bülow는 "프랑스와 동맹을 맺은 앵글로 색슨인은 지구 '하층민'의 주인이 되고, 또한 독일인을 속박하고 싶어 한

다"라고 말했다.[37]

세계 경제와 관계를 끊고 싶었던 독일인은 특히 국제 금본위제의 상징성에 주목할 때가 많았다. 나치 운동가 그레고어 슈트라서는 금본위제를 "악마의 금"이라고 불렀다.

금본위제는 간단히 말해, 한 나라의 중앙은행은 금 보유고를 확보하지 않고는 화폐를 발행할 수 없고, 언제든 정해진 가격으로 금을 현금으로 바꿔줘야 한다고 규정했다. 금본위제를 받아들인 모든 나라(1차 세계대전 때에는 거의 모든 나라였다)에서 금과 화폐의 교환 비율이 법으로 정해져 있었다. 금 보유고에 비례해 발행할 수 있는 화폐량에 대한 규정도 있었다. 예를 들어 영국의 중앙은행인 잉글랜드은행은 1550만 파운드를 넘겨 화폐를 발행할 때, 화폐 가치에 맞먹는 금을 무조건 창고에 보관하고 있어야 했다. 미국 연방준비제도는 다르게 운영되었다. 미국이 발행하는 화폐 가치의 40%에 달하는 금을 보유해야 한다고 명시했다.

1924년 이후 바이마르 공화국의 중앙은행도 똑같이 40% 규정을 받아들였다. 나라마다 금과 화폐를 어떤 비율로 교환할지가 정해져 있기 때문에 자국 돈과 타국 돈을 어떤 비율로 교환할지도 저절로 정해졌다. 이는 나라끼리 물건을 사고팔 때 어떻게 값을 치를지 쉽게 예측할 수 있게 했고, 물가 상승을 억제하게 했다. 또한 각 나라가 화폐를 마구 찍어내는 식으로 부채를 갚을 수 없게 했다. 국제 금융시장의 차익거래로 중앙은행의 금 보유고가 줄어들기 때문이었다. 금본위제를 받아들였다는 건 정통의 경제 질서를 받아들여 세계무대에서 활동할 수 있고 신뢰할 만한 나라라는 표시였다.[38]

그리고 그 이상이었다. 금본위제는 전 세계에서 자유민주주의와 평화를 이루는 방법이기도 했다. 정부의 다른 재정 지출만큼 군비 지출도 제한했다. 1차 세계대전 후 금본위제로 구현된 자유자본주의 제도는 공격적인 군국주의가 다시 일어설 수 없도록 보장하는 방법이었다. 무엇보다 독일이 다시 세계에 해악을 끼치지 않도록 옭아매는 방법이었다.[39]

독일의 배상금 지급이 점점 더 금본위제에 얽매이면서 독일을 재정적으로 압박하는 기능이 더욱 확실해졌다. 1930년에는 배상 제도를 중심으로 국제 금융협정의 촘촘한 그물망이 옥죄면서 독일의 활동 범위는 더 줄어들었다. 도스 플랜과 영 플랜, 여러 금융협정과 그와 관련된 대출뿐 아니라 스위스 바젤에 새로 들어선 세계 기구인 국제결제은행까지 촘촘한 그물망이 짜였다. 그리고 배상금 지급이 분명 취약한 국가 예산을 갉아먹었다. 1924년 도스 플랜에 따라 독일이 지급해야 할 배상금이 1929년에는 국내총생산GDP의 5%까지 늘어났다. 배상금을 지급하고 재정 상태를 유지하려고 독일 정부는 외국에서 엄청나게 많은 돈을 빌렸다. 1924년에서 1928년까지 매년 6억 달러(현재 가치로 88억 달러 정도)를 빌렸고, 그중 절반으로 배상금을 지급했다.[40]

이 돈의 3분의 1 정도가 단기 차관이어서 금방 돌려줘야 했기 때문에 독일 경제는 특히 더 취약했다. 국제적으로 합의하지 않으면 (다른 무엇보다도 독일에 금본위제를 유지시킨) 중앙은행을 통제하는 법을 개정할 수 없다는 게 독일 정부의 활동 범위를 더 좁혔다.[41] 중앙은행 총재였던 한스 루터는 1930년 연설에서 채무 부담 때문에 독일이 외국에 의존하는 상황을 "보이지 않는 점령"이라고 부르기까지 했다. 민족주의자다운 표현이었지만, 루터의 말은 사실 완벽하게 들어맞았다.[42]

수백만 명의 독일인은 자신들이 만들지 않았고, 자신들의 이익과 반대로 움직이는 것 같은 세계 질서에서 무력하기만 한 독일의 처지에 화가 나고 절망했다. 거의 모든 독일인은 이 '보이지 않는 점령'에서 벗어나고 싶었고, 급진적인 해결책이 나오기도 했다. 온건파는 국제적인 로비로 해결하려고 했다. 베른하르트 폰 뷜로 국무장관은 '적국 국민'들을 '계몽'하면서 해결해야 한다고 생각했다.[43] 브뤼닝 총리는 독일이 자유를 되찾는 게 '평화의 길'이 될 것이라고 강조했다.[44]

또한 수입·수출·해외 투자를 전혀 하지 않고 세계 경제와 완전히 관계를 끊으며, 자국 자원에만 의존해 경제적으로 자급자족하는 국가를 만들자는 더 급진적인 주장도 나왔다. 사실 독일은 이러한 정책에 맞지 않았다. 중앙은행의 한스 루터는 정통적 견해를 밝히며 "독일 국민은 자급자족할 수 없다. 공산품을 외국에 팔고, 그 돈으로 농산물을 수입해야 한다는 현실을 외면할 수 없다"라고 설명했다. 루터의 말이 사실이라면 독일의 정치·경제 지도자는 '독일 국경 너머에서'도 신뢰를 얻어야 했다.[45]

그러나 이는 독일 국민이 세계 경제 질서를 있는 그대로 받아들여야만 가능한 결론이었다. 독일 국민이 받아들이지 않으면 어떻게 할까? 자급자족 국가에 찬성하든 반대하든 모든 독일인은 국가의 경제 정책이 완전히 달라져야 한다는 사실을 잘 알았다.

결국은 나치와 나치 친위대(SS)에 들어간 극우 언론인 페르디난트 프리트Ferdinand Fried(프리드리히 치머만Friedrich Zimmermann의 필명)는 1930년대 초에 특별히 자급자족 국가를 주제로 글을 많이 썼다. 프리트는 자급자족 국가를 만들려면 농업·제조업·금융업을 국유화해야 하고, 독재정권에 이른다고 썼다. 그러면 독일이 해외 시장을 잃기 때문에 대신 유럽 동부와 남동부를 장악하면서 긴밀하게 조직화한 '국가 연방'을 만들어야 한다고 주장했다. 그러한 국가 연방도 소련에서 원자재를 확보해야만 했을 것이다.[46] 자유주의 경제학자 에밀 레더러Emil Lederer는 자급자족 국가에 반대하면서도 그러한 국가가 정치적으로 어떤 의미인지에 대해서는 프리트와 같은 생각이었다. 자급자족 국가를 경제 계획의 중심으로 삼는 건 '끊임없는 전쟁'을 해야 한다는 의미라고 말했다.[47]

자급자족 국가는 나치 정치 유세의 핵심이었다. 적대적인 세계에 의존하던 독일을 해방한다는 주제는 확실히 유권자들의 마음을 파고들었다. 나치의 약삭빠른 선전부장 요제프 괴벨스는 "살아가는 데 필요한 공간과 천연자원"을 확보하지 못하는 나라는 어쩔 수 없이 "외국에 의존하면서 자유를 잃게 될 것"이라고 1932년에 썼다. 1차 세계대전의 결과와 전후 세계의 본질이 이를 확실히 보여줬다고 괴벨스는 주장했다. "그래서 독일 주위에 두꺼운 벽을 쌓아야 할까?"라고 그는 묻고 적었다. "우리는 분명히 벽, 보호 장벽을 쌓고 싶다."[48]

1930년대 초에 독일인이 정말 많이 공감한 정치 연설이 자급자족 국가를 주제로 다룬 연설이었다. 이는 나치 안에서 괴벨스의 팽팽한 맞수였던 그레고어 슈트라서의 연설이었다.

슈트라서는 나치의 틀에 잘 들어맞지 않는 나치 지도자였다. 빡빡 밀은 머리에 목소리는 멋진 데다가 몸집이 큰 남자였고, 언제나 정적과 싸울 준비가 되어 있었다. 그렇지만 예술가·작가들과 어울리는 걸 좋아했고, 쉴 때는 호머나 다른 고전 작가들의 책을 읽었다. 슈트라서는 감성적이면서 다정했고, 나치 지지자만이 아니라 수많은 사람이 존경한 유일한 나치 지도자였다. 영국 대사는 그를 "가장 유능한" 나치 지도자라고 불렀다. 회의주의자인 미국 기자 휴버트 렌프루 니커보커H. R. Knickerbocker는 슈트라서가 총리가 될 자질이 있다고 생각했고, 비관적인 역사학자 오스발트 슈펭글러Oswald Spengler는 자신이 만난 사람 중 슈트라서가 사업가 후고 슈티네스 다음으로 "가장 똑똑한 친구"였다고 말했다. 사회민주당 정치인 빌헬름 회그너Wilhelm Hoegner조차 슈트라서가 나치 지도자 중 "가장 믿을

만하고 훌륭하다"라고 말했다.[49]

슈트라서는 1892년에 바이에른 중산층 가정에서 태어났다. 의사가 되고 싶었지만, 오랜 훈련 기간에 필요한 비용을 가족이 감당하지 못할 것 같아서 대신 약사가 되기로 했다. 하지만 1914년에 1차 세계대전이 벌어지면서 공부를 중단했다. 포병 연대에 입대했고, 전쟁 내내 두드러지게 활약했다. 일등병으로밖에 진급하지 못했던 히틀러와 달리 슈트라서는 1차 세계대전의 다른 병사처럼 빠르게 진급해 1916년 초에 소위가 되었다. 그의 대대장은 슈트라서에 대해 "열정, 에너지, 성실성과 능력이 특별히 돋보였다"라고 기록했다. 덧붙여 "슈트라서는 마음이 통하는 친한 전우라서 나는 그의 지적인 조언에 기꺼이 귀를 기울였으며, 그의 쾌활한 기질 덕분에 어려운 순간을 넘긴 때가 많았다"라고도 했다.[50]

그렇지만 슈트라서는 몸에는 완치 못 할 상처를 입고, 평시의 민간인으로 되돌아갈 능력도 없는 채 종전을 맞았다. 민병대인 자유군단에 들어갔다가 1922년에 나치에 입당했다. 1918년 11월이 1914년 8월과 너무 대조적이라는 현실에 슈트라서의 정치관이 결정되었다. 전쟁 때문에 모든 게 몰라보게 바뀌었다. 그는 "1914년 7월 31일의 '안정과 질서'로 돌아가려는 어떤 노력"도 "어느 정도 어리석고, 어느 정도 죄악이고, 어쨌든 소용없고 시대를 거스르는 일"이 될 것이라고 말했다. 1914년 8월 1일에는 "새로운 세상을 만드는" 혁명이 일어났지만, 1918년 11월 혁명은 "비겁함, 타락, 무능, 배신에서 비롯된" 반란일 뿐이어서 나치가 증오할 수밖에 없고, 11월 혁명을 지지하는 사람들과 그 혁명으로 이뤄진 나라도 마찬가지로 증오한다고 슈트라서는 생각했다.[51]

1928년에서 1932년까지 슈트라서는 나치의 당 조직을 이끌었고, 대개 히틀러의 오른팔로 여겨졌다. 나치가 선거에서 승리하는 데 그의 뛰어난 행정 능력이 많은 역할을 했다는 이야기가 자주 나왔다. 슈트라서가 국회의원으로 선출된 후 1932년 5월 10일에 나치 의원총회에서 한 연설을 보면 왜 정적(예를 들어 빌헬름 회그너)조차 슈트라서를 경멸하지 않았는지 알수 있다.

그날 연설은 한 구절 때문에 유명해지면서 두고두고 이야기되었다. 슈트라서는 "오늘날 우리 국민의 95%는 아마도 의식적이든 무의식적이든 자본가에게 반감을 품고 있을 것"이라고 연설했다. 자본주의를 향한 이러한 반감이 "타락한 경제에 맞서는 국민 저항"에 이를 것이라고 슈트라서는 전망했다. 독일이 "악마의 금금본위제, 세계 경제, 물질주의와 관계를 끊고 수출 통계나 중앙은행 대출 금리에 연연하지 말아야 한다는 게 국민의 요구"라고 그는 말했다.[52]

슈트라서는 나치가 농촌 경제를 살리고, 농촌 주민들이 도시로 쏟아져 들어오는 일을 막아 "폐쇄경제를 확고히 다지면서 내수를 늘리고자 한다"라고 주장했다. 슈트라서는 약간 간접적인 반유대주의를 섞어서 자신의 메시지를 전달했다. 나치 기준으로는 조심스러운 표현이었지만, 반유대주의가 분명하게 드러났다. 슈트라서는 금융계 지도자들이 "자급자족 경제가 시작될까 봐" 걱정하는데, 이는 "대규모 국제 금융거래로 쉽게 '레바흐Rebbach'하던 시대는 끝났다는 뜻이다"라고 말했다. 레바흐는 유대인 언어로 '떼돈을 벌다'라는 뜻이다. 슈트라서가 어떤 금융인들을 말하는지는 의심할 여지 없이 알 수 있었다.[53]

독일인은 국제 금융 외에도 외부의 다른 적대적인 힘들에 대항할 수 없다고 느꼈다. 독일과 폴란드 사이에 길고 구불구불한 국경이 새로 생겼다. 1차 세계대전 전에는 독일 영토였던 땅(슐레지엔 일부와 서프로이센)이 강화조약으로 폴란드에 넘어갔다. 빼앗긴 땅 때문에 독일인의 분노가 치솟았다. 브뤼닝 내각에서 빼앗긴 지역을 담당하는 장관이었던 고트프리트 트레비라누스는 "동쪽 옆구리의 치유되지 않은 상처를 우리가 마음속 깊이 어떻게 기억하는지"에 대해 말했다. 사람들은 독일의 '피 흘리는 국경'에 대해 많이 이야기했다.[54]

대부분의 독일인은 영토를 되찾고 싶기만 한 게 아니었다. 국경 자체가 위협이기도 했다. 바이마르 공화국은 국경을 잘 통제할 만한 군대나 경찰 인력을 갖춰본 적이 없었다. 이는 국가 안보 문제이기도 했다. 독일군 병력이 10만 명밖에 되지 않았을 때는 폴란드가 잠재적 위협이었고, 독일의 정책결정자는 이를 걱정했다. 예를 들어 베른하르트 폰 뷜로는 1930년에 "현재 동프로이센에서 폴란드와의 국경 문제가 아주 심각하고 끊임없는 위협이다"라고 썼다. 폴란드와의 국경 문제는 이민과 난민을 통제하는 문제이기도 했다.[55]

1차 세계대전이 끝나자 전례 없는 난민 위기가 전 세계에서 생겨났다. 특히 동유럽, 이전 러시아 제국령, 근동 지역의 950만 명에 이르는 사람들이 폭력이나 굶주림 혹은 국경이 바뀌면서 불안해져 살던 곳을 떠났다. 유럽 대륙 중앙에 위치한 독일은 어쩔 수 없이 난민이 지나는 길이 되었다. 1918년에서 1922년 사이 140만 명의 난민이 독일로 찾아왔다. 그들 중 프랑스와 폴란드의 옛 독일 땅에서 넘어온 독일인이 100만 명 이상이었다. 수십만 명은 볼셰비키 혁명을 피해 도망친 러시아인이었고, 8만 명은 반유대주의 폭력을 피해 도망쳐 온 유대인이었다.[56] 이러한 난민 위기는 미국이 1921년부터 1924년까지 이민을 엄격하게 단속한 이유가 되었고, 때문에 유럽에서 난민 문제는 더 심각해졌다.[57]

국경 지대가 복잡하고 불안정하면 극단적인 민족주의가 기승을 부릴 때가 많다. 바이마르 공화국도 예외가 아니었다. 물론 히틀러를 포함해 나치의 중요 인물 중 상당히 많은 수가 국경 지대, 특히 슐레지엔이나 폴란드에 빼앗긴 영토 혹은 합스부르크 제국과 발트해 지역에 흩어져 살았던 독일인이었다.[58]

독일 사람들은 또 다른 이유로 나라를 걱정했다. 독일공산당이 소련의 지시대로 움직인다고 생각했다. 소련을 제외하면 다른 어느 나라보다 독일의 공산당이 국민의 지지를 많이 받고, 규모가 컸다. 공산당은 무엇보다 실직자가 지지하는 정당이었는데, 실직자들이 처음에는 공장 자동화, 그다음에는 불경기 때문에 1920년대 중반 이후 독일에서 점점 더 늘고 있었다. 또한 그 시절에는 세계 모든 공산당이 모스크바의 지시를 순순히 따랐고, 이는 각 나라 공산당들이 사실 스탈린 외교 정책의 도구가 되었다는 뜻이었다. 1928년, 스탈린은 프랑스와 독일의 관계가 좋아져 자신이 고립될까 봐 걱정했고, 독일의 사회민주당을 약하게 만들면 프랑스와 독일을 멀어지게 하는 데 도움이 될 거라고 계산했다. 그래서 코민테른은 사회민주당이 '사회 파시즘'이고, 공산당은 나치와 싸우듯 그들과 싸워야 한다고 선언했다.[59] 독일공산당이 워낙 대규모여서(1932년 말에 당원이 36만 명이었고, 선거 때마다 득표율이 올라갔다), 스탈린의 지시에 따라 좌파의 연합을 방해할 수 있었다. 좌파가 힘을 합했다면 나치의 집권을 막을 수도 있었을 텐데 말이다.[60]

나치의 이념은 독일의 모든 취약한 면을 어떻게 해결할지에 대한 해답을 제시했다. 나치는 이념 중 일부를 그 당시에 분명하게 밝히면서 대중의 인기를 얻는 데 활용했다. 하지만 나머지 이념은 그저 은근히 암시만 했고, 나치가 계획한 일에 담긴 의미를 완전히 설명하지 않았다. 세계 경제와 관계를 끊고, 무역 협상과 금본위제가 포함된 모든 금융 협상을 중단하겠다는 약속은 분명했다. 나치는 25개조 강령을 발표할 때부터, 나치가 집권하면 난민과 유대인을 포함해 모든 외국인은 독일에 계속 지내거나 정치권과 시민권을 누리기를 기대할 수 없다고 명확히 밝혔다. 1933년 이전에도 나치는 동쪽 국경을 방어하려고 준군사조직을 몰래 배치했다. 나치가 공산당을 금지하고, 모든 공산주의 운동가들을 체포하거나 더 심하게 핍박할 것이라는 사실은 의심의 여지가 없었다.

1920년대 초부터 히틀러는 독일이 동쪽에서 레벤스라움Lebensraum(생존 공간)을 차지해야 한다고 말했다. 언론인 페르디난트 프리트 같은 사람들이 알아차렸듯 자급자족 국가를 이루려면 독일이 통치하는 영토를 확장해야 했다. 히틀러도 완전히 동의했다. 그는 "시장의 변동성" 때문에 독일의 안보가 위험해지고, "통상 조약은 실제로 지켜진다는 보장이 전혀 없다"라고 생각했다. 사실 해외 무역에 의존하는 나라들은 군사적으로 취약하다고 히틀러는 말했다. 독일은 영국이 지배하는 해상 운송로로 무역을 해야 했다.[61]

히틀러는 '생존 공간'을 더 넓게 확보하는 게 "유일한 해결책"이자 "우리에게 선견지명으로 보일 수 있다"라고 말했다. 이 '생존 공간'은 유럽, 그중에서도 동쪽, 소련과 우크라이나 흑토지대 쪽에서 찾을 수 있었다.

히틀러는 집권 전 공개 선언에서 그런 생각의 전체 의미를 부드럽게 밝혔다. 다만 프리트와는 달리, 히틀러는 독일이 장악한 중부 유럽과 동유럽 국가의 연합을 생각하지는 않았다. 소련을 정복해서 독일 경제가 근본적인 자급자족을 이루는 것이 히틀러의 전체 계획이었다. 그러려면 큰 전쟁을 치러야 하고, 독일 국민은 지난 전쟁에서 교훈을 얻어야 했다. 힌덴부르크 대통령의 참모였던 에리히 루덴도르프가 1919년부터 1935년까지 펴낸 여러 책과 글에 이러한 교훈이 가장 명확하게 적혀 있었다. 독일이 총력전을 하려면 이전보다 훨씬 더 효율적으로 국민을 동원해야 한다. 군인이나 산업 역군으로 헌신하도록 국민들을 쥐어짜야 한다. 사기가 꺾이지 말아야 하고, 반체제적 좌파가 반대하거나 외국인인 유대인이 내부에서 배신하는 일(루덴도르프와 히틀러 모두 이 점을 중시했다)이 생기지 말아야 했다. 총력전을 하려면 정부의 철권통치가 꼭 필요했고, 국민이 육체적으로도 강인해져야 한다. 반체제 인물뿐 아니라 정신적 혹은 신체적 장애인도 총력전에서 싸울 수 없다. 독일은 자국민뿐 아니라 세계를 향해 더 효과적으로 선전해야 한다.[62] 히틀러는 루덴도르프의 해결책을 완벽하게 받아들였다.

## 세계적인 반응, 나치즘

나치즘은 세계화에 저항한 혁명이었지만, 역설적이게도 전 세계에서 일어나는 혁명의 일부이기도 했다. 히틀러와 나치는 전 세계에서 영향을 받고 있었다.

그중에서도 분명 터키의 영향을 가장 많이 받았다. 1차 세계대전 때 터키 북서부의 겔리볼루갈리폴리에서 영국군과 프랑스군을 물리친 군 지휘관으로 명성을 떨치고, 전쟁 후 수립된 터키 공화국의 첫 번째 대통령이 된 무스타파 케말Mustafa Kemal은 1920년대와 1930년대에 독일에서 열렬히 숭배하던 인물이었다. 히틀러는 무스타파 케말을 "빛나는 별"이라고 불렀다. 1924년에 히틀러는, 전에 쿠데타를 시도했던 비어홀에서 최근 혁명 중 무스타파 케말의 혁명이 가장 위대했고, 그다음으로는 무솔리니의 혁명이 위대했다고 말했다. 한참 뒤인 1938년, 히틀러는 평소와 달리 겸손하게, 무스타파 케말이 위대한 스승이라고 말했다. 무스타파 케말의 첫 번째 학생은 무솔리니, 두 번째 학생은 히틀러였다.[63]

1차 세계대전이 끝난 후 연합국이 오스만 제국을 압박하는 수단이었던 세브르 조약을 떨쳐버릴 수 있었던 무스타파 케말을 나치는 존경했다. 터키인이 독립전쟁이라고 부르는 조약 반대 운동은 1923년에 훨씬 호의적인 로잔 조약으로 다시 체결하게 했고, 무스타파 케말을 앞세운 근대 공화국을 수립시켰다. 특히 무스타파 케말 정권이 세브르 조약에 서명한 터키 사람들을 매국노로 몰면서 시민권을 빼앗았기 때문에 나치가 어느 부분에서 자신들과 비슷한 상황이라고 느꼈을지 쉽게 알 수 있다.[64]

나치는 또한 오스만 정부가 최소 75만 명에서 최대 150만 명으로 추산되는 아르메니아 사람들을 죽인 1915년 아르메니아인 집단학살을 알고 있었고, 찬성했다. 로잔 조약의 조건에 따라 터키에서 그리스인을 내보낸 일 역시 찬성했다. 나치는 강력하고 번영하는, 그들이 감탄하는 터키를 만들어가는 과정에서 그러한 민족 청소는 필요하다고 생각했다.

히틀러와 나치는 초기에는 러시아 반유대주의 영향을 받기도 했다. 히틀러는 뮌헨에서 지내던 1920년에서 1923년 사이 러시아혁명이 싫어서 망명한 사람 몇 명을 알게 되었다. 그리고 아우프바우Aufbau, 재건라는 단체와 가까이 지냈다. 아우프바우는 주로 러시아 망명자들로 이뤄진 심각한 반유대주의 단체로, 나치 당원들도 일부 참여했다. 아우프바우는 바이마르 공화국과 소련을 모두 무너뜨리고 싶어 했다. 망명자 중에는 새로 독립한 발트해 주변 국가에서 온 독일인들도 있었다. 그 외에는 표트르 샤벨스키-보르크Pjotr Schabelski-Bork 소위 등 러시아인들이었다. 샤벨스키-보르크는 악명 높은 책《시온 장로 의정서》를 독일에 가지고 왔다. 1차 세계대전 전에 러시아의 비밀경찰이 반유대주의를 부추기기 위해 가짜로 지어낸 책이었다. 1920년대에는 히틀러에서 헨리 포드까지 여러 사람이 이 책을 읽고 반유대주의 운동가가 되었다. 히틀러의 마음이 반유대주의로 기울고 있을 때 결정적으로 이러한 망명자들을 만났다. 그들은 유대인의 국제적인 음모가 얼마나 어마어마한지 소련은 그들의 음모로 만들어진 '유대인 독재국가'라고 히틀러를 설득했을 것이다.[65]

요제프 괴벨스 역시 젊은 시절에 러시아인의 영향을 받았다. 괴벨스는 1923년에 "신성한 러시아를 깊이 존경했다"라고 썼다. 도스토옙스키 작품을 좋아했기 때문이기도 했다. 한편 자신을 '독일 공산주의자'로 부르기도 했다.[66]

히틀러는 정치인으로 활동하는 내내 베니토 무솔리니와, 무솔리니가 1922년에 이탈리아에 수립한 파시스트 정권에 무척 감탄했다. 히틀러는 무솔리니 스타일, 특히 광신적 종교집단처럼 열렬한 추종자들이 지도자를 둘러싸고 숭배하는 방식을 모방했다. 히틀러의 추종자들은 무솔리니를 부르는 '두체Duce'라는 호칭에서 실마리를 얻어 히틀러를 '퓌러Führer, 총통'로 찬양하기 시작했다. 나치는 이탈리아 파시스트의 옷차림과 팔을 뻗어 경례하는 방식도 모방했다.[67] 무솔리니의 친구로 독일에서 첩보원으로 활동했던 주세페 렌체티Giuseppe Renzetti는 히틀러가 무솔리니를 '우상화했고', 필사적으로 그를 만나고 싶어 했다고 전했다. 아마 두 사람의 이념이 비슷해서라기보다 독재자로 성공한 걸 부러워했기 때문이었을 것이다.[68]

1933년 이전에 이탈리아 파시스트와 나치 당원들은 주로 렌체티를 통해 폭넓게 만났다. 렌체티는 장교 출신으로 유대계 독일인인 아내와 함께 살았고, 워낙 외향적인 성격이어서 금방 베를린 정치계의 모든 사람을 사귀었다. 렌체티가 우파를 특별히 좋아했던 건 놀랍지 않다. 그는 슐라이허, 후겐베르크뿐만 아니라 히틀러, 괴벨스, 괴링 등 대부분의 나치 지도자들과 친해졌다.[69] 무솔리니는 독일에 우파 연립정부가 들어서기를 바랐다. 독일의 우파 연정이 베르사유 조약을 무효로 만들려고 노력한다면 프랑스가 그 일에 급급해서 이탈리아가 팽창할 여지가 생긴다고 생각했다. 그러한 무솔리니의 목표를 이루려고 노력하는 게 렌체티의 임무였고, 렌체티는 독일의 다양한 우파 집단을 하나로 모으려고 배후에서 쉬지 않고 움직였다.[70]

렌체티는 결국 히틀러만이 우파 연정의 지도자가 될 수 있다고 확신했다. 그리고 1931년 11월, 이탈리아 파시스트들이 히틀러가 권력을 잡도록 도와야 한다고 무솔리니를 설득했다. 그다음 렌체티의 역할이 바뀌었다. 렌체티는 거의 나치 당원이 되어서 지도자들에게 조언하고, 나치와 힘을 합해야 한다고 국가인민당과 철모단 같은 다른 우파 집단을 설득하는 로비스트처럼 활동했다. 히틀러는 렌체티를 친구처럼 여겼고, 괴벨스는 훗날 렌체티가 나치의 집권에 정말 큰 역할을 했다면서 "사실상 그를 나치 당원으로 여길 수 있었다"라고 썼다.[71]

히틀러는 처음부터 독일의 '생존 공간'을 찾는 과정에서 이탈리아와 동맹을 맺을 수 있다고 생각했고, 무솔리니가 지원한다면 기꺼이 정치적으로 큰 대가를 치르려고 했다. 그 대가는 오스트리아 영토였다가 1918년에 이탈리아로 넘어간 티롤 남부 지역과 관련이 있었다. 그곳 주민 대부분은 독일어를 사용한다(지금도 마찬가지다). 독일 민족주의자들은 언젠가 오스트리아와 통합하고 싶었기 때문에 티롤 남부도 독일 영토라고 여겼다. 그렇지만 무솔리니를 자기편으로 끌어들이고 싶었던 히틀러는 티롤 남부를 기꺼이 이탈리아에 그대로 남겨두려고 했다. 한편으로 히틀러는 온갖 민족주의자들(그리고 기회를 엿보던 사회민주당도)이 독일의 이익을 외국 세력에 팔아넘기는 배신 같은 자신의 행동을 두고 정치적으로 이용하리란 사실도 알았다.[72]

1928년 선거운동 기간에 사회민주당과 민족주의 신문들은 히틀러가 티롤 남부에 대한 독일의 소유권을 포기한 대가로 무솔리니에게 선거운동 자금을 받았다는 이야기들을 하나같이 퍼뜨렸다. 히틀러는 명예훼손으로 고소하면서 대응했다. 이 사건은 1929년 5월에 법정으로 넘어갔고, 항소가 이어지면서 1932년까지 질질 끌었다. 매번 판사들이 히틀러의 주장에 공감해 그에게 불리한 증거는 최소한만 받아들이면서 히틀러의 손을 들어줬다.

그래도 증거가 상당히 많아서 히틀러는 분명 걱정이 되고, 화가 났다. 한 베를린 신문은 1심에서 무솔리니와 결탁했다는 증거가 등장하자 "히틀러는 어떻게 대응할지 몰랐다. 그저 심하게 흥분해서 자신을 넘어뜨리려고 힘을 합해 '국제적인 음모'를 꾸민 '유대인 언론 패거리'를 욕하기만 했다"라고 보도했다. 재심에서는 베르너 아벨Werner Abel이라는 증인이 등장해, 나치가 비어홀 폭동을 시도하기 직전에 자신이 히틀러와 베를린 주재 이탈리아 대사관의 미글리오라티Migliorati 대위 사이에서 브로커 역할을 했다고 증언했다. 히틀러가 티롤 남부를 포기하겠다고 결정하면 돈을 주겠다고 미글리오라티가 약속했고, 이에 히틀러가 동의했다고 아벨은 증언했다.

미글리오라티는 나중에 히틀러에게 돈을 제공하지 않았다고 부인했고, 아벨은 확실히 수상한 구석이 있는 인물이었다. 극우 운동가에서 좌파로 전향한 인물로, 사기죄로 이전에 몇 번 유죄 판결을 받은 전력이 있었다. 1932년에 또다시 나치에 동조하는 법정이 아벨에게 위증죄를 선고했다. 그렇지만 사실 히틀러는 1923년에 이탈리아인들을 만났고, 심지어 이탈리아 신문《코리에레 디탈리아노Corriere d'Italiano》와 인터뷰하면서 티롤 남부의 소유권을 포기하겠다고 말하기까지 했다.

그 인터뷰는 히틀러가 미글리오라티와 거래했다고 아벨이 주장한 바로 다음 날인 1923년 10월 16일에 발행되었다.[73]

독일인이 나치를 지지한 현상은 1차 대전과 2차 대전 사이 유럽의 많은 지역에서 벌어진 현상과 비슷했다. 1차 세계대전 후 유럽 지도를 보면, 파시스트 정당이 집권까지는 못하더라도 대중적으로 상당히 많은 지지를 얻을 수 있는 곳이 따로 있었다. 1차 세계대전에서 패배했거나 공산주의 혁명이 일어날 가능성이 많은 나라였다. 예를 들어 헝가리는 패전국인 데다 공산혁명을 겪어 1919년에 잠시 공산주의 정권이 들어섰다. 그러자 해군 제독 출신 미클로시 호르티Miklós Horthy가 군사독재를 했다. 호르티 자신은 파시스트가 아니었지만, 이후 헝가리의 파시스트 화살십자당이 강력한 지지를 얻으면서 화살십자당 대표 페렌츠 살러시Ferenc Szálasi가 결국 호르티의 뒤를 이었다. 이탈리아는 1차 세계대전의 승전국이었지만, 연합국의 다른 나라들에 속아서 전리품을 챙기지 못했다고 이탈리아 사람들은 느꼈다. 많은 사람이 나라의 '훼손된 승리'에 대해 이야기했다. 이탈리아 역시 공산주의 운동이 강력하게 일어났다. 독일은 물론 두 가지 모두 해당했다. 1차 세계대전에서 패배했고, 공산당이 강력했고 전후에 계속 공산주의 폭동이 일어났다.[74]

그러므로 나치즘은 그저 세계화에 대한 독일만의 야만적인 반응이 아니었다. 나치즘은 국제적인 영향으로 생겨난 국제적인 반응이었다. 역사학자들은 아마도 마르틴 루터나 30년 전쟁으로 거슬러 올라가는 뭔가 독일만의 독특한 약점이 드러난 게 나치즘이라고 생각하곤 했다. 그러나 히틀러 운동은 세계 곳곳에 영향을 끼친 1920년대와 1930년대 초의 독특한 위기에 대한 대응이었다. 민족사회주의는 민족주의면서도, 순전히 독일적인 이념과는 거리가 멀었다.[75]

# 브뤼닝의 외교 성과와 대공황

나치가 성과를 거둔 1930년 선거 후, 하인리히 브뤼닝 총리는 1931년 3월에 다시 전환점을 맞았다.

브뤼닝 총리는 불경기에 맞설 확실한 전략을 세웠다. 교착 상태인 국회를 힌덴부르크 대통령이 서명한 긴급명령을 통해 우회해서 세금을 올리고, 실업보험과 공무원 월급에 들어가는 비용을 줄였다. 이러한 디플레이션 정책이 당시 경제학이 지지하는 해법이었다고 경제학자들은 말한다. 수입과 지출이 균형을 이룰 수 있다면 경제는 저절로 회복되리라 믿었다.

그렇지만 브뤼닝 총리는 배상금 부담이 줄어들기 전에는 독일 재정이 절대 제대로 회복될 수 없다고 생각했다. 1930년, 브뤼닝은 무역 흑자를 늘리면서 영국과 프랑스가 배상금에 대해 양보하도록 압박하고 싶었다. 수출 산업에서 고용이 늘겠다는 계산이었다. 사실 독일은 영국과 프랑스에게서 상당한 무역 흑자를 거뒀다. 하지만 높은 관세로 수입을 인위적으로 억제했기 때문에 생긴 무역 흑자였다. 독일은 유럽에서 가장 높은 실업률에 시달릴 뿐 아니라 영양 부족도 겪기 시작했다. 높은 관세 때문에 고기와 농산물 가격이 비싸져 가난한 사람들이 점점 더 먹고살기가 어려워졌다.[76]

1930년 12월, 브뤼닝은 미국 대사 프레더릭 모즐리 새킷Frederic M. Sackett을 만나 미국이 배상 문제에 개입해 달라고 설득했다. 미국의 개입이 경제적 위기뿐 아니라 더 끈질기고 심각한 정치적 위기를 막을 유일한 방법이라고 브뤼닝은 말했다. 새킷은 브뤼닝의 이야기를 미국 대통령에게 전달했고, 깊은 인상을 받은 허버트 후버Herbert Hoover 대통령은 조지프 포터 코튼Joseph P. Cotton 국무부 차관을 유럽에 보내 문제를 조사하려고 했다.

그런데 유럽으로 떠나기로 한 날, 코튼이 갑자기 사망했다.[77]

1931년에는 경기가 나아지는 징후가 희미하게 약간 나타났지만, 정부 예산은 여전히 위기를 벗어나지 못했다. 1931년 1분기의 적자는 4억 3천만 라이히스마르크(1930년에는 1억 달러 정도, 오늘날의 15억 달러 정도)를 기록했다. 정부는 이 중 일부를 단기 차관으로 조달했다. 그러나 장기 차관은 확보할 수 없었다. 독일 정부가 접촉한 한 은행은 배상금 지급 상황이 불확실한 점이 문제라고 대답했다. 독일이 배상금 지급을 제대로 이행하지 못하면 다른 채권자들도 모두 위험해진다. 독일이 경제적으로 고통을 겪으면서, 이미 긴박했던 정치 상황은 더 나빠졌다.[78] 5월 30일 국무회의에서 내무부 장관 요제프 비르트Joseph Wirth는 정치폭력이 늘고 있다면서 사회 질서를 계속 유지하기 어렵다고 경고했다.[79]

그렇게 암울한 상황에서 한 줄기 놀라운 희망의 빛이 떠올랐다. 1931년 2월, 프랑스 정부는 독일에 대규모 융자를 해주겠다고 발표했다. 아리스티드 브리앙이 지칠 줄 모르고 설득한 덕에 프랑스가 급격하게 정책을 바꿀 수 있었다. 브리앙이 프랑스와 독일의 관계를 개선하기 위해 노력한 결실이었다.[80]

브리앙의 노력은 독일의 경제적·정치적 미래에 새로운 계기가 될 수 있었다. 그러나 브리앙이 제안하고 브뤼닝이 응답하는 속내에는 더 큰 전략적인 문제가 있었다. 브리앙은 늘 그랬듯 독일이 프랑스에 줄지 모를 잠재적 위험을 덜고, 유럽을 경제적으로 더 강력하게 만들어서 미국과 겨룰 수 있는 방법을 찾고 있었다. 반면 브뤼닝은 독일인이 그저 불경기를 조금 더 견딜 수 있게 하는 정책으로는 만족할 수 없었다.

사실 프랑스군이 라인강 언저리에서 철수하고, 독일에서 민족주의 열풍이 불던 1930년 7월부터 프랑스 차관에 대한 이야기가 나왔다. 프랑스의 의도는 명확했다. 대화가 진행되면서 앙드레 타르디외^André Tardieu 프랑스 총리는 독일이 동쪽 국경을 위협하지 않고, 무기 개발을 제한해야 장기 융자를 해주겠다고 말했다. 프랑스는 독일 정부가 당시 계획 단계였던 두 척의 전함(당시에는 B와 C로 불리던 순양 전함으로, 훗날에는 아트미랄 셰어, 아트미랄 그라프 슈페로 불렸다) 건조를 중단하고, 극우파 시위를 단속해야 한다고 요구했다. 독일이 영 플랜에 따라 배상금을 충실히 지불하는 것도 프랑스에 아주 중요했다.[81]

이러한 조건들은 프랑스의 차관 제안과 관련해 브뤼닝이 느꼈던 문제를 정면으로 보여준다. 브뤼닝의 목표는 배상금을 줄이거나 연기하는 게 아니었다. 완전히 끝내는 게 목표였다. 불황이 계속되면서 독일은 영 플랜에 따라 배상금을 계속 지불할 능력이 없다고 주장해 왔다. 그래도 연합국이 독일에 계속 배상금 지급을 강요하면, 독일이 재정적·정치적으로 혼란에 빠져 다른 나라에도 예측할 수 없게 위험한 일이 생길 것이라고 말할 수 있었다. 그렇지만 상황이 달라지려 했기 때문에 브뤼닝은 시간에 쫓겼다.[82] 만약 심각한 상태가 나아져 그의 가장 강력한 주장이 힘을 잃으면 어떻게 해야 할까? 프랑스에서 차관을 받으면 정말 독일 경제가 되살아나서 배상금 지불 능력이 없다는 주장이 설득력을 잃을지도 몰랐다. 차관을 받지 말아야 했다. 그런데 어떻게 그럴 수 있을까?

브뤼닝은 정말 똑똑했다. 자신과 힌덴부르크, 슐라이허 모두 정치적으로 타격을 받지 않을 효과적인 해결책을 찾아냈다. 1931년 3월 21일, 브뤼닝 정부는 오스트리아와 관세 동맹을 맺는다고 발표했다. 분명 베르사유 조약과 생제르맹 조약 위반이었다. 두 조약 모두 독일과 오스트리아의 동맹을 금지했다. 영국과 프랑스는 독일과 오스트리아와의 관세 동맹이 독일이 오스트리아 뿐 아니라 유럽 남동부 전체로 팽창하려는 의도라고 봤다. 관세 동맹은 브뤼닝이 생각해 낸 게 아니었다. 슈트레제만의 뒤를 이어 외무부 장관이 된 율리우스 쿠르티우스와 국무부 장관 베른하르트 폰 뷜로가 생각해 냈다. 그들은 점점 더 우파로 기울고 있었다. 쿠르티우스가 그 계획을 나서서 주장했고, 브뤼닝 자신은 뒤에 머물렀다.[83]

프랑스 사람들은 독일의 태도에 격렬하게 반발했고, 3월 말이 되자 프랑스 차관은 백지화되었다. 당시 브리앙은 프랑스 대통령이 되려고 선거 운동을 하고 있었지만, 오스트리아에 대한 독일의 계략에 프랑스 국민이 격분하면서 그의 희망은 사라졌다. 5월 13일, 브리앙은 우파 후보 폴 두메르Paul Doumer에 패배했다.[84]

브뤼닝은 관세 동맹 계획으로 프랑스와 독일의 관계가 나빠지고, 결국 프랑스 차관이 무산되리란 사실을 잘 알았다. 원하던 결과였다. 브뤼닝이 차관을 거절하기는 정치적으로 어려웠을 것이다. 하지만 오스트리아와 관세 동맹을 추진하면 불황을 이용해 배상금 부담에서 벗어나려는 전략을 잃지 않으면서 민족주의자들에게 점수를 딸 수도 있었다. 그러면서도 브뤼닝은 오스트리아와의 관세 동맹을 적극적으로 주장하지 않았다. 덕분에 프랑스와 영국에서 브뤼닝의 평판은 회복할 수 없을 정도로 나빠지지는 않았다.[85]

이 일에서 두 가지가 명확하다. 첫째, 1차 대전과 2차 대전 사이 유럽에서 금융 협상이 얼마나 안보, 특히 독일을 단속하는 일과 밀접한 관련이 있는지 알 수 있다. 배상금과 금본위제로 꼼짝 못 할 동안에는 독일이 이웃 나라들을 위협할 수 없었다. 독일이 이 장애물들을 피할 수 있다면 상황이 달라질 수 있었다.[86] 둘째, 브뤼닝은 불황에 신경 쓰지 않을 수 있었다. 대통령 내각의 총리라서 힌덴부르크 대통령에게만 설명하면 됐기 때문이다. 국회의 지지에만 의존하는 의원 내각의 총리였다면 굶주림에 허덕이는 국민을 구할 경제 원조를 거절하기가 훨씬 더 어려웠을 것이다. 슐라이허와 그의 측근이 대통령 내각의 총리를 원했던 게 바로 그 이유였다. 슈트레제만이 똑똑히 파악했듯 바이마르 공화국의 대외 정책과 국내 정책은 다시 한번 특별히 빈틈없이 엮였다.[87]

6월 6일, 브뤼닝은 독일의 경제 문제를 더 심각하게 만들었다. 더 긴축해야 해서 긴급명령을 다시 활용해야 했던 브뤼닝은 선동적인 말로 그러한 해결책이 정치적으로 도움이 되게 하려고 했다. "배상금을 갖다 바쳐야" 하는 부담 때문에 독일 국민은 "극단적인 궁핍"에 이르렀다고 그는 말했다. 국제사회는 이 말을 배상금 지급을 일방적으로 중단하겠다는 위협으로 받아들였다.[88]

이미 독일이 채무를 불이행한다는 소문이 돌았고, 금융시장에 불안감이 감돌면서 독일의 금 보유고가 또다시 줄어들었다. 공식 성명으로 부인했지만, 바로 그 때문에 독일이 배상금뿐 아니라 외국의 민간 금융기관에서 빌린 채무까지 불이행하리란 게 엄청난 공포였다. 오늘날처럼 1930년대에도 공식 성명을 아무도 믿지 않았다.[89]

바로 그날, 브뤼닝은 런던 교외의 영국 총리의 별장인 체커스에서 램지 맥도널드Ramsay MacDonald 총리와 다른 영국 관리들을 만났다. 1차 세계대전 후 처음으로 독일 총리와 영국 총리가 만나는 자리였다. 영국인은 브뤼닝 총리가 배상금을 두고 그렇게 말한 일을 심하게 비난했지만, 브뤼닝은 결국 평소처럼 그들에게 좋은 인상을 남겼다. 브뤼닝은 세계 경제가 붕괴해서 독일에서 나치나 공산당이 집권하기 전에 연합국이 독일을 배상금 부담에서 해방시켜 줘야 한다고 주장했다. 또한 산더미처럼 많은 숫자를 들먹이며, 독일 정부가 세금을 올리고 경비를 줄이면서 할 수 있는 일은 다 했다고 설명했다. 맥도널드 총리와 잉글랜드은행 총재 몬터규 노먼Montagu Norman은 브뤼닝의 말에 공감했다. 그 뒤, 노먼은 맥도널드 총리에게 브뤼닝이 너무 솔직해서 독일이 배상금 지급을 일방적으로 거부해도 아무도 비난할 수 없었다고 말했다.[90]

체커스에서 브뤼닝 총리는 맥도널드 총리를 독일 입장을 대변할 로비스트로 만들었다. 영국 총리는 미국의 후버 대통령에게 브뤼닝 총리의 주장을 설명하는 편지를 보냈다. 미국 관리들은 이미 정치적·경제적 이해관계를 잘 알았다. 헨리 스팀슨Henry Stimson 국무부 장관은 '브뤼닝 박사의 독일'을 '다른 독일'에서 구하기 위해 자신이 할 수 있는 모든 일을 하겠다고 약속했다.[91] 독일 주재 미국 대사 새킷과 영국 대사 호러스 럼볼드 경 역시 나치를 막기 위해 브뤼닝을 지원해야 한다고 믿었다. 대사들은 미국과 영국 정부에 자신들의 생각을 강력히 주장했다.[92] 후버 정부의 관리들 역시 독일을 지원해야 한다는 생각을 지지했다. 6월 20일, 후버 대통령은 전쟁배상금과 부채 지급을 모두 1년 연기하는 '후버 모라토리엄'을 발표했다. 또 국내에 적당히 둘러대려고 힌덴부르크 대통령에게 공식적으로 모라토리엄을 요청하는 전보를 보내달라고 부탁했다. 1년 후 모라토리엄은 영구화되었다. 그때는 브뤼닝이 자신의 승리를 음미할 자리에 남아 있지 않았다.[93]

배상금 지급을 끝낸 건 브뤼닝에게 상당한 외교적 성공이었다. 그러나 그의 정부가 오스트리아와의 관세 동맹을 계획하고, 배상금 지급을 중단하겠다고 위협해 독일의 라이히스마르크를 다른 통화로 바꾸는 자본도피가 발생했고, 1931년의 대규모 세계 금융 위기로 번졌다.[94] 맨 먼저 오스트리아의 주요 은행이 무너졌다. 오스트리아 정부가 예금 인출을 제한하게 하자 금융 공황이 독일로 번졌고, 독일에서 또 다른 주요 은행이 도산했다. 후버 모라토리엄이 발표되었지만, 중앙은행의 금 보유고는 위험할 정도로 계속 줄어들었다. 특히 프랑스가 몇 주 동안 후버의 조건을 받아들이지 않았기 때문이었다. 무가치한 자산을 바탕으로 한 대출로 영국에도 금융 위기가 번졌고, 9월에는 위기가 너무 심각해져서 영국 정부조차 금본위제를 포기해야 한다고 느꼈다. 그러한 위기 때문에 심각하긴 하지만 감당할 수는 있었던 경기 침체가 전설적인 대공황으로 바뀌었다. 모든 주요 국가에서 경제 지표가 더 굴러떨어졌다. 1932년 초에 독일의 실업자는 6백만 명으로, 실업보험에 가입한 노동 인구의 40%에 이르렀다. 브뤼닝 정부는 실업보험금을 계속 깎아서 줄였다. 실업보험금이 바닥나자 실업자들은 지역 구호 서비스에 의존하게 되었다. 수백만 명의 독일인이 말 그대로 굶주리고 있었다. 1917년과 1918년 해상봉쇄 때 겪었던 영양실조로 인한 질병이 다시 나타났다.[95]

1931년에는 독일뿐 아니라 전 세계로 불황이 번졌다. 브뤼닝과 장관들은 공공사업과 국채 발행으로 불황을 이겨내자는 존 메이너드 케인스John Maynard Keynes의 주장을 포함해 다른 방법들을 잘 알았다. 브뤼닝은 강연하기 위해 독일을 방문한 케인스를 만나서 경제 정책에 관해 이야기를 나눴다. 그렇지만 브뤼닝은 케인스가 독일 상황을 잘 이해하지 못한다고만 생각했다.[96]

더 중요한 점은 브뤼닝 정부가 케인스의 구상을 받아들이기에는 정치적으로 어렵다고 느꼈다는 것이다. 1922년과 1923년의 초인플레이션은 독일 사람들에게 정신적인 상처를 남겼다. 경제를 조금만 자극해도 인플레이션으로 이어져 대중이 엄청나게 저항할 수 있었다. 게다가 문화적인 요인도 작용했다. 브뤼닝 정부의 몇몇 장관들, 심지어 브뤼닝 자신까지 독일에서 1928년까지 이뤄진 산업화와 도시화가 인위적이었고, 계속 이어질 수 없다고 생각했다. 도시 노동자를 농촌 지방으로 이주시켜 불황을

해결하는 게 낫다고 생각했다.[97]

불황을 이겨내려고 케인스의 구상을 받아들이면 정부 역할이 커져야 했다. 그렇게 정부가 팽창하려면 어디서 예산을 얻을 수 있을까? 이는 대단히 중요한 문제였다. 독일의 국내법과 국제 협정 때문에 중앙은행은 국채를 발행하거나 '화폐를 찍어댈 수' 없었다. 1931년, 독일 정부는 거의 돈을 빌릴 수 없었다. 경제적인 요인들 뒤에는 정치적인 현실이 있었다. 브뤼닝이 민족주의적인 목표를 경제 회복보다 더 앞세운 점이 독일 정부가 돈을 빌리지 못한 주요 이유였다. 전함을 만들지 말고 오스트리아와 관세 동맹도 맺지 말라는 프랑스의 요구를 따랐다면 프랑스에서 차관을 받을 수도 있었다.[98]

하지만 브뤼닝은 민족주의 우파, 특히 힌덴부르크 대통령의 요구를 들어줘야 해서 그렇게 타협을 하지 않았다. 엄청난 대량 실업 문제를 겪더라도 배상금에서 벗어날 방법을 찾았다. 브뤼닝이 좋지 않은 시기에 민족주의를 내세우는 바람에 재앙이라고 할 만한 1931년의 금융 위기가 촉발되었다.

금본위제는 평화롭고 자유로운 자본주의 세계 질서의 궁극적인 상징이었다. 그런데 1931년 금융 위기가 그 질서를 무너뜨렸다. 영국이 금본위제를 버리고 파운드화를 평가절하하자 독일의 수출이 타격을 받았다. 기업이 도산하고 실업률이 최고치로 치솟았다. 브뤼닝은 후버 모라토리엄에 분노한 프랑스를 달래려고 결국 모라토리엄 기간에는 방위비를 더 지출하지 않겠다고 약속할 수밖에 없었다. 그렇게 국제 질서를 다시 한번 따르는 일은 독일 민족주의자의 목표와 완전히 충돌했다. 오스트리아와 통합하려던 열의는 점점 더 시들해졌고, 경제적인 민족주의를 이루려던 열의는 더욱더 시들해졌다. 독일 민주주의가 입은 피해는 심각했다.[99]

브뤼닝 자신은 후버 모라토리엄을 끌어낸 자신의 업적을 대놓고 드러내지 않아야 한다고 느꼈다. 배상금에서 영원히 벗어나는 것이 그의 목표였다. 후버 모라토리엄을 축하하면 사회민주당 같은 정당들이 불황에 대처하기 위해 정부 지출을 늘려야 한다고 주장할 지도 몰랐다. 그랬다면 결국 브뤼닝의 계획과 반대로 움직였을 것이다.

그런데 브뤼닝을 총리로 만든 슐라이허조차 그의 업적에 대해 놀랍도록 차가운 반응을 보였다. 브뤼닝은 자신에 대한 슐라이허의 태도가 달라졌다고 느끼기 시작했다. 슐라이허는 힌덴부르크의 아들 오스카어가 브뤼닝이 엄청난 일을 해냈다고 흥분하자 "성급하지 말죠. 최악의 상황은 아직 오지 않았습니다"라고 냉정히 답했다고 브뤼닝에게 말했다.[100]

## 정치폭력과 선동

브뤼닝이 세계 경제 상황과 씨름하는 동안, 독일 도시들에서는 불황 때문에 정치가 다른 방식으로 진행되고 있었다.

《베를린을 위한 투쟁*Kampf um Berlin*》이라는 직설적인 제목이 달린 책에는 "물고기에 물이 필요하듯 베를린에는 자극이 필요하다. 이 도시는 자극으로 먹고 산다. 이 사실을 깨닫지 못하면 어떤 정치 선전이든 목적을 이루지 못할 것"[101]이라는 직설적인 문장들이 나온다. 나치에서 떠오르는 인물인 36세의 요제프 괴벨스가 이 책의 저자였다. 1926년에 히틀러는 괴벨스를 베를린에 보내 나치 조직을 이끌게 했다.

베를린에서 나치를 홍보하기란 어려운 일이었다. 베를린은 노동자들의 도시, 사회민주당과 공산당의 요새였다. 또한 베를린은 17세기 말, 프랑스의 루이 14세가 신교도 위그노16-17세기경 프랑스의 칼뱅파 신교도를 쫓아낸 이후 줄곧 박해를 피해 도망친 난민을 포함해 이주자들의 터전이었다. 위그노들은 베를린에 여러 방식으로 흔적을 남겼다. 프랑스어 영향을 많이 받은 베를린의 독특한 사투리, 베를린을 대표하는 음식 중 하나인 '불레테'라는 완자 요리, 위대한 작가인 19세기 소설가 테오도어 폰타네Theodor Fontane에서 위그노의 흔적을 찾을 수 있다. 한편 다른 이주민의 물결도 잇따랐다. 프로이센 왕인 프리드리히 2세는 습지대의 물을 빼려고 네덜란드 기술자들을 데려왔다. 그들은 '오라니엔부르크'처럼 베를린과 베를린 주위 많은 지역의 이름에 '오렌지'를 붙였다. 1880년대부터는 유대인이 러시아 제국의 박해를 피해 베를린으로 와, 1918년 이후에는 물밀듯이 들어왔다. "진짜 베를린 사람은 슐레지엔 출신이다"라는 유명한 속담도 있다. 독일 기준으로 볼 때 베를린은 분명 민족적·종교적으로 굉장히 다양하게 뒤섞여 있는 곳이었다. 베를린은 독일의 지적·문화적·경제적 수도이자 언론의 수도였다. 나치는 농촌의 신교도 집단에 뿌리내린 당이라 베를린을 근거지로 삼기가 가장 어려웠다.

괴벨스가 베를린에 왔을 때 나치 추종자는 거의 없었고, 아무도 나치를 진지하게 받아들이지 않았다. 괴벨스는 베를린 사람들에게 처음 연설할 때 나치가 아무 관심도 끌지 못했다는 사실을 인정했다. 덕분에 "훗날 나를 항상 규탄하던 유대인 신문도 별로 관심을 보이지 않았다"라고 했다. 그 신문은 "괴벨스 선생이란 사람이 익숙한 이야기를 늘어놓았다"라고만 보도했다.[102]

베를린이 나치와 잘 맞지 않은 도시였다면, 괴벨스는 숙적인 그레고어 슈트라서와 마찬가지로 전형적인 나치 당원이 아니었다. 정치계에 들어오기 전, 문학 박사학위를 받았고, 유대인 교수들 밑에서 공부했다. 정치 광신도로는 아주 드물게 반짝이는 지성과 재능을 가지고 있었다. 괴벨스는 자신의 광신에서 벗어나 견해가 다른 사람들에게 나치의 주장이 어떻게 보일지 알아차릴 수 있었다. 그의 일기에는 막시밀리안 하르덴 Maximilian Harden 같은 유대계 독일인 작가, 테오도어 호이스 같은 자유주의 정치인, 프리츠 랑 같은 영화감독 등 나치에 반대하는 작가와 예술가들을 향한 예리한 분석이 가득했다. 이렇게 유연한 정신을 가지고 있었기 때문에 나치의 사상을 효과적으로 퍼뜨릴 수 있었다.

괴벨스는 베를린의 활기 넘치는 언론 환경을 좋아하지 않았다. "매일 돌아가는 기계가 수백만 부의 신문이라는 형태로 유대인의 독을 수도에 쏟아놓는다"라고 그는 기록했다. 그렇지만 어떻게 언론을 이용할지 알았고, 어쨌든 언론에 실리기만 해도 좋다는 사실을 직감적으로 이해했다. 자유주의 혹은 좌파 신문이 나치를 격렬하게 비판해도 상관하지 않았다. "그들이 우리를 이야기한다는 게 중요하다"라고 일기에 거듭거듭 적었다. 괴벨스에게는 나치를 선전할 또 다른 수단도 있었다. 훨씬 더 음흉한 수단이었다.[103]

바이마르 공화국에서는 정당들마다 준군사조직을 갖추고 있었다. 나치에는 돌격대(Sturmabteilung)를 뜻하는 'SA'라는 조직이 있었고, 갈색 셔츠단이라고도 불렀다. 공산당에는 '적색전선전사동맹Roter Frontkämpferbund'이라는 준군사조직이 있었지만, 1929년에 불법 단체가 되면서 '반파시스트 행동Antifaschistische Aktion'으로 바뀌었다. 민주주의 성향 주요 3당사회민주당, 중앙당, 독일민주당은 바이마르 공화국의 새로운 국기 색깔에 따라 '흑적금 국기단Reichsbanner Schwarz-Rot-Gold'이라고 이름 지은 조직이 있었다(검은색-빨간색-금색 띠는 1848년부터 독일 민주주의의 상징이었고, 국가인민당과 나치는 독일 민족주의의 상징인 검은색-흰색-빨간색 띠를 함께 사용했다). 그 뒤 사회민주당은 흑적금 국기단이 너무 온건하다고 생각해 돌격대에 대항할 '무쇠전선Eiserne Front'이라는 새로운 단체를 만들었다. 국가인민당에는 철모단Der Stahlhelm이라는 참전용사 조직이 있었다. 1930년대에는 참전용사든 아니든 상관없이 관심 있는 사람은 누구든 들어갈 수 있었다. 그러나 독일을 위해 전쟁터에서 싸웠어도 유대인이면 들어갈 수 없었다.

이러한 준군사조직의 역할은 모두 같았다. 영역을 지키는 역할이다. 정당이 모임이나 집회를 할 때 방해받지 않고 활동할 수 있도록 지켰다. 비공식적으로는 준군사조직끼리 거리에서 싸움을 벌여, 베를린과 다른 독일 도시들이 유럽의 다른 도시보다는 마피아 알 카포네가 활동하는 시카고와 더 비슷해졌다.

노이쾰른, 프리드리히스하인, 샤를로텐부르크 일부 지역, 베딩 같은 베를린의 특정 지역은 가장 가난한 노동자들의 본거지였고, 따라서 공산당의 요새였다. 괴벨스가 들어온 다음에는 공산당과 싸우는 게 나치의 전략이었다. 돌격대는 노동자들이 사는 지역에서 한 선술집을 찾아냈고, 매달 어느 수준 이상의 맥주를 마시겠다고 주인에게 약속했다. 주인은 돌격대가 선술집을 본부로 사용하게 해 주기만 하면 되었다. 그러자 그 선술집은 '돌격대 선술집'으로 불리게 되었다. 돌격대는 그곳을 보통 밤에 공격할 공산당원들을 찾으러 나가기 전에 모이는 기지처럼 활용했다. 나치와 공산당 사이에 격렬한 싸움이 벌어질 때가 많았고, 때때로 다른 정당의 준군사조직이 끼어들기도 했다. 1930년대 초에는 베를린과 다른 독일 도시들이 내란과 비슷한 상태에 이르렀다.[104]

나치의 전략은 여러 면에서 효과적이었다. 나치는 조금씩 베를린의 험악한 동네들을 장악해 나갔다. 그래서 그들이 선거운동을 하고, 포스터를 붙이고, 집회를 열기가 더 쉬워졌다. 무엇보다 언론에 실리는 점이 정말 결정적이었다.

히틀러를 선택한 나라

괴벨스는 돌격대의 폭력이 언론의 관심을 끈다는 사실을 알았다. 대부분 나치가 싸움을 걸면서 폭력이 시작되었지만, 나치는 항상 정당방위였다고 주장했다. 또한 폭력적이고 복수심에 불타는 공산당원들이 언제나 돌격대원들을 맹렬하게 쫓고 있다고 끊임없이 선전했다. 펠제네크 주말 농장을 습격해서 프리츠 클렘케를 죽인 일도 그러한 사례였다. 나치는 그 일을 한 공산당원이 숨어 있다가 돌격대원들을 공격한 사건이라고 선전했다. 많은 중산층 언론, 경찰, 검사, 심지어 형사법원까지 그 이야기를 받아들였다.[105]

말도 안 되는 선전일 때가 많았는데도 사람들에게 통했다. 법을 준수하는 중산층 독일인은 돌격대원들이 다소 거칠기는 해도 선량하고 애국적인 청년들이며, 공산주의자들을 막을 만한 배짱을 유일하게 가졌다는 결론을 점점 내려갔다.[106]

나치는 독일 정치를 뭔가 다르게 만들었다. 헌법에 따라 합법적으로 선출된 국회와 주의회의 나치 의원들까지 돌격대처럼 거칠고 잔인하게 행동하기도 했다. 나치 국회의원들은 싸움을 자주 벌였다. 그리고 결국 국회 예절의 모든 원칙을 어겼다. 1932년 5월 국회 토론회에서 한 나치 의원이 "정말 멍청하네"라고 소리치며 공산당 의원의 발언을 방해했다. 사회자가 그 의원에게 조용히 하라고 말했고, 공산당 간부인 에른스트 토르글러Ernst Torgler는 "입 닥쳐"라고 외쳤다. 또 다른 나치 의원은 토르글러에게 "넌 러시아 카자크의 장군처럼 될 거야"라고 맞받아쳤다.[107]

괴벨스처럼 1차 대전에 참전하지 않았던 나치 의원들조차 참전했던 의원들을 군대 문제로 비난하면서도 양심의 가책을 느끼지 않았다. 1932년 2월 국회에서는 괴벨스가 사회민주당을 "탈영병들의 정당"이라고 말해서 분노를 불러일으켰다.[108] 모든 정당의 의원들이 일어나 괴벨스를 규탄했다. 독일국가당 의원인 에른스트 레머Ernst Lemmer는 많은 사회민주당 의원은 군 복무를 했지만, 괴벨스와 "그의 동료 의원들 중 상당히 많은 수가" 군 복무를 하지 않았다고 지적했다.[109]

2차 세계대전 후 첫 몇 년 동안 용감하고 카리스마 넘치는 지도자로 유명해진 서프로이센 출신 사회민주당 의원인 쿠르트 슈마허Kurt Schumacher의 반응이 가장 적나라하고 흥미진진했다. 슈마허 역시 전쟁터에 나가서 부상자가 되었다. 슈마허는 괴벨스의 행동에 정식으로 항의하는 건 의미가 없다고 말했다. 계속해서 "나치의 선동은 인간 내면의 저열한 부분에 끊임없이 호소한다. 우리가 나치를 조금이라도 알아본다면, 나치가 독일 정치에서 처음으로 인간의 어리석음을 완벽하게 이용하는 데 성공했다는 사실을 깨달을 수 있다"라고 말했다. 알쏭달쏭하게도 슈마허는 나치가 "멋대로 하게 둬라. 우리가 그들을 경멸할 만큼의 짓을 저지르진 않을 테니까"라고 결론을 내렸다.[110]

1931년과 1932년에 내란과 같은 상황이 계속 심각해지면서 바이마르 공화국 정부가 질서를 유지할 수 없다는 사실이 점점 더 분명해졌다. 브뤼닝이 경제 안정을 포기하면서까지 민족주의자들의 정치적 목표를 추구했던 것처럼, 안정을 유지시키지 못하는 무능력이 많은 국민 눈에는 민주주의 국가의 정당성을 좀먹는 걸로 보였다. 폭력이 점점 더 일상이 되면서 국민들은 훗날 나치가 저지르는 국가 폭력도 받아들이게 된다.[111]

그렇다고 나치가 권력을 잡기 쉬워졌다거나, 1931년이나 1932년에 집권할 가능성이 아주 높았다는 뜻은 아니었다. 1923년 비어홀 폭동에 실패한 후 히틀러는 군대와 경찰의 반대에 맞서면서 권력을 절대 잡을 수 없다는 교훈을 배웠다. 1931년과 1932년을 거치는 동안 히틀러가 아무리 적극적으로 노력해도 기득 권력의 문은 잘 열리지 않는 것 같았다. 만약 선거를 통해 나치가 다수당이 되면 어떤 상황이 벌어질까? 그렇지 않다면 어떻게 될까?

알프레트 후겐베르크는 보수당원으로서는 처음으로 1929년 영 플랜 반대 운동에 히틀러를 이용하려고 했다. 후겐베르크는 다시 1931년 거의 내내 나치를 끌어들이려고 했다. 프로이센에서 조기 선거를 실시하라고 요구하는 청원과 국민투표 운동에 국가인민당, 철모단과 함께 나치를 참여시키려고 했다. 이러한 노력은 그러나 모두 실패했다. 1931년 10월, 민족주의 우파들이 브라운슈바이크주의 온천 도시 바트 하르츠부르크에서 모임을 열었다. 국가인민당과 나치가 연정을 구성해 경찰이 모임 참가자들을 건드리지 못하는 곳이었다. 나치와 국가인민당, 철모단 외에도 독일인민당의 몇몇 당원들, 전독일연맹과 다른 우파 로비 집단들도 바트 하르츠부르크로 와서 이틀 동안 함께 이야기를 나누고 거리행진을 했다. 집단들이 하나의 세력으로 정말 잘 통합되었다는 사실을 보여주자는 생각이었다. 하지만 이는 후겐베르크의 꿈이지, 히틀러의 꿈은 아니었다. 히틀러와 나치는 사실 후겐베르크와 협력하면서 아무것도 양보하지 않고 가능한 한 많은 홍보 효과와 정당성을 얻고 싶었다. 힌덴부르크 대통령은 모임 직전에야 히틀러와 헤르만 괴링의 편지를 처음 받았다. 나치가 국가인민당과 협력하면서 사실 히틀러 운동이 존중받는다는 인상을 주려고 했음을 알 수 있다.[112]

나치는 아직 보잘것없었지만 전혀 정중하지 않았다. 히틀러는 거리 행진에서 돌격대가 지나가자 다른 집단의 행진은 보려고도 하지 않고 곧장 자리를 떴다. 괴벨스는 국가인민당과의 협력은 순전히 전략적 목적으로, 합법적으로 집권할 유일한 방법이었기 때문이었다고 사설에서 단언했다.[113] 바트 하르츠부르크 행사에 대한 괴벨스의 개인적 생각은 더 냉

혹했다. 특히 국가인민당 원내 대표인 에른스트 오베르포렌Ernst Oberfohren
이 잘난 척한다며 싫어했다. "오, 우리 야만인이 얼마나 더 나은 사람들인
지!"라며 "그를 보면 토할 것 같다"라고 덧붙일 정도였다. 연합하든 말든
나치가 드디어 권력을 잡으면 "보수주의자들을 가능한 한 빨리 내쫓는
게 목표다. 우리 혼자 독일의 주인이 될 것이다"라고도 말했다.[114]

그러나 나치가 독일의 주인이 되려면 다른 사람들이 필요했다. 나치를
지지하는 유권자들, 연합을 제안하는 보수 세력, 권력의 문을 열어주는
힌덴부르크 대통령이 필요했다. 이 중 누가 나치를 위해 행동해 줄지가
1932년의 문제가 된다.

# 5장

# 흔들리는 보수 정권

## : 집권 우파의
## 위기와 내분

그 기둥은 '리트파스 기둥'이라고 불린다. 19세기 중반 에른스트 리트파스Ernst Litfass라는 베를린 인쇄업자에게서 따온 이름이다. 진정한 프로이센 사람인 리트파스는 광고 전단까지 잘 정돈되게 하려고 했다. 아무 데나 막 붙이지 못하게 말이다. 리트파스 기둥은 크고 둥글어서 넓은 표면에 광고 포스터를 붙일 수 있다. 보통 때는 연극, 콘서트, 담배 같은 광고 포스터가 붙여졌다. 그러나 사회가 정치 중심으로 움직이는 1932년에는 정치 포스터가 많이 붙는다.

1932년에는 정치가 '대중적'이 되었지만, 아직 방송을 잘 이용하지는 않는다. 정치인들이 라디오 방송을 이용하기 시작했지만, 잘 활용하는 사람은 아직 거의 없다. 그들은 집회에서와는 달리 라디오 마이크 앞에서는 소리를 크게 지르지 말아야 한다는 사실을 배우지 못했다. 요제프 괴벨스는 나치의 메시지를 영화와 음반을 통해 퍼뜨리는 실험을 하고 있지만 이 방법들은 아직은 새롭다. 신문과 집회로는 이미 나치 지지자가 된 사람들을 만날 수 있다면, 대중에게 다가가기 위해서는 포스터가 필요하다. 1932년 초, 괴벨스는 히틀러에게 "우리의 전쟁은 주로 포스터와 연설로 치러질 것"[1]이라고 설명한다.

많은 포스터가 놀랍도록 비슷해 보인다. 웃옷을 입지 않고 주걱턱인 근육질 노동자가 손목에 묶인 쇠사슬을 끊는다. "인제 그만!"이라는 글도 적혀 있다. 요제프 괴벨스의 친구 한스 헤르베르트 슈바이처Hans Herbert

Schweitzer가 그린 수많은 나치 포스터 중 하나다. 또 다른 정치 포스터에서는 웃옷을 입지 않은 주걱턱 근육질 노동자가 칼을 들고 있다. 노동자는 그 칼로 "나치 독재"라고 표시된 머리 셋 달린 뱀을 벤다. 중앙당의 자매당인 바이에른인민당의 포스터다. 또 다른 정치 포스터에도 반쯤 벗은 근육질 노동자가 등장한다. 얼굴이 거의 보이지 않지만 분명 심한 고통을 느끼고 있다. 갈고리 십자가 모양으로 나치의 상징인 하켄크로이츠에 그리스도처럼 묶여 있다. 그리고 "하켄크로이츠 제국의 노동자"라는 글씨가 적혀 있다. 사회민주당의 포스터다. 자유주의 성향의 독일국가당<sub>독일민주당의 후신</sub>은 일부만 벗은 게 아니라 완전히 벗은 근육질 남자를 등장시켜 차별화했다. 독일인민당은 최소한 허리에 천은 둘렀다.

여성이 등장할 때는 옷을 모두 입고 있다. 얌전한 옷을 입고, 머리를 깔끔하게 뒤로 묶고, 꿈꾸는 듯 눈을 반짝이는 젊고 아름다운 여성이 오른팔을 올리고, 독일국가당과 함께 하는 "통합, 진보와 국가 공동체"의 미래를 바라본다. 새하얀 블라우스를 입고 단호해 보이는 두 여성 중 한 명은 미래를 생각하며 웃는다. 나머지 한 명은 침울한 표정으로 "우리 여성"은 민족사회주의당(나치)에 투표하고 있다고 말한다.

중앙당의 포스터는 피해망상을 불러일으킨다. 중앙당은 수십 년 동안 성탑을 상징으로 사용해왔다. 체스 놀이에서 말로 사용하는 룩 기물과 비슷한 모양이다. 가톨릭을 기반으로 한 중앙당은 신교도가 많은 독일 사회에서 자신들을 성탑처럼 여긴다. 정치 포스터에서 중앙당의 외로운 성탑은 공산당과 나치 깃발을 흔들면서 위협하는 여러 무리에 포위되어 있다. 성탑 벽에는 하인리히 브뤼닝이 "법과 질서의 마지막 방어벽"이라고 선언하는 커다란 글자가 새겨져 있다.

지도자가 등장하는 포스터도 있다. 공산당 포스터에서는 휘날리는 붉은 깃발 앞에 공산당 지도자 에른스트 텔만Ernst Thälmann 혼자 서 있다. 텔만은 생각에 잠긴 채 희미하게 웃으면서 "굶주림과 전쟁에 맞서 싸우자!"라고 호소한다. 텔만은 혁명의 밝은 미래를 보여준다. 훨씬 더 으스스한 나치 포스터도 있다. 굶주려서 수척한, 어두운 표정의 수많은 실업자를 목탄화로 보여준다. 메시지는 정말 직설적이다. "우리의 마지막 희망: 히틀러."

1932년에는 그렇게 생각하는 사람이 굶주린 실업자만이 아니었다.

## 지지를 잃은 브뤼닝 정부

쿠르트 폰 슐라이허 국방부 장관은 으레 그렇듯 냉소적인 유머로 요점을 말한다. "우리가 먹이를 주는 동안에만 나치 추종자들이 정부에 들어올 수 있게 할 거야."[2]

슐라이허는 군대를 동원하더라도 정부가 독일에서 가장 큰 정치집단과 영원히 싸울 수는 없다는 사실을 알았다. 독일의 군 지휘관들은 다른 무엇보다 내란을 두려워했다. 정부의 한 고위 관리는 1932년 말에 "그들은 그저 이 고난이 지나가기만 기도하고 바랄 수밖에 없었다"[3]라고 썼다. 독일 정부와 국제사회에서 영향력을 가진 인물인 슐라이허는 군대를 강화하기 위해 우파가 의회의 과반수를 차지하기를 원했다. 국가인민당 같은 전통적인 보수당들은 과반수 가까이 차지할 수가 없었다. 아마 나치라면 가능할 수도 있었다.

브뤼닝 총리 역시 정부에 확고한 지지 기반이 필요하다는 사실을 이해했다. 그러나 슐라이허와 다른 결론을 내렸다. 브뤼닝은 독실한 가톨릭 신자였고, 뿌리 깊은 보수주의자였다. 그는 "문화적인 면에서 나는 사회민주당과 거리가 멀었다"라고 회고록에 기록했다. 그렇지만 정치는 달랐다. "나도 슈트레제만이나 다른 많은 사람처럼 위급한 상황에서 무자비한 권력을 휘두르지 않고 조국을 구해야 할 때는 극우파보다 사회민주당에 훨씬 더 의존할 수 있다고 어쩔 수 없이 믿게 되었다"라고 말했다.[4]

브뤼닝은 사실 선거 후 몇 개월 동안 사회민주당에 의존했다. 그가 불황을 이기려고 활용하는 어떤 긴급명령이든 사실 국회의 과반수 투표로 뒤집힐 수 있었다. 하지만 사회민주당이 '관용'이라고 부르는 방침으로 브뤼닝 정부를 거듭거듭 지원했다. 브뤼닝의 정책으로 노동자 계급은 끔찍한 실업과 고통을 겪어야 했다. 그렇지만 사회민주당은 브뤼닝이 아무리 못마땅해도 히틀러보다는 낫다고 생각해서 지원했다. 브뤼닝이 물러나면 히틀러가 그 자리를 차지할 게 분명하고, 히틀러는 최악이 되리란 사실을 잘 알았다. 그렇더라도 '관용'은 고통스러운 방침이었다. 때문에 사회민주당 핵심 지지자 중 많은 수가 화가 나고 환멸을 느꼈다.

이상한 방식으로 브뤼닝 역시 상처를 입었다. 사회민주당에 암묵적으로 의존하는 브뤼닝의 전략에 슐라이허와 힌덴부르크는 점점 더 실망했다. 1931년, 슐라이허는 보수적인 총리가 점점 더 너무 좌파로 기울지도 모른다고 걱정하기 시작했다. 브뤼닝을 우파로 돌려놓고 싶었지만, 그게 뜻대로 되지 않으면 나치·국가인민당과 연립정부를 만들 수 있는 누군가로 총리를 바꾸고 싶었다.

빈틈없는 사람이라면 슐라이허의 구상이 얼마나 위험한지 알아차릴 수 있었다. 언론인 콘라트 하이덴은 1930년에 나치와 연립정부를 만든 튀링겐주의 정치인들에게 말했었다. 정치인들은 그렇게 연립정부를 만들어도 여기서 절대 나치 쿠데타가 일어날 수 없다고 하이덴에게 장담했다. 하이덴은 그들의 장담을 들으며 "불신은 정치적 미덕이다. 그러나 그러한 미덕은 흔치 않다"라는 말을 떠올렸다.[5]

슐라이허는 나치와 협력하는 게 얼마나 위험한지 완전히 파악하지 못했다. 유권자들이 왜 나치를 지지하는지 이해하지 못한 점이 한 가지 이유였다. 나치의 지지 기반은 불안정해서 정부 압력이나 지속적인 반대만으로도 흩어진다고 슐라이허는 생각했다. 또 대다수 나치 지지자가 사실 공산주의자이고, 나치가 해체되면 공산당을 지지할 것이라고 생각했다. 걱정되는 점은 공산당이 너무 강력해져 제어할 수 없게 되는 일이다. 많은 나치 당원이 공산주의에 공감한다는 사실을 '모스크바'가 오래전에 깨닫고, 그들을 은밀히 지원하고 있다고 슐라이허는 의심했다.[6]

또 다른 이유는 슐라이허가 히틀러를 완전히 과소평가했다는 점이다. 1939년 전에는 수많은 독일인과 세계 정치인들이 히틀러를 과소평가했다. 1931년 10월에 두 차례 만났지만, 슐라이허가 히틀러를 개인적으로 만나도 평가는 전혀 바뀌지 않았다. 첫 만남 후 슐라이허는 히틀러가 "연설가로서 뛰어난 재능을 가진 흥미로운 남자"라고만 개인적으로 기록했다. 슐라이허가 나치 지도자에 대해 유일하게 고민한 점은 그가 자신의 계획대로 움직일 것인지였다. "그렇다면 실제로 당선에 도움이 될 것이란 점을 보여줘 그를 유인해야 한다."[7]

1931년 여름이 되자 브뤼닝 총리는 몇몇 핵심 지지층에서 인기를 잃었다. 그중 하나가 대기업이었다. 유명한 기업가들은 바이마르 공화국의 산업 임금 중재 제도를 더 확실히 중단하고, '경제를 얽매는 사슬'을 없애고, 경제가 '영원히 유효한 경제 법칙'에 따라 자유롭게 작동하도록 보장하라고 그에게 촉구했다. 그렇게 하면 당연히 임금이 떨어지고, 또 당연히 브뤼닝과 사회민주당의 비공식적인 협력도 끝나게 된다.[8] 독일인민당과 관계를 맺고 있는 한 고위 경영자는 좌파와 오랫동안 협력하면 독일은 "피 흘리며 죽어갈 것"이라고 말했다. 재계는 다양한 정치 시나리오를 고려하고 있었다. 후겐베르크와 히틀러가 브뤼닝 정부와 협력하지 않으면 독재정부 혹은 나치와 국가인민당의 연립정부를 선택할 수도 있었다.[9]

브뤼닝의 정치적 생명에는 그가 좌파 정당에 의존하는 상황을 슐라이허와 힌덴부르크 모두 점점 더 골칫거리로 생각하는 점이 더 중요했다. 슐라이허는 이제 힘을 잃은 사회민주당조차 자신이 생각하는 계획에 방해가 된다는 사실을 점점 더 확실히 알게 된다. 힌덴부르크에게도 그만의 이유가 있었다.

언제나 그렇듯 평판을 유지하는 일이 독일 대통령 힌덴부르크의 가장 큰 관심사였다. 힌덴부르크는 공로를 인정받고(일찍이 1차 세계대전의 타넨베르크 전투부터), 실패의 책임을 다른 누군가에게 돌리는 데(1918년의 패배, 독일 황제의 퇴위, 휴전협정과 베르사유 조약의 서명) 명수였다. 1931년이 되자 힌덴부르크가 압박감을 느끼기 시작했다. 브뤼닝이 힌덴부르크의 긴급명령을 이용해 혹독한 디플레이션 정책을 펼쳤기 때문에 힌덴부르크도 그 결과에 함께 책임지지 않을 수 없었다. 그렇지만 재구성된 국회에서 우파 의원이 과반수를 차지하면서 긴급명령이 필요 없어져 그의 부담이 줄어들었다.

힌덴부르크는 또한 국민 통합을 간절히 원했다. 다만 그에게 국민 통합이란 다루기 힘든 정치적 우파, 특히 나치와 국가인민당이 자신과 협력하기 위해 뭉친다는 의미 이상이 아니었다. 힌덴부르크는 사회민주당과 협력할 마음이 전혀 없었다. 브뤼닝 총리의 계획이 자신이 경멸하는 정당을 묵인하는 조건으로 이뤄진다는 사실을 아는 게 싫었다. 힌덴부르크는 사회민주당을 그가 통합하고 싶은 나라의 정당한 일부로 여기지 않았다.[10]

또한 대규모 농업을 하는 사람들이 힌덴부르크를 압박하고 있었다. 1931년 7월, 가장 큰 농업 로비 집단인 전국농업연맹Reichslandbund은 힌덴부르크에게 보낸 편지에서 "국제 마르크스주의 세력과 완전히 관계를 끊을 것"을 요구했다. 힌덴부르크 자신이 프로이센의 귀족이자 지주였기 때문에 전국농업연맹 같은 집단은 그에게 강한 영향력을 끼쳤다.[11]

프로이센 주정부도 모든 사람의 정치적 계산에서 중요한 요인이었다. 프로이센은 독일 영토와 인구의 5분의 3을 차지했기 때문에 거의 제2의 독일 정부였다. 바이마르 공화국 거의 내내 사회민주당·독일민주당·중앙당의 안정된 연립정부가 프로이센을 다스렸다. 사회민주당의 오토 브라운이 주총리, 카를 제베링이 내무장관을 맡았다. 브라운과 제베링은 정파를 떠나 정치계 지도자 모두가 존경하는 능력 있고, 선견지명이 있는 정치인들이었다. 구스타프 슈트레제만 역시 그들에 대해 기꺼이 함께 일할 수 있는 "진정으로 정치가다운 인물"이라고 전형적인 관점으로 이야기했다.[12] 다만 그들 정부가 좌파 성향이어서 정치적 우파에게 프로이센은 골칫거리가 되었다.

1931년 가을, 힌덴부르크 대통령은 국가인민당이 브뤼닝 정부를 지지하도록 설득하면서 우파 통합을 향해 한 걸음 내딛으려고 알프레트 후겐베르크를 만났다. 후겐베르크는 자신이 브뤼닝 정부를 지지하는 대가로 프로이센 연립정부를 해산해야 한다고 명확히 요구했다. 브뤼닝 총리가 중앙당 대표이기 때문에 그렇게 할 수 있었다. 하지만 여기에는 1930년대 초 독일 정부와 프로이센 주정부 사이의 상호의존 문제가 복잡하게 얽혀 있다. 그간 브뤼닝이 사회민주당에게 지원받은 덕분에 힌덴부르크의 긴급명령이 국회에서 뒤집히지 않았고, 브뤼닝 정부 불신임 투표를 피할 수 있었다.

브뤼닝이 프로이센의 연립정부를 무너뜨리면 사회민주당이 국회에서 그를 총리 자리에서 끌어내리며 보복할 가능성이 컸다. 그래서 극우파인 국가인민당과 나치의 과반수 지지를 받는 일이 브뤼닝의 유일한 희망이 되었다. 이는 물론 힌덴부르크가 원하는 일이었지만, 브뤼닝은 원하지 않았다. 어쨌든 1931년에는 극우파가 브뤼닝을 지지하거나 서로 연합할 가능성이 전혀 없었다.

슐라이허에게는 폴란드와 맞닿고 프로이센 국경이기도 한 독일의 동쪽 국경을 지키는 게 주요 관심사였다. 군대와 경찰의 인력만으로는 국경을 지키기 어려워 슐라이허는 철모단이나 돌격대 같은 준군사조직들에 의존해야 했다. 9월에는 카를 제베링이 독일 국방부가 프로이센 내무부보다 우파 준군사조직 집단과 더 긴밀하게 협조한다고 불평했다. 프로이센 주정부가 가장 강력한 정적의 무장 조직에 국경 방어를 맡기지 않으려는 건 당연했다. 슐리이허는 프로이센주의 브라운-제베링 정부의 비협조적인 태도가 국가 안보의 위기가 되었다고 생각했다.[13]

1931년 9월, 슐라이허와 힌덴부르크 모두 브뤼닝에게 내각을 우파로 다시 구성하라고 말했다. 브뤼닝은 두 사람이 자신을 점점 더 신뢰하지 않고, 관계가 더 나빠질 수밖에 없다는 사실을 확실히 알았다. 브뤼닝은 힌덴부르크에게 히틀러를 만나보라고 제안했다. 힌덴부르크 대통령은 엄청나게 화를 냈다.

힌덴부르크는 히틀러의 정치적 견해 뿐만 아니라 군사 계급, 사회적 지위 그리고 아마도 출신까지 마음에 들지 않았다. 힌덴부르크는 브뤼닝에게 "그 오스트리아 졸병과 말 섞을 수는 없소"라고 말했다. 히틀러를 만나라는 건 힌덴부르크의 개인적 감정과 신념을 너무 많이 희생하라고 요구하는 일이었다. 브뤼닝은 힌덴부르크가 '그런 어조'로 이야기하는 걸 처음 들었다고 전했다.[14]

사실 대통령 주위에서는 모의가 활발하게 진행되고 있었다. 슐라이허뿐 아니라 대통령의 아들인 오스카어(똑똑하지는 않으면서 아버지에게 영향력을 미쳤기 때문에 정계의 냉소적인 인사들은 "헌법이 내다보지 못한 아들"이라고 불렀다)와 국무부 장관 오토 마이스너는 힌덴부르크가 브뤼닝과 대립하도록 유도하려고 노력했다. 그들은 또한 나치와 가까워지고 있었다. 오스카어 폰 힌덴부르크는 헤르만 괴링과 친구가 되었다. 그리고 힌덴부르크 측근 중 다른 한 명이 나치에 기밀을 누설했다.[15]

군대식 사고방식을 가진 브뤼닝은 자신을 힌덴부르크 대통령 부하로 여겼고, 어느 정도 대통령이 시키는 대로 했다. 자기 정부의 각료들을 우파로 바꾸고, 자신이 외무부 장관을 맡았다. 이전에 국가인민당 소속이었지만 후겐베르크의 극단주의에 반대해서 당을 떠났던 고트프리트 트레비라누스가 교통부 장관이 되었다. 이미 국방부 장관을 맡고 있던 빌헬름 그뢰너 장군이 내무부 장관을 겸했다. 그러나 나치는 물론이고, 후겐베르크와 국가인민당의 주요 인물들은 계속 브뤼닝 정부를 반대했다. 브뤼닝은 여전히 국회에서 사회민주당에 의존했고, 따라서 우파가 보기에 프로이센의 상황은 해결되지 않았다. 슐라이허와 힌덴부르크 대통령의 좌절감도 커졌다.[16]

브뤼닝의 엉뚱한 충성심은 자신에게 별로 도움이 되지 않았다. 아이러니하게도 그가 힌덴부르크 대통령의 재선을 위해 쉬지 않고 노력하는 바람에 총리 자리에서 빨리 물러나게 되었다.

# 1932년 대통령 선거

7년인 힌덴부르크 대통령의 임기는 1932년 봄에 끝날 예정이었다. 다음 임기에도 대통령이 되고 싶다면 그의 전설적인 위상 덕에 재선할 수 있었다. 만약 힌덴부르크가 대통령 선거에 다시 출마하지 않으면 히틀러가 당선할 가능성이 높았다.

힌덴부르크 자신은 대통령 선거에 다시 출마하기를 꺼렸다. 10월이면 85세가 되는 나이였다. 그는 민족주의자와 나치가 '1918년 사건', 즉 자신이 독일 황제를 망명시킨 일을 어떻게 이용할지 걱정되었다. 그는 "이번에는 상황이 더 안 좋을 겁니다"라고 브뤼닝에게 말했다.[17]

브뤼닝은 힌덴부르크 대통령을 도우려고 모든 정당 대표들의 동의를 받아 선거 없이 대통령 임기를 늘리려고 노력했다. 헌법을 개정하려면 국회에서 3분의 2 이상의 표를 얻어야 했다. 그러려면 나치와 국가인민당의 지지가 필요했다. 예상대로 히틀러와 후겐베르크는 거부했고, 브뤼닝은 히틀러에게 헌법 수호자로 행세할 기회만 준 셈이 되었다. 힌덴부르크 재선의 또 다른 걸림돌은 그 자신이 중도 좌파 후보로 출마하지 않으려 했다는 점이었다. 힌덴부르크는 우파의 지지를 받고 싶었고, 1차 투표에서 압도적으로 많은 표를 얻어 결선 투표를 거치지 않기를 원했다.[18] 하지만 힌덴부르크가 명예 대표를 맡은 철모단조차 그의 재선을 지지하지 않겠다고 밝혔다. 철모단보다 규모가 더 작은 우파 참전용사 단체인 키프호이저 연맹Kyffhäuserbund이 지지 의사를 밝힌 2월 중순이 되어서야 힌덴부르크는 마지못해 다시 출마하겠다고 했다.[19]

힌덴부르크와 맞선 주요 후보는 세 명이었다. 철모단 지도자 중 한 명인 테오도어 뒤스터베르크가 철모단과 국가인민당의 공동 후보가 되었다. 공산당은 그들의 대표인 에른스트 텔만을 내세웠다. 중도파와 중도좌파는 힌덴부르크를 지지할 것으로 예상되었다. 1932년 2월 22일, 요제프 괴벨스는 아돌프 히틀러가 나치를 대표해 출마한다고 발표했다. 그런데 히틀러가 아직 독일 시민이 아니라는 점이 문제였다. 나흘 후, 나치와 국가인민당의 연립정부가 다스리던 브라운슈바이크주가 히틀러를 베를린 주재 상담역으로 임명했다. 이로써 히틀러는 자동으로 독일 시민이 되어, 대통령 선거에 출마할 자격을 얻었다.[20] 히틀러를 허물없는 친구처럼 대했던 에른스트 한프슈탱글은 그 후 킬킬거리며 히틀러를 "정부 상담역 씨"라고 불렀다. 히틀러가 증오하는 바이마르 공화국에서 얻은 새 공식 직함을 가지고 놀리는 말이었다.[21]

힌덴부르크는 선거운동을 거의 하지 않았다. 1차 투표 사흘 전인 3월 10일에 라디오 연설 한 번밖에 하지 않았다. 충직한 브뤼닝 총리가 힌덴부르크 대통령 대신 전국 곳곳을 다니면서 집회에 참석하고 연설했다. 3월 13일, 힌덴부르크는 1차 투표에서 49.6%의 표를 얻어 아슬아슬한 차이로 단번에 당선되지 못했다. 히틀러가 30.1%의 득표율로 그 뒤를 쫓았고, 텔만은 13.2%, 뒤스터베르크는 6.8%를 얻었다.[22]

결선 투표를 위한 선거운동은 4월 4일부터 9일까지 닷새라는 짧은 기간 동안 마무리해야 했다. 부활절 기간에는 선거운동을 할 수 없어서였다. 뒤스터베르크는 사퇴했지만, 텔만은 사퇴하지 않았다. 어쨌든 분명 히틀러와 힌덴부르크가 대결한 선거였다. 히틀러는 젊고 현대적인 이미지를 강조하려고 "독일 위의 히틀러"라는 구호를 내건 비행기를 타고 다니며 선거운동을 했다. 그의 말은 다큐멘터리 영화와 음반으로 퍼져나갔다. 역사학자 하인리히 아우구스트 빙클러Heinrich August Winkler는 독일이 이제까지 경험하지 못한 "가장 현대적이고 기술적으로 완벽한" 선거운동이었

다고 기록했다.[23]

그러나 그런 선거운동이 당시에는 소용없었다. 힌덴부르크는 53%의 표를 얻었고, 히틀러는 36.8%를 얻었다. 텔만은 한참 뒤처져 3위를 했다. 브뤼닝은 그 선거가 자신의 총리 자리에 대한 국민투표이고, 투표를 통해 자신의 정당성을 입증했다고 생각했다. 브뤼닝이 힌덴부르크를 대신해 벌인 선거운동을 보면 그 말이 맞았다. 나치는 힌덴부르크와 대결하며 선거운동을 하면서 심각한 전략 문제에 부딪혔다. 나치가 끌어들이려고 노력하는 중산층 보수주의자들이 대부분 힌덴부르크를 존경한다는 현실을 극복해야 했다. 괴벨스는 힌덴부르크를 전혀 공격하지 않으면서 '부르주아-사회민주주의 제도'로 비난의 화살을 돌려 해결책을 찾았다. 늘 그렇듯 이 때도 나치는 '체제'를 바이마르 공화국의 민주주의를 의미하는 암호로 사용했다. 그렇지만 1932년 봄까지는 '체제'가 승리해 힌덴부르크가 재선했다.[24]

정확히 그러한 이유로 힌덴부르크는 당선이 되어도 전혀 만족하지 않았다. 1925년 선거와 비교할 때 힌덴부르크의 지지층은 완전히 바뀌었다. 투표 자료를 분석했더니, 1932년에 히틀러에게 표를 던진 유권자 중에는 1925년에 힌덴부르크에게 투표했던 유권자들이 많았다.[25] 힌덴부르크의 지지층은 이제 우파가 아니라 민주적인 중도파와 좌파가 되었다. 힌덴부르크가 두려워했던 바로 그 상황이었다. 오토 브라운 프로이센 주총리가 당선을 축하하자, 힌덴부르크는 자신의 지지자들과 동질감을 느끼지 않는다고 퉁명스럽게 대답했다.[26] 브뤼닝은 관례에 따라 힌덴부르크 대통령에게 내각이 총사퇴하겠다고 말했다. 그렇다고 대통령이 그 제안을 받아들일 것으로 생각하지는 않았다. 힌덴부르크는 곧 내각 총사퇴를 떠올릴지도 모른다고 투덜거렸다.[27]

힌덴부르크는 은혜를 모르는 어린아이처럼 선거 결과로 브뤼닝을 비난했다. 힌덴부르크는 조금이지만 선거운동을 해야 했고 두 차례나 선거를 치러야 했다며, 히틀러나 후겐베르크가 아니라 브뤼닝을 비난했다. 힌덴부르크의 불만은 계속 쌓였다. 실직자들을 동프로이센의 파산한 농촌 사유지에 정착시키는 방안이 불경기를 이겨내기 위한 브뤼닝의 구상 중 하나였다. 힌덴부르크가 동프로이센 노이데크의 할아버지 집에서 지냈던 어린 시절부터 알고 지내는 귀족 지주들은 그 구상을 정말 싫어했다. 힌덴부르크와 가까운 사람들은 브뤼닝 총리를 "농업 볼셰비키"라고 맹렬하게 비난했다.

한편 1932년 봄에는 아마도 정치적으로 가장 결정적인 역할을 했던, 돌격대 금지 문제도 있었다.

## 슐라이허와 나치의 협상

합리적이고 이성적인 사람이라면 독일의 크고 작은 도시에서 점점 더 심해지는 정치폭력은 대부분 나치 돌격대가 벌인다는 사실을 아무도 의심하지 않았다. 대통령 선거를 했던 1932년 3월과 4월에 돌격대는 비상대책반을 소집했고, 히틀러가 승리하면 폭동을 일으키려는 것 같았다. 그러니 돌격대를 금지하는 안은 정말 타당했다.

하지만 이는 나치, 특히 돌격대를 이용하려는 슐라이허의 바람, 그리고 그의 목적과 맞지 않았다. 슐라이허의 생각은 사건에 따라 오락가락했지만, 1932년 4월에는 돌격대를 금지하면 나치가 순교자처럼 보이게 되고, 다가오는 주의회 선거에 나쁜 영향을 줘서, 힌덴부르크의 평판이 나빠질 것으로 예상했다. 슐라이허는 돌격대를 비폭력적으로 개조하라고 히틀러에게 마지막으로 경고하고, 히틀러가 말을 듣지 않으면 금지하고 싶었다. 그러나 브뤼닝과 빌헬름 그뢰너는 곧장 금지하고 싶어 했다. 힌덴부르크는 돌격대를 금지하면 자신과 우파 사이가 더 멀어져서 자신의 중요한 정치적 목표 중 하나를 포기해야 할 것 같아 두려워했다. 브뤼닝과 그뢰너는 힌덴부르크가 돌격대 금지에 동의하지 않으면 사직하겠다고 위협했고, 힌덴부르크 대통령은 마지못해 동의했다.[28]

슐라이허는 충격을 받았다. 처음으로 겪은 중대한 정치적 패배였고, 절대 일어날 수 없겠다고 생각했던 일이었다. 슐라이허가 이 문제로 "거의 신경쇠약"에 가까운 상태가 되었다고 그뢰너는 친구에게 말했다. 슐라이허는 이제 복수에 나섰다.[29]

슐라이허가 느끼는 스트레스는 5월 2일 저녁에 브뤼닝과 개인적으로 만날 때 적나라하게 드러났다. 브뤼닝은 특유의 침착하고, 합리적이고, 무신경한 태도로 슐라이허가 계속 뒤에서 조종할 수만은 없다고 설득하려고 했다. 슐라이허가 용기를 갖고 앞으로 나서서 총리가 되어야 한다고 말했다. 그리고 슐라이허가 힌덴부르크에 영향력을 발휘해서 브뤼닝이 몇 달 더 총리 자리를 지킨다면 그렇게 될 수 있다고 제안했다. 슐라이허가 자신과의 대화를 이성적으로 받아들이면서도 분노에 가까운 감정을 느낀다는 사실을 브뤼닝은 알아차렸다. 브뤼닝보다 인간관계에 능숙한 사람이라면 누구든 예측할 수 있는 결과였다. 슐라이허가 간 질환을 앓는다는 사실을 알던 브뤼닝은 "앉아 있는 슐라이허 장군의 얼굴은 잿빛과 누런색을 오갔고, 피곤하고 거의 아파 보였다. 몇 분 후 그는 흥분해서 나를 쏘아보았다. 누구든 그를 아는 사람이라면, 몇 년 동안 그 얼굴의 특징을 보아온 사람이라면 '이제 끝났다'라는 사실을 알아차렸을 것이다"라고 회고했다.[30]

슐라이허는 자신의 군대 연줄과 대통령에 대한 영향력을 이용해 돌격대 금지를 무효화하고 빌헬름 그뢰너를 끌어내리려고 했다. 늘 그러듯 이번에도 뒤에서 조종했다. 슐라이허는 각 지역의 군사령관을 모두 불러 돌격대 금지와 그뢰너에 대해 힌덴부르크 대통령에게 불평하라고 요청했다. 그리고 육군 최고사령관 쿠르트 폰 하머슈타인-에쿠오르트Kurt von Hammerstein-Equord가 힌덴부르크 대통령에게 '흑적금 국기단'에 관한 서류철을 전달하게 했다. 국기단은 사회민주당 그리고 다른 민주적인 정당들과 관련된 준군사조직이었다. 국기단이 여러 면에서 정치폭력에 책임이 있다는 게 그 자료의 핵심이었다. 돌격대가 받는 비난을 국기단도 받아야 한다면 왜 돌격대만 금지하는가? 사실 그 '서류철'에는 우파 신문에서 오려낸 기사들과 국기단 훈련 교범에 관한 격렬한 논평밖에 들어 있지 않았다. 별로 결정적인 정보는 없었다. 그뢰너가 오래전에 이미 별것 아니라고 판단한 내용이었다. 그런데도 슐라이허 의도대로 되었다. 짜증이 난 힌덴부르크는 국기단에 대해 조사하라고 했다.[31]

돌격대 금지 문제에 화가 난 슐라이허는 더 위험하고 정치적으로 치명적인 단계를 밟았다. 나치에 대한 마지막 의구심을 버리고 히틀러와 협상하기 시작했다.

나치는 슐라이허와 협상하기를 열렬히 원했다. 실제 권력을 누가 가졌는지 알았기 때문이었다. 나치 운동가로 활동하다가 히틀러 밑에서 내무부 장관을 맡았던 빌헬름 프리크는 1932년에 슐라이허의 전기 작가 루돌프 피셔Rudolf Fischer에게 "그(슐라이허)의 뒤에 최소한 10만 명은 있다"라고 직설적으로 말했다. 군대를 가리키는 말이었다.[32] 또 슐라이허가 힌덴부르크에게 얼마나 영향력이 있는지 모두가 알았다. 비어홀 폭동이 실패한 후 히틀러는 힌덴부르크와 군대에 절대 맞서지 않고 손을 잡아야만 나치가 권력을 잡을 수 있다는 사실을 배웠다. 슐라이허와 나치는 함께 모의하기 시작했다. 그들 모두 원하는 일들이 있었다. 돌격대 금지를 무효로 만들고, 브뤼닝과 그뢰너, 프로이센의 브라운-제베링 정부를 무너뜨리는 일이었다.[33]

슐라이허가 상처 입은 감정과 브뤼닝과 그뢰너에게 복수하려는 욕망 때문에 어떻게 그렇게 나치와 합의를 할 수 있었는지 이해하기는 어렵지 않다. 또한 실질적인 우파 정부를 세우려는 좀 더 장기적인 전략과도 들어맞는 합의였다. 그들의 합의가 독일 민주주의에는 재앙이 되었다. 그리고 이후 두 달 동안 모든 게 그들의 합의대로 진행됐다.

## "이로써 체제가 무너졌다"

1932년 4월 말, 브뤼닝과 그뢰너는 "날씨가 눈부신 날에 차를 타고 라인강을 따라" 달리면서 보통 때보다 더 길고 사적인 대화를 나누는 시간을 가졌다. 달리는 시간이 길어지면서 브뤼닝의 마지막 기대는 하나씩 무너졌다. 그뢰너는 슐라이허가 자신에 대해 음모를 꾸미고 있다는 사실을 알고 있었다. 그래서 심한 충격을 받았다. 그뢰너는 슐라이허를 어떻게 만났는지, 그가 경력을 쌓도록 어떻게 도왔는지 이야기하면서 "슐라이허를 아들처럼 좋아했다"라고 말했다.[34]

브뤼닝은 그뢰너에게 전쟁 때 최고사령부에서 일한 경험을 이야기해달라고 했다. 그뢰너는 힌덴부르크에 관해 이야기했다. 1919년 여름부터 힌덴부르크의 인격에 '심한 의구심'을 가졌다고 그뢰너는 말했다. 군대가 계속 독일을 지킬 수 있다고 힌덴부르크가 약속하면 프리드리히 에베르트 정부는 베르사유 조약에 서명하지 않으려고 했다. 힌덴부르크는 그뢰너에게 "당신이나 나나 알다시피" 군대에는 저항할 힘이 없다고 말했다. 그렇지만 그러한 충고를 에베르트에게 전하는 일은 그뢰너에게 떠넘겨, 힌덴부르크는 책임을 피할 수 있었다. 그다음 힌덴부르크는 아무런 보상도 하지 않으면서 그뢰너가 14년 동안 무방비로 대중의 비난을 받도록 내버려 두었다. 그뢰너와 대화를 나눈 후 브뤼닝은 "힌덴부르크 같은 인격에서 나온 정책은 다시 한번 실패할 수밖에 없을 것"이라는 사실을 깨달았다.[35]

브뤼닝과 그뢰너가 차를 타고 라인강 강변을 달릴 때 슐라이허는 브뤼닝 정부를 무너뜨리기 위한 작업을 하고 있었다.

슐라이허는 4월과 5월 내내 적극적으로 음모를 꾸미면서 한편으로는 히틀러, 괴벨스, 헤르만 괴링, 그레고어 슈트라서 그리고 베를린 돌격대 대장인 볼프-하인리히 폰 헬도르프Wolf-Heinrich von Helldorff 백작과 손을 잡았다. 그리고 다른 한편으로는 결국 오토 마이스너와 오스카어 폰 힌덴부르크와 손을 잡았다. 공모자들은 모두 브뤼닝과 그뢰너 정부를 바꾸는 게 중요하다고 생각했고, 교체될 내각의 인사와 정책까지 의논했다. 또한 프로이센의 브라운-제베링 정부도 무너뜨리고 싶어 했다. 4월 24일의 주의회 선거에서 나치가 36.3%의 득표율을 차지하는 바람에 과반수를 잃은 후 프로이센 주정부는 '임시' 정부로 절뚝거리고 있었다.[36]

슐라이허와 나치의 협상은 양쪽이 느끼는 압박감을 보여줬다. 슐라이허 입장에서는 정부를 뒷받침할 우파 지지층을 확보하면서 브뤼닝의 중도 좌파 성향에서 벗어나는 게 절박했다. 돌격대 금지로 심하게 뒤통수를 맞은 후 더욱더 그랬다. 정치적 전략에 있어서 언제나 현실주의자인 괴벨스는 나치의 선거 추진력이 약해질 수 있어서 빨리 선거의 결실을 확보해야 한다는 사실을 깨달았다. 괴벨스는 4월 27일에 "우리는 어려운 결정을 해야 한다"라고 썼다. 연립정부를 만들어 최소한 권력의 일부라도 차지할 수 있는 길은 오직 중앙당과 손을 잡는 것이었다. 중앙당과 손잡는 건 불쾌했다. 그렇더라도 "우리는 권력을 잡아야 한다"라고 괴벨스는 썼다. 그렇지 않으면 나치는 그저 다음 선거에서 자멸할 수도 있었다.[37]

4월 28일, 히틀러와 슐라이허가 직접 만났다. 나치에 반대하지만, 돌격대 금지의 무효화와 그뢰너가 물러나기를 바라는 하머슈타인-에쿠오르트도 놀랍게도 함께 만났다. 그 자리에 있던 베를린 돌격대의 헬도르프 백작은 그날 밤 괴벨스에게 전화해 회의가 잘 진행되었고, 무슨 일을 해야 할지에 모두 동의했다고 전했다.[38] 괴벨스는 5월 9일 일기에 "노인(힌덴부르크)이 신임을 철회해서 브뤼닝은 이번 주에라도 물러나게 될 것"이라고 썼다.[39]

5월 9일은 4일 동안 열리는 국회 회의가 시작되는 날이기도 했다. 이 회의에서 돌격대 금지에 관한 논쟁이 벌어지고, 몹시 화가 난 나치가 그뢰너를 공격하고, 나치·국가인민당·독일공산당이 브뤼닝 정부에 대한 불신임안을 발의했다. 슐라이허는 그뢰너에 대한 치명적인 정보를 괴링에게 몰래 건넸다. 병을 앓던 그뢰너는 자신을 제대로 변호하지 못했고, 그에게 호의적인 사람들조차 이를 지켜보면서 그뢰너의 정치 생명이 끝날 것으로 생각했다. 그러나 브뤼닝은 연설을 잘했고, 불신임안은 통과되지 않았다.[40] 그 후 슐라이허는 국방부 장관이 군 지휘관들의 신뢰를 잃었다고 주장하면서 그뢰너에게 사임하라고 압력을 넣었다.[41]

괴벨스는 5월 12일 일기에 실러의 희곡 《피에스코의 모반》에 나오는 구절에 빗대어 "망토가 떨어지자 공작도 떨어졌다"라고 썼다.[42]

브뤼닝은 공작이었다. 그리고 5월 24일, 괴벨스는 힌덴부르크가 다가오는 주말에 총리를 해임한다는 사실을 알았다.[43]

다음 일요일인 5월 29일, 브뤼닝은 힌덴부르크와 마지막 면담을 하러 갔다. 브뤼닝은 대기실에 슐라이허의 코트와 모자가 놓여있는 걸 알아차렸다. 힌덴부르크는 안경을 끼고, 책상에서 서류를 꺼내서 소리 내어 읽었다. 브뤼닝 정부에 더는 긴급명령이나 인사이동을 허용하지 않겠다는 말이었다.[44]

"대통령님, 방금 읽어주신 문장을 제가 제대로 이해했다면, 내각 총사퇴를 원하신다는 말씀이신가요?"

"맞아요. 국민에게 인기가 없으니 정부를 바꿔야 합니다"라고 힌덴부르크는 말했다. 대통령 선거 결과 그리고 최근의 불신임안 부결이 브뤼닝과 브뤼닝 정부가 국민에게 인기 있다는 사실을 보여줬지만, 힌덴부르크는 아랑곳하지 않았다. 그저 내각이 가능한 한 빨리 사퇴하기만 바랐다. 힌덴부르크는 브뤼닝에게 "양심상 당신과 관계를 정리해야 합니다"라고 말했다. 그러면서도 브뤼닝이 외무부 장관은 계속 맡기를 바랐다. 브뤼닝은 "대통령님, 제게도 양심이 있습니다"라고 차갑게 대답했다. 그리고 더는 공직을 맡지 않겠다고 했다.

5월 31일 화요일, 괴벨스는 일기에 "어제 폭탄이 터졌다. 브뤼닝이 정오에 노인에게 내각 전체의 사표를 제출했다"라고 기록했다. 또한 "이로써 체제가 무너졌다"라는 말을 덧붙였다.[45]

## 파펜 정부의 쿠데타

프란츠 폰 파펜은 브뤼닝에 이어서 바이마르 공화국의 총리가 될 만한 적임자는 아니었다.

파펜은 1879년, 베스트팔렌주 귀족 가문에서 태어났다. 아버지는 빌헬름 2세 황제의 친구로, 프로이센-프랑스 전쟁에 참전했다. 그리고 힌덴부르크처럼 1871년, 베르사유에서 독일제국을 선포하는 자리에 참석한 사람이었다. 파펜은 맏아들이 아니어서 아버지의 토지를 물려받지 못했고, 직업을 찾아야 했다. 그는 군대를 선택했다. 육군 사관학교에서 교육을 받고 1898년, 기병연대 소위로 임관했다. 파펜은 말을 정말 잘 타서 경주에서 여러 번 우승했고, '신사 기수'라는 별명이 오랫동안 따라다녔다. 훗날 정적들이 그를 공격할 때 이용하는 별명이기도 했다. 나중에 작전 참모로 복무하기 위해 훈련받을 때 함께 공부한 동료 중 한 명이 쿠르트 폰 슐라이허였다.[46]

1914년 1월, 파펜은 워싱턴 주재 독일 대사관 소속 무관으로 파견되었다. 그곳에서 해군 차관보였던 젊은 프랭클린 루스벨트와 떠오르는 육군 장교 더글러스 맥아더 등 많은 사람을 사귀었다. 그해 여름에 전쟁이 터지자 파펜은 뉴욕의 한 기지에서 정보 수집과 방해 작전을 지휘했다. 캐나다 병사들의 유럽 파병을 막고, 아일랜드계 미국인과 독일계 미국인 노동자들이 군수 산업에서 빠져나오도록 하고, 필수품을 사들여 미국이 연합군을 위해 무기를 제조하는 일을 방해하려고 노력했다. 1915년 말에 미국 정보요원들이 지하철을 타고 가던 파펜의 부하들에게서 서류를 훔치면서 이 작전은 끝이 났다. 서류들은 언론에 알려졌고, 파펜은 그해 말에 기피 인물로 지정되었다. 파펜은 독일 귀국행에서의 안전 통행 보장이 자신의 짐에까지 적용되리라 오판했지만 그렇지 않았다. 1930년대 초가 되면 모든 독일인이 알게 될 그의 무능함이 드러나는 순간이었다. 미국에서 활동하는 독일 요원들의 이름이 드러난 많은 기밀문서가 영국 정보기관의 손에 넘어갔다. 영국은 그 문서들을 선별해서 공개했고, 파펜은 원하지 않는 방식으로 세계적인 유명 인사가 되었다.[47]

파펜은 독일 황제의 군대에서 잘 싸워서 명예를 회복했다. 1917년, 그는 터키에 있는 독일 부대에 참모장교로 파견되었다. 그곳에서 무스타파 케말을 만났고, 오스만 군대에서 소장 계급을 받았다.[48] 전쟁이 끝나자 터키 주둔 독일 사령관 리만 폰 잔더스Liman von Sanders는 독일에서의 상황 전개에 따라 독일 병사들이 혁명군 평의회를 만들도록 허락했다. 파펜은 혁명군 평의회 그리고 폰 잔더스의 명령에 반발했다. 파펜이 독일에 돌아와 육군 원수 힌덴부르크에게 보고하자 힌덴부르크는 그의 행동을 인정하면서 파펜이 군기 위반으로 기소되지 않게 하였다.[49]

파펜은 군대를 떠나 정치계에 들어갔다. 독실한 가톨릭 신자인 파펜은 중앙당에 들어갔고, 1921년에 프로이센 주의회 의원으로 선출되었다. 이념적으로는 국가인민당이 더 잘 맞았지만, 그는 국가인민당이 너무 신교도 색채가 강하다고 생각했다. 독일 정치에서 종교가 얼마나 중요한지 보여주는 또 다른 증거였다. 파펜은 첫 의원 임기 중 연설을 많이 했고, 이후 10년 동안 때때로 여러 고위직 후보로 이름이 오르내렸다. 중앙당의 주요 기관지인 《게르마니아Germania》의 대주주가 되었지만, 파펜은 점점 더 자신의 당에서 고립되었다. 당의 규율을 자주 어겼고, 1925년 대통령 선거 때에는 중앙당의 빌헬름 마르크스와 대결하는 힌덴부르크를 지지하기까지 했다. 이로써 파펜은 다시 한번 힌덴부르크의 신뢰를 얻었다. 하지만 1932년까지 파펜은 대중적으로 유명한 인물이라기보다 그저 연줄이 좋은 사람일 뿐이었다.[50]

파펜은 어느 모로 보나 귀족이었다. 온화하고, 세련되고, 항상 우아한 옷차림이었다. 분위기가 세속적인 데다 가볍고 재미있는 이야기를 잘하기로 유명했다. 프랑스어도 능통했다. 어느 면에서든 카리스마가 없고 진지한 브뤼닝과는 정반대였다.

아무도 파펜을 정말 똑똑하다고 여기지는 않았다. 경제 전문가였던 브뤼닝 총리나 외교 전문가였던 슈트레제만과 달리 정책 전문가로서의 명성이 전혀 없었다. 파펜 자신도 "내 지식의 한계를 잘 안다"[51]라고 기록했다. 아주 심술궂은 프랑스 대사 앙드레 프랑수아-퐁세는 파펜이 "친구도 적도 자신을 진지하게 받아들이지 않는다면서 그러한 점을 즐겼다"[52]라고 썼다.

그런데도 힌덴부르크 대통령은 1932년 6월 1일, 하인리히 브뤼닝을 대신해 파펜을 총리로 임명했다. 1930년에 뮐러에서 브뤼닝으로 총리를 바꿀 때처럼, 슐라이허는 아마도 몇 달 전부터 브뤼닝 대신 파펜을 총리로 만들겠다고 마음먹고 있었을 것이다. 하지만 파펜은 5월 26일, 자를란트에서 베를린으로 오라는 슐라이허의 전화를 받기 전까지는 그 계획을 전혀 몰랐다고 주장했다. 슐라이허가 얼마나 미리 준비해 두었는지에 관한 파펜의 설명이 더 그럴듯하다. 슐라이허는 파펜의 장관들을 골라놓았다면서 "당신도 틀림없이 좋아할 겁니다"라고 말했다. 그리고 파펜과 힌덴부르크가 언제 만날지 의논했다. 슐라이허는 돌격대 금지를 무효화하기로 나치와 협상했다고 파펜에게 말했다. 그 대가로 나치가 파펜 정부를 지지하기로 약속했다고 슐라이허는 말했다.[53]

슐라이허는 총리로서 파펜의 자질이 부족하다고 해서 걱정하지 않았다. 사실은 그게 핵심이었다. 슐라이허는 파펜을 자신의 꼭두각시로 만들 생각이었다. 슐라이허는 새 내각에서 자신이 국방부 장관 자리를 차지하려고 준비했고, 그 내각에서 자신이 실권을 쥐려고 생각했다. 친구가 슐라이허에게 "파펜은 머리 역할을 할 수 없어!"라고 불평하자 슐라이허는 "파펜이 그럴 필요는 없지. 그 사람은 모자일 뿐이야"라고 대답했다.[54]

파펜 내각은 민주적인 합법성과 법치에서 완전히 멀어졌다. 파펜 내각은 브뤼닝 내각보다 훨씬 더 우파였고, 사회적으로 높은 계층의 사람들이 모였다. 중산층 출신 단 세 명에, 귀족 일곱 명이 모여 있어 금방 '남작님 내각'이라는 별명을 얻었다. 1918년 이전에는 내각이 그렇게 구성되어도 아무도 뭐라고 하지 않았다. 그러나 1932년에는 문화가 바뀌었고, 독일인 들은 조금 더 다양한 계층으로 구성된 정부를 기대했다. 슐라이허가 나치 와 했던 거래의 조건에 따라 돌격대 금지는 풀렸고, 7월 31일에 국회의원 선거를 하기로 했다. 정치폭력이 엄청나게 심각해질 것으로 예상되었고, 예상이 맞았다. 그리고 파펜은 권위주의적으로 대응했다.[55] 8월, 그는 두 가지 긴급명령을 이용해 정치폭력을 다루는 '특별법원'을 설치하고, 재 판 과정에서 피고인의 권리 대부분을 빼앗았다. 그리고 살인으로 유죄 판 결을 받으면 사형선고를 내리게 했다. 한 베를린 검사는 특별법원이 "국 가에 적대적인 요소를 없애야 한다"라고 설명했다. 나치가 하는 주장처 럼 말이다.[56]

브뤼닝은 긴급명령을 이용해서 나라를 다스리는 대통령 내각의 총리였 다. 의회민주주의에서 한 발 물러나 있었다. 그러나 사실상 의회 과반수 의 지지를 끝까지 받았다. 브뤼닝 내각은 이론보다 실제에서 더 민주적이 었다. 바로 그 때문에 힌덴부르크와 슐라이허는 브뤼닝 내각을 무너뜨리 고 싶었다. 파펜 내각은 완전히 달랐다. 브뤼닝은 의회의 교착 상태에 대 처하기 위해 긴급명령에 의존했지만, 파펜과 슐라이허는 의회 정치를 완 전히 끝내기 위해 긴급명령을 이용했다.[57] 예리한 관찰력을 가진 일기 작 가 하리 케슬러 백작은 금방 핵심을 꿰뚫어 보았다. 브뤼닝이 물러나면서 그저 "당장 의회민주주의가 멈췄을" 뿐 아니라 "근본적으로 세계의 위 기가 높아지기도" 했다고 보았다. "아마 제3제국이란 축복을 기대해서인 지" 베를린 증권거래소의 주가가 급등했다고 케슬러 백작은 냉소적으로

기록했다.[58]

사회민주당은 브뤼닝 때와는 달리 파펜을 받아들이지 않으려고 했다. 중앙당은 파펜이 브뤼닝을 배신했다고 격분했다. 새 정부는 극우파, 민족주의자와 나치에 의존해야 했다. 물론 그것이 원래 계획이었다. 우파 정당을 모아 새로 과반수를 만드는 게 슐라이허의 전략이었다. 슐라이허는 파펜이 진지함이 부족해도 상관하지 않았듯이 나치가 다가오는 선거에서 엄청나게 많은 표를 얻을 조짐이 보여도 신경 쓰지 않았다. 역시 모두 계획했던 일이었다. 물론 나치가 신의를 잘 지켜야 이뤄지는 계획이었다. 콘라트 하이덴이 말했듯, 불신이라는 정치적인 미덕은 흔치 않았다.

그런데 민주주의를 무너뜨릴 또 다른 일도 시작되고 있었다. 슐라이허는 프로이센의 민주 정부를 무너뜨릴 쿠데타를 오랫동안 계획하고 있었다. 이 역시 나치와 협상한 부분이었다. 쿠데타의 앞잡이 노릇을 하는 게 슐라이허가 생각하는 파펜의 역할 중 하나였다.

슐라이허는 자신의 생각을 잘 숨겼지만, 나치에 대한 그의 전략이 다시 한번 드러났다. 나치를 이용하면서 동시에 억누르는 전략이었다. 슐라이허는 나치가 프로이센을 통치하는 권력을 가지면 만족할 수 있을 줄 알았다. 그렇지만 나치가 5만 명에 이르는 경찰의 힘을 빌리지 않고 프로이센을 장악하는 게 전략의 핵심이었다. 경찰은 독일에서 중요한 권력 수단이었다. 슐라이허는 나치가 프로이센을 차지하면 중앙정부가 경찰을 통제하게 하고 싶었다.

슐라이허는 쿠데타를 주도면밀하게 준비했다. 그는 프로이센 내무부에서 일하는 루돌프 딜스라는 젊은 공무원의 도움을 받았다. 잘생기고 무척 똑똑해서 여자들에게 인기가 많은 남자였다. 프로이센 관리들은 딜스를 자유주의자로 생각해, 민주 세력을 강화하려고 그를 내무부로 데리고 왔다. 그러나 딜스는 거의 자기 자리에만 관심을 가졌고, 날카로운 정치 직감으로 이제 민족주의 우파에 운명을 맡겨야 할 때라고 판단했다. 그는 슐라이허와 파펜 그리고 1932년 여름에는 나치와 함께 모의하기 시작했다. 딜스는 프로이센 주정부와 공산당 사이 이른바 불법적인 관계에 대한 '정보'를 파헤치는 결정적인 과제를 맡았다. 힌덴부르크에게 건넬 정보였다. 힌덴부르크 대통령은 헌법재판소에서 반역죄로 다룰 만한 증거를 보여줘야만 프로이센 주정부에 대해 조처하겠다고 우겼다.[59]

늘 그랬듯, 딜스는 교묘한 방법으로 증거를 얻어냈다. 자신의 상관이자 프로이센 내무부의 경찰 부서 책임자인 빌헬름 아베크Wilhelm Abegg는 공산당 정치인 두 명과 몰래 만나기로 했다. 국가에 대항해 음모를 꾸미려는 게 아니라, 폭력을 자제해 달라고 설득하기 위해서였다. 딜스는 그 모임에 참석하겠다고 자원하면서 아베크에게 호의적으로 지켜보겠다고 약속했다. 그 후 딜스는 파펜에게 그 모임에 대해 왜곡해서 설명했다. 아베크가 음모를 꾸미면서 반역이라도 하려고 했다는 듯 거짓말을 했다.[60]

슐라이허는 금지했던 돌격대의 활동을 허락하면 정치폭력이 늘고, 그래서 프로이센 주정부가 비난을 받을 수도 있다고 냉정히 계산했다. 7월 17일, 함부르크 근교의 알토나에서 나치와 공산당 사이 폭력 사태가 벌어졌다. 15명이 사망하고, 600명이 넘는 사람들이 부상을 당했다. 그 사건은 '알토나의 피의 일요일Altonaer Blutsonntag'로 불리게 되었다. 알토나는 자치권이 있는 도시주인 함부르크에 속해 있었지만, 프로이센에 속한 슐레스비히-홀슈타인과의 경계에 있어 프로이센 주정부도 알토나의 질서를 유지해야 할 책임이 있었다.

7월 20일, 파펜은 나치와 빈틈없이 의논하고 계획한 후 행동에 나섰다. 파펜은 헌법 48조의 비상대권을 바탕으로 힌덴부르크 대통령이 서명한 긴급명령을 통해 프로이센의 브라운-제베링 주정부를 몰아냈다. 그리고 그 자신이 프로이센 주정부의 수장이 되었다. 경찰을 통제해 가장 중요한 프로이센 내무부 장관으로 프란츠 브라흐트Franz Bracht가 새로 임명되었다. 중앙당 당원으로 에센 시장을 지낸 인물이었다. 괴벨스는 그가 임명될 줄 미리 알았다.[61]

파펜 정부는 쿠데타를 할 수밖에 없는 이유를 여러 가지로 다르게 설명했다. 문서로 된 공식 성명에서는 프로이센 주정부가 통제하지 못할 것 같은 정치폭력을 강조했다. 그다음으로 프로이센 고위 관리들이 공산주의와 싸울 "정신적 독립성"을 잃었다고 지적하면서, 카를 제베링이 독일 정부를 "제멋대로 심하게 공격했다"라고 불평했다.[62] 그러나 7월 20일 저녁, 라디오를 통해 국민에게 연설할 때는 다르게 말했다. 파펜은 "프로이센주의 고위 관리들이 공산당 지도자들과 손잡고 그들의 불법 테러 활동 계획을 감춰주면 … 국가의 권위가 위에서부터 무너져 내려 국가 안보를 지킬 수 없다"라는 점을 강조했다. 파펜은 공산주의를 반복해서 들먹였지만, 극우의 위험에 대해서는 전혀 말하지 않았다.[63]

'파펜 쿠데타프로이센 쿠데타'로 알려진 이 사건은 독일 민주주의의 사망 선고와 같았다. 거칠게 말하자면, 미국 대통령이 뉴욕과 캘리포니아 주지사를 해임하고 스스로 그 직무를 맡는 셈이었다. 브라운-제베링 정부는 독일의 마지막 주요 민주 정부였다. 이 정부가 해체되면서 독재국가로 나가는 마지막 장애물이 사라졌다.

여러 해에 걸친 정치 싸움에 기진맥진한 프로이센 장관들은 거의 맞서 싸우지 않았다. 대규모 시위조차 없었다. 대신 브라운-제베링 주정부는 파펜을 상대로 법정 소송을 벌여 가을에 일부 승소했다. 하지만 그때에는 별 소용이 없었다.

젊은 루돌프 딜스는 계속 출세했다. 파펜 쿠데타 후 1년도 지나지 않아 나치는 그를 프로이센 비밀경찰의 책임자로 임명했다. 게슈타포로 성장한 조직이었다.

## 갈림길에 선 집권 우파

1932년 7월 31일, 나치는 선거에서 이제까지 중 가장 놀라운 승리를 거뒀다. 38.3% 득표율로 국회에서 230석을 차지했다. 큰 차이로 이제 독일의 최대 정당이 되었다. 두 번째로 큰 정당인 사회민주당은 21.5% 득표율에 133석으로 한참 뒤처졌다. 완전 자유선거에서 나치가 그렇게 높은 득표율을 기록한 일은 이후에도 없었다. 1931년 이후 경제 상황이 너무 나빠졌고, 외국 세력들에 휘둘리는 상황에 대한 독일 국민의 분노가 점점 더 치솟고 있는 데다, 종교로 분열된 독일의 독특한 정치 구조 때문에 이러한 결과가 놀랍지 않았다. 슐레스비히-홀슈타인 같은 신교도 농촌 지역이 또다시 나치를 가장 강력하게 지지했다.

선거일 밤, 독일 북부와 동부를 휩쓴 나치 돌격대의 폭력이 개시되었다. 폭력은 쾨니히스베르크에서 사회민주당 본부와 어느 진보적인 신문사에 10여 차례 방화를 저지르면서 여섯 명을 살인하고, 지방 관리나 공산당 정치인을 살해하려고 하면서 시작되었다. 그 후 며칠 동안 돌격대의 폭력은 동프로이센과 슐레지엔까지 퍼졌다.[64] 8월 9일과 10일 밤, 슐레지엔의 포템파 마을에서 가장 심했다. 한 무리의 돌격대원이 한밤중에 콘라트 피에추흐라는 35세 폴란드인 노동자와 그의 남동생 알폰스, 어머니 마리아가 함께 사는 집에 침입했다. 돌격대원들은 콘라트를 그의 어머니 앞에서 야만적으로 구타한 후 총으로 쏘아 죽였다. 그들은 남동생도 구타해 의식

을 잃게 했다.[65]

돌격대원들은 그렇게 범죄를 저지르면서도 정치적 이유로 사람을 죽이면 즉각 재판을 열어 사형을 선고한다는 매우 엄격한 파펜의 행정명령이 방금 실시되었다는 사실을 아마 몰랐던 것 같다.[66] 8월 11일, 나치 돌격대원 중 아홉 명이 피에추흐를 살해한 혐의로 체포되었다. 그리고 8월 22일, 새로 구성된 보이텐Beuthen시의 특별법원에서 그들 중 다섯 명이 사형선고를 받았다.[67]

나치 지도자들은 이 선고(분명 범죄가 드러나지 않은 게 아니지만)에 앙심을 품었다. 그들은 파펜 정부를 비난했다. 히틀러는 사형선고를 받은 다섯 명에게 전보를 보내면서 그 선고를 "가장 터무니없는 피의 판결"이라고 불렀다. 계속해서 "여러분이 풀려나는 건 우리 모두의 명예가 걸린 문제다. 그리고 이런 판결을 내리게 한 정부와 맞서 싸우는 게 우리의 의무다"라고 말했다.[68] 히틀러는 나치 신문 《푈키셔 베오바흐터》에 실은 글에서 파펜이 "독일 역사에 민족 전사의 피로 자기 이름을 새겼다"라고 명백한 협박을 했다.[69] 괴링 또한 사형수들을 지지하는 전보를 보냈고, 돌격대 대장 에른스트 룀은 감옥으로 그들을 찾아갔다.[70] 나치의 야만성과 나치 지도자들의 도발적인 태도에, 나치에 동조했던 많은 독일인과 언론뿐 아니라 정부와 군대도 놀랐다.[71] 나치가 다시 한번 '합법성'에서 벗어나는 것 같았다. 군대는 히틀러의 당을 제압하기 위한 계획을 세우기 시작했고, 파펜 내각은 전략을 곰곰 생각하기 시작했다.[72]

선거와 이후 폭력 사태로 바이마르 공화국의 종반전은 시작되었다. 그다음 1932년 8월부터 1933년 1월까지 다섯 달 동안 독일 정치는 슐라이허와 히틀러의 결투가 되었다. 파펜은 이편과 저편을 오갔다. 힌덴부르크를 자기편으로 만드는 게 결투의 핵심이었다.

나치 지도자들은 어떻게 권력을 얻어서 유지할지를 계획하고 있었다. 변호사인 빌헬름 프리크가 주로 자세한 계획을 짰다. 일찍이 나치 운동가였던 그는 잠시 튀링겐주의 내무부 장관을 지낸 적이 있었다. 괴링, 괴벨스와 슈트라서 같은 다른 나치 지도자들(히틀러는 말할 것도 없고) 또한 각자 역할을 맡았다. 내란이 일어나면 나치가 돌격대를 동원할 수 있다는 사실에 기성세력이 주로 위협을 느낀다는 점을 나치 지도자들은 알았다. 결국 힌덴부르크 대통령만이 총리를 임명할 수 있으니 힌덴부르크를 겨냥하는 게 나치의 전략이었다. 나치는 힌덴부르크를 위협하거나 겁줘서 히틀러를 총리로 임명하게 할 계획이었다.[73] 바이마르 헌법 43조에 따라 국회에서 3분의 2 이상이 찬성하면 대통령을 탄핵할 수 있었다. 아니면 59조에 따라 국회의원 100명 이상이 발의하고, 3분의 2 이상이 찬성하면 대통령을 재임 중 불법 행위로 기소할 수 있었다.[74]

힌덴부르크가 1930년 이후 긴급명령을 너무 자주 내린 일이나 프로이센에서의 파펜 쿠데타는 적대적인 대다수 국회의원에게 그럴듯한 표적이 될 수 있었다. 게다가 정치적 위기가 점점 더 커지고 있었다. 1932년부터 그레고어 슈트라서와 친구가 된 하인리히 브뤼닝은 몇 년 후 당시 상황을 회고했다. 그에 따르면 슈트라서는 브뤼닝에게 "1932년 7월 국회의원 선거 직후 나치가 헌법 59조에 따라 독일 대통령을 기소하자고 발의하고, 43조에 따라 대통령을 탄핵하려고 했다"라고 털어놓았다. 또한 대통령이 불법적으로 프로이센 쿠데타를 지시했다며 나치가 문제를 제기할 것이라고 슈트라서는 말했다.[75]

힌덴부르크, 파펜, 슐라이허는 둘 중 하나를 선택할 수 있었다. 나치를 내각에 끌어들이거나 최소한 나치 의원들이 파펜 정부를 '묵인하게' 하면서 나치를 통치에 참여시키는 방법을 찾을 수 있었다. 아니면 국회를 다시 해산할 수도 있었다. 그렇지만 국회해산 후 새로운 국회의원 선거를 미루면 위헌이 될 수 있고, 나치 돌격대가 폭력 사태를 더 일으키면서 대응하면 내란으로 번질 위험이 있었다. 1932년, 점점 더 많은 독일 정치인과 변호사들이 국회해산을 이야기하기 시작했다. 국회와 정부 간 교착 상태가 국가 기능을 마비시키고, 국가비상사태에 이르게 한다고 판단해서였다. 1932년 하반기, 특히 쾨니히스베르크와 포템파 사건 이후 모든 사건은 국가비상사태라는 망령 때문에 폭력 사태와 내란의 위험을 무릅쓰고 국회를 해산하고 선거를 미뤘던 일과 관련이 있었다.

문제의 핵심은 분명했다. 브뤼닝과 사회민주당, 슐라이허와 파펜은 오만한 대처로 스스로를 궁지에 몰았다. 그들은 이제 극우의 지지 말고는 기댈 곳이 없었다. 전통적 보수당인 국가인민당에는 정부를 지지할 만한 힘이 없었다. 나치는 분명 정부를 지지할 힘이 있었지만, 주류 정치인 대부분이 원치 않을 대가를 치러야 했다. 한편 공산당의 위협도 커지고 있었다. 7월 선거에서 공산당은 14.5%라는 사상 최고의 득표율을 기록하면서 중앙당을 넘어섰다.

독일 정당들, 특히 보수당들의 비타협적인 태도와 힌덴부르크·슐라이허·브뤼닝·파펜의 몇 년에 걸친 오판 때문에 독일 정치는 심각한 위기로 치달았다. 나치는 기성세력과 맞서면서 권력을 잡을 수 없다는 사실을 알았다. 기성세력 역시 나치 없이는 유지할 수 없었다.

슐라이허는 8월 6일에 히틀러를 다시 만났다. 히틀러는 바로 전날 괴벨스와 계획을 짰다. 히틀러는 자신이 총리를 맡고, 나치의 다른 지도자들이 내각에서 네 자리를 차지하겠다고 요구할 작정이었다. 빌헬름 프리크는 내무부 장관, 헤르만 괴링은 항공교통부 장관, 괴벨스는 국민교육부 장관으로 임명할 생각이었다. 이제 히틀러가 최대 정당을 이끌고 있으니 그렇게 요구를 할 수 있는 위치였다. 슐라이허도 동의하는 듯 보였다.[76] 그런데 슐라이허가 히틀러의 계획을 이야기하자 육군 원수 출신의 힌덴부르크 대통령은 분노했다. 자신이 "보헤미아 졸병"이라고 부르는 사람을 자신의 총리로 삼는다고 생각하니 화가 났다. 슐라이허의 제안 자체가 모욕적이라고 느꼈다. 힌덴부르크는 자신의 위엄이 깎이는 일에 극히 예민했고, 예전 브뤼닝 총리 못지않게 슐라이허에게 짜증이 났다. 이 일로 힌덴부르크와 슐라이허의 관계는 나빠졌다.[77]

8월 10일, 파펜 내각은 나치와의 협력을 두고 생긴 딜레마를 해결하지 못해 쩔쩔맸다. 파펜은 자신의 정부가 우파 통합을 위해 구성되었고, 그 전략이 맞았다는 사실이 선거로 증명되었다고 말하면서 대범한 척했다. 이제 나치에 어떻게 자리를 내줘야 하는가가 문제였다. 대통령 내각을 유지하면서 나치가 집권할 수 있는 타협점이 있었을까?[78]

슐라이허는 얼마 후 둘 중 하나를 선택할 수 있다고 내각에 직설적으로 말했다. 새 정책으로 경제를 회복해 결국 국민의 지지를 받겠다는 희망을 품고 현재 내각을 유지하는 길을 선택할 수 있다. 하지만 파펜 정부는 10%도 되지 않는 의석을 가진 국가인민당의 지지 말고는 기댈 곳이 없었다. 게다가 나치를 권력에서 배제하면 내란 위험을 각오해야 했다. 나치가 중앙당과 연합해 의회의 과반수를 차지하면서 다른 방법으로 위협할지도 몰랐다. 그렇지 않으면 파펜이 나치의 몇몇 지도자를 내각에 들어오게 하면서 협상하는 길을 선택할 수도 있었다. 그러나 히틀러가 "나치의 이익을 위해" "가장 높은 자리"를 달라고 우길 것이라고 슐라이허는 동료들에게 경고했다.

법무부 장관 프란츠 귀르트너Franz Gürtner도 똑같이 직설적이었다. 헌법을 위반하지 않고는 현재 내각을 그대로 유지할 수 없다고 대통령에게 조언해야만 했다. 그는 정권을 유지하려면 파펜 정부가 국가비상사태를 선포하고 헌법을 위반해 명백한 독재정권이 되어야 한다고 설명했다. 또한 총리 자리를 내주지 않고 나치를 내각에 끌어들일 수 있다는 생각은 "헛된 꿈"이라고 말했다. 국가에 대한 나치의 구상 밑바탕에는 "복수하려는 본능", 특히 유대인과 '마르크스주의자들'에게 복수하려는 본능이 깔려 있다고 덧붙였다. 훗날 히틀러 밑에서 8년 동안 법무부 장관을 지낸 사람으로서는 놀랄 만한 발언이었다.

파펜 내각이 고민을 거듭하는 동안 괴벨스는 8월 12일 일기에 귀르트너와 거의 똑같이 분석하는 글을 썼다. "노인은 달가워하지 않는다. 히틀러가 총리가 되는 게 못마땅하다. 그러나 협상의 여지가 없는 일이다. 슐라이허가 견디지 못하고 중앙당과 함께 협박하면 자신과 파펜이 물러나야 할 수도 있다. 공산당과 우리 중 누구를 선택할지가 문제다"라고 썼다.[79]

8월 13일에 결단의 순간이 왔다. 힌덴부르크 대통령이 히틀러를 접견실로 불렀다. 나치는 내란이 일어날 수 있다고 위협하면서 힌덴부르크와 파펜을 겁주려고 최선을 다하고 있었다. 괴벨스는 일기에 "파펜이 점점 약해지고 있다"라고 적었다. 베를린 주위에서 수많은 돌격대원이 세력을 과시했다. "돌격대원들 때문에 신사들이 정말 겁을 먹는다. 그게 세력 과시의 핵심이다"라고 괴벨스는 썼다.[80] 파펜, 슐라이허와 마이스너 모두 히틀러가 내각에 들어오기를 원했다고 괴벨스는 기록했다. "파펜은 절실하게 원하기까지" 하지만 힌덴부르크는 의심한다며, "끔찍하게도 힌덴부르크의 나이가 너무 많아서 그와 복잡한 이야기를 모두 다 할 수 없다"라고도 썼다.[81] 히틀러는 8월 13일에 슐라이허, 파펜 그리고 드디어 힌덴부르크를 만나기로 했다. "그 다음 결정이 난다. 10년 동안 노력한 결실이 이제 무르익을까?"라고 괴벨스는 궁금해했다.[82]

오후 세 시, 파펜 정부의 국무부 장관인 에르빈 플랑크Erwin Planck가 히틀러에게 전화했다. 히틀러는 이때쯤 슐라이허와 파펜이 자신을 부총리에 앉히면서 얼렁뚱땅 넘어가려고 한다는 사실을 알았다. 히틀러는 플랑크에게 "벌써 결정을 했습니까? 그렇다면 내가 간들 무슨 소용이 있겠습니까?"라고 물었다. 플랑크는 "글쎄요, 대통령께서 당신과 이야기하고 싶어 하십니다"라고 대답했다. 그 말에 "잠시 희미한 희망을 품었다"라고 괴벨스는 말했다. 히틀러는 힌덴부르크를 만나러 갔다.[83]

힌덴부르크는 친근한 말투로 대화를 시작했다. 나치와 히틀러에게 정부에 참여해 달라고 요청할 준비가 되어 있으며, 협력을 환영한다고 설명했다. 히틀러가 기꺼이 파펜 정부의 일원이 되려고 했을까? 히틀러는 거절했다. 일찍이 파펜에게 설명했듯이 말도 안 되는 일이었다. 나치의 세력이 워낙 커지는 바람에 히틀러가 총리가 되는 게 당연했다.[84]

힌덴부르크의 대답은 확고했다. "하나님, 그리고 (내) 양심과 조국 앞에서" 정부를 한 정당, 더더구나 "생각이 다른 사람들에게 편견을 가진" 정당에 넘길 수는 없다고 설명했다. 또 국내와 해외 여론이 "엄청나게 불안해할" 것이라고 걱정했다.

히틀러는 다른 해결책은 없다고 되풀이해서 말했다.

"그러면 정부에 반대할 겁니까?"라고 힌덴부르크는 물었다.

"다른 방법이 없습니다"라고 히틀러는 말했다.

힌덴부르크는 히틀러에게 '신사적'이고 애국적으로 반대 운동을 해달라고 요청하며 "당신의 애국심을 의심하지 않습니다"라고 말했다. 그렇지만 돌격대가 저지르는 어떠한 테러와 폭력 행위에 있어서는 단호하게 조처하겠다고 경고했다. 한편 상당히 엉뚱하게도 전쟁터에서 육군 원수와 병사로 함께 싸운 유대감을 들먹이며 "우리는 오랜 전우고, 그 관계를 유지하고 싶군요. 전우애 정신으로 당신에게 손 내밀고 싶습니다"라고 말했다. 힌덴부르크가 상당히 자신을 억누르고 한 말이었다.

힌덴부르크는 '보헤미아 졸병'인 히틀러를 경멸할 뿐이었고, 히틀러와 함께 있던 에른스트 룀은 동성애자라는 사실을 숨기지 않는다는 걸 알기에 악수하기조차 싫어했다.

히틀러는 엄청나게 화났다. 힌덴부르크 집무실에서 복도로 나왔을 때 너무 화가 나서 나치의 전략을 불쑥 말해버렸다. 자신이 권력을 잡지 못하면 힌덴부르크를 무너뜨릴 것이라고 파펜과 마이스너에게 말했다. 대통령이 탄핵이나 기소를 당하게 하겠다는 계획도 들먹였다. 이러한 위협은 오토 마이스너가 대화를 요약한 내용에는 나오지만, 히틀러 측에서 준비한 내용에는 나오지 않는다. 히틀러는 파펜 정부를 향한 나치의 반대가 격렬해질 것이라고 덧붙였다. 그리고 그로 인한 결과에는 책임질 수 없다고 경고했다.[85]

히틀러는 8월 6일에 만났을 때 슐라이허가 자신에게 총리 자리를 약속했지만, 이제 약속이 깨졌다고 생각했다. 한편 파펜도 자기 등 뒤에서 히틀러와 거래한 슐라이허에게 약이 올랐다. 이러한 원한들이 가을 내내 부글부글 끓었다.[86]

## 불신임안과 새 총리 자리

파펜 정부는 위기 대처 문제로 2주 더 씨름했다. 슐라이허와 국방부 공무원들은 헌법학 교수 카를 슈미트Carl Schmitt에게 많은 도움을 받아 전략을 짰다. 카를 슈미트는 훗날 나치 독일에서 워낙 유명해져서 "나치의 계관법학자"라는 별명을 얻었다.[87] 1932년 8월 30일, 힌덴부르크의 노이데크

사유지에서 힌덴부르크 대통령, 마이스너, 파펜, 슐라이허와 내무부 장관 빌헬름 폰 가일Wilhelm von Gayl 남작은 국가비상사태를 선포하기로 합의했다. 법을 어기는 것으로 보이고 싶어 하지 않는 힌덴부르크를 위해 비상사태 선포의 목적은 조작했다. 슈미트는 독일 국민이 해를 입지 않도록 보호해야 한다는 헌법 42조에 명시된 대통령의 의무가 헌법 24조에 규정된 선거 시기보다 중요하다는 법적인 의견을 정부에 제시했다. 힌덴부르크는 의견을 받아들였다. 또한 국회를 해산한 후 60일 이상 선거를 연기해도 된다고 허락했다. 장관들은 경제가 회복될 조짐이라고 생각했다. 경제가 회복될수록 나치에 대한 지지가 시들해질 수 있었다. 장관들은 나치와 그저 시간 싸움을 한다고 여겼다.[88]

그게 아니더라도 최소한 계획이 있었다. 하지만 이번에도 파펜의 무능이 문제가 되었다. 노이데크에서 핵심 장관들이 만나던 8월 30일에 새로운 국회 회기가 시작되었다. 장관들은 협상을 더 진행하는 동안 국회가 휴회할 것이라고 대수롭지 않게 짐작했다. 국회는 휴회했지만, 그 전에 헤르만 괴링이 국회의 새 의장으로 뽑혔다. 괴링은 나치 전략을 또다시 암시하듯 흘렸다. 새로 선출된 국회에는 "일을 꾸밀 수 있는 나치 당원이 많다"라고 괴링은 말했다. '국가비상사태의 법적 요건'을 충족시킬 상황이 전혀 아니었다. 괴링과 나치는 힌덴부르크와 장관들이 노이데크에서 어떤 의논을 했는지 알았고, 이제 국가비상사태에 의존하는 일은 그저 야당이 힌덴부르크의 탄핵을 발의하는 데 필요한 법적 명분이 될 뿐이라고 경고하고 있었다.[89]

국회는 2주 후인 9월 12일에 다시 모였다. 독일공산당은 파펜 정부에 대한 불신임안을 발의했다. 휴회 기간에 여러 정당들이 만나서 결국 불신임안을 지지하기로 합의한 다음이었다. 파펜은 이러한 일이 일어나기 전에 국가비상사태를 선포할 기회가 있을 줄 알았다. 불신임안 투표를 예상하지 못하는 바람에 힌덴부르크 대통령의 국회해산령도 가져가지 않았다. 때문에 집무실에서 급히 해산령을 가지고 와야 했다. 국회가 다시 열리자 괴링은 공산당이 발의한 불신임 투표를 하자고 말했다. 앙드레 프랑수아-퐁세는 그다음에 무슨 일이 벌어졌는지 생생하게 묘사했다. "파펜이 자리에서 벌떡 일어나 손에 쥔 종이를 흔들며 발언권을 요청했다. 괴링은 파펜이 흥분할 걸 알았다. 그리고 파펜 총리가 흔들고 있는 종이가 국회해산령이라는 걸 분명히 알아차렸다. 그렇지만 괴링은 못 본 척하면서 딴 쪽을 바라보았다. 막무가내로 총리에게 등을 돌리고 곧장 투표하자고 요구했다." 프랑수아-퐁세는 파펜이 괴링에게 다가가 해산령을 괴링의 책상 모서리에 놓는 걸 보았다.[90]

투표 결과 512 대 42로 불신임안이 통과되었다. 파펜의 굴욕적인 패배였다. 사실 의회 정치에서 어떤 독일 정부도 겪어본 적이 없는 최악의 패배였다. 국가인민당과 독일인민당만 파펜을 지지했다. 둘 다 유권자들이 나치로 옮겨가는 바람에 세력이 급격하게 줄어든 당이었다. 괴링은 투표가 끝난 다음에야 파펜의 국회해산령을 확인했다. 의원들 앞에서 해산령을 읽으며, "합법적으로 물러나게 된 정부가 대통령에 뒤이어 서명했기 때문에" 효력이 없다고 묵살했다.

슐라이허는 국회를 해산하고 선거를 연기하려던 계획을 강행하라고 힌덴부르크를 설득하려고 했다. 그러나 파펜을 불신임한 의원이 너무 많았기 때문에 국가비상사태를 선포할 근거가 부족했다. 힌덴부르크는 이제 선거 연기를 거부했고, 국회해산 후 다음 선거는 11월 6일로 예정되었다.

1932년 한 해 동안 결선 투표까지 두 차례에 걸친 대통령 선거 후 4월 말에 주의원 선거, 7월 31일에 국회의원 선거를 치렀고, 다시 중요한 선거를 다섯 번째로 앞두고 선거운동을 벌여야 했다. 선거 피로가 쌓였다. 7월 선거 때 84%였던 투표율이 11월에는 80.5%로 떨어졌다. 각 정당은 선거 자금이 부족해서 쩔쩔맸다.

분노와 두려움은 여전히 커지고 있었다. 8월에 총리 자리를 거절당한데 격분한 나치는 이제 인정사정없이 파펜, 힌덴부르크와 국가인민당을 공격하는 선거운동을 했다. 결국 그들은 똑같은 유권자들을 두고 경쟁해야 했다. 괴벨스의 선전부는 "우린 이제 공격으로 나간다"라고 선언했다. 파펜 내각이 "봉건적인 패거리"라며 공격하는 게 핵심이었다. 나치 돌격대원들은 공격 방향을 공산당에서 국가인민당으로 약간 바꿨다.[91] 10월에 국가인민당 의원 오토 슈미트-하노버Otto Schmidt-Hannover와 논쟁하면서 괴벨스는 "우린 베를린에서 돌격대원 스물여섯 명을 무덤에 묻어야 했습니다. 당신네 당 순교자들은 어딨습니까?"라고 으르렁거렸다.[92]

슐라이허의 참모는 나치를 선제공격하는 일까지 포함해 내란에 대처할 계획을 세우고 있었다. 회의하면서 간단히 기록한 메모들을 보면 나치에 대한 슐라이허의 생각이 드러난다. 늘 그렇듯 여러 가능성을 생각했다. 슐라이허는 "협력할까? 그렇지 않으면 싸워야 할 것"이라고 기록했다.[93]

이러한 분위기로 치른 선거의 결과는 용두사미였다. 정치적 교착 상태에서 아무것도 바뀌지 않았다. 나치는 최대 정당으로 남았지만, 득표율은 37%에서 33%로 떨어졌다. 나치 지지자 중 일부가 신교도 중산층 진영에 계속 머물면서 국가인민당으로 돌아갔다.

그렇지만 정치적 변화는 시작되고 있었다.

파펜이 슐라이허의 신경을 거슬리게 하기 시작했다. 이 '신사 기수'는 명망 높은 자리를 차지하는 걸 즐겼지만, 일에는 별로 열의가 없었다. 내각이 헌법 절차와 내란 위험 등 대단히 중요한 문제로 씨름하고 있을 때 파펜은 단춧구멍에 카네이션을 꽂은 정장 차림으로 두 시간 늦게 회의에 도착한 일도 있었다. 파펜은 장관들에게 "이런 자잘한 일들은 여러분들끼리 처리할 수 있습니다"라고 대수롭지 않게 이야기했다. 그리고 호페가르텐으로 경마를 보러 갔다.[94]

슐라이허도 아마 파펜이 그렇게 행동하길 기대했을 것이다. 슐라이허는 어쨌든 자기 말대로 하고, 꼭두각시 노릇에 만족할 총리를 원했다. 파펜이 권력의 맛을 본 후 권력을 행사하기 시작한 게 문제였다. 슐라이허는 친구에게 보낸 편지에서 "말하자면, 어린 프란츠가 자신을 발견했어"라고 유감스럽다는 듯이 썼다. 슐라이허가 보기에 파펜은 나치를 정부에 끌어들일 기회를 놓쳤다. 슐라이허가 파펜에게 기대했던 정말 중요한 정치 과제였다. 11월쯤 주류에 속한 많은 사람들은 나치가 더 무너질 때까지 기다릴 수밖에 없다고 생각했다. 그러나 슐라이허는 나치를 자기편으로 끌어들이는 게 더욱더 절실했다. 나치가 무너지면 지지자가 공산당으로 옮겨가고, 공산당 세력을 막아낼 수 없을 것이라고 걱정했다. 슐라이허는 나치의 득표율이 낮아지고 공산당의 득표율이 더 높아진 11월 6일의 선거 결과(공산당의 득표율은 거의 17%에 가까워져 세 번째로 큰 정당이 되었다. 이제 중앙당을 훨씬 앞섰다)가 이미 그 일이 진행되고 있다는 걸 보여줬다고 생각했다.[95]

나치의 핵심 당직자인 그레고어 슈트라서가 총리 자리를 끝까지 요구하는 히틀러의 방침에 반대하면서, 히틀러의 계획이 수포로 돌아가면 기꺼이 몸을 던져 어려운 상황을 헤쳐나가려고 할지도 모른다는 이야기를 슐라이허가 들은 게 아마도 무엇보다 중요했다.[96]

이러한 문제들은 12월 1일에 최고조에 올랐다. 그날 저녁, 힌덴부르크는 파펜과 슐라이허를 불렀다. 힌덴부르크의 아들 오스카어와 오토 마이스너도 함께 있었다. 힌덴부르크는 파펜에게 무엇을 해야 할지 물어보면서 회의를 시작했다. 파펜 총리는 히틀러가 다른 제안은 모두 거절했기 때문에 정부에 끌어들이려면 총리 자리를 줄 수밖에 없다고 대통령에게 대답했다. 힌덴부르크는 8월 13일에 히틀러를 만났을 때 그에게 총리 자리를 내주는 선택이 너무 위험하다는 사실을 알았다. 그리고 이후 나치의 '선동과 무절제함'을 볼 때 정치인으로서 히틀러의 능력을 더욱 신뢰할 수 없게 되었다고 말했다. 포템파 살인 사건과 후유증도 들먹였다. 나치와 거래할 수 없다면 국가비상사태를 선포할 수밖에 없었다. 파펜은 국회의원을 새로 뽑지 않은 상태에서 자신의 정부를 유지하겠다고 제안했다. 그다음 새로운 헌법의 초안을 만들어 국민투표나 특별히 소집한 국회를 통해 승인받을 수 있었다. 이는 기존 헌법을 위반하는 일이었지만, 파펜은 좋은 선례가 있다고 힌덴부르크를 설득했다. 다름 아니라 독일 통일의 설계자인 오토 폰 비스마르크Otto von Bismarck 독일제국 총리가 1860년대에 비슷한 행동을 했다.[97]

그다음 슐라이허가 목소리를 높였다. 힌덴부르크가 헌법을 수호하겠다는 맹세를 어기지 않아도 되는 방법이 있다는 슐라이허의 말에 파펜은 놀랐다. 슐라이허는 힌덴부르크가 자신을 총리로 임명하면 나치를 분열시켜 새로운 의회에서 과반수를 차지할 수 있다고 말했다. 그레고어 슈트라서가 슐라이허의 내각에 참여하면서 60명 정도의 나치 의원들을 데리고 올 것이라고 했다. 또 슐라이허는 그들의 도움으로 중도 정당들과 사회민주당까지 넓게 뻗어 연합할 수 있다고 했다. 그다음 이러한 연합으로 불황과 실업 위기를 어떻게 해결할지 방법을 찾기 위해 씨름할 수 있다고 말했다.[98]

슐라이허의 제안에 파펜은 깜짝 놀랐다. 파펜은 히틀러의 영향력이 그

렇게 강력한 정당을 슐라이허가 어떻게 분열시킬 수 있는지 모르겠다고
말했다. 그렇지만 슐라이허가 자신보다 나치의 중심인물들을 많이 안다
는 사실은 인정했다. 그래도 슐라이허의 계획대로 되면 의회에 끌려다니
게 된다고 더 강하게 반대했다. 더 강력하고 독립적인 정부를 만드는 게
힌덴부르크의 계획이라고 생각했기 때문이었다.[99]

　힌덴부르크는 조용히 진지하게 모든 이야기를 열심히 들었다. 대통령
이 "그의 긴 인생에서 가장 어려운 결정"을 해야 할 때라고 파펜은 짐작
했다. 힌덴부르크는 파펜이나 슐라이허와 어떤 의논이나 논쟁도 하지 않
았다. 그저 일어나서는 "폰 파펜 씨의 해결책을 받아들이기로 했습니다"
라고 말했다. 힌덴부르크는 파펜에게 계획을 실행할 내각을 당장 구성하
라고 요청했다.[100]

　이번에는 슐라이허가 놀랄 차례였다. 파펜은 평소 다정하던 슐라이허
의 태도가 몇 주 동안 눈에 띄게 냉랭해졌다고 훗날 회고했다. 파펜이 이
제 우리가 대통령을 보호해야 한다고 슐라이허에게 설명하려고 했지만,
슐라이허는 이상하게 못마땅한 눈길로 그를 바라보았다. 슐라이허는 두
사람이 모두 잘 아는 종교 문헌을 인용해 파펜에게 "젊은 수도사, 힘든 길
을 가는군"이라고 말했다. 마르틴 루터가 가톨릭 교회와 싸울 때 들은 경
고였다.

　이제 슐라이허와 파펜 사이 경쟁심과 갈등이 공공연하게 드러났다. 슐
라이허는 파펜을 제거하고 직접 총리가 되기로 마음먹었다. 바로 다음
날, 슐라이허는 강력한 무기를 들고 내각 회의에 나타났다. 국방부에서
오이겐 오트Eugen Ott 중령이 해본 모의전에 관한 보고서였다. 나치와 공
산당이 함께 반란을 일으킬 경우를 가정한 실험이었다. 그러한 반란과 외
국의 침입에 맞서 군대가 질서를 지키고 나라를 방어할 수 없다는 게 오

트 보고서의 요점이었다. 슐라이허는 극단적인 경우를 가정한 시나리오라는 점을 인정했다. 하지만 이제 최소한 오트 시나리오의 일부는 그렇게 얼토당토않게 보이지 않았다.

사실 나치와 공산당은 11월 첫 며칠 동안 베를린에서 불법 운송 파업을 하면서 협력했다. 내란 그리고 나치 내부의 숨은 공산주의자들을 모두 경계했던 슐라이허 같은 사람들은 그러한 파업을 경고 신호로 받아들였다. 오트 보고서는 내각에 강력한 인상을 주었다. 파펜은 보고서 내용을 들으면서 울었다고 한다. 한편 국가비상사태에 대처할 군대의 능력에 관해 파펜이 거짓말했다고 느끼는 각료들도 있었다. 또한 그들은 슐라이허가 총리가 되는 게 나을지도 모르겠다고 생각하기 시작했다. 아마 슐라이허가 확실히 더 폭넓게 연합하면서 온건 좌파를 완전히 소외시키지 않고도 나치를 끌어들일 수 있을 것으로 생각했다.[101]

파펜은 오트가 한 말을 힌덴부르크에게 보고했다. 또한 대통령이 결정을 내려야 한다고 설명했다. 대통령은 파펜에게 계속 총리를 맡길 수도 있었다. 그 경우 파펜은 국방부 장관을 바꾸고 싶어 했다(그가 더는 슐라이허와 함께 일할 수 없다고 생각한 걸 이해할 수 있다). 아니면 대통령이 슐라이허를 총리로 임명할 수도 있었다.

"육군 원수 출신 대통령은 아무 말 없이 내 설명을 열심히 들었다"라고 파펜은 몇 년 후 회고했다. 마침내 일어선 대통령은 떨리는 목소리로 "여보게 파펜, 내가 마음을 바꾼다면 나를 악당이라고 생각하겠죠. 그렇지만 난 너무 늙어서 삶의 끝자락에서 내란에 대한 책임을 떠맡을 수 없습니다. 그래서 우리는 하나님의 이름으로 폰 슐라이허 씨가 운을 시험해 보게 해야 합니다"라고 말했다. 그들은 악수했고, 파펜은 힌덴부르크의 뺨에 흘러내리는 '두 줄기의 굵은 눈물'을 보았다.[102]

여러 해 동안 정치 무대 뒤에서 영향력을 발휘했던 쿠르트 폰 슐라이허 장군은 이제 무대 앞으로 나섰다. 12월 3일, 슐라이허는 55세에 독일의 총리가 되었다. 그는 폭을 넓힌 연립정부에 자신의 운을 걸어보려고 했다. 우파의 자리를 지키면서 내란 없이 정치적인 안정을 찾으려고 마지막으로 필사적으로 노력하려고 했다. 그가 이용한 오트의 모의전은 파펜을 몰아내는 데 강력한 효과를 발휘했다. 그 효과는 곧 자신에게 되돌아온다.

# 6장

# 오만과 욕망

## : 정치인들의 오판과 히틀러 집권

열다섯 살인 멜리타 마슈만은 부모에게 반항하고 싶어서 나치에 이끌린다. 1월 말 어느 날, 재봉사가 멜리타의 옷을 수선하려고 베를린의 집으로 찾아왔다. 재봉사는 척추 장애인이고 절뚝거린다. 그는 코트 옷깃 아래에 나치의 상징인 하켄크로이츠를 달았다. 멜리타의 어머니는 노동자 계층 사람들이 정치에 의견을 갖는 게 주제넘는 일이라고 생각한다. 하지만 재봉사는 멜리타에게 세상이 달라지고 있다고, 하인들이 부엌 한구석에서 먹지 않아도 될 날이 오고 있다고 말한다.

그날 저녁, 멜리타의 부모는 멜리타와 멜리타의 쌍둥이 남자 형제 한스-헤르만을 데리고 베를린 시내로 나가서 함께 가두행진을 본다. 여러 해 후 "그날 밤의 묘한 느낌이 아직까지 생생하다. 무시무시한 발소리, 압도적인 느낌을 불러일으키는 붉고 검은 깃발들, 흔들리며 얼굴을 비추는 횃불의 불빛과 선율이 공격적이면서도 감상적인 노래"라며 그때 기억을 떠올렸다.

멜리타는 행진하는 청년 중 일부는 자신보다 그리 나이가 많지 않다는 사실을 깨닫는다. 멜리타는 목적의식을 가진 그들이 부럽다. 자신은 아무 위험이 없는 삶, 중요한 목적이 없는 삶을 살고 있다고 생각한다. 그러나 자신의 앞에서 행진하는 소년과 소녀들은 다르다. 멜리타는 그들이 죽은 사람 이름이 적힌 깃발을 들고 있는 걸 알아차린다.

멜리타는 그날의 폭력도 놓치지 않고 본다. 가두행진 참가자 한 명이 갑자기 행렬에서 벗어나 자신과 몇 발자국 떨어진 곳에 서 있던 구경꾼을 공격하는 장면도 본다. 멜리타는 구경꾼이 뭔가 적대적인 말을 했다고 짐작한다. 그리고 구경꾼이 얼굴에 피를 흘리면서 비명을 지르고 쓰러지는 모습을 본다. 부모님은 급히 멜리타를 그곳에서 벗어나게 하지만, 멜리타는 며칠 동안 그 장면을 계속 떠올린다.

한편 멜리타는 자신의 공포심에 '들뜨게 하는 환희' 같은 감정도 섞여 있다는 사실을 알게 된다. 횃불을 들고 행진하는 청년들은 고상한 목적을 위해 어떻게 죽을 준비가 되었는지 노래한다. 이는 뭔가 '옷이나 음식 혹은 학교 숙제'같이 단조로운 멜리타의 일상을 뛰어넘는다. 삶과 죽음의 문제를 생각하는 이 사람들 사이로 들어가고 싶다는 불타는 욕망에 멜리타는 사로잡힌다.[1]

이날 밤 멜리타와 같이 흥분한 독일인이 많다. 요제프 괴벨스는 카이저호프 호텔에서 횃불 행진을 기다리고 있다. "행진은 저녁 7시쯤에 시작한다"라고 그는 메모한다. 행진은 자정을 넘어서까지 계속된다. 괴벨스는 제대로 표현할 말을 찾지 못한다. "백만 명의 사람이 끝없이 행진한다. 사람들이 깨어났다! 사람들이 수없이 자발적으로 튀어나왔다. 말로 다 표현할 수 없다."[2]

이러한 장면을 상당히 삐딱하게 본 사람들도 있다. 보수주의 지식인 에트가어 율리우스 융과 언론인 루돌프 페헬Rudolf Pechel은 떨떠름한 마음으로 그 행진을 지켜본다. 한참 후 융은 페헬을 돌아보며 "우리가 너무나 사랑하는 이 독일 국민들의 마음이 우리와 얼마나 다른지를 생각하면 끔찍하지 않아요?"라고 말한다.[3] 훌륭한 인상주의 화가 막스 리베르만Max Liebermann의 반응이 가장 명쾌하다. 행진하는 사람들을 운터 덴 린덴 대로의 아파트 창문을 통해 지켜보면서 "토하고 싶을 정도라 식사를 할 수가

없다"라고 말한다.[4]

1933년 1월 30일이다.

그날 아침 아돌프 히틀러가 파울 폰 힌덴부르크 대통령의 임명을 받아 독일 총리로 취임했다. 이제 히틀러 추종자들이 횃불을 들고 베를린 중심부를 거쳐 행진하며 축하한다. 나치의 준군사조직인 돌격대, 그리고 조금 더 엘리트층이고 검은색 제복을 입은 나치 친위대가 눈에 띈다. 그러나 히틀러 총리와 함께 새로 들어서는 정부는 연립정부여서 철모단 같은 다른 우파 단체 대표들도 함께 행진하며 축하한다.

히틀러 운동에서는 독일 국민이 하나가 되었던 1914년 8월과 등을 찔린 1918년 11월이라는 두 순간의 차이를 항상 강조한다. 1933년 1월은 나치 입장에서 1914년 8월로 돌아간 날이다. 횃불을 든 사람들이 히틀러 총리 관저 창문 앞을 지나가고, 라디오 방송에서 헤르만 괴링은 이런 분위기는 "오직 1914년과만 비교할 수 있다"라고 말한다. 나치 신문《푈키셔 베오바흐터》는 "우리 기억은 1914년 8월의 활기찬 시기로 되돌아간다. 그때도 오늘처럼 사람들이 들고일어났다"라고 보도한다. 나치의 괴벨스와 로베르트 라이Robert Ley 같은 인물들은 그들의 '혁명'이 사실 1914년 8월에 시작되었다고 말하기까지 한다.[5]

독일이 하나되었다는 게 히틀러 총리 취임의 의미 중 정말 중요한 요소다. 1929년 이후 브뤼닝, 슐라이허, 파펜과 힌덴부르크 모두 분열된 독일 우파를 통합할 방법을 찾았다. 또한 나치가 기성 정치권을 지지하도록 끌어들일 방법을 찾으려고 했다. 히틀러를 총리로 만들기 위해 특히 힌덴부르크 대통령을 많이 설득해야 했다. 힌덴부르크 대통령은 이제 옛 총리 관저 창문 앞에 서서 나치 돌격대원들의 연주를 듣는다. 돌격대 악단은 프로이센 병사들이 육군 원수를 찬양할 때 연주하는 전통적인 행진곡을 연주하면서 대통령에게 경의를 표한다. 그들은 〈라인강의 파수꾼〉 같은 애국적인 노래를 부른다. 이러한 모습이 힌덴부르크가 소망해 온 국가 통합이다. 1월 30일의 분위기를 보면서 힌덴부르크는 히틀러를 총리로 임명한 게 잘한 일이라고 안심한다. 몇 주 후 그는 딸에게 편지하면서 "사람들의 애국심이 치솟는 모습을 보니 아주 흐뭇하다. 하나님이 우리의 통합을 지켜주시길 기도한다"라고 쓴다.[6]

## '연합전선' 전략

1932년 12월, 쿠르트 폰 슐라이허는 독일이 그해 가을에 빠져든 정치적 위기를 해결할 계획을 세운 후 총리가 되었다.

슐라이허는 '연합전선Querfront'이라는 개념을 중심으로 계획을 세웠다. 사회민주당과 노동조합부터 나치의 '슈트라서 계파'까지, 완전히 적대적으로 보이는 세력들과도 정치적으로 손잡는 전략이다. 연합전선은 귄터 게레케Günther Gereke라는 보수 정치인이 추진한 일자리 만들기에서 시작되었다. 국가 재정을 투입해 50만 명 정도를 고용할 수 있는 공공사업과 사회기반시설 사업을 벌여야 한다는 주장이 게레케의 계획이었다. 지금은 정말 평범하지만, 1931년과 1932년에는 독창적인 생각이었다.

연합전선은 독일 언론에서 열렬히 토론한 개념이었다. 11월 말, 국방부 차관 페르디난트 폰 브레도Ferdinand von Bredow는 그가 '연합전선 대표'라고 부르는 사람들에 대해 슐라이허에게 보고했다. 브레도는 자신을 찾아온 대표들을 대수롭지 않게 여겼다. 대표들은 파펜이 아니라 슐라이허가 총리가 되면 기꺼이 지지하겠다고 브레도에게 말했다. 대표들 중에는 슈트라서, 슐라이허, 또 게레케의 친구 라인홀트 코르데만Reinhold Cordemann이라는 나치 운동가도 있었다. 코르데만은 히틀러가 파펜 내각, 힌덴부르크 대통령과 협상하는 과정이 마음에 들지 않는다고 말했다.[7] 코르데만은 나치가 결실을 보지 못하고 야당으로 돌아가면 후회에 휩싸이는 당원들이 많아질 것이고, 나치에서 히틀러 세력이 약해지면 정부가 '국가의 과제'를 추진하기 위해 나치와 협력하려고 노력할 것으로 생각했다. 이에 나치 당원 모두가 동의하지는 않겠지만, 상당히 많은 수가 따를 것이라고 코르데만은 생각했다.[8]

이러한 상황 때문에 슐라이허는 자신이 파펜보다 나을 수 있다고 생각했다. 연합전선을 이루려는 사람들은 파펜이 아니라 슐라이허를 지지하려고 한다. 슐라이허가 총리가 되면 국회에서 10%의 지지밖에 받지 않는 파펜의 함정에서 벗어날 수 있다. 그다음 슐라이허는 나치를 국가로 끌어들여 내란을 막을 수 있다.

그래서 연합전선 전략의 중심인물은 그레고어 슈트라서다. 슈트라서는 정치권력에 있어 타협하지 않는 히틀러의 방식이 1932년 내내 점점 더 마음에 들지 않았다. 슈트라서는 자유사상을 가진 보수 민족주의자가 되고 있었다. 그의 생각은 나치 동료들보다 슐라이허와 더 비슷했다. 나치가 알토나와 포템파에서 저지른 야만적인 살인 그리고 포템파의 살인자들을 변호하는 히틀러의 태도를 보면서 슈트라서는 넌더리가 났고, 나치의 폭력 숭배에 점점 더 거부감을 느꼈다. 1932년 여름, 슈트라서는 연합전선을 주장하는 언론인 한스 체러Hans Zehrer의 집에서 처음으로 슐라이허를 만났다. 체러는 슐라이허와 슈트라서 사이뿐 아니라 슈트라서와 노동조합 사이까지 화해시키고 싶었다. 11월에 브레도를 찾아간 연합전선 지지자들은 슈트라서가 "난국을 해결하기 위해 몸을 던질" 준비가 되어 있다고 말했다.[9]

11월 28일, 슐라이허는 오토 마이스너가 주최한 만찬에서 앙드레 프랑수아-퐁세를 만났다. 두 남자는 다정하게 이야기를 나눴고, 프랑수아-퐁세는 슐라이허가 "정치 상황을 내게 아주 자유롭게" 이야기했다고 다음 날 프랑스에 보고했다. 슐라이허는 "히틀러의 가장 똑똑한 부관"인 슈트라서에게 슐라이허 내각의 내무부 장관 자리를 받아들일 수 있느냐고 물었다고 프랑수아-퐁세에게 말했다. 슈트라서는 그렇게 해도 되는지 먼저 히틀러의 허락을 받고 싶다고 대답했다. 그러나 히틀러가 반대하면 "그(슈트라서)가 넘어올 수도 있다"라고 슐라이허는 계속 말했다. 그러면 나치 당원들이 혼란스러워하고, "앞으로 펼쳐질 상황에 결정적으로 중요한 계기가 될 것"이라고 슐라이허는 말했다. 슈트라서가 합류하겠다고 하면 "어쩔 수 없이" 총리 자리를 넘겨받아 내각을 구성해야겠다고 슐라이허는 느꼈다. 결국 "내가 만난 사람들 대부분이 내가 총리가 되는 걸 환영했다"라고 슐라이허는 프랑수아-퐁세에게 말했다. 사회민주당은 그와 싸우지 않을 수 없다고 슐라이허에게 경고했다. 그러나 슐라이허가 좀 자제하면서 싸울 수 있느냐고 묻자 "거부하지 않았다"라고 했다. 슐라이허는 또 노동조합 이야기를 하면서 "진지하고 긍정적인 사람들"은 그에게 아주 우호적이라고 말했다.[10]

슐라이허는 그래서 슈트라서에서 사회민주당까지 다양한 이념을 가진 의원들을 모아 의회에서 과반수를 확보할 수 있으리라고 확신했다. 슐라이허는 12월 7일 내각 회의에서 "중앙당, 바이에른인민당, 이른바 기술자 집단(작은 중도 정당들이 느슨하게 연결된 집단), 나치가 가장 중요한 문제에서 뜻을 같이하면 국가인민당이 없어도 과반수를 확보할 수 있을 것"이라고 말했다.[11]

슐라이허는 슐라이허답게 여러 가능성을 동시에 준비했다. 나치와 협력할 때의 위험에 완전히 눈감지 않았고, 슈트라서 한 사람에게 모든 걸 걸지도 않았다. 12월 1일, 슐라이허는 모의전의 기획자이자 자신이 신뢰하는 오이겐 오트 중령을 튀링겐주의 바이마르 지방에서 선거운동을 하던 히틀러에게 보냈다. 히틀러에게 부총리 자리를 제의한 후 나치가 슐라이허 정부를 받아들일지 엿보는 게 오트 중령의 임무였다. 히틀러는 둘 다 모두 단호하게 거부했다. 그러자 오트는 "당신이 베를린 운송 파업 때처럼 공산당과 협력한다면, 내가 보장하지만 히틀러 씨, 당신은 군대 기관총 앞에 설 겁니다"[12]라는 경고를 전했다.

슐라이허가 오트에게 그러한 임무를 맡겨서 보낸 점이 언뜻 이상해 보인다. 슐라이허와 히틀러는 바로 1주일 전인 11월 23일에 만났고, 슐라이허는 히틀러에게 여러 질문을 했다. 슐라이허는 히틀러에게 "새롭게 구성되어 아마도 새로운 사람이 이끌" 내각에 합류할 생각이 있는지 물었다. 히틀러는 생각이 없다고 대답했다. 다른 총리가 이끄는 내각에서 나치의 다른 당원이 각료가 되도록 허락할지도 물었다. 히틀러는 다시 확고하게 아니라고 대답했다. 그렇다면 슐라이허가 이끄는 내각과 싸우겠냐고 물었다. 히틀러는 이 질문에 "그러한 싸움을 할 수밖에 없다면 정말 유감일 것"이라고 정중하게 덧붙이면서 그렇다고 대답했다. 슐라이허는 히틀러의 입장을 잘 알고 있었기 때문에 1주일 후에 다른 대답을 하리라고 거의 기대할 수 없었다.[13] 히틀러에게 "기관총 앞에 설 것"이라고 위협하는 게 십중팔구 오트 임무의 진짜 목적이었다.[14]

이렇게 긴박한 정치적 교착 상태에서 슐라이허와 히틀러 모두 어마어마한 압박감을 느끼는 게 현실이었다. 각자 무기를 가지고 있었고, 두 사람 모두 시간이 촉박하다고 느꼈다. 12월 초쯤 슐라이허는 동료에게 "히틀러가 결론을 내리지 못하고 질질 끌면 난 그냥 국회를 해산할 거야. 히틀러에게는 또다시 선거운동을 할 돈이 없어"라고 말했다. 이게 슐라이허의 협박이었다. 히틀러는 내란을 일으키겠다고 협박할 수 있었다. 그런 상황을 막으려고 오트가 히틀러를 만났을 것이다. 히틀러는 또 자신의 운동이 힘을 잃을 수 있고, 금방 집권하지 않으면 완전히 해체될지도 모른다고 걱정해야 했다. 앞에서 이야기했듯, 역설적이게도 이는 슐라이허의 걱정이기도 했다. 나치가 권력에 전혀 접근하지 못해 무너지면 공산당만이 승자가 되리라고 생각했다.[15]

총리 자리를 받아들이자마자 슐라이허는 전통적인 정부 선언문을 발표했다. 말솜씨와 정치력이 드러난 연설이었다. 슐라이허는 총리 자리에 오르는 걸 망설였다고 말했다. 그가 (브뤼닝과 마찬가지로) 열렬히 칭찬해 온 친구 파펜 대신 그 자리를 맡는 게 싫어서만은 아니었다. 슐라이허는 자신이 총리와 국방부 장관을 겸하면 군사독재에 대한 두려움을 일깨우고, 군대를 정치에 끌어들일 수 있다는 점도 의식했다. 그는 그렇게 과감한 방법으로 말썽을 일으키는 세력들을 억누르면 국내 분쟁에 군대를 동원하지 않아도 된다는 생각만으로 흔들리는 마음을 다잡았다고 말했다. 또한 "동료 국민"들에게 자신을 그저 군인이 아니라, "사회의 장군", 모든 사회 계층의 이익을 생각하는 "초당파 관리인"으로 봐달라고 요청했다. 심지어 짧은 기간에만 그 역할을 하겠다고 약속했다. 그는 "검이 아니라 평화를 불러오기 위해 왔습니다"라고 강조했다.

"사회의 장군"이라는 자신의 정체성을 모두가 그럴듯하다고 받아들이

지는 않으리라는 사실을 슐라이허는 잘 알았다. 듣는 사람 중 많은 수가 "의심스러워하거나 심지어 비웃으면서 어깨를 으쓱할" 것이라고도 예상할 수 있었다. 슐라이허는 "전쟁 전에 징병제로 모여 부자와 가난한 사람, 장교와 사병이 함께 복무했던 군대만큼 사회적으로 하나가 된 곳"도 없었고, 전쟁 때 그들의 "전우애와 소속감"이 증명되었다고 주장했다.[16]

슐라이허는 자신의 계획에는 '일자리를 만든다'는 한 가지 핵심밖에 없다고 말했다. 또 이 부분에서 회유하는 말투가 되었다. 그는 "저는 이단아라서 자본주의도 사회주의도 따르지 않습니다. '민간 주도 경제나 계획경제' 같은 개념들을 두려워하지 않습니다"라고 말했다. 그는 "신조를 지키려고 머리가 박살나기보다 그때그때 해야 할 알맞은 경제 정책을 펼 때 국가와 국민에게 가장 좋은 결과를 낳을 수 있다"라고 생각했다고 한다. 이어서 '정당과 단체'들에게 알쏭달쏭한 경고를 하면서 연설을 마무리했다. 정당과 단체가 국가와 협조하지 않으려고 하면 거기에서 끝나지 않고 정당성을 잃을 것이라고 말했다. 그의 정부는 신망 높은 참모총장이었던 헬무트 폰 몰트케의 "일단은 신중하게, 그다음엔 과감하게"라는 충고를 따를 것이라고 경고했다.

슐라이허는 정치범을 너무 가혹하게 처벌했던 파펜의 행정명령을 폐지하는 등 파펜의 권위주의에서 어느 정도 벗어나려 노력했다. 그렇지만 연합전선 작전은 시작도 하기 전에 거의 실패했다. 슐라이허는 자신의 정부에 히틀러도 슈트라서도 끌어들이지 못했다. 12월 5일, 나치와 사회민주당은 슐라이허 정부를 받아들이지 않겠다고 발표했다. 사회민주당은 다음 선거에서 공산당에게 뒤질까 두려워서 의회가 열리는 대로 불신임안을 제출하겠다고 했지만, 정말로 그럴 생각은 아니었던 것 같다. 공산당 역시 불신임안을 발의하겠다고 말했다. 사회민주당과 달리 그들은 불신임안을 정말 통과시키고 싶었다. 국회는 사실 12월 초에 며칠 열렸지만, 몇몇 사소한 법안만 발의하고 불신임안 투표는 하지 않은 채 휴회했다.[17]

히틀러는 슈트라서가 슐라이허 내각에 참여하는 일을 다시 한번 단호하게 불허했다. 자신이 총리가 되지 않으면 나치 당원 중 누구도 내각에 들어가지 말아야 한다는 게 히틀러의 생각이었다. 슈트라서는 타협을 모르는 히틀러의 방침이 권력으로 향하는 마지막 길까지 막을까 봐 두려웠다. 12월 초, 나치 지도자들이 히틀러의 방식을 계속 지지하면서 슈트라서는 나치 지도부에서 점점 더 소외되었고, 괴벨스는 회의가 불리하게 돌아가자 슈트라서의 얼굴이 "점점 더 돌처럼 굳었다"라고 일기에 기록했다. 12월 8일, 슈트라서는 당직을 사임하고 이탈리아로 휴가를 떠났다. 그는 히틀러에게 편지하면서 자신의 행동을 슐라이허 같은 말투로 설명했다. "건설적인 사람들"로 넓은 전선을 구축한 뒤 그들을 "나라 안으로 통합해야" 한다고 생각한다고 말이다. 히틀러는 인기가 많은 슈트라서가 당을 위기에 빠뜨렸다는 사실을 잘 알았다. 괴벨스는 "히틀러는 아주 창백해졌다. 꼭 그래야만 한다면 싸움을 벌일 수도 있었다"라고 기록했다. 히틀러와 측근 지지자들은 슈트라서의 사임이 '측근에 의한 반란'의 첫 단계라고 짐작했다.[18]

11월 국회의원 선거와 12월 초 튀링겐 주의회 선거에서 나치의 득표율이 줄어들면서 히틀러에게는 좋지 않은 시기에 위기가 닥쳤다. 나치 운동에서 히틀러의 장악력이 위태로워지고 있었다. 이러한 상황에서 히틀러는 가장 잘하는 일을 했다. 가장 중요한 나치 지도자들을 불러 모으고 2시간 동안 슈트라서의 정책을 비판하면서 감정적으로 충성을 호소했다. 그렇게 뛰어난 연기력으로 당을 단결시키고, 이후 몇 주에 거쳐 추종자들을 다시 한번 확실히 장악했다. 슐라이허와 슈트라서가 나치 안에서 슈트라서의 지지 세력, 특히 히틀러와 결전을 벌일 때의 지지 세력을 과장되게 생각했다는 게 드러났다. 히틀러와 관계를 끊으면서까지 슈트라서를 따라가겠다는 나치 당원은 정말 얼마 되지 않았다.[19] 슈트라서 입장에서는 나치 지도부 안에서 점점 더 소외되는 걸 참을 수 없었다고 훗날 형제에게 고백한다. 슈트라서는 "내가 괴링, 괴벨스, 룀보다 아래에 있다고 느끼고 싶지 않았어"라고 말했다. 그는 그러한 종속 관계를 "나와 걸맞지 않은 인간적인 굴욕, 모욕"으로 보았다.[20]

슈트라서가 싸울 생각조차 않은 점이 더 알쏭달쏭하다. 사실은 히틀러에게 맞설 의지가 부족했던 것으로 드러났다. 슈트라서는 1933년 3월까지 국회의원 자리는 유지했지만, 정치 활동을 그만두었다. 그렇게 된 몇 가지 이유를 생각할 수 있다. 그는 당을 장악하는 게 전략적으로 얼마나 중요한지 완전히 이해하지 못했던 것 같다. 몇 년 전부터 슈트라서는 당을 뛰어넘어 다양한 사람들을 만났다. 아마도 그 일이 더 중요하다고 생각했던 것 같다. 그는 사임하자마자 친구에게 편지하면서 "새로운 사상을 바탕으로 어디 출신이든 상관하지 않고 건설적인 생각을 하는 사람들을 모두 하나로 모으고" 싶었다고 썼다. 또한 "선동과 정당들의 싸움으로 얼룩진 시대는 빠르게 사라지고, 용기와 책임감을 가지고 정부에서 일할 준비가 된 사람들이 필요한 미래가 곧 펼쳐지리라고 확신했다"라고 덧붙였다.[21] 슈트라서가 언제나 다른 측근보다는 히틀러에 종속되지 않은 태도를 보였지만, 결국은 그의 총통인 히틀러와 궁극적으로 관계를 끊으려는 의지를 모을 수는 없었다.[22]

슐라이허는 슈트라서를 참여시키면서 정치적으로 뭔가 해결해 보려는 막연한 희망을 1월까지 버리지 못하는 듯 보였다. 슈트라서 역시 슐라이허 정부에 참여하겠다고 막연하게 생각하는 듯 보였다. 이탈리아 휴가 뒤

12월 말에 베를린에 돌아왔을 때는 특히 더 그랬다. 그러나 당직에서 물러나면서 슈트라서는 정치 기반, 영향력을 발휘할 수 있는 가장 좋은 기회를 포기했다. 독일의 헌법상 교착 상태를 해결할 방법을 찾기가 여전히 어렵다는 뜻이었다. 힌덴부르크 대통령은 히틀러를 총리로 임명하지 않겠다는 결심을 바꾸지 않았다. 그렇다면 누가 총리를 맡을 수 있을까? 그리고 그 총리가 어디에서 과반수의 지지를 받을 수 있을까? 군대에 의지해야 하고, 내란에 맞서야 할지도 모르는 '전투 내각'이 유일한 해결책일까? 슈트라서가 떠나도 힘을 잃지 않았지만, 어떻게 권력을 잡을지에 관한 풀리지 않는 문제로 끙끙대는 나치 운동에는 무슨 일이 일어날까? 크리스마스 전날 밤, 괴벨스는 일기에 "1932년에는 그저 계속해서 운이 나빴다"[23]라고 썼다.

## 국가비상사태냐, 히틀러냐

히틀러를 집권시킬 방법을 찾아 정치권을 정리할 사람은 아마도 독일에서 한 사람밖에 없었다. 프란츠 폰 파펜이었다.

파펜은 1932년에 총리가 되는 기쁨을 누렸지만, 한 해가 끝나가면서 친구였던 슐라이허에게 심한 원한을 품었다. "파펜은 슐라이허에게 이를 간다. 그를 무너뜨리고 완전히 없애고 싶어 한다"[24]라고 괴벨스는 1월 일기에 기록했다.

12월 16일, 파펜은 독일의 정재계 인사와 전문직 엘리트들이 모이는 상류층 신사 모임에서 연설했다. 그다음에는 쾰른에서 온 은행가 쿠르트 폰 슈뢰더Kurt von Schröder와 이야기를 나눴다. 슈뢰더는 한때 구스타프 슈트레제만이 이끄는 독일인민당의 지지자였지만, 슈트레제만이 사망한 후 나치 지지자로 방향을 돌렸다. 그는 '경제계의 친구들Freundeskreis der Wirtschaft'이라는 단체의 공동 설립자 중 한 명이었다. 경제계에서 나치를 위한 기금을 모으는 게 그 단체의 목표였다. 슈뢰더가 나치와 협력할 방법을 찾을 수 있어야 한다고 말했다고 파펜은 회고했다. 파펜은 자신과 슐라이허 모두 그 방법을 찾으려고 애쓰다가 실패했지만, 기꺼이 다시 시도해 보겠다고 말했다.[25] 슈뢰더의 회상에 따르면 파펜은 적극적인 역할을 했다. 파펜은 슈뢰더와 이야기를 나누면서 "우리가 가까워질 수 없었던 문제들을 해결하기 위해 이제 함께 만날 수도 있다고 생각한다"라고 말했다.

슈뢰더는 1933년 1월 4일, 쾰른의 자기 집에서 파펜과 히틀러가 몰래 만나도록 주선했다. 히틀러는 근처 리페-데트몰트주에서 치러질 지방선거의 선거운동을 하러 가는 길이었다. 히틀러는 그 일정을 이용해 파펜과의 만남을 숨겼다. 괴벨스 그리고 히틀러를 수행하던 사람들조차 두 사람이 만난 후에야 소식을 알게 되었다. 그러나 두 사람이 만난다는 소식이 슐라이허에게 새어 나갔고, 사진기자가 슈뢰더 집 앞에서 택시에서 내리다가 깜짝 놀란 파펜의 모습을 촬영했다. 그리고 다음 날 모든 신문에 기사가 실렸다.[26]

만나서 대화를 시작할 때는 분위기가 좋지 않았다. "히틀러가 포템파 사건에 대한 쓰라린 분노를 내게 쏟아놓았다"라고 파펜은 회고했다. 파펜은 히틀러에게 그 이야기는 시간 낭비라고 말했다. 히틀러가 정부와 다시 접촉하면서 가까운 미래를 의논하고 싶은지 들으려고 왔다고 파펜은 말했다.[27] 며칠 후 히틀러는 괴벨스에게 파펜과 만난 일을 설명했다. 파펜이 "여전히 노인(힌덴부르크)을 움직일 수" 있고, 슐라이허를 무너뜨리고 싶은 욕망이 강렬하다고 전했다. 그래서 파펜과 히틀러는 합의에 이르렸다. "우리는 총리 자리 혹은 실권을 가진 국방부와 내무부 장관 자리를 주겠다는 이야기를 들었다"라고 괴벨스는 기록했다. 파펜은 나치와 함께 슐라이허와 맞선다는 새로운 음모를 가지고 힌덴부르크의 측근과 접촉했고, 결정적인 내부 정보를 가지고 있었다. 국회가 슐라이허에 대한 불신임 투표를 하지 못하도록 긴급명령으로 국회해산을 할 수 있게 도와달라는 슐라이허의 요청을 힌덴부르크가 거절했다는 것이다. 이는 국회가 열리면 슐라이허가 총리 자리에서 물러나야 한다는 뜻이었다. "그가 퇴장하고 있다"라고 괴벨스는 신이 나서 기록했다.[28]

파펜과 나치 사이 동맹의 핵심은 파펜이 힌덴부르크와 가까운 사이라는 점이었다. 히틀러를 총리로 임명하도록 힌덴부르크를 설득할 수 있는 사람은 파펜밖에 없었다. 1월 내내 파펜과 히틀러는 이야기를 주고받으며 협상했다. 두 사람 모두 자기가 총리가 되겠다고 했다. 누가 양보할까? 마침내 힌덴부르크가 진짜 히틀러를 총리로 임명하겠다고 할까? 그리고 슐라이허는 어떤 반응을 보일까? 슐라이허 뒤에는 군대가 있다고 짐작할 수 있었다. 히틀러나 파펜이 권력을 잡는 걸 슐라이허는 어디까지 막으려고 할까?

슐라이허는 자신의 상황이 얼마나 심각한지 제대로 이해하지 못하는 것 같았다. 슐라이허는 연립정부를 만들지 않고는 국회에 맞설 수 없다는 사실을 알았다. 그래서 1월 6일에 일찍이 사회민주당의 프로이센 주총리 오토 브라운에게 힌덴부르크 대통령이 국회해산 그리고 60일로 규정된 선거 기한 연기를 허락하지 않으려고 한다고 말했다(오토 브라운은 파펜 쿠데타 몇 달 후 헌법재판소의 판결로 권력이 일부 제한된 주총리 자리에 다시 올랐다). 그러나 슐라이허는 평소에 대체로 낙관적이었다. 1월 16일 내각 회의에서 그는 힌덴부르크가 결국 국회를 해산한 후 다음 선거를 연기할 수 있게 해줄 것이고, 히틀러는 이제 총리 자리를 원하지도 않는다고 확신했다. 슐라이허는 국회해산과 선거 연기가 분명 헌법 위반이지만, 힌덴부르크가 생각을 바꾸리라고 짐작했던 것 같다. 슐라이허가 12월에 내란이 일어날 수 있다고 주장했고, 바로 그 주장으로 파펜 대신 총리 자리에 앉았기 때문이었다. 힌덴부르크는 내란 위험을 정말 중요하게 여겼고, 지난 몇 주 동안 거의 잊지 않았다.[29]

슐라이허는 슈트라서와 계속 협의했다. 또한 프랑스 대사 프랑수아-퐁세에게 나치에서 유일하게 훌륭한 사람이라고 칭찬했다. 1월 초, 나치가 슈트라서를 내친 사실을 잘 몰랐던 슐라이허는 슈트라서가 자신을 따를 것이며, 국회가 슐라이허 정부에 대해 불신임안 투표를 하려고 할 때 슈트라서가 '친구'들과 함께 거부할 것이라고 계속 확신했다. 국회가 해산되면 슈트라서가 히틀러 반대 운동을 할 것으로 생각하기까지 했다.

슐라이허는 파펜도 대수롭지 않게 생각했다. 프랑수아-퐁세는 파펜이 1월 4일에 히틀러와 만난 일을 어떻게 생각하느냐고 슐라이허에게 물었다. 슐라이허는 그저 파펜이 히틀러를 설득해 슐라이허 정부를 지지하게 하려고 애쓰다 실패했다고 생각하는 것 같았다. 슐라이허는 "특히 육군 원수 출신 힌덴부르크 대통령이 그러한 방식에 충격을 받았기 때문에 파펜이 잃은 게 많습니다"라고 계속 말했다. 슐라이허는 "우리 프란츠, 바보 같은 짓을 했네!"라고 말하면서 친구의 실수를 관대하게 받아들이겠다고 말했다. 대화를 마치고 헤어지면서 프랑수아-퐁세는 슐라이허가 쾌활하고, 자신감 있고, 창백하기는 하지만 건강해 보인다고 생각했다.[30]

슐라이허가 자신의 처지를 얼마나 잘못 판단했는지는 곧 밝혀진다.

결국, 모든 일은 힌덴부르크의 판단에 달렸다. 그리고 슐라이허는 바로 그 점 때문에 어려움에 부닥쳤다. 슐라이허는 실직자들을 동프로이센의 파산한 농촌 사유지에 정착시키는 브뤼닝의 정책을 되살리고 싶었다. 그 사유지를 가진 귀족들이 여전히 정말 싫어하는 구상이었다. 1933년 1월, 힌덴부르크 대통령과 가까운 사람들이 또다시 그 정책에 대한 불만을 쏟아놓았다. 게다가 프로이센 농부들을 위한 동부 지원 기금이 남용되고 있다는 스캔들이 터졌다. 농부들이 더 안락하게 살만큼 임금을 넉넉하게 지불하도록 농장의 경쟁력을 높이라고 나눠준 기금을 지주들이 다른 곳에 사용했다는 사실이 드러났다. 동프로이센 사유지 관련 부정부패 스캔들은 힌덴부르크 대통령에게까지 불똥이 튀었다. 보통 슐라이허의 대변인 역할을 한다고 여기는 《태클리셰 룬트샤우*Tägliche Rundschau*, 일간 전망》 신문은 힌덴부르크 대통령이 상속세를 피하려고 노이데크의 사유지를 아들인 오스카어 이름으로 등록했다고 보도했다. 자신의 이미지에 엄청나게 신경 쓰는 힌덴부르크에게는 국민의 신뢰를 잃는 일이었다. 슐라이허가 힌덴부르크를 압박하려고 그런 이야기가 실리게 한 듯 보였다. 힌덴부르크는 분명 슐라이허와 손잡고 자기 이미지를 지킬지, 아니면 가까운 귀족들과 손잡을지 선택해야만 한다고 느꼈을 것이다. 힌덴부르크 입장에서 그저 슐라이허가 점점 더 불필요한 존재로 보였을 수도 있다.

그러나 힌덴부르크는 1933년 1월 한 달 동안 몇 번이나 지난해 8월과 11월에 맹세한 대로 정부를 절대 히틀러에게 넘기지 않겠다고 측근들에게 말했다. 1931년 여름부터 힌덴부르크는 끊임없이 우파가 과반수를 차지하는 정부를 만들려고 했다. 그러려면 히틀러와 나치를 어떤 방식으로든 참여시켜야 한다. 1932년 8월과 11월처럼 1933년 1월에도 그게 문제였다. 1932년에는 힌덴부르크가 히틀러를 총리 자리에 앉히면서까지 우파 정부를 만들려고 하지는 않았다. 1933년 1월에는 상황이 갑자기 바뀌었다. 무엇이 달라졌을까?

1월 15일에 치른 리페-데트몰트 주의회 선거가 한 가지 차이였다. 리페-데트몰트주는 인구가 17만 3천 명밖에 되지 않는 자그마한 주였다. 보통은 그곳 지방선거가 독일 정치에 크게 영향을 끼치지 않았다. 하지만 이번 경우는 달랐다. 11월 국회의원 선거와 뒤이은 튀링겐 주의원 선거에서 득표율이 떨어지고, 슈트라서가 등을 돌린 다음이어서 나치는 리페-데트몰트 선거에서 정신적으로 중요한 돌파구를 찾으려고 했다. 리페-데트몰트 선거를 앞두고 그들은 온갖 노력을 기울여 열정적으로 선거운동을 했다. 그 작전은 효과가 있었다. 나치의 득표율은 43%로 사회민주당의 39%를 앞질렀다. 국가인민당은 8%도 되지 않았다. 실제 정치에서는 그리 중요하지 않았지만, 선거 결과 덕분에 나치는 절실히 필요할 때 선전효과를 거둘 수 있었다. 또한 슐라이허의 정책에 크게 한 방 먹일 수 있었다.[31] 언제나 예리한 눈으로 상황을 꿰뚫어 보았던 앙드레 프랑수아-퐁세는 슈트라서로 인한 나치 분열의 위험이 어떻든 리페-데트몰트 선거로 끝이 났다고 파리에 보고했다. 그는 "슈트라서는 사실 1월 15일에 완전히 패배했다"라고 썼다. 그 선거로 슐라이허는 슈트라서에게 부총리와 프로이센 주총리 자리를 주려던 생각을 포기했다. 슐라이허 내각의 국무부 장관 에르빈 플랑크는 프랑수아-퐁세에게 정부는 이제 슈트라서가 나치 무리를 데리고 들어올 수 있다는 희망을 잃었다고 말했다. 이러한 상황에서는 슈트라서가 나치 안에서 분열 세력으로 남아 있기만을 바랄 뿐이라고도 했다.[32]

그러나 탄핵이나 기소로 힌덴부르크를 위협하겠다는 나치의 전략이 히틀러와 슐라이허의 정치적 운명을 바꿔놓을 더 큰 요소였다. 히틀러 정권에서 외무부 장관이 되는 요아힘 폰 리벤트로프가 다리를 놓아 열리는 히틀러, 파펜, 힌덴부르크의 측근 오토 마이스너, 오스카어 폰 힌덴부르크

간의 협상이 조마조마하고 예측하기 어려워지고, 1월 마지막 주에 벌어진 극적인 사건들에서 나치의 전략은 매우 분명해진다.

리벤트로프는 1차 세계대전에 참전했지만 부상으로 전방에서 싸우지 못하자 터키로 파견되었고, 그곳에서 프란츠 폰 파펜을 만난 적이 있다.[33] 총리가 되려는 히틀러의 뜻을 힌덴부르크가 걷어찬 직후인 1932년 8월, 이 인연은 중요한 역할을 하게 된다. 파펜은 옛 친구 리벤트로프에게 연락해 히틀러와 다리를 놓아달라고 부탁했다. 리벤트로프에게는 나치 친구들도 있었고, 바로 이 시기에 나치에 들어갔다(나치의 다른 핵심 인물들보다 훨씬 늦었다). 리벤트로프는 베르히테스가덴까지 찾아가 히틀러를 만났다. 그는 훗날 "히틀러에게서 굉장히 강렬한 인상을 받았다"라고 회고했다. 리벤트로프는 "오직 히틀러와 나치만이 독일을 공산주의에서 구할 수 있다"라고 확신했다. 물론 그 당시에는 히틀러의 원한과 힌덴부르크의 완고함 때문에 타협할 방법을 찾기 어려웠다.[34]

그러나 1월에는 상황이 달라졌다. 히틀러의 측근 하인리히 힘러Heinrich Himmler와 사업가 빌헬름 케플러Wilhelm Keppler는 리벤트로프에게 히틀러와 파펜의 만남을 다시 주선해 줄 수 있는지 물었다. 리벤트로프는 자신의 집을 만남 장소로 내놓았다. 그리고 1월 22일 일요일 늦은 저녁, 파펜은 그곳에서 히틀러, 빌헬름 프리크, 헤르만 괴링, 오토 마이스너와 오스카어 폰 힌덴부르크를 만났다. 히틀러는 오스카어를 한쪽으로 데리고 가서 2시간 동안 사적인 대화를 나누기 시작했다. 그다음 파펜과 이야기했다. 대통령 아들 오스카어는 히틀러가 평소처럼 자신의 정치 계획을 묵직한 독백으로 전달하는 듯 느꼈다. 오스카어는 그저 자신은 정치인이 아니라고 대답했다. 서로 마음을 별로 나누지는 않았다. 히틀러는 며칠 후 괴벨스에게 힌덴부르크의 아들이 "어리석음의 화신"이라고 말했다.[35] 파펜은 히틀러를 총리로 임명하자고 힌덴부르크 대통령을 이제 설득하겠다고 히틀러에게 말했다. 그러나 육군 원수를 지낸 힌덴부르크가 설득을 받아들일지 확신할 수 없었다. 오스카어와 오토 마이스너는 함께 택시를 타고 베를린 중심가로 갔다.[36] 오랫동안 입을 다물던 오스카어는 파펜이 히틀러 밑에서 부총리가 되어도 괜찮다고 하면 어쩔 수 없지만, 그러한 구상이 여전히 싫다고 말했다.[37]

힌덴부르크 대통령도 물론 그 구상이 싫었다. 다음 날 파펜이 찾아갔을 때 힌덴부르크는 다시 완강하게 히틀러를 총리로 임명하지 않겠다고 거부했다. 그렇다고 슐라이허를 계속 총리 자리에 두고 싶지도 않았다. 육군 원수와 장군이던 두 사람의 관계는 이제 확실히 냉랭해졌다. 그날 늦은 시간에 슐라이허도 힌덴부르크를 만나러 왔다.[38] 슐라이허의 부하는 정부가 국회의 반대를 물리치고 적극적으로 정책을 펼칠 세 가지 방법을 정리했다. 첫 번째는 힌덴부르크 대통령이 국가비상사태를 선포하면서 국회를 해산한 후 선거를 미루는 방법이었다. 두 번째는 국회의원들이 "건설적으로 바뀌어서 건설적인 노력"에 동의할 수 있을 때까지 그냥 국회를 다시 열지 못하게 하는 방법이었다. 세 번째 방법이 가장 새로웠다. 바이마르 헌법의 허점을 바탕으로 생각해 낸 방법이었다. 헌법에 불신임 투표를 할 수는 있다는 규정은 있지만, 그다음 과반수를 차지하는 정부가 들어서야 한다는 규정은 없었다. 헌법을 만든 사람들은 나치와 공산당 같이 '파괴적인' 정당들의 과반수 연합 때문에 국회가 교착 상태에 빠질 수 있다는 사실을 내다보지 못했다. 다만 1933년에 가까스로 의석의 과반수를 차지한 나치와 공산당은 수감된 활동가들의 사면을 요구하는 일 외에는 뜻을 같이하는 게 별로 없었다. 그래서 파괴적인 정당들이 과반수를 이뤄 함께 슐라이허에 대한 불신임 투표를 할 경우, 그들이 새 정부를 구성할 때까지 힌덴부르크 대통령이 슐라이허 내각에게 '임시정부'로서 무기한 재임을 요청하면 분명 헌법상 문제가 없었다.[39]

슐라이허의 오른팔인 오이겐 오트는 국가비상사태 선포를 주장하라고 조언했고, 힌덴부르크 대통령을 만난 슐라이허는 조언대로 했다. 슐라이허는 '임시정부' 시나리오를 제시하지 않았다. 임시정부 시나리오가 가장 그럴듯하고 헌법적으로도 큰 문제없이 권력을 유지할 방법이었는데, 왜 그 방법을 우기지 않았는지는 분명하지 않다. 슐라이허는 1월 13일에 베를린에서 언론인들과 저녁을 먹으면서 임시정부 시나리오대로 하면 과반수를 이루는 파괴적인 정당들이 계속 내각의 행정명령을 부결하면서 경제를 망칠 수 있고, 결국 정부는 다른 선택을 할 수밖에 없다고 지적했다.[40] 사실은 다른 이유가 더 있었을 수 있다. 총리 시절 슐라이허와 이야기를 나눈 많은 사람은 그가 심한 압박감을 느끼고, 기진맥진하고, 더는 총리 자리를 지키고 싶어 하지 않는다는 인상을 받았다. 한 기자는 1월 중순에 슐라이허가 창백해 보이고, "전보다 얼굴이 많이 야위었다"라고 기록했다. 슐라이허는 늘 그러듯 "과대망상증이 없어서 안타깝다"라고 자신에 대해 냉소적으로 말했다. 그는 체념, 심지어 안도까지 느끼며 1월 말의 종말로 향했다.[41]

1월 23일, 힌덴부르크는 슐라이허에게 국회해산은 허락하지만, 선거 연기는 허락하지 않겠다고 말했다. 선거를 연기하면 여러 면에서 헌법 위반으로 해석될 수 있어서였다. 또한 국회해산을 허락하기 전, 모든 정당 대표들이 국가비상사태를 인정하면서 자신을 불법 행위로 고발하지 않을 것을 확인해야 한다고 말했다.[42] 힌덴부르크가 슐라이허에게 "12월 2일에 내가 파펜의 제안을 따르면 내란이 벌어질 거라고 당신이 말했잖습니까. 군대와 경찰에는 내란을 진압할 힘이 없다고 설명하지 않았습니까"

라고 콕 집어서 말했다고 파펜은 전한다. 그 후 7주가 지났지만 국내 갈등은 더 격렬해졌고, 나치와 공산당은 더 과격해졌고, 군대와 경찰의 힘은 전혀 더 커지지 않았다. "그때 내란이 일어날까 봐 걱정되었다면, 지금은 얼마나 더 걱정되겠습니까?"[43]

힌덴부르크는 1월 26일까지 히틀러의 총리 임명을 계속 단호하게 반대한 것 같다. 1월 26일에 군대 최고사령관 쿠르트 폰 하머슈타인-에쿠오르트는 파펜과 후겐베르크가 새로운 정부를 구성할지도 모른다는 소문이 점점 더 걱정되었다. 거의 모든 국민이 그러한 내각에 반대할 테고, 군대의 우려는 최고조에 달할 터였다. 하머슈타인-에쿠오르트는 힌덴부르크 대통령에게 걱정을 직접 털어놓았다. "대통령은 극도로 민감하게 정치적인 영향을 받지 않으려고 했지만, 나를 진정시키려는 척하면서 오스트리아 출신의 졸병을 총리나 국방부 장관으로 만들 생각이 전혀 없다고 말했다"라고 하머슈타인-에쿠오르트는 2년 후에 기록했다. 그는 파펜을 걱정했는데, 힌덴부르크 대통령은 엉뚱하게도 히틀러에 대한 말로 대답했다. 사실 파펜이 다시 총리가 되기를 바랐던 힌덴부르크가 이를 대놓고 인정하고 싶지 않아서일 수도 있다. 아니면 최근에 파펜과 나눴던 대화 내용이 실수로 튀어나왔을 수도 있다. 어쨌든 히틀러를 거부하는 힌덴부르크의 결심은 여전히 굳건해 보였다.[44] 거의 같은 시기에 힌덴부르크는 개인적으로 만난 귀족 친구에게 히틀러는 기껏해야 우편부 장관이나 할 만한 인물이라고 말했다.[45]

그렇지만 힌덴부르크의 생각이 바뀌고 있었다. 1월 25일, 리벤트로프는 대통령의 아들 오스카어를 만났다. 그 후 리벤트로프의 아내 아넬리스는 히틀러에게 총리를 맡기고 연립정부를 만든다는 구상이 "불가능해 보이지 않는다"라고 기록했다. 협상이 계속되었고, 사흘 후 돌파구가 생겼다.

파펜이 1월 28일 아침에 힌덴부르크와 다시 만났을 때는 힌덴부르크의 태도가 상당히 누그러져 있었다. 리벤트로프가 찾아갔을 때 파펜은 "히틀러는 어딨지?"라고 물으면서 맞았다. 아마도 베를린을 떠났을 테지만, 바이마르에서 접촉할 수 있겠다고 리벤트로프가 대답했다. 파펜은 히틀러가 곧장 돌아와야 한다고 말했다. 힌덴부르크와 길게 이야기를 나눈 후 히틀러가 총리가 될 수 있다는 생각이 들었다고 했다.[46]

바로 그날, 힌덴부르크는 참전용사 출신 보수파 정치인 엘라트 폰 올덴부르크-야누샤우Elard von Oldenburg-Januschau와 국방부 장관이 될 베르너 폰 블롬베르크Werner von Blomberg를 불러 헌법이 흔들릴 위기가 다가오는 상황에 대한 생각을 물었다. 두 사람 모두 히틀러를 총리로 임명하는 게 유일한 해결책이라고 대통령에게 말했다. 뒤이어 힌덴부르크를 만난 오스카어, 파펜, 마이스너의 생각도 마찬가지였다. 힌덴부르크의 측근들은 "히틀러에게 총리 자리를 내주되 견제 세력으로 최대한 나치의 지배를 억제하면서 정부를 구성하는 일 말고는 헌법상 다른 해결책이 없습니다"라고 말했다. 힌덴부르크는 드디어 마지못해 동의했다.[47]

힌덴부르크가 왜 갑자기 마음을 바꿨는지가 히틀러의 집권 이야기에서 매우 중요한 질문이다. 1월 26일과 1월 28일 사이 뭔가 아주 중요한 일이 벌어졌을 것이다. 동부 지원 기금 관련 스캔들과 힌덴부르크의 탈세 가능성 혹은 동프로이센의 가까운 사람들이 압력을 넣었을 것이라고 짐작하는 사람들도 있었다. 그러나 탄핵과 기소에 대한 두려움이 더 크게 작용했을 것으로 보인다.

1월 마지막 주, 언론은 국가비상사태의 합법성과 관련해 힌덴부르크를 맹렬하게 공격했다. 프랑수아-퐁세는 1월 24일에 "모든 의회 활동을 억누르면서 노골적인 독재국가가 될 수 있다는 생각에 자유주의, 사회주의,

가톨릭계 언론이 경각심을 가졌다"라고 보고했다.[48] 같은 날에 사회민주주의 신문 《함부르거 에코Hamburger Echo, 함부르크의 소리》는 "국가비상사태 선포는 헌법에 근거가 없다. 누구든 그런 일을 시도하면 헌법을 위반하는 일이며, 아마 어떻게 시작하는지는 알아도 어떻게 끝낼지는 모를 것"이라고 보도했다. 다음 날, 사회민주당 지도부는 "국가비상사태 선포는 무법 상태로 이어지는 쿠데타가 되고, 어떤 저항이든 해야 하고, 할 수 있을 것"이라고 성명을 발표했다.[49] 1월 26일, 중앙당 대표 루트비히 카스Ludwig Kaas는 슐라이허와 힌덴부르크에게 비슷한 내용으로 편지를 보냈고, 그 편지는 가톨릭 신문 《게르마니아》에 보도되었다. 프로이센 주총리 오토 브라운은 이 문제에 다른 방식으로 접근했다. 1월 29일, 《게르마니아》에 실린 슐라이허에게 보내는 편지에서 브라운은 헌법을 폭력적으로 개정하려는 시도는 형법 81조의 반역죄라고 주장했다. 국가비상사태 선포 역시 반역죄에 해당하니, 대통령에게 국회해산과 선거 연기를 요청하면 최고 수준의 반역죄로 유도하는 일이고, 그 자체로 최대 징역 10년까지 처벌받을 수 있다는 것이다.[50]

힌덴부르크가 이런저런 위협에 영향을 받은 건 의심의 여지가 없다. 힌덴부르크와 슐라이허가 1월 23일에 만났을 때 힌덴부르크는 국가비상사태 선포를 허락하면 자신에게 법적인 문제가 생길지를 주로 걱정했다. 하인리히 브뤼닝은 "국무부 장관 에르빈 플랑크가 1월 말에 찾아와 '힌덴부르크가 기소를 두려워해서 정부를 운영하기가 어렵다'고 불평했다"라고 몇 년 후 회고했다. 브뤼닝은 힌덴부르크가 결국 히틀러를 총리로 임명하기로 한 이유 중 하나가 이것이라고 장담했다(누구에게 장담했는지는 말하지 않았다).[51]

오늘날의 관점에서 보면 민주적인 여러 정당의 정치인들이 국가비상사태보다 히틀러를 선택한 게 놀랍다. 어느 정도는 내란이 벌어져 나치나 공산당이 승리할지도 모른다는 두려움 때문이었다. 또 어느 정도는 사회민주주의 사상의 특징이 된 헌법 수호에 대한 뿌리 깊은 집착 때문이었다. 이러한 집착은 앞날을 내다보지 못한 생각으로 몇몇 사회민주주의 지식인들에게조차 혹독하게 비판받았다.[52]

## 히틀러 총리 임명

1933년 1월 27일, 국회 원로회의(모든 정당의 원로들이 모여 절차 문제를 의논하는 모임)는 휴회를 끝내고 1월 31일에 국회를 열기로 합의했다. 국회가 열리자마자 슐라이허에 대한 불신임 투표를 할 게 확실했기 때문에 이제 운명의 시간이 째깍째깍 다가오고 있었다.

1월 28일 오전, 슐라이허는 각료들을 만나 국회해산령 없이 국회에 갈 수는 없는데, 대통령이 승인하지 않으려고 한다고 설명했다. 슐라이허는 각료들에게 최악의 상황이 될까 두렵다고 말했다. 그리고 "대통령님이 히틀러를 독일 총리로 임명하겠다고 마음먹으면 어려움이 그리 크지 않을 것"이라고 말했다. 그렇지만 슐라이허는 힌덴부르크 대통령이 계속 히틀러의 총리 임명을 거부할 줄 알았다. 그렇다면 아마도 파펜과 국가인민당 대표 후겐베르크가 포함된 대통령 내각을 구성하는 방법밖에는 없었다. 이러한 내각은 "국가와 대통령에게 위기"가 되기 쉬웠다. 각료들은 슐라이허의 판단에 전적으로 동의하면서 힌덴부르크 대통령이 국회해산령을 승인하지 않으면 총사퇴하기로 다짐했다.[53]

슐라이허는 각료 회의를 마치고 힌덴부르크 대통령에게 보고하려고 갔다. 그는 힌덴부르크 대통령에게 세 가지 가능성이 있다고 말했다. 첫 번째는 히틀러가 국회의 과반수 의원과 함께 이끄는 의원 내각(슐라이허는 히틀러가 과반수를 확보할 수 있을지 확신하지 못했지만), 두 번째는 히틀러가 이끄는 대통령 내각, 혹은 현 정부를 유지하면 마지막 가능성으로 국회해산밖에 없다고 설명했다. 국가인민당만을 바탕으로 내각을 구성하면(파펜이나 후겐베르크 내각을 의미) 위기가 생길 것이라고 주장했다.[54]

힌덴부르크는 확고했다. 그는 "국회해산은 대통령으로서 내가 할 수 있는 일이 아닙니다. 당신이 나치를 끌어들여 과반수를 확보하려고 노력했다는 점은 감사하게 생각하죠. 그러나 불행히도 뜻대로 되지 않았고, 그래서 다른 가능성을 받아들여야 합니다"라고 슐라이허에게 말했다. 힌덴부르크 대통령은 슐라이허 내각의 총사퇴를 받아들였다. 대규모 일자리를 만들기 위한 예산 지출을 승인하는 게 슐라이허와 각료들이 마지막으로 한 일이었다. 그 후 여섯 달에 걸쳐 2백만 명의 독일 실업자들이 일자리를 다시 찾았다. 그러나 일자리 창출의 공로는 슐라이허가 아니라 히틀러에게 돌아갔다.[55]

슐라이허 사임 직후 힌덴부르크 대통령은 파펜을 불러 히틀러를 총리로 삼아 정부를 구성할 방법을 검토해 보라고 공식적으로 요청했다.[56] 그때까지는 무슨 일이 일어날지 아무도 몰랐다. 괴벨스는 1월 28일에 로스토크에서 슐라이허의 사퇴 소식을 들었다. 힌덴부르크 대통령이 파펜에게 다음에는 어떻게 해야 할지 정당들과 의논해 보라고 의뢰했다는 소식도 들었다. 괴벨스 역시 파펜이 다시 총리가 된다면 "혁명이 일어날 것"이라고 생각했다. 또한 힌덴부르크와 총리들 사이 관계를 꿰뚫어 보았다. "의리가 부족하기로 유명한 노인이 슐라이허를 내보냈다. … 그렇다고 슐라이허 때문에 안타까워할 일은 아니다." 괴벨스는 정당들 사이에 주도권 다툼이 시작될 것이고, "노인은 예측할 수 없다"라고 썼다. 힌덴부르크가 파펜에게 의지하는 게 최선일지도 모르겠다고 괴벨스는 생각했다. "그렇다면 너무 위태로운 상황이 되어서 우리 없이는 아무 일도 할 수 없을 테니"라는 이유에서였다.[57]

1월 29일 일요일 하루 동안 대부분의 문제가 해결되었다. 히틀러와 파펜은 그날 아침에 만났다. 히틀러는 선거를 곧장 새로 치러야 하고, 그다음 자신의 정부가 광범위하게 권력을 행사할 수 있게 하는 '수권법<sub>전권위임</sub>법. 입법권을 행정부에 위임하는 법률'을 통과시켜야 한다고 주장했다. 힌덴부르크는 선거를 계속 치르고 싶지 않았고, 다음 선거가 마지막 선거가 될 것이라는 히틀러의 약속에 설득당해야 했다. 그날 오후에 리벤트로프와 괴링은 파펜을 보러 갔다. 파펜은 그들에게 "모든 장애물이 없어졌어요. 힌덴부르크 대통령이 내일 아침 11시에 히틀러를 만나겠다고 합니다"라고 말했다.[58]

1월 29일 카이저호프 호텔에서 괴링은 괴벨스에게 "히틀러가 총리, 파펜이 부총리, 프리크가 내무부 장관, 괴링이 프로이센 내무부 장관, 후겐베르크가 경제부와 농업부 장관이 될 것"이고, 새로 선거를 하기 위해 국회를 해산할(그들은 '마지막'이 될 것이라고 힌덴부르크 대통령에게 약속했다) 계획이라고 말했다. 그러나 괴벨스는 "도저히 믿을 수가 없다. 파펜 말이 맞을까? 누가 알까?"라고 말하면서 믿기지 않아 했다.[59]

히틀러와 측근들은 슐라이허와 국방부 관리들이 군사 쿠데타를 모의한다는 소문을 들었다(사실 몇몇 관리들이 군사 쿠데타를 일으킬 수 있다고 의논했지만, 슐라이허가 단호하게 거부했다). 나치의 핵심 인물들은 1월 30일 새벽 다섯 시까지 카이저호프 호텔에서 밤을 새웠다. 무슨 일이든 일어나면 대처하기 위해서였다. 그런데 아무 일도 일어나지 않았다. 뒤이어 히틀러가 취임 선서를 하러 대통령 집무실로 갈 시간이 되었다.[60]

이 단계에서조차 거래가 거의 깨질 뻔했다. 아침 11시 직전, 새 각료들이 마이스너의 집무실에 모였다. 후겐베르크는 선거를 새로 치른다는 계획을 이 자리에서 처음 들었고, 그 조건에는 내각에 들어가지 않겠다고 거부했다. 그다음 격렬한 협상이 진행되었다. 마이스너가 정치인들에게 힌덴부르크 대통령을 계속 기다리게 할 수 없다고 신경질적으로 이야기하고, 히틀러가 선거 결과와 상관없이 내각 구성을 그대로 유지하겠다고 후겐베르크에게 진지하게 약속한 다음에야 후겐베르크가 동의했다.[61]

괴벨스는 "드디어 원하던 일이 이뤄졌다. 우리는 빌헬름 거리에 있다. 히틀러가 총리다. 동화처럼!"이라고 기록했다. 언제나 단호하게 행동하는 괴벨스는 "곧바로 일을 시작해야 한다. 국회는 해산되고, 4주 안에 선거를 치를 것이다"라고 바로 덧붙였다.[62]

결국 나치 통치라는 재앙을 겪은 후, 힌덴부르크가 히틀러를 총리로 임명할 수밖에 없었다는 주장이 자주 나왔다. 루츠 슈베린 폰 크로지크 백작은 2차 세계대전 후 뉘른베르크 전범 재판소에서 증언하면서 "1933년에는 아무도, 히틀러를 극렬하게 반대하는 사람조차도 가장 강력한 당의 대표인 히틀러가 총리가 되는 일 말고 어떤 다른 방법이 있는지 말해주지 못했다. 의회 자체로는 정부를 만들 수 없기 때문이었다"라고 말했다. 마이스너는 회고록에서 그 말을 인정하면서 인용했다. 그러나 이런 주장을 받아들이면 크로지크 백작과 마이스너 같은 보수 정치인들이 이후 벌어진 일들에 얼마나 많은 책임이 있는지가 모호해진다. 1928년부터 1930년까지 헤르만 뮐러 정부는 과반수를 안정적으로 확보했다. 하인리히 브뤼닝은 힌덴부르크에게 파면되기 며칠 전, 국회에서 신임을 받았다. 1932년에는 선거를 다시 치를 필요가 전혀 없었다. 히틀러가 유일한 해결책으로 등장했던 1932년과 1933년 초의 위기와 교착 상태는 국민의 절반 이상을 대표하는 정치인들을 배제하고, 가장 가벼운 타협조차 하지 않으려고 했던 우파 정치인들 때문에 빚어졌다. 결국 보수적인 정치인들(후겐베르크, 브뤼닝, 슐라이허, 파펜과 힌덴부르크)은 그들 입맛에 맞는 조건으로 권력을 유지할 유일한 방법으로 나치를 끌어들였다. 히틀러 정권은 그 결과였다.

1월 30일에는 히틀러의 위치가 압도적으로 강력하지는 않았다. 처음에는 나치가 11명의 각료 중 세 자리만 차지했다. 히틀러 총리 외에 빌헬름 프리크가 내무부 장관, 헤르만 괴링이 무임소 장관이었다. 철모단을 대표하는 프란츠 젤테Franz Seldte가 노동부 장관을 맡았다. 나머지는 기성 우파 인물이었다. 파펜이 부총리, 콘스탄틴 폰 노이라트Konstantin von Neurath가 외무부 장관, 알프레트 후겐베르크가 경제와 관련한 장관 다섯 가지 직책을 차지했다. 노이라트와 재무부 장관 슈베린 폰 크로지크, 교통부 장관 파울 폰 엘츠-뤼베나흐Paul von Eltz-Rübenach와 법무부 장관 프란츠 귀르트너(중앙당의 눈치를 보면서 보류하는 인상을 주려고 지명을 며칠 미뤘다)는 파펜과 슐라이허 내각의 장관에서 유임되었다. 안정성과 지속성을 약속하는 듯했다. 독일인 대부분은 내각 안의 보수주의자들의 존재, 힌덴부르크의 권위 그리고 마지막 수단으로 군대가 있으니 분명 히틀러가 함부로 행동할 수 없을 것으로 믿었다. 파펜은 여느 때처럼 바보같이 확신했다. 그는 한 친구에게 "우리가 그를 고용했지"라며 "몇 달 안에 궁지로 몰아넣어 꼼짝 못 하게 할 거야"[63]라고 말했다.

그러나 모두가 그렇게 안심하지는 않았다. 예리하게 관찰한 사람들은 위험하다는 사실을 알 수 있었다. 앙드레 프랑수아-퐁세는 보수당 소식통의 온갖 안도하는 말들을 프랑스 정부에 보고한 뒤 "그렇지만 히틀러-파펜-후겐베르크 내각은 독일과 유럽 모두에 위험한 실험입니다"라고 경고했다. 프랑수아-퐁세는 보수 정치인들과 나치 사이 관계의 본질 그리고 그 관계의 위험성을 명확하게 꿰뚫어 봤다. "이는 남은 세력을 지키려고 위기를 준비하고 일으킨 사람들의 의도가 담겼다는 게 확실합니다. 아직 나치의 힘은 상당히 큽니다. 나치가 남용하려고 하면서 더는 포기하지 않으려고 할 행동 수단을 손에 넣을지 말지는 지켜봐야 합니다."[64] 검사장 출신인 루트비히 에베르마이어Ludwig Ebermayer도 비슷한 걱정을 했다. 그는 아들에게 "이런 정부가 반년만 지속되어도 특히 외교 정책에서 큰 피해를 입을 수 있어"라고 말했다. 그는 더 암울해하면서 "그러나 더 오래 지속될 거야. 어느 날 그냥 사퇴할 다른 어떤 내각과도 달라"라고 덧붙였다.[65]

히틀러 집권을 걱정한 사람들이 못 보고 넘어간 것 같은 중요한 점이 한 가지 있다. 프로이센 주정부를 넘어뜨린 파펜의 1932년 쿠데타 때문에 프로이센의 핵심 부서가 독일 정부 소속이 되었다는 사실이다. 히틀러는 헤르만 괴링을 프로이센 내무부 장관으로 임명하려고 준비했다. 그렇게 하면 괴링과 나치가 중요한 권력 요소인 프로이센주의 경찰을 장악할 수 있었다. 앞에서 이야기했듯, 슐라이허는 프로이센 경찰이 나치의 손아귀에서 벗어나게 하려고 파펜에게 쿠데타를 일으키라고 부추겼다. 하지만 슐라이허의 뒤를 이은 사람들은 그렇게 주도면밀하지 않았다.

나치의 궁극적인 목표는 총리 자리가 아니었다. 총리는 그저 권력을 넓히기 위한 첫걸음이었다. 괴벨스는 "첫 단계! 계속 싸워야 한다"라고 일기에 썼다. 그다음에는 히틀러 총리 아래 보수 성향 장관들의 이름을 적었다. "이 사람들은 얼룩이야. 지워야 해."[66]

'얼룩'을 '지우려는' 나치의 욕망과 괴링이 장악한 경찰이 이후 몇 달 동안 펼쳐지는 독일 역사를 판가름하는 조건이 된다.

# 7장

# 획일화

## : 시작된 탄압과 '국민 통합'

"국회의사당이 불탔다는 이유로 체포됐다. 불이 났다는 것조차 몰랐는데." 10대 때부터 공산당 운동가였던 리나 하그$^{Lina\ Haag}$의 말이다. 리나는 남편도 공산당 청년 모임에서 만났다.

화요일 오후 리나의 아파트 문 앞에 트렌치코트를 입고 회색 모자를 쓴 두 사람이 나타난다. '악랄한' 입과 노르스름한 얼굴도 점점 더 눈에 들어온다. 그리고 '차갑고 불쾌한' 소리가 들린다. 경관들은 서두른다. "그들은 내가 점심거리를 불 위에 올려놓았고, 아기를 돌보고 있어서 꼼짝도 못한다는 사실을 알았다"라고 리나는 훗날 회고한다. 그들은 상관하지 않는다. 경찰들은 리나의 딸을 이웃에 맡긴 후 옷걸이에서 그의 코트를 벗겨서 던졌다. 그들은 "가자! 서둘러!"라고 말한다. 리나는 그 경찰들이 새 주인들에게 '충성'을 증명해야 한다는 사실을 깨닫는다. 그들은 죄수들로 감옥을 채워야 한다. 리나의 말대로, "역사상 '가장 피를 덜 흘린' 혁명에는 희생물이 필요하다."

1933년 2월 28일이다. 전날 밤에는 국회의사당이 불길에 휩싸였다.

"계단을 내려갈 때 아파트 여기저기에서 문이 닫히는 소리가 들린다. 아주 부드럽고 조심스럽게 닫지만, 소리가 들린다." 거리로 나서자 갑자기 정말 추워진다. 리나는 등 뒤에 꽂히는 시선을 느낀다. 창문마다 그를 지켜보고 있다. "뒤돌아보지는 않았지만 알 수 있었다"라고 썼다. 경관들은 리나를 고테스첼 교도소로 데려가 독방에 감금한다.

그들은 리나의 남편을 이미 체포했다. 남편 알프레트 하그<sup>Alfred Haag</sup>는 뷔르템베르크 주의회의 공산당 의원이다. 28세의 최연소 의원이다. 리나는 남편을 외국으로 도피시키려고 했지만, 남편은 거절했다. "내가 돌볼 노동자들을 두고 떠나? 이제?"라며 남편은 아내의 제안을 거절했다. 새벽 다섯 시에 돌격대원들이 그를 잡으러 왔다. 히틀러가 총리가 된 지 며칠 지나지 않아서였다. "그들은 장롱을 열어젖히고, 옷들을 꺼내서 집어던지고, 서랍을 뒤집어놓고, 책상을 샅샅이 뒤졌다"라고 리나는 기억했다. 그들은 사실 특별히 무언가를 찾는 게 아니었다. 그저 난폭한 행동을 하는 데 관심이 있었다.

돌격대원들이 알프레트를 데려가려고 준비할 때 리나는 남편에게 "당신은 의원이잖아요!"라고 말했다. 돌격대원 중 한 명이 비웃었다. 그는 "의원이라니, 너네도 들었어?"라고 친구들에게 말했다. 이어서 하그 부부에게 "너네는 빨갱이잖아! 너희 쓰레기 같은 범죄 조직은 이제 깨끗이 처리될 거야!"라고 외쳤다.

리나는 창가에서 돌격대원들이 알프레트를 끌고 가는 모습을 지켜보았다. 돌격대원들이 남편을 때리기 시작하는 모습을 봤다. 리나는 어린 딸이 아버지에게 무슨 일이 일어나고 있는지 보지 못하도록 딸을 창가에서 떼어놓아야 했다.

리나는 크리스마스 특사 때 풀려난다. 알프레트는 그렇게 운이 좋지 않다. 정치범들끼리 정보를 주고받고, 리나는 많은 이야기를 듣는다. 게슈타포가 리나의 옛 친구를 뜨겁게 달아오른 난로에 밀어붙여 죽였다는 소식을 듣는다. 알프레트 소식도 듣는다. 알프레트는 오베러 쿠베르크 강제 수용소로 끌려갔다. 그곳에서도 체포되기 전과 똑같이 용기 있게 행동했다. 그가 나치 깃발에 경례하지 않겠다고 하자 교도관들은 그를 잔인하게 때렸다. 교도관들의 강요로 "나는 더러운 놈입니다. 나는 노동자들에게 거짓말하고, 그들을 배신했습니다!"라고 외치며 언덕을 기어올라야 했던 적도 있다. 알프레트의 얼굴은 피범벅이어서 알아볼 수 없었다.[1]

리나 하그가 체포된 지 몇 주 후 돌격대원들이 마리아 얀코프스키Maria Jankowski의 현관에 들이닥친다. 얀코프스키는 베를린 쾨페니크 구의회의 사회민주당 의원이다. 돌격대원들은 얀코프스키를 쾨페니크 본부로 데리고 간다. 그곳의 뜰에서 돌격대원들은 옷을 벗기고 나무판에 눕힌다. 그 후 검정-빨강-금색의 공화국 국기로 덮은 다음 2시간 동안 채찍, 곤봉과 쇠막대기로 마구 때린다. 때리면서 사회주의자와 공산주의자 노동자들의 이름을 대라고 하고, 국기를 "검정-빨강-똥"이라고 말하라고 한다. 그들은 "네가 실직 노동자들을 속였지? 불매운동을 할 나치 관련 기업 목록을 준비했지?"라고 물었다. 얀코프스키가 고통스럽게 울부짖을 때마다 괴롭히는 사람 중 한 명이 그의 얼굴을 낡은 넝마 조각들 사이로 밀어 넣었다.

얀코프스키는 훗날 "최소한 백 대 이상 맞은 후 난 나무판에서 떨어졌다. 그들이 나를 다시 끌어올린 후 얼굴을 너무 심하게 때려서 정신을 잃을 지경이었다"라고 회고한다. 돌격대원들은 "무엇보다 독일"이라는 구절이 들어간 독일 국가를 부르라고 한다. 1922년 이후 공식적인 국가가 되었지만, 훨씬 오랫동안 국가인민당을 상징하는 노래였다.

돌격대원들은 사회민주당을 떠나고, 다시는 정치 활동을 하지 않고, 매주 목요일마다 나치 사무실에 보고하겠다는 각서에 서명하도록 얀코프스키에게 강요한다. 그 후 갑자기 "나를 대하는 태도가 달라졌다"라고 그는 훗날 이야기한다. 그들은 그에게 물 한잔과 옷을 준다. 돌격대 지휘자는 부하 한 명에게 "숙녀를 밖으로 모셔다드려라"라고 명령하고, 정중하게 인사한다. 돌격대원들은 얀코프스키를 거리에 두고 간다. 그러자 지나가던 사람이 그를 병원으로 데려간다. 그는 간신히 살아남고, 평생 구타 후유증으로 고생한다. 그리고 화재 사건 직후 자신이 체포되었던 사실을 해외 언론에 알린다. 나치는 '잔혹 행위를 거짓 유포'한 혐의로 얀코프스키를 기소한다.[2]

이것이 나치가 "전국 봉기"라고 부르는 사건이다. 1932년 8월에는 잔혹한 포템파 살인 사건에 분노하는 사람들이 아직 많았었다. 이제 1933년 봄이 되자 돌격대원들은 법적인 제약을 거의 받지 않는다.

리나 하그는 "눈길을 돌리는 게 낫다. 이렇게 아름답고 행복한 독일에서 그렇게 많은 걸 보는 일은 좋지 않다"[3]라고 쓴다.

## 국회의사당 화재와 나치

히틀러가 총리가 되고, 헤르만 괴링이 프로이센 경찰을 장악한 게 무슨 의미인지 곧 명확해지기 시작했다. 1933년 2월 초부터 공산주의자, 사회민주주의자, 자유주의자, 평화주의자, 지식인과 언론인, 예술가, 인권운동가와 그들의 언론 등 나치에 반대할지도 모르는 사람이라면 누구든 겨냥해 법적 조치를 하거나 경찰을 동원하는 일들이 꾸준히 일어났다. 2월 4일, 힌덴부르크 대통령은 경찰이 정치 집회를 해산하고, 단체 결성을 금지하고, 언론을 폐쇄하는 광범위한 권력을 가질 수 있는 법령에 서명했다. 사회민주주의와 공산주의 신문들은 그 법령의 영향력을 곧장 느끼기 시작했다. 2월 14일, 베를린 경찰들이 공산당의 의회 사무실을 뒤졌고, 열흘 후에는 경찰이 공산당 베를린 본부의 문을 닫았다. 2월 17일, 괴링은 모든 프로이센 경찰들에게 '국가의 적들'에 맞서 총기를 사용하라고 명령했다. 2월 22일, 새 법령 덕에 '애국적인 조직들(돌격대, 나치 친위대, 철모단을 뜻했다)'의 조직원들은 보조 경찰로 등록할 수 있었다.[4]

2월 27일의 국회의사당 화재로 상황은 놀랄 만큼 달라졌다.

주로 나치의 대응 때문에 국회의사당 화재가 그렇게 중요해졌다. 히틀러 정부는 총선거를 다시 치르기 엿새 전에 국회의사당 본회의장에서 일어난 화재가 테러범의 방화이자 공산주의자 폭동의 서막이라고 주장했다. 다음 날 아침, 비상사태를 이용해 공식적으로는 '국민과 국가를 보호하기 위한 대통령 긴급명령', 비공식적으로는 '국회의사당 화재 법령'으로 알려진 긴급명령을 내각이 통과시키고, 힌덴부르크 대통령이 서명했다. 이 긴급명령은 언론과 집회의 자유, 우편과 전보의 비밀 유지, 무단으로 수색·체포·구금되지 않을 자유를 단번에 없애버리면서 민주적인 바이마르 공화국 헌법의 중심을 뒤흔들었다. 국회의사당이 불타는 순간부터 정부는 전국에서 수천 명을 체포하면서 반대파를 강력하게 탄압했다. 국회의사당 화재 법령은 12년에 걸친 히틀러 독재정권의 법적 토대가 되었다. 어떤 학자들은 그 긴급명령을 히틀러 제국의 헌법이라고 불렀다.[5]

국회의사당 화재가 히틀러 정권에 너무나 큰 역할을 했기 때문에 당시에 나치를 제외한 사람들 대부분, 그리고 훗날 많은 사람이 그 화재가 분명 나치 자작극이라고 생각했다. 그러나 1933년부터 화재 원인이 무엇인지 논란이 많았고, 아직도 역사학자들은 그 문제로 논쟁을 벌이고 있다.[6]

주된 논란거리는 범죄 현장에서 잡힌 24세의 네덜란드 석공, 마리뉘스 판데르 뤼버다. 판데르 뤼버는 성냥과 불쏘시개(나프탈렌을 덮은 톱밥 덩어리로, 당시 가정용 난로의 불을 피우기 위해 흔히 사용했다)를 가지고 저녁 9시 10분쯤 국회의사당 건물의 2층 유리창을 깨뜨리고 침입한 것 같다. 판데르 뤼버는 거의 텅 비어 있고 어두운 국회의사당을 뛰어다니면서 여기저기 불을 놓았다. 그러나 불 대부분은 금방 꺼져버렸다. 그가 가지고 온 도구로는 두꺼운 떡갈나무 가구와 벽을 거의 태우지 못했다. 아침 9시 25분에 경찰이 건물 안에서 그를 발견해서 체포했다. 그는 웃옷을 벗고 땀을 뻘뻘 흘리고 있었다.

판데르 뤼버는 불길이 치솟은 본회의장을 포함해 국회의사당의 모든 불을 자기 혼자 질렀다고 굳건하게 주장했다. 여러 달에 걸쳐 잔인하게 취조당하고, 재판받고, 나치에게 사형당한 1934년 초까지 계속 그렇게 주장했다. 나치 무리가 불을 질렀다는, 설득력 있는 주장에 시달리던 나치가 재빨리 판데르 뤼버의 증언을 이용하긴 했지만, 당시에는 그 말을 믿는 사람이 거의 없었다. 범인이 한 사람뿐이라면 판데르 뤼버가 범인이고, 나치는 혐의를 벗을 수 있었을 것이다. 안성맞춤으로, 판데르 뤼버는 네덜란드 공산당원 출신이었다.

그러나 지금의 과학기술로 판단할 때 판데르 뤼버 혼자 불을 지르는 일은 거의 불가능했다. 화재가 건물에 끼치는 영향을 연구하는 과학자들의 독립적인 여러 연구로 확인된 사실이다. 다른 요소들도 과학적인 증거를 뒷받침한다. 판데르 뤼버의 상태를 보면 더욱더 단독범이라고 생각하기 어렵다. 그는 직장에서 부상을 당해 80% 가까이 시력을 잃었고, 화재 당시에 국회의사당 내부는 거의 깜깜했다. 판데르 뤼버는 이전에는 한 번도 국회의사당 안에 들어가 본 적이 없어서 본회의장이 뭔지도 모르는 것 같았다. 그는 그곳을 "교회"라고 불렀다.

경찰과 전문 조사관들은 국회의사당 건물에서 마리뉘스 판데르 뤼버의 단독 범행이 아니라는 물리적인 증거를 찾아냈다. 등유나 휘발유를 태웠을 때만 나오는 그을음과 횃불의 잔해가 환기구에 묻어 있었다. 그런데 판데르 뤼버뿐 아니라 아무도 그가 기름통이나 횃불을 들고 있었다고 주장하지 않았다. 몇몇 경찰과 소방관들은 증거가 분명하지는 않지만, 건물에서 등유나 휘발유의 흔적을 발견했다고 생각했다. 판데르 뤼버 자신이 어떻게 본회의장에 대규모 방화를 할 수 있었는지 논리정연하고 설득력 있게 설명하지 못했다는 점이 더 중요하다. 그는 불타는 천을 들고 뛰어다닐 때 자연스럽게 불이 붙었다고 생각했다. 결국 그는 자신이 방화할 수 없었던 큰 불을 봤다고 증언했다.

판데르 뤼버가 혼자 행동한 게 아니라면 누군가의 음모에서 희생양이 된 게 거의 분명했다. 그렇다면 누구의 음모였을까? 공범자가 구체적으로 누구였는지는 아직도 의문이고, 우리는 확실한 답을 찾지 못할지도 모른다. 그러나 1933년 2월의 상황에서 나치가 아니면 누가 경찰이 찾을지도 모르는(아니면 적어도 찾고 싶어 할) 흔적을 남기지 않고 여러 공범자를 국회의사당에 드나들게 할 수 있는지 상상하기 어렵다.

이러한 상식적인 논쟁 말고도 나치 돌격대의 특정 집단이 범인이라는 몇몇 구체적인 증거도 있다. 2차 세계대전 후 뉘른베르크 전범 재판소에서 1933년에 나치의 비밀경찰 간부였던 루돌프 딜스와 한스 베른트 기제비우스Hans Bernd Gisevius는 돌격대원이었던 한스 게오르크 게베어Hans Georg Gewehr가 국회의사당 화재의 주범이었다고 증언했다. 게베어는 혐의를 부인했지만, 1933년에 그는 돌격대원들 중 방화 전문가로 유명했다. 게베어는 국회의사당에 불이 났던 밤에 어디에 있었는지에 관해 일관성도 신뢰성도 없는 말을 했다. 그리고 화재 사건 후 최소 한 번 이상 자신이 그 일에 관여했다고 자랑했다고 한다.

누가 국회의사당에 불을 질렀느냐는 문제는 그저 재미있는 역사 퀴즈로 끝나지 않는다. 나치에 대한 두 가지 중요한 사실을 보여준다. 첫 번째는 나치가 권력을 얻고 유지하기 위해 돌격대원들 그리고 그들의 폭력에 아주 많이 의지했다는 점이다. 1920년대 말 이후 돌격대원들은 상습적으로 폭력 행위를 저지른 후 공산당원들에게 책임을 떠넘기려고 했다. 이는 보통 더 큰 폭력 행위로 이어졌다. 1932년 1월의 펠제네크 주말농장 습격은 여러 사건 중 한 가지 사례일 뿐이었다. 국회의사당 화재 역시 그러한 사건 중 하나일 가능성이 높다.

한편 돌격대원들은 불을 질렀든 아니든 화재 사건 후 며칠과 몇 주 동안 마음껏 폭력을 휘둘렀다. 이러한 폭력, 그리고 그러한 폭력 때문에 생긴 공포가 반대파를 억누르고 새로운 정권에 대한 지지를 단단히 확보하는 데 정말 중요한 요소였다. 그게 집권하기 오래전부터 나치가 생각했던 일이었다. 1932년 8월에 히틀러와 힌덴부르크가 만난 직후, 파펜 정부의 국무부 장관이었던 에르빈 플랑크는 브뤼닝 정부의 국무부 장관이었던 헤르만 퓐더Hermann Pünder에게 히틀러가 총리가 되면 나치가 돌격대를 국회로 보내 "마르크스주의자들"을 몰아낸다는 계획을 세우고 있다고 말했다. 퓐더는 이를 기록하며 "그뿐 아니다. 헬도르프 백작(베를린 돌격대 지휘관)은 돌격대를 며칠 동안 풀어놓으면 명단에 기록한 5천 명 정도의 반대파 마르크스주의자들이 '해를 끼치지 못하는 사람이 될' 것이라고 말했다"라고 썼다. 또한 백작의 말이 사실인지 의심하며 "나는 분명 나치의 그러한 행동을 그냥 넘기지 않겠다"라고 썼다. 퓐더가 서술한 일들은 국회의사당 화재 이후 실제로 벌어졌다.[7]

두 번째는 나치가 권력을 얻고 다지는 일을 얼마나 주도면밀하게 전략적으로 생각했느냐는 점이다. 역사학자 이레네 슈트렝에Irene Strenge는 이를 그들의 "집권을 향한 합법적인 길"로 묘사했다.[8] 앞에서 이야기했듯, 나치는 힌덴부르크 대통령이 히틀러를 총리로 임명하지 않으려는 상황을 극복해야 했다. 탄핵이나 기소당할 수 있다고 위협하는 게 가장 효과적인 무기였고, 효과가 있었다. 그다음 좌파와 다른 완강한 반대파가 조금이라도 권력을 가지지 못하도록 몰아내고, 제대로 반대할 수 없게 만들었다. 국회의사당 화재, 나치의 경찰 장악, 돌격대 배치 모두 이러한 목적으로 활용했다. 나치는 최소한 1931년부터 돌격대를 이용해 권력을 다지겠다고 생각하고 있었다. 돌격대의 활동은 나치 정권이 들어선 지 첫 몇 주 동안 내려진 긴급명령의 뒷받침을 받았다. 반대파 정치인들이 활동하지 못하도록 자유주의 언론과 좌파 언론을 폐쇄하고, 경찰이 정치 모임과 집회를 해산할 수 있게 한 긴급명령이었다. 주로 빌헬름 프리크가 바이마르 공화국의 선례를 꼼꼼히 살펴보면서 국회의사당 화재 법령과 함께 그 긴급명령의 초안을 만들었다. 결정적으로, 국회는 국회의 모든 입법권을 히틀러 정부에 위임하는 수권법을 통과시켰다. 이 역시 나치가 오랫동안 계획했던 부분이었다. 괴벨스가 1932년 8월 일기에 그러한 내용을 썼고, 히틀러가 힌덴부르크와 협상하면서 요구사항 중 하나로 반복해서 이야기했던 내용이었다.

나치의 집권 계획은 대략 준비되었지만, 늘 뜻대로 진행되지는 않았다. 계획을 실행할 능력이 부족할 때도 있었고, 나치 운동의 핵심인 야만성 때문에 전략적인 목표가 설 자리가 없을 때도 있었다. 어쨌든 인정사정없이 권력에 집착하는 나치는 실제로 어떻게 권력을 얻을지에 대해 많은 시간을 쏟아 머리를 짜냈다.[9]

1931년 11월, 나치에서 탈당한 헤센주의 정치인이 프랑크푸르트 경찰에 몇몇 문서를 넘겼다. 문서 중에는 공산당이 쿠데타를 일으키면 나치가 반反쿠데타로 대응한 후 발표할 성명서 초안도 있었다. 성명서를 보면 나치가 1918년 11월 혁명을 얼마나 충격적인 경험으로 여겼는지 알 수 있다. 그들은 1918년 혁명 때 겪었던 일을 바탕으로 미래 계획을 세웠다. 이번에는 우파가 좌파에 반격하겠다는 점이 달랐다.

성명서 초안에는 "최근 며칠(몇 주) 동안의 사건으로 중앙정부와 주정부의 집권자들은 사라졌다"라고 쓰여 있었다. 이어 읽으면 나오는 "1918년 11월처럼"은 법적으로 새로운 상황이 생겼다는 뜻이었다. "방치된 국가권력을 국민의 구원을 위해 차지하고 휘두를 권리와 의무"를 나치 지도부에게 부여한 시나리오에 따르면, 이제 나치 돌격대나 다른 준군사조직이 권력을 잡는다. 치안을 강화하고 식량 공급을 통제하는 게 시급한 과제다. "국민을 가장 엄격한 규율로 규제하고, 군대를 인정사정없이 단속해야 과제를 이룰 수 있다. 이를 위해서 국민들이 돌격대나 다른 준군사조직의 명령에 무조건 복종해야 한다. 어기면 죽을 각오를 해야 한다." 이러한 명령을 어기는 범죄를 심판할 즉결 재판소가 설치될 것이었다. 또 16세 이상 독일인은 모두 의무 노동을 하지 않으면 식량 배급을 받지 못할 것이었다. 그러나 시나리오에서 유대인은 분명 노동의 의무도 배급받을 권리도 모두 없었다.[10]

그 문서는 헤센 출신의 젊은 변호사로 나치 운동가인 베르너 베스트Werner Best가 작성했다. 베스트는 이후 게슈타포에서 고위직에 오르고, 나치 친위대에서 악명 높은 라인하르트 하이드리히Reinhard Heydrich의 부관이 된다. 그 문서는 베스트가 헤센의 몇몇 나치 지도자들에게 문서를 보여준 장소 이름을 따서 "복스하이머 문서Boxheimer Dokumente"로 불렸다. 이 문서는 '합법성'을 강조해 온 히틀러의 위선적인 말들과 명백하게 모순되기 때문에 나치 지도부는 곤란해졌다. 괴벨스의 신문인《데어 안그리프》는 "만약 공산주의자들이 피비린내 나게 정권을 빼앗는다면" 어떻게 물리칠지 베스트가 순전히 개인적으로 계획을 세웠다고 주장했다. 동시에 항상 공산주의자들이 공격하고 자신들은 방어한다는 점을 강조하려고 했다. 괴벨스의 신문은 또한 베스트가 "가장 치밀한 모스크바의 명령에 따라 폭력적으로 국내 권력을 장악하려는 공산당의 계획"에 대처할 방법을 연구했다고 보도했다.[11]

복스하이머 문서가 그저 베르너 베스트의 일시적인 공상만 보여주는 게 아니라는 증거는 상당히 많다. 1931년 9월 초, 베스트는 나치 지도부에 자신의 계획을 보고했다. 괴벨스는 얼마 후 일기에 히틀러와 '돌격대 문제들', '뭘 할지'에 대해 나눈 대화를 기록했다. 괴벨스는 "독일공산당이 공격하면. 구체적인 행동 계획. 난 동부 전체의 경찰을 지휘할 거다. … (돌격대를 지휘하는 볼프-하인리히 폰) 헬도르프 백작. 나의 군사 지도자. 우리는 함께 잘할 거야"라고 썼다. 이는 베스트가 작성한 시나리오와 아주 비슷하다.[12] 6개월 후인 1932년 봄, 베를린 경찰은 '비상사태'가 생겼을 때의 돌격대 동원 계획을 발견했다. 민주 세력이나 좌파 세력이 쿠데타나 반쿠데타를 일으켜 비상사태가 생겼을 때에 대비한 계획이었다.[13] 히틀러가 집권하기 전날 밤인 1933년 1월 29일, 군사 쿠데타가 일어난다는 소문이 돌았고, 괴벨스는 헬도르프와 베를린 경찰 관리 발터 베케Walther Wecke가 대책을 함께 세우고 있다고 일기에 적었다.[14] 2월 1일, 괴벨스는 "빨갱이를 어떻게 경계할지 히틀러와 함께 의논했다. 아직 현재까지는 아무런 대책이 없다. 먼저 빨갱이들이 벌컥 화를 내게 하자"라고 기록했다. "벌컥 화를 내게 하자"가 나치의 전략적 기본 원칙을 간결하게 요약한다.[15]

히틀러 정부가 들어선 지 첫 몇 주 동안 나치가 준비했던 게 분명 그렇게 벌컥 화를 내게 하는 전략이었던 것 같다. 새로운 비밀경찰 수장 루돌프 딜스는 나치 지도자들이 공산주의 폭동을 "갈기갈기 찢어놓을 먹이가 나타나기를 기다리는 호랑이처럼" 기대에 부풀어 기다리고 있다고 썼다. 프로이센 내무부 장관 헤르만 괴링은 나치가 공산당을 불법화하려고 하면 공산당이 "은신처에서 나와야 할 것"이라고 믿었다.[16]

그러나 공산주의자들은 봉기를 일으키려고 하지 않았다. 이오시프 스탈린 소련 서기장이 독일 공산주의자들에게 반란을 일으키지 말라고 했고, 공산주의 이데올로기에 따르면 히틀러가 집권한 게 자본주의가 곧 실패하고 공산주의가 승리하리란 조짐이기 때문이었다. 나치 지도자들이 독일 공산주의자들의 이러한 약점을 이해했을 것이라는 증거들도 있다. 히틀러는 2월 초 내각 회의에서 선거운동 기간에 공산당의 위협을 최소화하려고 공산당을 금지하는 게 "심리적으로 적절한지" 의문이라고 큰 소리로 말했다.[17]

결국 나치에게 필요했고, 나치가 계획해 온 계기를 국회의사당 화재가 제공했다. 공산주의 쿠데타 미수 사건이 나타났기 때문에 나치가 돌격대를 동원할 수 있었다.

폭력 행위가 나타나면 공산주의자에게 책임을 떠넘기면서 자신의 폭력을 정당화하는 게 나치의 전략이었다. 그러려면 적당히 부정직하고 언론 조작을 잘해야 했다. 괴벨스의 주된 임무였다.

괴벨스는 1933년 11월의 마리뉘스 판데르 뤼버 재판에서 증언하면서 나치가 공산당원의 폭력에 대처했다고 설명하는 사례를 잘 보여줬다. 괴벨스는 1930년에 호르스트 베셀Horst Wessel이라는 나치 돌격대원이 살해당한 이야기부터 시작했다. 공산당원이었던 노동자들을 전향하게 해서 나치로 많이 데리고 왔던 나치 운동가를 겨냥한 계획적인 암살이라고 했다. 사실은 베셀과 집주인이 집세 때문에 말다툼을 벌이다 벌어진 살인이었다. 괴벨스는 그다음 1932년 초에 나치가 펠제네크 주말농장을 습격했던 사건을 이야기하면서 공산당원들이 매복 작전을 미리 계획하고 있었다고 주장했다. 사실은 공산당원인 프리츠 클렘케를 죽이려고 150명 정도의 돌격대원들이 펠제네크를 군대처럼 공격한 사건이었다. 괴벨스는 연달아 마지막으로 국회의사당 화재 사건을 이야기했다.[18]

괴벨스가 국회의사당 화재를 얼마나 알고 얼마나 관여했는지와 상관없이, 계산된 거짓말로 공산주의자들에게 책임을 돌리는 선전을 했다는 사실은 거의 의심하기 어렵다. 나치가 정말 판데르 뤼버가 공산당을 대표해화재를 저질렀다고 생각한다는 내용은 괴벨스의 일기 어디에도 등장하지 않는다.[19] 경찰이 수집한 어떤 증거도 (경찰이 조작한 증거와 달리) 그러한 혐의를 뒷받침하지 않는다.

그 시대 독일에는 여론조사가 없었기 때문에 많은 독일인이 나치의 선전을 받아들였는지 확실히 알 수는 없다. 그러나 활용할 수 있는 모든 증거에 따르면, 이미 나치를 지지했던 사람들은 선전을 믿었고, 나치를 반대하는 사람들은 믿지 않았다고 할 수 있다. 브라운슈바이크에 살던 한 여성은 3월 초에 네덜란드에 사는 딸에게 보낸 편지에서, 나치가 국회의사당에 불을 질렀을지도 모른다고 외국 언론에 이야기해서 사회민주당 언론인이 체포되었다는 소식을 전했다. 이어서 "더는 놀랄 필요도 없어. 외국 언론은 언제나 나치에 대한 그런 가짜 뉴스를 퍼뜨리니까"라고 썼다. "독일 국민이 히틀러를 얼마나 사랑하고, 찬양하고, 숭배하는지" 어떤 외국인도 아마 이해할 수 없을 것이라고도 덧붙였다.[20]

브뤼닝은 훗날 지난 세월을 돌아보면서, "국회의사당 화재와 범인이라고 하는 사람에 대한 뉴스를 접하면서 많은 사람들이 더는 정부의 폭력

행위에 대해서 화를 내지 않게 되었다. 사람들은 마비된 것 같았다"라고 생각했다.[21]

## 비합리성, 그리고 환멸

괴벨스는 사람들을 어떻게 설득할지 생각을 거듭했다. 그러나 히틀러나 루덴도르프와 달리, 다른 종류의 정치 선전에는 관심이 없었다. 그는 상업광고를 본떠서 정치 선전을 했다. 괴벨스는 광고가 간단하면서도 어느 정도 잠재의식에 파고드는 메시지를 끊임없이 반복하면서 소비자에게 영향을 주는 걸 목표로 삼아야 함을 알고 있었다. 그러려면 귀에 쏙 들어오고 기억하기 쉬운 구호가 정말 중요했다.[22] 괴벨스는 뭐든 금방 배우는 사람이었다. 히틀러의 이미지를 포장하고 선전하는 기술은 당대 최고의 상업광고에 맞먹을 만큼 세련되거나 더 뛰어났다.[23] 히틀러가 괴벨스를 새로 만든 '국민계몽선전부' 장관으로 임명하자 독일의 광고 전문가들은 (일거리를 잃었다고 생각해서) 어느 정도 실망하기도 했지만, 깊은 인상을 받기도 했다. 정부는 그들이 한 번도 상상해 본 적 없는 규모로 광고를 해서 광고의 중요성을 강력하게 보여줬다. 광고 전문가들은 괴벨스도 자신들처럼 광고 전문가라고 자랑스럽게 주장했다.[24]

　나치 추종자들은 계몽주의에서 말하는 합리성의 기준을 경멸하고, 실제로 반기를 들면서 비합리성을 숭배했다. 나치의 냉소적이고 부정직한 선전도 상당히 이에 힘입었다. 1920년대와 1930년대에 많은 사람들은 그렇게 이성에 저항하는 게 민주주의의 고질병일지도 모른다고 생각하기 시작했다.

　유럽은 1870년대부터 서로 관련된 두 가지 특징이 점점 더 두드러졌다.

첫 번째는 대부분 유럽 국가에서 일반 대중이 참여하는 선거 정치가 등장했다는 점이다. 1871년에는 유럽의 주요 국가 중 독일과 프랑스에서만 모든 성인 남자가 총선거에서 투표할 수 있었다. 비교적 민주적인 영국에서조차 일정 수준의 세금을 낼 수 있는 사람에게만 투표권이 있었다. 수많은 노동자에게는 투표권이 없었다. 그러나 여러 차례 개혁을 거친 끝에 1914년에는 대부분의 주요 유럽 국가에 '성인 남성 선거권'에 가까운 뭔가가 있었고, 여성 참정권도 분명 생겨나고 있었다.

두 번째는 교양 있는 유럽인들이 오래전 중세 때에나 널리 퍼졌다고 생각했던 증오, 편견과 미신이 다시 등장했다는 점이다. 많은 유럽인은 두 번째가 첫 번째와 관련이 있다고 생각했다. 19세기에서 20세기로 넘어갈 때, 중부 유럽과 동유럽에 '의식을 치르기 위한 살인'에 대한 소문이 퍼졌다. 유대인들이 기독교인 아이들을 죽인 후 그들의 피를 사용해 무교병을 만들었다는 소문이었다. 한편 전 세계 사람들이 모여드는 프랑스에서조차 유대계인 알프레드 드레퓌스 대위에게 반역죄를 뒤집어씌우는 일이 1894년에 벌어져, 새롭고 악랄한 반유대주의와 관련된 사건이었음이 드러났다. 1903년, 베를린에서 가장 유명한 변호사이자 책과 잡지에 글을 쓰는 세련된 작가인 에리히 젤로Erich Sello는 "얼마나 끔찍하게 얄팍한지 … 도덕적, 지적 야만성이라는 오래된 늪을 덮은 문화의 허울이 말이다"라고 개탄했다. 또 "교양 있는 이들 사이에서 스스로를 자랑스럽게 여기던" 사람들은 "전염병 때문에 마녀로 박해받던 공포를 더는 견딜 수 없었다. 그저 과거의 불길한 전설일 뿐이고, 계몽과 관용의 우리 황금기에는 더는 두려워할 필요가 없는데도"[25]라고 쓰며 절망했다.

유럽 사상가들은 이렇게 비합리성이 늘어나는 현상, 그리고 이 비합리성이 정치에 끼치는 영향에 특히 관심을 보이기 시작했다. 프랑스 사회학자 귀스타브 르봉은 군중 행동에 대한 이론을 내놓아서, 독일 철학자 프리드리히 니체는 인습적인 도덕을 끈질기게 파헤쳐서, 오스트리아의 정신분석가 지그문트 프로이트는 인간이 이성적인 사고가 아니라 성적인 욕구를 바탕으로 행동한다고 주장해서 유명해지고 영향력 있는 인물이 되었다. 여기저기에서, 심지어 한때는 냉철한 논리의 전형이었던 법학 같은 학문에서조차 비합리성에 매료되기 시작했다.

1차 세계대전 경험 때문에 더욱 비합리성을 받아들이게 되기도 했다. 그 전쟁에는 합리적인 면이 하나도 없었다. 기관총의 포화 속으로 천천히 걸어 들어간 게 무슨 소용이 있었을까? 죽거나 다친 사람들의 희생에 상응하는 무언가를 전쟁에서 얻을 수 있었던 나라는 하나도 없었다. 1차 세계대전이 벌어진 4년 내내 어느 나라 사람이든 원초적인 증오를 강조하는 선전을 계속해서 들어야 했다.

히틀러는 의도적인 부정직성, 대중의 비합리성에 대한 걱정, 그러면서도 이러한 비합리성에 빠져들고 싶은 욕망 등 이 모든 걸 모두 이용했다. 나치가 역사를 해석하는 열쇠로 인종을 강조하고, 모든 문제의 해답을 인종에서 찾았던 사고방식은 전쟁 전의 비합리성 그리고 전쟁 때의 폭력에서 자라났다. 인종에 대한 나치의 사고방식은 대놓고 반지성적이었다. "피 끓는 생각"이 나치의 좌우명이었다.

유럽의 다른 곳에서는 이러한 인종 이데올로기가 공격받기 시작했다. 1930년대 프랑스에서는 뭔가 부정적인 의미로 '인종차별racism'이라는 개념이 생겨났다. 영국에서는 독일에서 자행되는 인종차별에 대한 반대가 점점 더 강해졌다. 하지만 이러한 비판 자체가 모호할 때가 많았다. 우생학을 지지하는 영국 생물학자 줄리언 헉슬리Julian Huxley는 나치가 대의를 해치고 있다고 생각했다. 나치의 인종차별주의에 대한 그의 기록은 그보다 더 신랄할 수 없었다. 헉슬리는 "우리 이웃인 독일인은 자신이 흰 피부에 금발, 길쭉한 머리, 키가 크고 남성적인 모습이라고 생각하고 싶어 한다"라고 썼다. 또한 나치 인물들의 특징들을 지적하며 나치의 주장을 비꼬았다. "히틀러처럼 금발이고(물론 금발이 아니었다), (알프레트) 로젠베르크Alfred Rosenberg의 두개골처럼 좁으면서 길고(실제로는 둥근 얼굴이었다), 괴벨스처럼 키가 크고(165센티미터 정도였다), 괴링처럼 호리호리하다면(통통하기로 유명했다) … 얼마나 이상적인 독일인에 가까운 모습일까?"라고 비꼬았다.[26]

합리성에 대한 거부는 나치 운동 그리고 바이마르 공화국의 극우파 대부분이 정말 중요하게 여겼던 서구 자유자본주의에 대한 거부와 맞물릴 때가 많았다. 1차 세계대전 동안 독일의 소설가 토마스 만은 독일 '문화'를 찬양하면서 자신이 깎아내리던 영국과 프랑스의 자유자본주의 '문명'과 비교했다. 그는 나중에 마음을 바꿨지만, 다른 사람들은 그러지 않았다. 보수 성향 민족주의 작가 에트가어 율리우스 융은 베르사유 조약과 국제연맹은 "1789년에 거둔 승리의 상징"이었다고 경멸하듯이 썼다. 1789년에 거둔 승리는 다시 말해 프랑스혁명의 자유주의, 민주주의적 가치관을 의미했다. 바이마르 공화국 역시 "계몽주의 운동으로 인해 뒤늦게 유럽 한복판에 등장했다", 독일인은 "전통, 혈통과 역사 정신"으로 계몽주의 운동에 반대해야 한다고 융은 말했다.[27]

당대 상황을 예리하게 관찰한 사람들은 나치가 비합리성에 호소하면서 어떻게 이득을 얻었는지 잘 알았다. 훗날 미국에서 경영관리 전문가로 유명해진 피터 드러커Peter Drucker도 예리한 관찰자였다. 1930년대에 그는 독일에서 신문기자로 일하면서 법학을 공부했다. 드러커는 빈의 유대인 가정에서 태어났고, 오스트리아 지식인들과 잘 알고 지냈다. 유명한 경제학자 조지프 슘페터, 프리드리히 하이에크와 루트비히 폰 미제스는 가족의 친구들이었고, 유명한 법학자 한스 켈젠은 그의 삼촌이었다.

드러커는 역사학자들이 수십 년이 지난 다음에도 계속 알아내려고 애쓰는 몇몇 나치즘 요소를 직감으로 알아차렸다. 그는 나치와 파시즘의 주장이 자본주의뿐 아니라 사회주의에 대한 신념도 잃어버린 분위기에서 자라났다고 생각했다. 어떤 사회문제에도 건설적인 해답을 찾을 수 없어서 나치 사상은 그저 모든 것에 반대할 수밖에 없었다. 상반되는 것을 모두 반대하기까지 했다. 자유주의와 보수주의를 모두 반대하고, 신앙심이 깊은 사람과 무신론자를 모두 반대하고, 자본주의자와 사회주의자를 모두 반대하고, 무엇보다 유대주의를 반대했다.

이를 특별히 예리하게 관찰한 드러커는 사람들이 나치의 말을 믿어서가 아니라, 믿지 않는데도 나치즘이 성공했다고 말했다. 그는 "나치에 적대적인 언론, 적대적인 영화계, 적대적인 교회와 적대적인 정부가 나치의 세력이 커지는 모습을 유심히 보고 있었다. 나치의 거짓말, 나치가 하는 말의 모순 그리고 나치가 얼마나 지킬 수 없는 약속을 하고, 하는 일은 또 얼마나 위험하고 어리석은지 지치지 않고 알려줬다"라면서, "만약 나치의 약속이 합리적이라고 믿어야 나치 당원이 될 수 있었다면 아무도 나치 당원이 되지 못했을 것"이라고 결론을 분명하게 내렸다.[28]

드러커는 나치 선동가의 말을 듣고는 그 말이 나치 사상을 가장 잘 설명한다고 생각했다. "몇 년 전, 농민들이 모여 열광적으로 환호성을 지르는 곳에서 그가 선언하는 말을 들었다. 그는 '우리는 빵값이 내리기를 바라지 않는다. 빵값이 오르기를 바라지도 않는다. 빵값이 변하지 않기도 바라지 않는다. 우리는 민족사회주의(나치)의 빵값을 바란다'라고 선언했다." 논리적인 일관성이 없는 분노와 증오가 만족스러운 사회 발전을 결코 이뤄줄 수 없었기 때문에, 나치는 이러한 식의 비합리성에 의지할 수밖에 없었다.[29] 나치즘은 "기적을 통해서만 과제를 이룰 수" 있었다. 높은 빵값, 낮은 빵값, 변하지 않는 빵값 "모두 실패했다. 그래서 유일한 희망은 이것들과는 다르고, 아무도 본 적이 없고, 이성을 벗어나는 어떤 빵값에 있었다"라고 드러커는 말했다.[30]

그 결과, 빈곤층과 소외계층을 위해 가장 열심히 싸워온 독일인이 대중의 민주주의 역량에 가장 환멸을 느끼는 경우가 많았다. 1930년 선거에서 나치가 처음으로 높은 득표율을 기록했을 때 프로이센 주총리 오토 브라운은 민주주의 사상이 실패한 게 아니라고 주장했다. 그보다 "갑자기 어깨에 얹힌 책임감"을 감당할 자격을 증명하지 못한 "상당히 많은 독일인"에게 실패의 책임이 있다고 했다.[31] 1933년 초, 노련한 사회민주당 정치인이자 변호사인 볼프강 하이네Wolfgang Heine는 친구 카를 제베링에게 편지하면서 "내가 보기에는 노동자 계급 역시 민주주의에 대한 의지가 아직 무르익지 않은 것 같다"라고 썼다. 제베링은 답장에서 "말할 것도 없다"라면서 동의했다. 그는 바이마르 헌법 때문에 그러한 결과가 나온 게 아니라고 지적했다. "정치 교육을 받지 못한 사람들, 그들에게 주어진 권리를 제대로 사용하지 못하는 사람들"이 문제였다.[32] 혁명적 사회주의자 에른스트 톨러Ernst Toller는 1933년에 추방당한 후 완성한 우울한 자서전에서 비슷한 이야기를 했다. "사람들은 이성에 지쳤다. 생각하고 성찰하는 일에 지쳤다. 지난 몇 년 동안 이성이 무슨 역할을 했는지, 통찰력과 지식이 우리에게 무슨 도움이 되었는지 의문스러워 했다."[33]

관찰력이 뛰어난 정치 전문 기자 콘라트 하이덴 역시 독자들이 나치가 얼마나 진실을 외면하는지를 파악하게 하고 나치의 거짓말에 잘 대응하게 이끌지 못하는 자신에게 좌절했다. 하이덴은 어느 날, '살 빼려고 (산장으로) 가는 유대인'을 묘사하는 히틀러의 말솜씨에 감탄했다. "새로 산 노란 부츠를 신고, 사실은 거의 아무것도 넣지 않은 멋진 배낭을 멨지만, 이 사람은 절대 등산하지 않을 겁니다. 기차역에서 내린 후 즐겁게 호텔 바에만 드나들겠죠"라고 히틀러는 표현했다. 계속해서 "이런 사람들은 분명 우리 노동자 계급이 아닙니다"라고 말했다. 히틀러는 1913년이나 1914년부터 힘들게 버텨야 했던, 마르고 과로하고 가난한 '독일인'과 유대인을 대조했다. 하이덴은 히틀러의 연설에 관해 "반박해 봤자 의미가 없다. 새로 산 노란 부츠를 신은 통통한 아리아인들 역시 기차역 근처를 떠나지 않으려고 할 것이라는 사실을 말해 봤자 무의미하다"라고 한탄했다. 하이덴은 계속해서 "사람들이 반박하는 말을 듣고, 믿을 수도 있겠지만, 분명 다시 잊어버릴" 테니 무의미하다고 말했다. 그러나 '현란한 말솜씨'와 함께 새겨진 히틀러의 이미지는 "쉽게 사라지지 않는다. 그의 말을 한번 듣고 나면 절대 잊지 못할 것이다"라고도 했다.[34]

훗날 서독 대통령이 되는 테오도어 호이스 역시 《히틀러의 길*Hitlers Weg*》이라는 1932년 책에서 히틀러의 선전 기술에 감탄하면서 좌절한다. 호이스는 《나의 투쟁》에서 선전에 관한 구절들이 다른 내용보다 '더 정확하게 잘 써진' 점에 주목했다. 그리고 "무엇이 중요한지를 아는 사람의 이야기였다"라고 말했다.[35]

민주·중도 입장에서 사회 현실을 합리적으로 파헤치는 데 전념했던 언론과 하이덴 같은 기자들은 대공황 때문에 말 그대로 먹고살기 어려워졌다. 바이마르 공화국은 다른 무엇보다 《프랑크푸르터 차이퉁》, 《포시셰 차이퉁*Vossische Zeitung*》, 《베를리너 타게블라트》와 같이 훌륭한 자유주의 신문들로 유명했다. 그러나 이 신문들은 신문을 지탱해 온 중도 민주주의 지지층과 함께 몰락했다. 예를 들어 《프랑크푸르터 차이퉁》은 1918년에

히틀러를 선택한 나라

매일 평균 11만 부가 팔렸지만, 1932년에는 판매 부수가 절반으로 줄어들었다. 다른 두 신문의 운명도 비슷했다. 《프랑크푸르터 차이퉁》은 산업계, 특히 거대한 화학 기업 이게파르벤*IG Farben*의 자금 지원을 받고서야 살아남았다.[36]

이러한 자금 지원은 예상대로 신문 보도에 영향을 끼쳤다. 1930년, 낮에는 기자로 일했던 소설가 요제프 로트*Joseph Roth*는 메르제부르크의 로이나 지역 화학공장 때문에 생긴 공해를 보도했다. 이게파르벤의 이사는 로트의 상사에게 편지하면서 "온갖 수단, 추악한 방법까지 동원해 대기업을 향한 불만을 드러내는 기자들을 당신들은 내보내지 못했다"라고 불평했다. 《프랑크푸르터 차이퉁》은 또 콘라트 하이덴을 삽화와 여성 독자용 부록을 담당하는 부서로 보냈다. 당시 기준으로 남성 기자를 그 부서에 보내는 건 좌천이었다.

사실 나치는 언론과 법 집행(증거를 합리적으로 분석하는 게 다른 무엇보다 중요한 두 분야)에서 가장 확실하게 진실과 이성을 무시했다. 나치가 1920년에 밝힌 25개조 강령에서부터 얼마나 대놓고 꼼꼼하게 언론에 대한 계획을 세웠는지 앞에서 이야기했다. 나치는 집권하자마자 반대편 신문들을 폐쇄하기 시작했다. 비판적인 좌파 기자들은 교도소나 강제수용소에 갇혔다. 평화주의자이자 주간지 《디 벨트뷔네*Die Weltbühne*, 세계 무대》의 편집장이었던 카를 폰 오시에츠키와, 한때 '과대망상증 카페'의 붙박이였던 폭로 전문 기자 에곤 에르빈 키슈의 운명이 그랬다.

투옥되지 않은 기자들은 무슨 기사를 써야 하고, 어떻게 써야 하는지 매일매일 지침을 받아들이면서 재빨리 상황에 적응했다. 1933년 중반에는 모든 독일 신문들이 근본적으로 똑같은 내용을 보도했다. 외국 특파원들만 해외 독자들에게 진실을 이야기할 수 있었다. 그러나 그들마저 협박당하고, 들볶이고, 때때로 체포되기까지 했다. 그들이 보낸 전보가 차단될 때도 많았다. 최고의 기자였던 미국 특파원 에드거 앤설 모우러Edgar Ansel Mowrer는 결국 독일에서 추방되었다. 언제 돌아올 수 있을 것 같냐고 게슈타포 관리가 묻자 모우러는 "우리 나라 사람 2백만 명과 함께 돌아올 수 있을 때"라고 시비를 걸듯 대답했다. 무슨 뜻인지 알아차린 게슈타포 관리는 그런 일은 일어날 수 없다고 주장했다. 모우러는 "총통은 무슨 일이든 일으킬 수 있다"라고 말했다.[37]

히틀러는 총리가 되자마자 나치 언론의 대표들을 만나 "민족에 봉사하는 게 최고의 원칙이라는 생각으로 독일 언론 전체"를 교육하기 바란다고 말했다. 언론은 "독일의 생활과 정신을 잘 보여줘야" 하는데도, 이러한 임무보다 "오늘날 언론에서 중요한 부분이 된 다른 이해관계를 더 중요하게 여길 때가 많았다"라는 것이다. 또 "반국가적 선동"에 참여하기 위해 "자유를 남용하는 언론들"에 대해 분노를 참지 않겠다고도 말했다.[38] 1934년, 괴벨스는 이래라저래라 하지 않아도 사건이 생길 때마다 언론이 알아서 정확하게 대처한다면서 만족감을 드러낼 수 있었다. 그러나 늘 그러듯 "아직 자존심이 남아 있는 사람은 기자가 되지 않도록 정말 조심해야 한다"라고 일기에 썼다.[39]

판사, 변호사와 법 역시 히틀러가 가장 경멸하는 영역이었고, 히틀러 정권은 오랫동안 법의 합리성, 예측 가능성, 일관성을 망가뜨렸다. 집권 첫해의 국회의사당 화재 재판이 가장 두드러진 사례였다. 마리뉘스 판데르뤼버뿐 아니라 세 명의 불가리아인과 한 명의 독일인 공산주의 운동가까지 국가반역죄로 조사받았다. 독일 대법원 판사들은 이 공산주의자 네 명에게 무죄 선고를 하면서 약간의 용기를 보여줬다. 피고인들에게 불리한 증거가 존재하지 않거나 경찰이 우스꽝스러울 정도로 눈에 띄게 조작한 증거밖에 없었기 때문이었다. 히틀러는 재판 결과에 엄청나게 화가 나 새로운 법정을 만들라고 명령했다. '인민법정Volksgerichtshof'이라는, 특별히 정치범죄를 다루는 법원이었다. 히틀러가 총리가 된 제3제국 시대 내내 판사들은 총통을 불쾌하게 하는 판결을 내렸다는 이유로 직접 비난을 받거나 해임되기까지 했다. 권리와 의무를 명확하고 예측 가능하게 정해놓은 체계라는 법의 개념이 히틀러 정권에서는 모조리 뒤집혔다. 나치에 협조한 법학자들은 총통이 무슨 말을 하든 법적으로 끼워 맞춰 설명하느라 어려움에 빠졌다. 그런 법학자 중에는 한때 파펜과 슐라이허 정부에서 법률 자문을 맡은 카를 슈미트가 가장 악명 높았다. 법학자들은 헌법적 합법성이라는 오래된 개념 대신 '총통 권력'이라는 새로운 법 개념에 관해 이야기했다. 나치는 독일의 주요 법률, 특히 형법과 민법을 모조리 새로 개정하겠다고 말했지만, 개정을 마무리하지 않았다. 사실 그들이 직접 만든 법조차 히틀러가 멋대로 권력을 휘두르는 데 방해만 되었을 것이다.

## 하나의 제국, 하나의 국민, 하나의 지도자

히틀러가 총리 자리에 오른 뒤에도 나치는 마지막 선거라고 솔직하게 말했던 1933년 3월 5일 선거에서 승리해야 했다. 야당의 활동이 더욱 어려워진 상황에서 심각한 폭력으로 얼룩진 선거운동을 다시 한번 치른 후 나치는 43%의 득표율을 얻어냈다. 연립정부에 참여한 국가인민당의 득표율이 8%여서 두 당의 득표율을 합하면 국회에서 가까스로 과반수를 차지했다. 그러나 히틀러는 이 정도에 만족하지 않았다. 괴링의 언론 담당 비서였던 마르틴 조머펠트Martin Sommerfeldt는 선거일 밤, 히틀러가 괴링에게 "노인이 살아 있는 한 그 패거리를 제거하지 못할 거야"라고 말하는 걸

들었다고 주장했다. '노인'은 물론 힌덴부르크 대통령이었다. '패거리'는 파펜, 후겐베르크와 국가인민당을 의미했다.[40]

히틀러는 자신의 정부가 4년 동안 모든 입법권을 행사하는 '수권법'을 국회가 통과시키기를 원했다. 헌법을 개정해야 하는 이 법안이 통과되려면 국회의원 3분의 2 이상의 찬성이 필요했다. 히틀러는 다른 정당들을 위협하거나 회유해서 찬성표를 던지게 해야 했다.

새 국회는 1933년 3월 21일, 이른바 포츠담의 날에 개회했다. 베를린 남서부의 작은 도시인 포츠담은 오랫동안 프로이센 왕들의 터전이었고, 보수적인 프로이센 애국심의 정신적 고향이었다. 기성 보수주의자들은 1929년부터 히틀러의 인기를 자신들의 계획에 이용할 방법을 찾고 있었다. 포츠담의 날은 이른바 이러한 '국민 통합'을 보여주려고 계획한 행사였다. 국회 개회식 자체를 포츠담의 가르니존 교회에서 열었다. 보수적인 프로이센 애국심의 성지로, 프로이센에서 가장 위대한 왕들인 프리드리히 빌헬름 1세와 그의 아들 프리드리히 2세 '대왕'이 묻힌 곳이었다.

국민 통합이라는 개념에는 오랫동안 '1914년 정신'이라는 전설이 따라다녔다. 그래서 포츠담의 날에 열린 행사에는 어디든 1914란 숫자가 눈에 띄게 걸려 있었다. 루터교 예배에서는 지역 지도자 오토 디벨리우스가 "1914년 8월에 사람들은 하나의 제국, 하나의 국민, 하나의 신을 외쳤습니다. 오늘날에도 갈망하는 외침입니다"라고 말했다. 그는 "수십만 명의 형제자매들이 여전히 외국의 노예로 신음하고 있습니다. 자유를 위해 새롭게 싸워야 하는 게 언제나 우리 국민의 운명이었습니다"라고 연설을 마무리했다.[41]

예배 후 국회가 공식 개회했고, 군인들의 가두행진으로 그날 행사가 끝났다. 포츠담 수비대뿐 아니라 경찰부대, 나치의 돌격대와 친위대, '독일

히틀러를 선택한 나라

소녀연맹'까지 참가한 가두행진이었다. 히틀러는 정장을 입고 연설하며 열심히 힌덴부르크 대통령을 칭찬하고, 국민 통합을 부르짖었다. 힌덴부르크 대통령은 육군 원수 제복을 입고 나타나서는, 행사에 참석한 빌헬름 2세 황제 아들에게 남들 보란 듯이 경례했다. 왕정복고를 지지한다는 몸짓이었다.[42]

포츠담의 날은 또한 힌덴부르크와 히틀러의 조건이 일치하기 어렵다는 한계를 보여줬다. 히틀러는 일부러 예배가 열리는 교회에 가지 않았다. 대신 돌격대원들의 무덤을 찾았다. 사회민주당 의원들 역시 예배에 참석하지 않았다. 공산당원 중에서는 누구도 이날 행사에 나타나는 위험을 감수할 수 없었다. 이때쯤에는 체포되거나 해외로 도피했다. 디벨리우스마저 "공직이 독재 정치에 이용되지 말아야 한다"라고 날카롭게 지적했다. 나치는 "하나의 제국, 하나의 국민, 하나의 신"을 부르짖던 그의 외침에서 "하나의 신"만 "하나의 지도자"로 바꿔 의미가 완전히 다른 구호로 활용했다. 포츠담의 날은 국민의 3분의 1을 배제하고, 배제되지 않은 집단들조차 분명 의심스러워하는 우파의 국민 통합이 어떤 모습인지를 잘 보여줬다.[43]

이틀 후 국회의원들은 다시 만났다. 보통 토의할 일이 있을 때마다 사용하던 본회의장이 파괴된 바람에 국회의원들은 대신 근처의 크롤 오페라하우스에서 모였다. 히틀러는 갈색 돌격대 제복을 입었고, 나치 폭력배들이 많이 모여 있었다.

국회가 열리기 전, 사회민주당 의원들은 국회에 참석하는 위험을 감수할지 말지 결정해야 했다. 나치가 그들을 겨냥한 폭력을 계획했다는 그럴듯한 소문이 돌았다. 바이에른 출신 사회민주당 의원인 빌헬름 회그너는 "우리 의원들 중 절반만 살아서 도망쳐도 다행이었다"라고 인상적으로 설명했다. 사회민주당 의원들이 용감하게도 국회에 참석하기로 결단하고 갔을 때 "크롤 오페라하우스 앞 널찍한 광장에 수많은 사람이 빽빽하게 모여 있었다"라고 회그너는 기억했다. "사회민주당과 중앙당 의원들이 지나갈 때 '우리는 수권법을 원한다!'라고 한꺼번에 외치는 소리가 들렸다. 가슴에 나치의 상징인 만자 무늬를 단 청년들이 무례한 태도로 우리를 쳐다보더니, 길을 막았다. 그리고 '중앙당 돼지', '마르크스주의자 암퇘지' 같은 욕을 하면서 실제로 우리를 집중 공격했다. 크롤 오페라하우스에는 무장한 돌격대와 친위대들이 득시글댔다." 오페라하우스 안으로 들어간 의원들은 카를 제베링이 체포되고 마리아 얀코프스키 역시 체포되어 구타당했다는 이야기를 들었다. "우리 사회민주당 의원들이 맨 왼쪽 자리에 앉자 나치 돌격대원들과 친위대원들이 출입구 그리고 우리 뒤의 벽을 따라 반원을 그리며 줄지어 섰다. 그들의 표정을 보니 조짐이 좋지 않았다"라고 회그너는 당시를 떠올렸다.[44]

포츠담에서는 '1914년 정신'이라는 통합의 신화가 떠돌았다면, 크롤 오페라하우스는 '등을 찔렸다'는, 통합을 깨뜨리는 반대 신화<sup>배후중상설</sup>가 장악했다. 히틀러는 긴 연설로 논쟁의 막을 열었다. 그는 "1918년 11월의 세력들이 했던 모든 약속이 의도적인 사기거나 빌어먹을 망상이라는 게 밝혀졌다"라고 고함치듯 말했다. 다원주의와 다양성 자체가 "국가·사회·종교·도덕·가족·경제 개념과 완전히 상반되는 개인적인 생활 방식으로, 어떤 공동체 생활이든 파괴했다"라고 주장했다. 또한 사회 모든 계층의 이해관계를 뛰어넘는 "진짜 민족공동체를 창조하는 일"만이 유일한 대안이라고 강조했다. 그래서 그의 정부는 오늘, 수권법 통과라는 한 가지 과제에 명확한 결정을 내리기를 원했다. 히틀러는 "미래를 내다보면서 평화롭게 발전할 가능성을 정당들에 제시하겠습니다"라고 말했다. 그렇지만 국회의원들이 거부한다고 그의 정부가 당황하지는 않을 것이다. 히틀러는 "의원님들은 이제, 여러분 자신을 위해 평화와 전쟁 중 하나를 선택합시다!"라고 불길하게 연설을 마무리했다.[45]

히틀러가 실제로 의회 토론에 참여한 건 이날뿐이었다. 사회민주당 대표 오토 벨스Otto Wels는 일어나 반대 의견을 말했다. 나치의 돌격대원들과 친위대원들이 사회민주당 의원들을 협박하고, 많은 좌파 의원들이 이미 투옥되어 구타와 고문, 죽임까지 당하는 상황에서 벨스는 유창하고 감동적일 뿐 아니라 용기 넘치는 연설을 했다. "상대가 우리의 명예를 노리고 있음이 분명합니다. 그러나 이는 언젠가 나치에게 고스란히 되돌아갈 것이며, 전 세계적인 비극에도 우리의 명예는 무너지지 않을 것입니다"라면서, "자유와 생명은 뺏어갈 수 있습니다. 그렇지만 우리의 명예는 가져갈 수 없습니다"라고 말했다. 나치의 정치 깡패들이 조롱하면서 비웃고, 큰소리로 욕설과 협박을 퍼붓는 가운데 벨스는 히틀러를 똑바로 바라보면서 "수권법도 영원불멸한 신념을 파괴할 힘을 당신에게 주진 못합니다. … 우리는 박해받고 절망하는 사람들에게 안부를 전합니다. 우리 나라의 우리 친구들에게 안부를 전합니다. 그들의 확고한 신념, 애국심은 칭송을 받아 마땅합니다. 끝까지 신념을 지키는 용기, 굳건한 믿음이 더 밝은 미래를 보장합니다"라고 연설을 마무리했다.[46]

사회민주당은 벨스의 연설 원고를 미리 언론에 전달했고, 히틀러에게도 사본이 있었다. 히틀러는 이제 연단으로 돌아갔다. 강력한 도전에 히틀러의 분노는 폭발했다. 벨스는 히틀러를 곤란하게 했다.

히틀러는 실러의 희곡 《발렌슈타인》에 나오는 구절인 "늦었지만, 왔군"을 비꼬아서 인용하며 연설을 다시 시작했다. 슈트레제만부터 힌덴부르크까지 바이마르 공화국 정치인들이 좋아하는 희곡이었다. 사회민주당은 독일의 전쟁 책임에 대한 '거짓말'에 반대할 수 있었고, 배상금에 반대할 수 있었고, 베르사유 조약에 반대해 봉기를 주도할 수 있었다. 그런데 사회민주당은 그렇게 하지 않았다고 히틀러는 지적했다. 그리고 "벨스가 박해를 이야기한다면 당신들로 인한 박해 때문에 대가를 치르지 않은 사람은 여기 별로 없다고 생각합니다만"이라고 말했다. 사회민주당 의원들은 소리쳐 항의했고, 사회를 보던 괴링은 그들에게 "그만 떠들고 한번 들어봐요"라고 말했다. 히틀러는 자신이 사회민주주의 언론의 거짓말이라고 부르는 언론 보도에 대해 불평했고, 점점 더 화를 내면서 그의 연설은 거칠어졌다. 마지막에는 사회민주당 의원들에게 자신의 수권법에 찬성하지 않아도 된다며 "독일은 해방될 겁니다. 하지만 당신들 때문은 아니야!"라고 말했다. 히틀러는 "만세!"라고 우레같이 외치는 소리를 들으며 앉았다.[47]

그날 늦게 투표를 했고, 사회민주당 외의 모든 정당은 수권법에 찬성표를 던졌다. 14년 동안 공화국의 정신적 지주였던 중앙당 그리고 오랜 자유주의 정당인 독일인민당과 독일민주당이 모두 나치의 기세와 위협 앞에서 그들의 원칙을 버렸다.

하인리히 브뤼닝은 2차 세계대전 후 그와 몇몇 독일 국회의원들이 수권법이라는 최악의 상황을 막으려고 마지막 순간까지 노력했다고 주장했다. 수권법의 지속 기간을 6개월로 제한하면서 국회의사당 화재 법령으로 빼앗은 시민의 자유를 되돌려주는 법률 개정안을 제출할 계획이었다. 포츠담의 날에 가르니존 교회 행사 직전, 국가인민당의 원내 대표 에른스트 오버포렌이 브뤼닝에게 이 계획을 이야기했고, 다음 날에는 오버포렌의 친구 오토 슈미트 하노버가 알프레트 후겐베르크와 저녁을 먹을 때 브뤼닝을 초대했다. 브뤼닝은 "후겐베르크는 대단히 분별력이 있었

다"라고 회고했고, 그들은 법률 개정 방식에 합의했다.[48]

그러나 국가인민당 의원총회에서 나치를 지지하려는 극우 의원들이 반발했다. 브뤼닝은 수권법이 2차 심사에 부쳐져서야 이를 깨달았다. "모든 의석 뒤에 나치 친위대원들이 서 있었다. 그래서 슈미트 하노버가 지나가면서 속삭일 수밖에 없었다"라고 브뤼닝은 회고했다. 슈미트 하노버는 전날 밤 모임이 누설되었고, 자신은 감시당하고 있으며, 법률 개정은 없을 것이라고 말했다.

수권법의 진짜 의미는 국회가 히틀러 정부에 4년 동안 입법권을 준다는 것보다는, 히틀러가 힌덴부르크 대통령의 뜻과 상관없이 권력을 휘두를 수 있게 된다는 것이었다. 보수주의자들이 히틀러를 견제하던 보장책 중 하나가 단번에 사라졌다. 이후 넉 달 동안 법치주의와 자유 같은 다른 보장책들도 대부분 무서운 속도로 사라지고, 히틀러의 권력은 거침없이 강화되었다.

나치는 이 과정을 "글라이히샬퉁Gleichschaltung"이라고 불렀다. 전자공학에서 쓰는 용어로, 모든 스위치가 같은 회로에 있다는 뜻이다. '획일화'라는 뜻으로도 쓰인다. 히틀러 정부의 인기가 치솟을 때 나치는 연방 제도를 공격해서 각각의 주정부들을 재빨리 획일화했다. 그래서 계속해서 반대하던 바이에른주 같은 곳에서도 반대를 할 수 없게 만들었다. 어떤 전문가 단체든 장악해서 나치화했다. 라디오 방송국과 신문들은 요제프 괴벨스가 이끄는 '국민계몽선전부'의 감독 아래 획일화할 계획이었다.[49]

1933년 4월에는 공무원 자격에 관한 새로운 법령이 나왔다. 정치 경력으로 볼 때 "나라를 지키기 위해 언제나 전심전력을 다했다는 사실을 충분히 증명하지 못하는" 사람이나 "아리아인이 아니면" 누구든 해고할 수 있다는 법령이었다. 이 법과 관련된 사람은 엄청나게 많았다. 대학교수와

변호사 역시 공무원이어서 범위에 해당했다.[50]

국가인민당까지 정당들은 하나씩 불법 단체가 되거나 스스로 소멸했다. 히틀러 정부는 7월에 나치가 독일의 유일한 정당이라고 선언하는 법령을 내놓았다.

수권법이 통과된 지 1주 후, 히틀러 정부는 독일 유대인 사회에 대한 첫 조치를 내놓았다. 유대인이 운영하는 상점, 전문 서비스에 대해 불매운동을 선언했다. 4월 1일, 돌격대원들은 유대인 상점으로 파악되면 어디든 빙 둘러싸고 독일인들에게 "우리를 지키기 위해 유대인 물건을 사지 말죠"라고 경고했다. 그러나 불매운동은 완전히 실패했다. 많은 독일인이 돌격대원들을 무시하면서 늘 다니던 가게로 밀치고 들어갔다. 불매운동이 무시당하자 정부는 당황했고, 괴벨스는 불매운동을 중단했다. 공무원법처럼 공공연하게 드러나지 않는 차별이 더 효과적이었다.

일찍이 3월에 나치는 처음으로 강제수용소를 만들었다고 요란하게 발표했다. 보어 전쟁과 러시아 내전의 강제수용소에서 이름을 빌려왔다. 첫 번째 강제수용소는 뮌헨 근처 다하우에 있었다. 다른 수용소들도 금방 새로 생겼다. 한 수용소는 베를린 북부 오라니엔부르크의 맥주 공장을 개조해서 들어섰다. 조넨부르크와 브란덴부르크의 교도소나 오베러 쿠베르크 같은 요새도 개조해서 수용소로 만들었다. 처음으로 강제수용소에 갇힌 피해자들은 주로 나치의 정치적 반대자들이었다. 자유주의, 좌파 혹은 평화주의 정치인·운동가·기자·작가·변호사들이었다. 그중에는 한스 리텐, 에곤 에르빈 키슈, 카를 폰 오시에츠키, 막스 퓌르스트와 리나 하그 등 이 책에 등장한 인물들도 있었다. 리텐과 오시에츠키는 수용소에서 사망한다. 그리고 대부분 말로 표현할 수 없는 고문과 구타를 당했다.

한편 12년 후인 1945년 4월 27일, 소련의 붉은 군대가 히틀러의 베를린

벙커를 포위했다. 히틀러는 충성스러운 국민계몽선전부 장관 요제프 괴벨스와 나치 친위대 소장 빌헬름 몬케Wilhelm Mohnke와 옛이야기를 나눴다. 대도시 베를린은 거의 완전히 박살났고, 독일 대부분을 외국 군대가 점령했고, 독일인 수백만 명이 히틀러가 일으킨 전쟁에서 사망했다. "우리가 1933년에 하고 싶었던 일을 제대로 해내지 못했습니다, 총통님!"이라는 몬케의 말은 진지했다. 히틀러도 동의하는 듯했다. 그리고 놀라운 이유를 댔다. 1년 반 만에 너무 빨리 권력을 잡아서 옛 체제가 아직 너무 많이 남아 있었다고 히틀러는 말했다. 히틀러는 힌덴부르크가 아직 살아 있을 때 권력을 잡았고, 기성 보수주의자들과 협상해야 했다. "여기저기에서 타협해야만 했지"라고 그는 불평했다. 믿을 수 없는 관리들을 많이 임명해야만 했고, 그 때문에 정보가 자주 밖으로 새어 나갔다고 설명했다. 히틀러는 또 하머슈타인-에쿠오르트, 슐라이허 그리고 사실 "이러한 해충들 주변의 모든 패거리"에 "인정사정없이 책임을 물을" 계획을 세웠다고 말했다. 그러나 집권 18개월 후에는 자신의 태도가 훨씬 너그러워졌고, 어쨌든 독일의 경제·정치 상황이 크게 좋아지고 있었다고 했다. 히틀러는 "너무 친절했던 걸 나중에 후회했지"라고 말했다.

재임 초기에 대한 그 자신의 평가(친절해서 잘못되었다는)는 완전히 틀렸다. 총리가 된 후 18개월 동안 히틀러의 가장 큰 고민거리는 기성 보수 세력이었다. 그들만이 (정치적, 경제적, 군사적) 권력의 지렛대를 조절해서 히틀러를 총리 자리에 앉힐 수 있었다. 그렇다면 그들만이 히틀러를 제거할 수도 있었다.[51]

기성 보수 세력, 그리고 히틀러 모두 이 사실을 알았다.

# 8장

# "우리가 그를 제거해야 해"

: 저항, 그리고 대숙청

새벽 3시 30분에 프리츠 긴터 폰 치어슈키Fritz Günther von Tschirschky가 받은 전화는 무슨 일이 생긴다는 조짐이다. 철모단에서 전화한다고 한 남자가 말한다. 그는 치어슈키와 폰 파펜 부총리가 집에 있는지 확인하려고 한다. 치어슈키는 그에게 제정신이냐고 묻는다. 전화가 두 번 더 온다. 불안해진 치어슈키는 파펜의 언론 담당 비서 헤르베르트 폰 보제Herbert von Bose에게 전화한다. 그들은 보르지히궁의 부총리 집무실에서 만나기로 한다. 19세기의 철도회사 백만장자 알베르트 보르지히가 지은 저택이어서 보르지히궁이라 불린 곳이었다. 두 사람은 아침 7시 15분에 그곳에서 만난다. 치어슈키가 보제에게 전화 이야기를 하자 보제의 얼굴이 하얗게 질리더니 "이제 끝났어"라고 말한다. 치어슈키는 완전히 이해하지 못하지만, 파펜에게 전화해 집무실로 오시라고 설득한다.[1]

치어슈키는 지적이면서도 잘생기고 냉소적인 눈빛을 번득이는 청년이다. 나이는 34세로 슐레지엔의 유명한 귀족 집안 출신이다. 삼촌 중 한 명은 1차 세계대전 전에 빈 주재 독일 대사를 지냈고, 다른 삼촌은 현재 베를린 주재 네덜란드 대사다. 치어슈키는 폰 파펜 부총리 집무실에서 일하는 똑똑한 청년 무리의 일원으로, 파펜의 비서가 되었다. 사실은 비공식적으로 정치 정보를 수집하는 게 그의 임무다.

아침 8시부터 치어슈키와 보제는 헤르만 괴링의 집무실에서 걸려와서는 점점 더 짜증을 내는 전화들을 연이어 받는다. 괴링은 지난봄부터 파펜의 뒤를 이어 프로이센 주총리를 맡고 있다. 파펜이 괴링과 만나러 갈까? 드디어 괴링 본인이 전화한다. 파펜은 이제 엄청나게 불안해하면서 치어슈키를 데리고 괴링의 집무실로 간다. 괴링은 파펜에게 나치 돌격대가 쿠데타를 일으키려고 한다고 말한다. 히틀러는 쿠데타 진압을 지휘하려고 뮌헨에 갔고, 괴링은 베를린을 책임지고 있다고 말한다. 파펜은 부총리로서 자신이 지휘해야 한다고 불평한다. 국가비상사태를 선포하고 군대를 동원해야 한다고 말한다. 괴링은 모든 항의를 무시한다. 그는 파펜을 내보낸 후 치어슈키에게 부총리실 직원들을 데리고 파펜 집무실에 가서 상황이 정리될 때까지 안전을 위해 그곳에 머무르라고 명령한다.

파펜이 괴링과 함께 있는 동안 치어슈키는 복도에서 기다린다. 그는 나치 친위대인 하인리히 힘러가 괴링 사무실에서 나와 전화하는 모습을 본다. 힘러는 "이제 시작할 수 있어"라고 전화기에 대고 말한다.[2]

1934년 6월 30일이다. 이후 24시간 동안 벌어지는 사건은 '장검의 밤 Nacht der langen Messer'으로 불린다.

파펜과 치어슈키가 보르지히궁으로 돌아가니 검은색 제복을 입은 나치 친위대원들이 잔뜩 와 있다. 사복 경찰로 보이는 남자가 치어슈키를 체포하겠다고 말한다. 그다음 블랙코미디 같은 상황이 펼쳐진다. 치어슈키가 이 사복 경찰과 함께 건물을 나서는데, 다른 사복 경찰이 나타나서 치어슈키를 다시 체포하려고 한다. 치어슈키는 두 번째 경찰에게 "미안하지만, 여기 이 신사한테 이미 체포되었어요"라고 공손하게 말한다. 비밀경찰로 보이는 두 사람은 서로 격렬한 말싸움을 벌인다. 그러나 첫 번째 경찰은 기관단총으로 무장한 몇몇 친위대원들과 함께 있어서 말싸움에서 이긴다. 그는 치어슈키를 베를린의 프린츠-알브레히트 거리 8번지의 게슈타포 본부로 데려간다. 지하실 감방은 꽉 차서 치어슈키는 얼마 전 도착한 다른 많은 사람처럼 복도에 놓인 긴 의자에 앉아 몇 시간을 보내야 한다. 한참 지난 다음에야 파펜이 레네 거리의 자택에 가택연금되어 감시받고 있다는 사실을 알게 된다.[3]

히틀러를 지키는 '총통경호친위대 아돌프 히틀러' 부대원들이 보르지히 궁을 장악한다. 힘러의 친구로 게슈타포 고위 관리인 안톤 둔케른이 지휘하는 부대다. 친위대 정보 조직인 보안대(SD)의 사복 장교도 그곳에 있다. 베를린 보안대 우두머리인 헤르만 베렌츠가 지휘한다. 친위대원들은 외부와 연결된 전화선을 모두 끊어버린 후 사무실 문마다 무장 경비병을 배치한다.[4]

파펜의 직원들은 조심스럽고 침착한 태도로 상황을 받아들인다. 헤르베르트 폰 보제는 "오늘 우리 모두 딱 걸렸는데"라고 동료들에게 썰렁하고 으스스한 농담을 한다. 다른 직원은 무력 저항은 하지 말자고 하면서 할 수 있는 일은 오직 '의연히 버티는 것'뿐이라고 말한다. 하인리히 힘러가 직접 습격 명령을 내렸다는 사실을 알게 된 보제는 "좋은 조짐이 아니다"라고 무미건조하게 말한다. 동료들을 안심시키려고 태연한 척하지만 무슨 일이 일어나고 있는지 완벽하게 알아차린다. 보제는 '최악의 경우'를 생각해 가족에게 전해달라며 동료들에게 서류 가방, 도장이 새겨진 반지, 지폐 조금 등 자기 물건을 건넨다.[5]

바로 얼마 후 게슈타포인지 보안대원인지 모를 사복 입은 남자 두 명이 보제를 사무실 한 곳으로 부르더니 문을 닫는다. 몇 초 후 열 발의 총성이 들리고, 잠시 멈췄다가 열한 번째 총성이 들린다. 파펜의 직원들은 방에서 나오던 두 사람 중 한 명이 "좋아, 처리됐어"라고 말하는 소리를 듣는다. 그들은 피를 흘리며 쓰러진 보제를 그대로 두고 떠난다. 방안에는 피가 흥건하게 고이고, 여기저기 핏방울이 튀어 있다. 오전 11시 40분쯤이다.[6]

2차 세계대전 후 독일 경찰이 조사해도 보제를 죽인 사람이 누구인지 찾아내지 못했다.

한편 오후 12시 30분, 쿠르트 폰 슐라이허는 베를린 서부 노이바벨스베르크 자신의 집에 있다. 두 남자가 현관 앞에 서서 슐라이허의 요리사 마리 긴텔Marie Güntel과 말다툼을 한다. 그들은 총리를 지낸 슐라이허를 보겠다고 한다. 긴텔은 슐라이허가 산책하러 나갔다고 말한다. 둘 중 한 명이 긴텔에게 일종의 신분증을 보여주지만, 긴텔은 별로 신경 쓰지 않는다. 그는 또 긴텔이 거짓말을 하고 있다면 무슨 일이 벌어질지 모른다면서 위협한다. "한번 찾아볼게요"라고 긴텔은 말하고, 슐라이허를 찾으러 간다. 신분증을 가진 남자가 뒤따른다.

슐라이허는 서재에서 책상 앞에 앉아 있다. 슐라이허의 아내 엘리자베스는 옆에 앉아 라디오를 듣고 있다. 긴텔은 그다음 무슨 일이 일어났는지 그날 늦게 경찰에 말한다. 그 '신분증을 가진 남자'가 책상 앞에 앉은 사람이 폰 슐라이허 장군이냐고 묻는다. 슐라이허는 "그래요"라고 대답한다. 신분증을 가진 남자가 갑자기 슐라이허뿐 아니라 그의 아내까지 총으로 쏜다. 긴텔은 비명을 지르며 방에서 뛰쳐나간다. 의사는 나중에 쿠르트 폰 슐라이허가 총알 일곱 발을 맞고 그 자리에서 바로 사망했다고 판명한다. 슐라이허의 아내는 급히 병원으로 옮겼지만, 도착하자마자 사망한다. 슐라이허는 체포되지 않으려고 저항하다 총을 맞았고, 아내는 총격전에 휘말렸다고 공식 발표된다. 슐라이허는 돌격대 대장 에른스트 룀, 프랑스 대사 앙드레 프랑수아-퐁세와 함께 히틀러 정부를 무너뜨릴 음모를 꾸몄다는 혐의를 받았다. 그러나 2주 후, 히틀러가 국회에서 주요 연설을 하면서 이 사건에 관해 이야기할 때는 슐라이허가 "체포당하지 않으려고 저항하다 총에 맞았다"는 이야기를 빼놓은 것 같다.[7]

히틀러는 그저 슐라이허가 총에 맞았다고만 이야기한다.

1년 후, 마리 귄텔은 이해하기 힘든 상황에서 물에 빠져 죽는다. 가족은 '증인을 제거하려는' 사람들이 귄텔을 죽였다고 믿는다.[8]

사건이 벌어진 날 오후, 치어슈키는 교도관들이 맞은편 감방 문을 열고 에트가어 율리우스 융을 데리고 나오는 걸 보고 놀란다. 융은 치어슈키보다 약간 나이가 많다. 머리가 벗겨지기 시작하는 융은 금속 테 안경을 쓰고, 진지하고 강렬한 눈빛이다. 융이 정식 직원으로 파펜 밑에서 일하는 건 아니지만(연설문 작성자로 계약직으로 일한다), 어떤 면에서는 핵심적인 인물이라고 할 수도 있다. 그는 6월 25일부터 감금되어 있었다. 치어슈키는 융의 눈빛을 읽을 수 있다고 확신한다. 융은 '저런, 치어슈키가 이미 여기 잡혀 왔다면, 모두 끝났어'라고 생각하고 있다. 다음에 교도관들이 융을 데리고 나왔을 때는 치어슈키가 준비하고 있다. 그는 용케 융을 따라 화장실로 들어가 바로 옆에 선다. 치어슈키는 융에게 "우리도 여기에 와 있다고 걱정하지 마세요. 밖에서 혁명이 일어났어요. 우리는 보호 감금되었지만, 아무 일도 없을 거예요"라고 말한다. 치어슈키가 보기에 융이 안심하는 것 같다. 치어슈키는 훗날 "그 순간에는 정직하려고 노력하지 않았다"라고 인정한다. 치어슈키는 그저 친구를 위로하려고 했다.

치어슈키가 융을 본 건 그게 마지막이다. 융은 그날 밤에 끌려간다. 다음 날, 베를린 북부 도로변의 배수로에서 융의 시신이 발견된다.[9]

융을 심문한 사람들은 그저 한 가지 사실만 알고 싶어 했다. 융이 그 연설문을 썼는가?

## 부총리실의 모의자들

에트가어 율리우스 융은 전혀 천사가 아니었다. 요동치던 바이마르 공화국 초기에 그는 고향인 바이에른 팔츠에서 철저한 민족주의자로 활동했다. 1924년에는 반역자로 여기던 라인란트 분리주의자들을 살해하는 암살단을 이끌었다. 1927년에는 《열등한 자들의 지배*Die Herrschaft der Minderwertigen*》라는 제목으로 민주주의에 관한 책을 쓰면서 '보수혁명' 운동으로 알려진 신보수주의 운동의 한복판으로 옮겨갔다. 융은 야심만만했고, 특별히 호감이 갈 만한 사람은 아니었다. 1차 세계대전 공군 훈련소 시절 그의 부대장조차 융의 "태도를 계속해서 바로잡아야 한다"[10]라고 기록했다. 훨씬 더 외향적이고 사교적인 치어슈키는 그를 "대하기가 아주 편하지는 않다"라고 했고, 융이 히틀러를 싫어하는 진짜 이유는 히틀러는 총리고, 자신은 아니기 때문이라고 의심하는 사람들도 있었다.[11]

다른 신보수주의자들처럼 융은 바이마르 공화국과 공화국의 의회민주주의 제도, 정당들을 싫어했다. 1789년 프랑스혁명으로 자유와 평등 원칙이 정치에 도입되었을 때부터 세계 역사가 잘못된 방향으로 흘러가고 있다고 믿었다. 길드와 기독교 가치관을 뼈대로 세워진 중세 사회와 같은 방식으로 돌아가기를 원했다. 그것이 자연과 하나님에게 돌아가는 길이라고 믿었다. 융은 뛰어난 인물들이 타고난 재능과 교육을 바탕으로 지도자 자리에 오르는 능력 중심의 위계 사회를 추구했다. 또한 '대중'은 정치에 참여하지 말아야 한다고 생각했다. 말할 필요도 없이, 그 자연스러운 위계질서에서 자신이 지도자라고 여겼다. 역설적이지만, 이렇게 중세 정신에 휩싸인 그가 루르 지역의 기업가들에게 인기를 얻었다. 그 기업가들은 융의 엘리트주의 그리고 민주주의에 대한 적대감을 좋아했다. 철강왕

파울 로이슈가 융의 후원자가 되었다.[12]

그러나 히틀러가 권력을 얻자 융은 갑자기 신념을 바꿨다. 나치가 바이마르 공화국과 크게 다르지 않다고 생각했다. 융이 보기에 나치는 그저 교육받지 않은 대중의 의견이 세상에 달리 표출되었을 뿐이었다. 융은 폭력적이고, 법을 무시하고, 정직하지 않고, 반지성적이고, 기독교 원리를 무시하는 나치를 경멸했다. 또 자신이 《열등한 자들의 지배》라는 제목의 유명한 책을 쓴 걸 후회한다고 말했다.[13] 어느 날에는 사회민주주의자 기자에게 "이제 사회민주주의자 누구하고도 팔짱을 끼고 싶다"라고 말했다. 융이 1933년 2월에 친구 루돌프 페헬에게 쓴 편지의 한 구절이 가장 주목할 만하다. 루돌프 페헬은 《도이체 룬트샤우*Deutsche Rundschau*, 독일 전망》라는 지식인층 대상 보수 성향 잡지의 편집장이었다. 융은 "이 사람이 권력을 잡은 데는 우리도 어느 정도 책임이 있어. 우리가 그를 제거해야 해"라고 썼다.[14]

사실 융의 생각은 1929년 정도부터 상당히 미래지향적인 방식으로 서서히 바뀌었다. 그는 유럽 국가들의 소수자 권리와 관련된 문제의 해결책으로 연방제를 강력하게 주장했다. 1924년에는 열렬한 민족주의자였던 융이 유럽 대륙의 평화와 안정을 정착시킬 방법으로 새로운 형태의 유럽 연방을 구상했다는 사실이 더욱더 놀랍다.[15] 프랑스 외무부 장관 아리스티드 브리앙이 꿈꾼 유럽과 그리 다르지 않다. 다만 융은 하나의 정치 연합체가 아니라 연방국가가 모인 연방 형태의 유럽을 구상했던 것 같다.[16]

그러나 융의 저돌적인 성격이나 낡은 사고방식의 흔적은 남아 있었다. 나치가 너무 제멋대로이고, 너무 대중적이라는 생각 때문에도 나치를 싫어했다. 또 기독교가 독일과 유럽 정치를 구성하는 원칙이 되어야 한다고 생각했다. 융은 나치의 폭력적인 반유대주의에 반대했지만 생각이 진보적으로 바뀐 건 전혀 아니었다. 유대계 독일인이 탄압받는 건 그들 자신에 책임이 있다고 생각했다. 한편 융은 철강왕의 재정 지원을 받는 사람으로서 정치적인 글을 쓸 때 기업가의 이익을 대변하려고 항상 신경을 썼다. 그러나 나치를 비판할 때는 두려움 없이 공격하고, 대놓고 빈정거릴 때가 많았다.[17] 1933년 6월, 그와 가톨릭 신자인 그의 친구 에트문트 포르슈바흐Edmund Forschbach는 베네딕토회인 마리아 라흐 수도원에서 열린 가톨릭 학술 모임에 참석했다. 그들은 그곳에서 법학자 카를 슈미트가 나치의 전체주의 방식 그리고 의회민주주의와 정당을 없애버린 방식을 찬양하는 이야기를 들었다. 융은 모든 정당이 없어져야 한다면 왜 나치는 없어지지 않느냐고 목소리를 높여 물었다. 이제 정당들이 사라진 나라에서 분명 나치도 존재해야 할 이유가 없었다. 그 말을 듣고 나치 지도자가 "저 녀석을 다하우 강제수용소로 보내야 해"라고 말했다고 한다.[18]

융은 결국 프란츠 폰 파펜 옆에서 일하게 되었다.

파펜은 총리 때 독일의 주요 기업가들에게 인기가 있었고, 기업가 중 일부는 히틀러가 너무 과격해서 걱정했다. 슐레지엔 출신인 프리츠 귄터 폰 치어슈키와 가까운 니콜라우스 폰 발레스트렘Nikolaus von Ballestrem도 히틀러를 걱정하는 사람이었다. 발레스트렘 역시 젊었지만, 부자일 뿐 아니라 인맥도 좋았다. 파펜처럼 중앙당에서 가톨릭 운동을 했고, 중앙당 신문 《게르마니아》의 주요 주주였다. 또 파펜, 브뤼닝 모두와 가까웠다. 그는 이러한 점을 이용해 정부 안에 저항 세력을 심어두기로 마음먹었다.

발레스트렘은 치어슈키에게 파펜 집무실에서 일하면서 강력해 보이는 파펜의 지위를 바탕으로 나치에 저항할 '총명하고 용감한 청년들'로 팀을 만들자고 제안했다. 파펜의 또 다른 젊은 후배로, 변호사인 빌헬름 폰 케텔러Wilhelm von Ketteler는 치어슈키가 파펜을 만나도록 주선해 조심스럽게 속을 떠봤다.[19] 치어슈키는 파펜이 "자신만의 인맥도 없고, 사실은 목표도 없다"라는 사실을 알게 되었다. 파펜은 나치의 폭력이 결국 누그러지고, 자신과 힌덴부르크가 계속 적당히 영향력을 행사할 것이라고 단순하게 생각했다. 치어슈키는 파펜의 '총명하고 용감한' 아내 마르타에 더 관심이 많았다. 마르타는 히틀러를 "도도"라고 불렀고, 제3제국 내내 심지어 히틀러 앞에서도 대놓고 히틀러에게 경례하지 않았다. 치어슈키는 파펜과 대화한 후 몰이해와 불신의 벽에 부딪혔다고 느꼈을 뿐이었다.[20]

그러나 케텔러와 치어슈키는 포기하지 않고 그냥 전략만 바꿨다. 치어슈키는 파펜이 브레슬라우 집회에서 연설하도록 주선했다. 집회는 잘 끝났고, 파펜은 만족했다. 베를린으로 돌아가는 기차에서 치어슈키는 파펜 정부에서 했던 정보 활동에 관해 이야기했다. 그리고 지금의 부총리실에서 그와 같은 일을 맡길 수 있는 사람이 있다고 믿도록 파펜 부총리를 설득했다. 치어슈키 자신이 그 일을 맡기로 두 사람은 합의했다. 이때부터 부총리실이 달라지기 시작했다. 치어슈키는 1933년 3월 말에 그 일을 시작했다.[21]

시간이 지나면서 부총리실은 커지고 변화했다. 치어슈키는 처음에 파펜의 프로이센 주총리 집무실에서 일했다. 파펜이 1933년 4월에 프로이센 주총리 자리를 잃자 치어슈키는 파펜이 독립적인 권력 기반을 완전히 잃을 수도 있다는 사실을 깨달았다. 그는 재무부 장관인 루츠 슈베린 폰 크로지크 백작을 만났고, 어려운 협상 과정을 거쳐 자금 지원을 받아 보르지히궁에 부총리 집무실을 새로 만들기로 했다. 치어슈키와 케텔러는 서서히 핵심 인력을 새로 채용했다. 대부분 젊은 법대 졸업생들이었다.[22]

융, 보제, 케텔러와 치어슈키가 이 집단의 중심을 차지했다. 정보 장교 출신으로 파펜의 언론 담당 비서인 헤르베르트 폰 보제는 마흔 살로 가장 나이가 많았고, 비공식적인 이 집단을 이끌었다. 융은 파펜 옆에서 고정된 자리를 맡지는 않았고, 계속 뮌헨에서 살았다. 그렇지만 융은 냉철하고 지적인 지도자였고, 나치와 싸우겠다는 결심이 가장 확고했다. 케텔러는 보제 밑에서 언론 담당을 했고, 치어슈키는 자신의 진짜 임무를 숨기기 위해 파펜의 '부관'이라는 직함을 가졌다.[23]

이들 중 누구도 파펜을 높게 평가하지 않았고, 자신들이 무슨 일을 꾸미고 있는지 파펜은 전혀 모르게 했다. 에트가어 융은 "파펜은 히틀러의 문지기였고, 이제 우리의 문지기가 될 것"이라고 표현했다. 히틀러의 집권을 도운 데 대한 파펜의 궁색한 변명을 융이 "이 멍청이가 정말 그렇게 믿는다"라고 설명한 적도 있다. 보제는 파펜이 말을 좋아한다는 점에 빗대 앞만 보고 달릴 줄밖에 모르는 "바보 같은 순혈종 말"이라고 그를 경멸스럽게 표현했다. 파펜에게 여러 번 실망한 후 그를 객관적으로 보기가 어렵다는 사실을 받아들인 치어슈키가 가장 균형 잡힌 시각을 가졌다. 치어슈키는 파펜이 '젊은 기병 장교'와 '구식 외교관이자 귀족' 그리고 '독실한 가톨릭 신자'를 합쳐놓은 인물이라고 생각했다. 파펜은 상황이나 다른 사람에게 떠밀리지 않으면 자기 지위를 활용할 줄 몰랐다. 또한 자신이 좋은 의도로 행동한다고 너무 확신해서 "자기중심적이고 얄팍한 행동으로 얼마나 자주 피해를 주는지" 의식하지 못했다. 치어슈키는 "우리는 그를 그저 연막작전에 이용했다"라고 말했다.[24]

젊은 직원들이 무슨 일을 꾸미는지 파펜은 까맣게 몰랐지만, 나치와 비밀경찰은 그들을 놓치지 않았다. 그들은 처음부터 파펜 주변의 사람들을 수상쩍게 여겼다. 게슈타포가 곧장 그들을 미행하고, 전화를 도청했다.[25] 1933년 4월, 오래된 나치 당원으로 괴링이 프로이센 경찰의 지휘를 모두 맡긴 쿠르트 달루에게Kurt Daluege가 나치가 국회의사당을 방화했다고 주장하는 문서를 손에 넣었다. 달루에게는 그 문서가 어디에서 나왔는지 몰랐지만, 파펜 집무실에서 만들었다고 의심했다.[26] 어느 날, 나치 이론가 알프레트 로젠베르크가 총리 관저의 정원에 서서 파펜 집무실에서 언론으로 정보가 샌다고 히틀러에게 불평했다. 히틀러는 보르지히궁을 몸짓으로 가리키며 "맞아. 모든 문제가 저기서 생기지. 집무실 전체를 없애버려야겠어"라고 말했다.[27] 그렇지만 융과 치어슈키는 자기 생각을 숨기지 않았다. 융은 계속해서 여러 언론에 글을 많이 실었고, 나치 언론은 점점 더 그를 비판했다.[28]

맨 처음, 파펜 집무실의 직원들은 나치가 집권한 첫 몇 달 동안에 보여준 야만성에 고통당하던 사람들을 돕는 일에 집중했다. 돌격대나 게슈타포에 체포된 사람들을 풀어주고, 곧 체포당할 사람들에게 미리 알려주고, 그들이 외국으로 도망갈 수 있도록 돈과 서류를 준비해 주는 일까지 할 수 있었다. 1933년 이전의 종교적, 정치적 차이는 아무 상관하지 않고 기꺼이 도와주려고 했다. 이 보수적인 사람들이 공산주의자, 사회민주주의자, 노조 지도자, 신교도, 가톨릭 신자와 유대인들을 위해 할 수 있는 일을 모두 했다. 괴벨스는 파펜의 집무실이 '민주적인 민원실'로 알려졌다고 일기에 반복해서 기록했다.[29]

'획일화' 과정에 맞서는 게 또 다른 방식의 저항이었다. 에트가어 융은 수권법에 반대표를 던지도록 몇몇 국회의원들을 설득하려고 했다. 융은 이제 독일이 직면한 '전체주의'가 얼마나 위험한지 깨달았고, 전체주의에 저항하려는 의지를 불태웠다. 파펜의 직원들은 힌덴부르크가 나치와 가까운 발터 폰 라이헤나우Walter von Reichenau 대신 나치에 회의적인 베르너 폰 프리치Werner von Fritsch를 육군 참모총장으로 임명하도록 영향을 줄 수 있었다.[30] 그들은 또한 독일 상황에 대한 정보를 외국 언론 특히 영국,

프랑스, 미국 언론에 제공했다.[31]

1933년 여름이 되자 파펜의 직원들은 가장 적극적이면서 위험한 방식으로 저항하려고 하기 시작했다. 히틀러와 히틀러 정권의 기반을 흔들어 결국 정권을 교체하려고 노력했다. 융의 기발한 구상이 그 전략의 첫 단계였다. 히틀러 체제 안으로 들어가서 히틀러의 속임수를 따라 한다는 구상이었다. 앞서 히틀러는 민주적인 제도 안에서 경쟁력을 높인 후, 체제를 무너뜨릴 정도로 힘이 강력해지자 민주적인 제도를 파괴했다. 부총리실 집단은 국회의원 선거를 이용하기로 계획했다. 히틀러는 11월 12일에 선거를 실시하려고 했고, 유권자들은 나치가 승인한 단일 후보에게만 투표할 수 있었다. 융과 공모자들은 그 선거를 자신들 편인 사람들이 히틀러 체제에서 자리를 확보할 기회로 여겼다. 히틀러 체제 안으로 들어간 사람들은 준비 태세를 갖추고 쿠데타가 일어날 날을 기다릴 수 있었다. 융은 또 자신들 편인 사람들이 국회에서 자리 잡고 행동할 수 있다면 히틀러도 그들을 '충직한 반대파'로 인정할 수밖에 없겠다고 생각했다.[32]

부총리실 직원들은 80명 가까운 후보 명단을 만들어 내무부 장관 빌헬름 프리크에게 보냈다. 프리크는 이 명단에서 10여 명을 뽑아 나치의 승인을 받았다. 융은 자신의 이름을 명단에 올리고 싶었지만, 프리크는 그를 뽑지 말아야 한다는 점을 알았다. 그러나 융의 친구인 에트문트 포르슈바흐는 융을 뽑았다.

융과 주위 사람들은 또 저항운동을 할 사람들을 다양하게 모아 네트워크를 구축하려고 노력했다. 융은 그레고어 슈트라서의 형제로 나치에 반대하는 오토 슈트라서Otto Strasser, 자유주의 정치인 테오도어 호이스에게 손을 뻗었다. 부총리실 직원들은 총리를 지낸 하인리히 브뤼닝, 오토 슈미트 하노버 같은 국가인민당 인사들과 라이프치히 시장 카를 괴르델러

Carl Goerdeler, 오토 브라운과 카를 제베링 같은 사회민주당 인사들, 테오도어 뒤스터베르크 같은 철모단 인사들, 가톨릭 추기경 클레멘스 폰 갈렌Clemens von Galen과, 포츠담의 날에 설교했지만 이후 반대파로 전향한 개신교 목사 오토 디벨리우스 같은 종교계 인물들로 네트워크를 구축했다. 오토 슈트라서는 1934년 초에 융과 만났던 때를 기억했다. 융은 그에게 "히틀러 내각 안에서 갈등이 커지고 있습니다. 군대와 돌격대, 돌격대와 친위대가 마찰을 빚고 있어요. … 게다가 테러가 심해지면서 국민들의 반감도 늘어나고 있습니다"라고 말했다. 융은 "영향력 있는 사람들이 아무 행동도 하지 않고 이 상황을 그저 영원히 방관할 수는 없다는 생각이 듭니다"라고 말했다. 히틀러 체제 안으로 들어가 준비하고, 동시에 광범위한 네트워크를 구축하면서 이들은 훗날 1944년 7월에 히틀러 암살을 시도한 '발퀴레 작전'에 이용될 수단을 만들어나갔다.[33] 실제로 일부 사람이 발퀴레 작전에도 참여했다. 카를 괴르델러는 발퀴레 저항운동에서 시민 지도자가 되고, 발퀴레 작전의 핵심 인물이 되는 사회민주당의 율리우스 레버Julius Leber도 융이 이때 접촉했을 가능성이 높다.[34]

너무 많은 주요 인물들이 설명을 남기지 않고 젊은 나이에 갑자기 사망했기 때문에 그들의 발자취를 더듬는 일이 언제나 쉽지는 않다. 그렇지만 1933년 가을, 융과 보제가 저항 세력으로 끌어들이려고 슐라이허와 슐라이허 내각에서 국방부 차관을 지낸 페르디난트 폰 브레도를 만난 것으로 보인다. 1933년 12월 4일, 융과 슐라이허, 브레도가 슐라이허의 친구 아르노 폰 모이치셰비츠Arno von Moyzischewitz의 집에서 모였다는 명백한 증거도 있다. 1934년 4월 16일, 슐라이허는 모이치셰비츠에게 편지하면서 방금 읽은 융의 메모를 전했다. "얼마 전에 이 모든 문제에 관해 썼던 분과 이야기를 나눌 수 있어서 특별히 흥미로웠습니다. 파펜 총리 시절에 이 분을 만나지 못한 게 아쉬울 따름입니다. 그랬다면 아마 많은 게 달라졌을 거예요. 운명이지요, 뭐!"라고 융은 썼다. 정말 운명적으로 브레도는 금방 슐라이허와 행동을 같이한다. 또한 브레도 역시 1934년 6월 30일, 장검의 밤에 살해되었다.[35]

1934년 초, 부총리실 집단은 히틀러가 지배하는 독일에서의 상황을 조금이라도 개선하려는 노력을 뛰어넘어 히틀러를 권력의 자리에서 몰아낼 방법을 찾고 있었다. 융은 암살을 계획하려고 했다. 융은 친구인 레오폴트 치글러Leopold Ziegler에게 "그냥 그를 없애버려야 해"라고 말했다. 그러나 치글러는 융에게 살인자는 결코 총리가 될 기회를 갖지 못한다고 경고했고, 이 말에 설득된 융은 좀 더 온건한 방법을 찾았다.[36]

파펜이 힌덴부르크 대통령에게 독일의 심각한 상황을 보고하는 게 조금 더 치밀한 계획이었다. 힌덴부르크 대통령의 관심이 집중된 군대를 과격한 돌격대가 위협한다는 점을 강조하면 대통령이 분명 반응을 보일 것으로 생각했다. 힌덴부르크가 대통령의 고유 권한을 이용해 계엄령을 선포하면, 히틀러와 괴링을 노이데크 집으로 불러 군대가 돌격대를 해산하고 있다고 통보하고, 힌덴부르크가 통수권자로서 권력을 장악하고 있는 동안 헌법은 정지되어 기성 보수파의 지휘로 과도 정부가 구성될 것이다. 그러면 파펜, 브뤼닝과 괴르델러가 군사령관 프리치와 게르트 폰 룬트슈테트Gerd von Rundstedt를 측면 지원한다는 계획이었다. 융은 이 계획에서 다시 히틀러를 곧장 죽이고 싶어 했다. 그러나 다른 사람들이 그렇게 하지 못하도록 설득했다. 한동안 계엄령을 내려 히틀러 정부의 지방 장관과 경찰서장들이 나치의 손아귀에서 벗어나면 국회가 새로운 헌법안을 만든다는 계획이었다.[37]

1934년 첫 몇 달 동안 히틀러 정권이 정치적으로 어려움을 겪고 있을 때 이러한 생각을 하고 계획을 세웠다. 히틀러가 통치한 지 1년이 지났을 때 나치 상황은 별로 좋지 않았다. 히틀러의 집권을 환영했던 자발적이고 진심 어린 열광의 물결은 사라졌다. 독일인은 비합법적이고 잔인한 나치에 완전히 넌더리가 났다. 사회주의 성향의 전국 단위 노동조합이었던 자유노동조합을 파괴하자 노동자들은 좌절했고, 경제 상황은 아직 불만을 잠재울 만큼 나아지지 않았다. 괴벨스의 검열 때문에 언론과 문화 대부분이 활력과 창의력을 잃었다. 모든 종교 집단의 전통과 권리는 냉정하게 무시받는 정도가 최선이었고, 최악의 경우에는 심하게 탄압받았다. 5월이 되자 괴벨스는 '사사건건 불평하고 흠이나 잡는 사람'을 비난하는 대대적인 선전전을 시작해야 한다고 느꼈다. 그러한 사람이 너무 많아서였다.

나치 지도부는 또 정치적인 위협을 구체적으로 걱정해야 했다. 당 지도부와 돌격대 사이는 늘 복잡미묘했고, 적대적일 때도 많았다. 1934년 초, 많은 돌격대원은 정권이 주류에 순응하는 것 같다고 불평했다. 몇몇 돌격대원들은 '두 번째 혁명' 혹은 그저 '민족주의'만이 아닌 '민족사회주의'를 요구했다. 그때쯤에는 돌격대원 수가 300만 명이 넘었기 때문에 그들의 불만은 정권의 심각한 문제로 발전할 수 있었다. 그러나 보수 우파의 압력은 훨씬 더 심상치 않았다. 군대 최고사령부는 점점 더 돌격대를 우려했고, 히틀러에게 돌격대원들을 제압하라고 점점 더 압력을 넣었다.

한편 힌덴부르크 대통령은 이제 86세가 되었고, 1934년 봄에는 늘 튼튼했던 건강이 결국 나빠지기 시작했다. 그가 사망하면 무슨 일이 벌어질까? 많은 보수주의자는 힌덴부르크 대통령의 죽음을 왕정복고의 기회로 삼고 싶어 했다. 왕정으로 돌아가면 최소한 히틀러의 권력을 계속 견제하고, 히틀러를 제거할 수도 있었다. 물론, 나치는 파펜 집무실 집단이 정권을 무너뜨리려고 준비한다는 사실을 알고 있었다.

# 마르부르크대학 연설

그렇게 불만과 긴장감이 가득한 가운데, 파펜 집무실의 직원들은 저항의 몸짓 한 번으로 혁명의 불꽃을 피울 수 있기를 바랐다. 파펜이 정권을 신랄하고 노골적으로 비판하는 연설을 하도록 하는 게 직원들의 계획이었다. 라디오에서 방송하고, 어디에서든 인쇄할 수 있게 해서 연설을 널리 퍼뜨리려고 했다. 파펜이 정권을 더 강하고 대담하게 비판하면 사람들이 열렬히 찬성할 것으로 생각했다. 파펜이 국민 지지를 등에 업으면 힌덴부르크 대통령에게 찾아가 보고해 대통령이 계엄령을 선포하게 한다는 계획이었다.

에트가어 융이 연설문을 쓰기로 했다. 첫 단계로 융이 1934년 4월에 독일의 기본 원칙들과 유럽 정책에 관해 간단히 초안을 써서 많은 친구와 동료들에게 보여줬다. 파펜까지 초안 내용에 찬성했다. 융의 초안은 나치가 지배하는 독일에서 반대 집단이 처음 내놓는 계획적인 발언이었다. 나치가 유럽과 세계의 통합에 근본적으로 이의를 제기했다는 사실을 앞에서 이야기했다. 문을 열고 다른 국가들과 더 긴밀하게 관계를 맺어야 한다는 게 융이 쓴 연설문 초안의 주요 주제였다.

융의 초안은 백인이 유럽의 산업을 바탕으로 세계를 지배하던 시대는 이제 끝났다고 선포하면서 시작한다. 식민지 사람들이 이제 산업화하면서 자유를 얻고 있으니 유럽은 자신의 경제 구조를 다시 생각해야 한다고 주장했다. 해외에서 원자재를 사들일 수 있으려면 가장 경쟁력 있는 상품을 유럽 너머로 계속 수출해야 한다. 그러려면 유럽 국가들이 각자 가장 경쟁력 있는 상품을 주로 생산하고, 서로 사고팔아야 한다. 따라서 공동 경제 구역을 구축해야 한다. 경제 공간은 자연 단위로 나뉘지만, 국경

히틀러를 선택한 나라

은 인위적이라고 융은 말했다. 국경이 경제 공간을 제한하지 말아야 한다는 게 그의 생각이었다. 20세기에는 자급자족 국가가 꿈같은 이야기였다. 융은 특히 이 부분에서 미래를 내다볼 줄 알았다는 사실을 증명했다. 2차 세계대전 후 유럽 나라들은 사실 해외 식민지를 잃거나 포기했다. 그래서 잃어버린 식민지 시장 대신 유럽 시장 안에서 서로 사고팔면서 유럽 경제 공동체를 형성하려고 했다. 그게 오늘날 유럽 연합(EU)의 전신이다. 융은 또한 유럽을 연방으로 통합하면 '절멸 전쟁'이 일어날 수 없을 것으로 생각했다. 이 부분에서 또다시 1950년대의 사상 그리고 간접적이지만 1940년대 대량 학살을 내다본 것 같다.

또한 융은 독일인은 몇 가지 이유로 파시스트 제도를 거부해야 한다고 주장했다. 이탈리아에서 건너온 데다 로마 가톨릭 교회와 비슷해서 '교황 지상주의 파시스트 방식'이 될 위험이 있다고 했다. 융이 아무리 진보적인 사상을 가지고 있어도 가톨릭을 향한 독일 신교도의 전통적인 거부감을 완전히 극복할 수는 없었다. 독일인같이 교양 있고, 책을 많이 읽고 생각을 많이 하는 사람이 파시즘에 만족할 수는 없다고 융은 길게 말했다. 파시스트 제도에서는 언론 자유처럼 부패를 막을 통제력도 부족했다. 그리고 융은 다시, "국민에게 긍정적인 에너지를 불어넣을 수 없다면 정치 엘리트가 아니다"라고 강조했다.

가장 놀라울 수도 있지만, 융은 독일이 국경을 뛰어넘어 '유럽의 정의'를 창조하는 외교 정책을 펼쳐야 한다고 썼다. 결국 독일이 문화와 지적인 문제에서 다른 나라에 문을 열어야 한다는 뜻이었다. 나치는 '인종적, 민족적 배타성'을 강조하기 때문에 그렇게 할 수 없었다. "우리를 둘러싼 적대 집단을 뚫고 나가려면 편협한 이념으로 우리 자신이 자발적으로 초래한 지적인 고립을 포기해야 한다"라고 융은 결론을 내렸다.[38]

이렇게 초안을 쓴 후 다음 단계는 연설이었다. 파펜은 6월 17일에 마르부르크대학 연맹 모임에서 기조연설을 할 예정이었다. 부총리실 직원 집단은 이때를 엄청난 기회로 삼으려고 했다. 당연히 파펜에게는 자신들의 계획을 전혀 말하지 않았다. 파펜이 자신들이 원하는 대로 말할 수밖에 없도록 치밀하게 준비했다. 연설 원고를 미리 게르마니아 인쇄소에서 1천 부 인쇄해 언론에 배포했다. 6월 16일 저녁, 연설 요약본을 몇 분 전에 괴벨스의 국민계몽선전부에 제출해서 공식 승인을 받지 않았다는 이유로 연설이 취소되지 못하게 했다. 직원들은 파펜이 마르부르크로 가는 기차를 탈 때까지 연설문을 보여주지 않았다. 파펜과 동행했던 치어슈키는 훗날 그 이야기를 전했다.

치어슈키는 "기차가 움직이기 시작한 지 얼마 후 자리로 돌아가니 파펜 부총리가 연설 원고를 점검하고 있었다"라고 회고했다. 치어슈키는 파펜에게 뭘 하시느냐고 물었다. 파펜은 연설 원고의 일부가 "목숨을 내놓아야 할 정도로 위험해서" 좀 고쳐야 하겠다고 말했다. 치어슈키는 파펜에게 "연설 원고 복사본 수백 부를 국내와 외국 언론에 나눠주었기 때문에 더는 고칠 수 없습니다"라고 대답했다. 격렬한 언쟁을 한 후 파펜은 "이런 상황에서는 원래 원고 그대로 연설할 수밖에 없을 것"이라고 마지못해 받아들였다.[39]

파펜은 마르부르크대학의 가장 큰 강의실에서 600명 정도 청중 앞에 섰다. 학생, 교수뿐 아니라 지역 유지들도 많이 참석했다. 융은 이때 식민지 관리 출신의 친구 하인리히 슈네Heinrich Schnee와 함께 라디오로 연설을 들었다. 융은 파펜이 그가 쓴 대로 연설하지 않을까 봐 초조해했다. 파펜이 빼놓을까 봐 걱정되는 구절이 몇 군데 있었다. 그러나 "처음으로 그 구절이 나올 때 융은 기쁨에 겨워 흥분했다. 몸을 앞으로 기울이고, 손을 계속 탁자에 탕탕 내리치면서 '파펜이 말했어, 파펜이 말했어!'라고 소리쳤다"라고 슈네는 회고했다. 융은 너무 흥분해서 파펜의 연설이 자신의 사형선고를 앞당기는 일이라는 사실을 생각하지 않았다.[40]

파펜(혹은 융)은 진짜 하고 싶은 말을 숨기려고 히틀러와 히틀러 정권을 애써 조심스럽고 정중하게 칭찬하면서 연막을 쳤다. 파펜은 "독일 전우들의 마음을 사로잡은 1차 세계대전의 무명 병사" 아돌프 히틀러에게 자신이 얼마나 헌신적인 마음을 품는지 강조했다. 계속해서 파펜은 독일이 나아가는 과정을 "어느 독일인보다 날카롭게" 지켜봐야 하는 의무가 자신에게 있다고 말하는 사람들이 있고, 자신은 그 의무를 피하려고 하지 않겠다고 말했다.

파펜은 "이제 열광이 식었고", "이 정도 정화 과정에는 찌꺼기도 나오는" 게 분명해지고 있고, "물질적이든 정신적이든 우리 삶 곳곳에서" 찌꺼기가 나타나고 있다고 말했다.

연설은 바이마르 공화국에 반대하는 보수주의 사상을 불러일으키는 데서 나치에 대한 비판으로 미묘하게 옮겨갔다. 파펜은 종교 이야기부터 시작했다. 이제 새로운 독일이 기독교 국가가 되어야 하는지 아니면 종교와 비슷한 유물론에 빠져들지 논란이 있다고 그는 말했다. 종교 문제에 정치적으로 간섭하면 사람들이 독일에는 어울리지 않는 전체주의 주장을 종교적인 이유로 거부하게 되기 때문에 국가는 '폭력적인 개혁'을 시도하지 않는 게 좋다고 주장했다. 파펜은 가톨릭 신자로서 "양심의 자유를 바탕으로 한 종교적인 신념 때문에 마음속 깊은 믿음으로 정치에 좌지우지되지 않으려고 한다"는 사실을 이해한다고 말했다.

파펜은 유럽 공동체와 독일의 고립 중 무엇을 선택할지도 종교적인 문제라고 이야기했다. "특정 인종의 새로운 종교적인 연합을 바라는 사람들(이 부분에서 파펜은 나치의 대표적인 '이론가'인 알프레트 로젠베르크 같은 일부 나치 당원들이 기독교인이라기보다 이교도라는 사실을 언급한다)은 우리가 자발적으로 기독교인 무리에서 벗어나면 유럽 안에서 독일의 사명이 무엇일지 생각해 보아야 한다"라고 말했다. 그다음 융의 초안에서 드러난 유럽이 공유하는 가치관과 문화를 찬양했다.

혁명에 기대했던 바와 실제 혁명의 현실 사이에 틈이 벌어졌다는 사실을 부인할 필요가 없다고 파펜은 말을 이어나갔다. 그 이유를 설명하는 부분에 융의 엘리트주의가 다시 드러난다. '독일혁명11월 혁명'은 '자연의 귀족적인 법칙'에 따라 '정신적인 변화'를 겪었지만, 마르크스주의에 가까운 '사회적 돌파구'도 동시에 등장했다고 지적했다. 파펜(융)이 진짜 하고 싶은 말은 자신들이 정치에서 배제하고 싶었던 하층민이 그러한 사회적 돌파구를 주도한다는 점이었다. 그다음 나치의 반지성주의를 지적하면서 "조금이라도 지적 능력이 있다면 지성을 탄압하는 일을 정당화하지 않는다"라고 말했다. 나치가 교조적이라고 비난하는 독일인이 사실은 "나치 당원이 아니라는 이유로 세계적인 과학자들의 생계수단을 빼앗고 싶어 하는" 사람들에 대해 불평하는 것이라고 파펜은 말했다.

그다음 파펜은 자유와 합법성에 대한 나치의 이념을 맹렬하게 비난했다. 바이마르 공화국에 반대하는 많은 보수주의자가 받아들일 수 있도록 교묘하게 표현하면서 비난했다. 진정한 박애주의는 사실 고대 기독교 문화의 산물이지만, 일부 나치당원들은 그걸 '진보적'이라고 생각했다. 자유는 사실 고대 독일의 개념이지만, 나치는 진보적인 개념이라고 생각했다. 정의로운 재판의 전제 조건인 법 앞의 평등에 대해서도 마찬가지였다. 파펜은 "이 사람들은 자유주의 시대뿐 아니라 어느 시대든 국가의 토대가 되는 정의를 억압한다"라고 말했다. 나치는 독일인이 여러 세기에 걸쳐 투쟁한 결과 얻어낸 사생활의 '보호와 자유'를 직접 공격했다.

파펜은 계속해서 자유는 인간 본성의 기본적인 욕구라고 말했다. 국민 전체를 군사적 규율로 다잡는 데는 한계가 있고, "국민이 공포에 질려 하나가 될 수 있다고 믿는다면 부끄러울 것이다. 공포는 죄의식의 산물이기 때문이다"라고 말했다. 진정한 교육은 오직 도덕을 바탕으로 이뤄질 수 있고, "애국심, 헌신, 기꺼이 희생하려는 마음"은 이러한 미덕들이 "신성한 명령"이라고 개개인에게 가르칠 때만 존재할 수 있다고 말했다.

그다음 파펜은 다시 한번 정권, 특히 괴벨스와 그가 만든 지나치게 단순한 선전에 화살을 돌렸다. 인간의 지성을 과소평가할 수 없다고 파펜은 말했다. 독일 국민은 상황이 심각하다는 사실을 알고 있어 "거짓 눈가림으로 속이려는 어설픈 시도"를 그저 비웃을 뿐, 요란한 선전으로 절대 국민의 신뢰를 얻을 수 없다고 파펜은 말했다.

그다음 유럽 전체를 아우르는 분위기로 연설을 마무리했다. 독일인은 "유럽 한복판에 사는 사람들"이라고 파펜은 말했다. 또 독일인이 자신의 문화유산과 유럽의 3천 년 역사를 무시하면 20세기가 제공하는 기회를 잃을 것이라고 말했다.[41]

그의 연설을 들은 청중은 "미심쩍어하면서 깜짝 놀라고, 거의 믿기 어려워하는 표정이었다"라고 파펜은 훗날 회고했다. 결론을 이야기할 때 청중이 '우레 같은 박수'를 쳐서 파펜이 그들의 마음을 사로잡았음을 알 수 있었다. 연설이 끝나자 흥분한 10여 명의 청중이 파펜을 둘러싸고 "그의 솔직함을 칭찬했다"라고 치어슈키는 회고했다. 반면 그 자리에 있었던 돌격대원 두 명은 화를 내며 강의실에서 나갔다.[42]

부총리실 집단은 그들의 도전에 나치 지도자들이 어떤 반응을 보일지 모를 정도로 순진무구하지 않았다. 괴벨스는 신문이나 라디오로 연설이 더 퍼지지 않도록 곧장 막았다. 파펜이 마르부르크에 있던 날, 히틀러는 총리로서 첫 외국 방문으로 이탈리아에서 베니토 무솔리니를 만나고 돌아왔다. 방문 결과는 별로 좋지 않았다. 무솔리니는 새로 독재자가 된 이 낯선 인물에게 품는 가벼운 경멸을 숨기지 않았다. 그래서 이미 기분이 더럽던 히틀러는 파펜의 연설 소식을 듣고 불같이 화를 냈다. 그날 그는 튀링겐주의 작은 도시인 게라에서 열리는 나치의 지역 지도자 모임에서 연설했다. 연설 중 파펜 이름을 대지는 않았지만, 누구를 말했는지 분명했다. 히틀러는 민족사회주의(나치)의 성공은 "앞으로 몇 년 그리고 수십 년 동안" 확고해질 것이라며, "우리를 막기 위해 뭐든 할 수 있다고 헛된 꿈을 꾸는 작은 난쟁이들은 이렇게 하나로 모인 신념의 힘에 모두 휩쓸릴 겁니다"라고 소리쳤다. 또 난쟁이들이 "나치의 어떤 결점을 찾아냈다고 믿든 나치보다 더 좋은 체제는 없다"라는 사실을 잊고 있다고 지적했다. 히틀러는 "그렇게 작은 벌레가 이렇게 강력한 국민 갱생 작업에 맞서 싸우려고 하다니 우스꽝스럽습니다. 그렇게 작은 난쟁이가 몇몇 공허한 구절로 거대한 국민 갱생 작업을 방해할 수 있다고 헛된 생각을 품다니, 우스꽝스럽게 말입니다"라고 말했다.[43] 히틀러의 말을 들은 사람들은 누구를 빗대 '벌레'와 '난쟁이'라고 말하는지 전혀 몰랐지만, 함성을 지르면서 찬성했다고 에트문트 포르슈바흐는 기록했다.[44]

게슈타포는 그날 밤, 게르마니아 인쇄소에 들이닥쳐 연설문 복사본을 압수했다. 히틀러는 언론 담당 비서 발터 풍크Walther Funk를 힌덴부르크 대통령에게 보내 히틀러, 파펜, 힌덴부르크가 계속해서 함께 일할 수는 없다는 뜻을 전했다. 히틀러가 이렇게 신속하게 대응하는 바람에 부총리실 집단의 계획은 일찌감치 틀어지기 시작했다. 전혀 믿을 수 없는 두 사람, 파펜과 힌덴부르크에게 운명을 걸었다는 점이 그들의 문제였다. 파펜의 연설은 엄청난 인기를 끌었다. 그래서 파펜 부총리는 어디를 가든 수많은 사람의 환영을 열렬히 받을 수 있었다. 조금 더 단호하고 용기 있는 사람이었다면 갑자기 커진 정치적인 자산을 이용해 히틀러를 권력의 자리에서 끌어내릴 수도 있었다. 그러나 파펜은 그런 사람이 아니었다.

히틀러는 파펜을 능숙하게 다루었다. 괴벨스가 자신의 연설을 탄압했다고 파펜이 불평하자 히틀러는 파펜의 격분을 이해한다고 개인적으로 다독였다. 파펜이 내각에서 물러나겠다고 협박하자 히틀러는 받아들이지 않는다. 히틀러는 평소 자주 활용하는 연기력으로 파펜을 설득했다. 믿을 만한 전우 역할을 연기하면서 군인으로서 파펜의 의무감에 호소했다. 또 이런 예민한 문제들은 내부적으로만 논의해야 한다고 말하면서 파펜의 연설문 전문은 계속 발표하지 못하도록 막았다.

부총리실 집단의 계획대로 되려면 파펜이 곧장 힌덴부르크 대통령에게 연락하는 게 필수적이었다. 그러나 히틀러는 파펜이 힌덴부르크 대통령이 머무는 노이데크 집을 급히 찾지 않도록 설득했다. 부총리실 참모들은 스스로 좌절감에 빠져 있었지만, 파펜 부총리는 히틀러의 말을 고분고분 들으면서 더는 연설 내용을 퍼뜨리지 말라고 직원들에게 명령하기까지 했다. 그다음 파펜은 며칠 동안 베를린을 비웠다. 힌덴부르크 대통령을 만나러 동쪽으로 간 게 아니었다. 북쪽의 킬과 함부르크를 거쳐 베스트팔렌에서 가족 모임에 참석했다. 과거를 돌아보면서 자신의 정치적 실수를 인정하는 일이 거의 없던 파펜이 1934년 6월의 기회를 놓치는 실수를 했다는 사실은 확실히 인정했다.[45]

그러나 파펜이 힌덴부르크 대통령을 만났다 해도 크게 달라지는 않았을 것이다. 힌덴부르크를 옹호하는 보수주의자들 사이에서 1934년에는 힌덴부르크가 히틀러에게 점점 더 환멸을 느꼈다는 이야기가 끈질기게 돌아다녔다. 파펜은 회고록에서 1934년 5월에 힌덴부르크 대통령을 마지막으로 만났을 때 이야기를 썼다. 힌덴부르크가 "상황이 심각해질 것 같습니다, 파펜. 뒤처리를 해주세요"라는 말을 자신에게 남겼다고 파펜은 주장했다. 그러나 파펜의 회고록 내용 중 거짓말이 많아서 힌덴부르크가 했다는 말 역시 거의 틀림없이 지어냈다고 여겨진다. 힌덴부르크의 다른 많은 말이나 일반적인 태도와 일치하지 않아서다.[46] 대중의 지지를 받는 통합된 우파 정부를 만드는 게 힌덴부르크의 근본적인 정치 목표였다. 히틀러는 힌덴부르크의 목표를 이뤄주었고, 힌덴부르크는 그저 히틀러 총리에게 아주 만족했다.

6월 18일, 히틀러의 비서 발터 풍크는 힌덴부르크에게 파펜의 연설 그리고 연설 내용을 퍼뜨리지 못하게 한 괴벨스의 조처를 보고했다. 힌덴부르크는 그 조처를 인정하면서 파펜을 전혀 동정하지 않았다. "파펜이 규율을 지키지 못하면, 그 결과를 받아들여야 할 것"이라고 힌덴부르크는 말했다. 사흘 후에는 히틀러가 직접 힌덴부르크를 찾아갔고, 알프레트 로젠베르크에 따르면 "그 노인이 그렇게 친절할 수가 없었다."[47] 부총리실의 공모자들이 알았다면 더 절망할 일까지 있었다. 6월 26일, 베르너 폰 프리치 육군 참모총장은 힌덴부르크에게 돌격대 문제를 보고했다. 프리치와 힌덴부르크는 무슨 일이 일어나든 군대는 끼어들지 말아야 한다고, 경찰과 나치 친위대가 돌격대를 다스려야 한다고 합의했다. 이는 국내 문제에 절대 군대를 동원하고 싶지 않은 그들의 바람과 일치했다. 그러나 이 때문에 부총리실 집단의 계획은 심각한 타격을 받았다.[48]

정치를 잘 아는 사람이라면 아무도 파펜이 마르부르크 연설문을 직접 쓸 수 있었다고 생각하지 않았다. 나치조차 파펜이 그런 수준으로 생각하고 말할 수 있는 사람이 아니라는 사실을 잘 알았다. "누가 파펜을 위해

써줬을까?"[49]라고 괴벨스는 일기에서 궁금해했다.

멀리서 찾을 필요가 없었다. 알 만한 사람들은 지난 1년 거의 내내 에트가어 융이 파펜의 생각을 대신해 왔다는 사실을 알아차렸다. 파펜 연설의 이념이나 어조가 놀라울 정도로 융의 글과 비슷하게 들렸기 때문이었다. 6월 20일, 알프레트 로젠베르크는 이 측면에서 강력한 힌트를 제공했다. 그는 나치 신문 《푈키셔 베오바흐터》에 '독일혁명의 의미와 해석'이라는 제목의 사설을 썼다. 융이 가장 최근에 쓴 책과 비슷한 제목으로 분명 융을 의식하면서 쓴 글이었다. 히틀러는 개인적인 대화에서 로젠베르크와 같은 생각이라고 말했다. 인정을 갈구했던 융은 자신이 연설문을 썼다는 사실이 알려져도 상관하지 않았다.[50]

거의 2주 동안 독일 정치는 섬뜩한 분위기 속에 멈춰 있었다. 베를린 주재 프랑스 대리 대사는 6월 27일에 본국에 전보를 보냈다. 독일 정부가 지난주에 위기를 겪었고, "그 여파가 아직도 느껴지며, 여파의 규모가 어느 정도인지는 아직 알 수 없다"라는 내용이었다. 뭔가 어마어마하게 폭력적인 일이 터져 나오려고 하고 있었다. 하지만 당장은 정치인들이 아무 일도 없다는 듯이 자기 일을 계속했다. 괴벨스와 히틀러는 분명 부총리실 집단을 치려고 준비하고 있었다.[51] 6월 22일, 괴벨스는 풍크와 '파펜 문제'를 의논했다. "히틀러 총리가 개입해야 한다. 파펜이 우리를 방해하고 있다. 심지어 군대까지 끌어들인다. 총리에게도 보고해야겠다"라고 괴벨스는 일기에 썼다.[52]

이렇게 긴박한 시기에 파펜과 괴벨스는 거의 비현실적일 정도로 신속하게 움직였다. 6월 21일, 중앙은행 총재 할마르 샤흐트Hjalmar Schacht가 국민계몽선전부에서 강연해, 외국 특파원과 외교관들을 많이 초청한 자리였다. 강연이 끝날 때 미국 기자는 괴벨스에게 "장관님. 마르부르크 연설

때문에 장관님과 폰 파펜 부총리님 사이가 이제 아주 껄끄러운가요?"라고 직접적으로 질문했다.[53]

괴벨스는 곧장 파펜 부총리를 강연실 앞쪽으로 불렀고, 파펜이 앞으로 나갔다. 괴벨스는 파펜을 향해 몇 발자국 다가가더니 팔을 내밀어 포옹했다. 괴벨스는 "친애하는 파펜 부총리님. 저 말 들으셨습니까? 우리 둘이 서로 껄끄러운 관계라고 합니다. 누구보다 우리 둘이 가장 친한 친구잖아요!"라고 말했다. 파펜은 감동해서 말을 하지 못하는 듯했다. 그저 고개만 끄덕였다. 참석자 대부분(아마도 파펜만 제외하고)은 이를 그저 외국 언론 앞에서 쇼하는 것으로 생각했다.

사흘 후인 6월 24일 일요일, 파펜과 괴벨스는 함부르크 경마 대회에 참석했다. 모든 신뢰할 만한 기록들에 따르면 군중이 파펜에게는 열광적인 박수와 환호를 보내고, 괴벨스는 냉담하게 대하면서 뚜렷한 차이를 보였다고 한다. 프랑스 대리 대사는 "많은 사람, 특히 부유층"이 부총리 자리로 찾아온 점을 하나의 예로 기록했다.[54] 사람들이 경쟁자를 더 지지하는 상황을 결코 받아들일 수 없는 괴벨스로서는 참을 수 없는 일이었다. 괴벨스는 일기에 "대중은 파펜을 싫어했었다. … 당황스러운 장면이었다. 마지막에 파펜과 함께 섰다. 대중은 모두 내게 집중했다. 열렬한 환호! 큰일이 벌어질 텐데. 불쌍한 사람들"이라고 썼다. 나치가 현실을 대하는 태도를 엿볼 수 있는 구절이다.[55]

브뤼닝 내각에서 장관을 지낸 고트프리트 트레비라누스와 영국 언론인 존 휠러 베넷John Wheeler Bennett은 그날 저녁에 카이저호프 호텔에서 융을 만났다. 그들은 융이 곧 체포된다는 사실을 영국 정보요원들이 알아냈다고 전하면서 그날 밤 독일을 떠나야 한다고 강력하게 권했다. 융은 자신이 파펜과 군대의 보호를 받고 있다고 이의를 제기했다. 융이 결국 스위

스로 가기로 했지만 그날 저녁에 나치 보안대의 스파이인 여성에게 발설했다는 이야기도 있다.[56]

다음 날, 게슈타포가 융을 체포하고 그의 아파트를 뒤졌다. 게슈타포는 융이 파펜의 마르부르크 연설문을 썼다는 증거를 찾아냈다. 연설문 원고료로 파펜이 융에게 얼마를 줘야 할지 말다툼하면서 두 사람이 주고받은 편지였다. 파펜은 융이 체포되었다는 소식을 듣고 베스트팔렌에서 날아와 융을 풀어주려고 했다. 그러나 히틀러도 괴링도 파펜을 만나주려고 하지 않았다. 히틀러는 파펜이 "그의 융 선생 때문에"[57] 자신을 만나려고 한다고 로젠베르크에게 경멸하듯 말했다. 그러면서 히틀러 자신이 직접 명령해서 융이 체포되었다는 사실을 분명하게 밝혔다. 게슈타포의 우두머리 하인리히 힘러는 융이 왕정 복귀를 주장하는 '오스트리아의 왕정복고주의자' 집단과 관련되었다는 몇몇 유죄 입증 자료를 찾아냈다고 파펜에게 말했다. 이 문제를 처리해야 하지만, 융은 며칠 안에 풀려날 것이라고 힘러는 약속했다.[58]

## '장검의 밤'

1934년 6월 30일의 '장검의 밤' 사건은 히틀러가 한쪽은 보수 기성세력, 다른 한쪽은 급진적인 돌격대 사이에 낀 곤경에서 벗어나기 위한 방법이었다. 보수층, 특히 군 수뇌부가 이 사건의 목표이자 관객이었다. 룀과 그가 이끄는 돌격대를 향한 공격은 부차적이었다.

돌격대원들은 귀족 장교와 직업 군인을 대신할 새로운 독일의 '국민 군대'에서 핵심 세력이 되겠다고 오랫동안 이야기해 왔다. 군 수뇌부는 이 이야기에 놀랐고, 1934년 초에 장군들은 룀을 무력화하라고 히틀러를 점점 더 압박했다. 그러나 룀이 쿠데타를 일으키려고 한다는 이야기는 거짓말이었다. 그런 일은 일어날 수 없었다. 사실 룀은 그러한 걱정을 잠재우려고 보란 듯이 7월 한 달 동안 돌격대원들을 휴가 보냈다. 곧 쿠데타가 일어난다는 이야기는 살인으로 혜택을 보는 사람들, 특히 군 수뇌부가 다음에 벌어진 일에서 책임을 피할 변명거리로 만들어낸 거짓말이었다.[59]

룀은 예정된 휴가가 시작되기 전, 뮌헨 근처 바트 비제로 돌격대 지휘관들을 불러 모임을 가졌다. 6월 30일, 히틀러는 그들을 체포하는 일을 지휘하려고 직접 그곳까지 갔다. 룀은 다음 날 총에 맞았다. 전국, 특히 베를린에서 다른 돌격대원들도 체포되었고, 돌격대원들이 90명이나 죽었다.

히틀러는 또한 이때를 쿠르트 폰 슐라이허처럼 원한을 품었던 사람들에게 앙갚음할 기회로 이용했다. 히틀러는 슐라이허가 자신을 모욕했던 말("다만 미친 사람이라는 게 유감이죠")을 잊지 않았고, 1932년에 그레고어 슈트라서를 슐라이허 내각으로 끌어들이려고 애썼다는 데 분개했다. 히틀러는 또한 슐라이허가 1933년 1월에 자신에 대항해 군사 쿠데타를 일으키려고 계획했다고 믿었다. 당연히, 슈트라서 또한 숙청 작업에 휘말렸다. 치어슈키는 게슈타포 지하실에 갇혀 있는 동안 슈트라서에게 무슨 일이 벌어졌는지 목격했다. 치어슈키는 화장실에서 융과 이야기를 나누고 복도의 긴 의자로 돌아오자마자 "기관단총을 든 남자 세 명이 사슬에 묶인, 키 크고 건장한 남자를 끌고 가는 모습"을 보았다. 치어슈키는 그 남자가 슈트라서라는 걸 금방 알아차렸다. 감시원들은 독방 앞 다른 복도로 슈트라서를 데려갔다. "'문 닫아!'라고 명령하는 소리가 들리고, 그쪽 복도와 슈트라서가 있는 구역 사이의 문이 닫혔다. 다섯 발의 총소리가 들렸다. 총소리가 그친 직후, 우두머리가 권총을 든 채 문을 열고 들어오면서 '돼지 새끼를 처리했어'라고 했다"고 치어슈키는 회고했다.[60]

힌덴부르크 대통령은 히틀러의 1934년 6월 30일 행동에 무척 만족했다. 그는 히틀러가 자기 사람을 보내 결단력 있고 용감하게 개입하면서 반역음모의 싹을 없앴고, 어마어마한 위험에서 독일 국민을 구해냈다고 칭찬하는 전보를 보냈다.[61] 7월 6일, 히틀러는 괴벨스에게 힌덴부르크 대통령을 만났던 일을 이야기했다. "힌덴부르크는 굉장해. 노신사가 인물이야"라고 했다고 괴벨스는 기록했다.[62]

히틀러는 돌격대의 말썽꾼들을 조금 걱정하기는 했지만, 통치의 위협 요소로 생각하지는 않았다. 그는 군대를 걱정했고, 돌격대를 공격하면 결국 궁극적인 힘을 가진 군 지휘관들을 안심시킬 수 있었다. 힌덴부르크가 그래서 중요했다. 1934년 초여름, 힌덴부르크가 살날이 얼마 남지 않았다는 걸 알고 '정치적 유언장'을 써놓았다는 사실을 정치계의 모든 사람은 알았다. 그러나 유언장 내용을 조금이라도 아는 사람은 거의 없었다. 히틀러는 어떤 희생을 치르더라도, 힌덴부르크가 자신이 죽은 후 왕정으로 되돌아가야 한다고 제안하지 않게 하고 싶었다. 돌격대를 무력화하면 히틀러가 총리 자리와 함께 대통령을 맡아도 된다고 힌덴부르크가 안심할수 있었고, 실제로 안심했다. 슐라이허, 부총리실 집단, 돌격대 지휘관, 프랑수아-퐁세 대사가 함께 정부 반역을 모의했다는 복잡한 이야기를 꾸며내면서 히틀러는 보수 기성세력의 위험한 적들을 동시에 공격할 구실을 만들었다. 예상대로 공모 혐의를 받은 프랑수아-퐁세 프랑스 대사는 히틀러가 내놓은 증거와 나치가 문제를 해결하는 전형적인 방법을 비난했다. 그는 "허술한 단서, 우연의 일치, 근거 없는 짐작을 확실한 증거라도 되는 듯 내놓았다"라고 본국에 전보를 보냈다. 나치가 국회의사당 화재 재판에서 공산주의자 피고인들이 방화와 관련 있다는 사실을 보여주려고 이용한 방법과 똑같다고 그는 전했다. 이번에는 재판 과정조차 거치지 않았다. "판사가 피고인을 만나지 못하도록 미리 막았고, 그들을 한꺼번에 죽였다"라고 프랑수아-퐁세는 신랄하게 기록했다.[63]

나치의 신속한 작전은 효과를 발휘했다. 국민 대부분이 돌격대를 정말 싫어했기 때문에 '장검의 밤'으로 히틀러 정권은 독일에서 인기를 상당히 많이 되찾았다. 그리고 보수층의 저항도 산산조각이 났다.

힌덴부르크와 군대도 결과에 만족했다. 저항을 이끌던 융과 보제 같은 인물은 사망했다. 치어슈키는 영국으로 망명했다. 케텔러는 오스트리아 주재 외교관이 되었다. 그러나 1938년 3월에 나치가 오스트리아를 합병했을 때 살해당했는데, 게슈타포나 나치 친위대의 소행이 거의 확실하다.

전기 작가의 말에 따르면, 6월 30일 이후 파펜의 행동은 특별히 수치스러웠고, 도덕적으로도 최악이었다. 자신의 직원들이 죽임을 당하고 체포되었는데, 파펜은 히틀러에게 목숨을 구걸했다. 파펜은 7월 3일에 "엄청난 위험에서 조국을 구한 군인다운 결단력"에 감사하다는 편지를 히틀러에게 보냈다. 아무도 파펜 자신만큼 "뜨거운 마음"으로 (국가를 위해서는 꼭 필요하지만, 당신 자신에게는 너무 고통스러운) 이 길을 따라 히틀러를 따를 사람이 없다고 주장했다. 히틀러는 파펜을 가택연금에서 풀어주었다. 부총리 자리에서는 물러나게 했지만, 힌덴부르크를 의식해서 그를 살려 두었다. 파펜은 빈 주재 독일 대사로 임명되었고, 그 자리에서 사라지자 터키로 부임해 2차 세계대전 동안 그곳에 머물렀다. 뉘른베르크 전범 재판소는 파펜의 전쟁 범죄에 무죄를 선고했다.[64]

그뿐 아니다. 1952년에 출간한 회고록에서 부하 직원들이 자신도 모르게 용감하게 저항한 공적을 모두 가로챌 정도로 비겁했다. 특별히 에트가어 융의 역할을 최소화하면서 융이 허영심으로 마르부르크 연설의 공을 자신에게 돌렸다고 비난했다. 또한 파펜은 자기중심적 사고의 정점을 보

여주며, 융과 보제를 죽인 사람들은 사실 자신을 죽이려고 했다고 주장하기까지 했다.[65]

1934년 8월 2일, 육군 원수이자 독일 대통령인 파울 폰 힌덴부르크가 신부전으로 사망했다. 히틀러는 곧장 대통령 자리를 이어받았다. 그다음 아무도 힌덴부르크를 대신할 수 없고, 그래서 대통령 집무실은 없어질 것이라고 밝혔다. 히틀러는 '총통 겸 총리'라는 공식 직함을 얻었다. 모든 군인과 공무원은 히틀러에게 개인적으로 충성을 맹세해야 했다.

이제 히틀러가 독재 통치를 할 수 있는 조건이 완벽하게 갖춰졌다. 그를 통제하거나 길들이려는 노력은 모두 완전히 실패했다. 제도적인 기반이 있어야 정치적으로 제대로 맞설 수 있다. 1934년 늦여름에는 아무것도 남아 있지 않았다. 정당, 노동조합, 국회, 내각, 연방주와 돌격대 모두 힘을 잃었다. 군대만 저항할 수 있는 세력으로 남아 있었다. 히틀러가 베르사유 조약을 파기하고 군대 규모를 늘리기만 하면 장교와 병사들은 만족했다. 1934년 8월부터 시곗바늘이 전쟁을 향해 움직이고 있었다. 세계 경제를 지배하는 영국과 미국을 물리치고, 독일이 동유럽에서 거대한 땅을 차지하면서 경제 강국이 되기 위한 전쟁이었다.

그렇다고 융과 보제의 희생이 모조리 헛되지는 않았다. 그들의 희생을 본보기로 저항 세력이 계속 나타났다. 1938년에 비슷한 집단(군대와 보수파 정치인들)에서 시작되었고, 시간이 흘러 히틀러 암살을 모의한 발퀴레 작전으로 이어졌다.

발퀴레 작전을 주도한 사람 중 한 명이 한 말은 융과 보제, 그들의 친구들에게도 똑같이 적용된다. 1944년 6월, 연합군의 노르망디 침공 이후 클라우스 폰 슈타우펜베르크Claus von Stauffenberg 백작은 히틀러를 무너뜨리는 게 가능할지 알고 싶었다. 그는 동료와 공모자 헤닝 폰 트레스코Henning von

Tresckow에게 질문을 담아 편지를 보냈다. 트레스코의 답변은 명확했다. "무슨 일이 있어도 계획대로 쿠데타를 해야 한다. 실패하더라도 쿠데타를 시도해야 한다. 실제로 성공할지는 중요하지 않다. 독일 저항운동 조직이 세계와 역사 앞에서 목숨을 걸고 결정적인 시도를 했다는 게 중요하다. 다른 모든 건 상관없다"라고 트레스코는 말했다.[66]

융과 보제도 슈타우펜베르크, 트레스코와 마찬가지였다. 그들은 확실히 결함이 있는 영웅이었다. 자신이 속한 계층, 배경과 시대의 편견에서 벗어나지 못했다. 그렇지만 히틀러를 제거하기 위해 위험을 무릅썼고, 목숨을 잃었다. 아무나 할 수 없는 일이었다. 그들은 그렇게까지 하면서 히틀러를 집권하게 했다는 죄책감을 갖았다. 암흑의 시대에 목숨을 걸었던 그들의 용기 덕분에 독일은 더 나은 미래를 위한 도덕적 토대를 가지게 되었다.

## 바이마르 공화국 시절과 현재

언론인들은 종종 복잡한 정치 과정을 간단한 공식으로 줄이려고 한다. 그들은 '변화를 요구하는 선거'나 '항의 투표<sup>현 정치에 불만을 표하기 위해 비주류 후보에게 던지는 표</sup>' 같은 이야기를 한다. 그러나 독일 바이마르 공화국의 민주주의가 왜 무너지고, 히틀러와 나치가 어떻게 권력을 잡았는지 간단한 공식만으로 설명할 수는 없다. 나치 운동은 1차 세계대전 그리고 1차 세계대전과 2차 세계대전 사이에 겪은 유럽의 각종 위기에서 비롯되었다. 이 시기에는 유럽 전역, 특히 패전한 나라들(패전한 것처럼 느꼈던 이탈리아에서도)에서 비슷한 움직임이 일어났다. 한편 나치가 그 시대에 잘 맞기는 했지만, 1932년까지도 힌덴부르크가 사망한 후 히틀러가 그렇게 권력을 차지하리라고 미리 내다본 사람은 거의 없었다. 그런 결과가 나오기를 바란 사람도 거의 없었다. 히틀러가 권력을 차지하는 데는 분노와 증오만큼, 계산 착오와 근시안이 많은 역할을 했다.

1차 세계대전이 없었다면 나치는 상상조차 할 수 없었을 것이다. 이 책의 시작 부분에서 우리는 몇 가지 지점을 살폈다. 패전의 충격 가운데 수백만 명의 독일인은 전쟁에 대한 특정 이야기를 믿었다. 명백하게 사실이라서가 아니라, 정서적으로 필요해서였다. 독일인 대부분은 1914년 8월의 태양 아래 나라가 멋지게 하나되었다고 생각했다. 그러나 국내에서의 배신과 비겁함 때문에(등을 찔려서) 1918년 11월의 차가운 빗속에서 패전했다고 생각했다. 이 이야기의 어느 부분도 정확하지 않다. 하지만 나치는 8월과 11월을 끊임없이 대조하면서, 11월의 반역을 물리치면 하나되었던 8월로 돌아갈 수 있다고 약속했다. 국민이 과거를 어떻게 믿고 있는지는 과거가 실제로 어떠했는지 이상으로 중요하다.

사실 독일은 영국과 미국, 프랑스의 압도적인 경제력에 기진맥진했다. 1차 세계대전 후 서구의 세계 질서에 적응할지, 저항할지가 독일인에게 던져진 질문이었다. 독일의 안과 밖은 동전의 양면처럼 연결되어 있다는 사실을 모두가 알았다. 세계에 통합되고 이웃 국가와 평화롭게 지내는 독일이 곧 민주적인 독일이다. 세계를 향해 날을 세우는 독일은 전례 없이 무자비한 독재국가가 된다.

초인플레이션 그리고 히틀러의 1923년 11월 비어홀 폭동 시도로 최고조에 올랐던 5년간의 정치·경제 위기를 겪은 후 바이마르 공화국의 새로운 민주주의가 안정을 찾기 시작했다. 그러한 가운데 독일은 국제사회에서 없어서는 안 될 존재로 돌아왔다. 용기 있고 능수능란한 구스타프 슈트레제만 같은 정치인이 없었다면 일어날 수 없는 일이었다. 그러나 슈트레제만은 국내의 극우 민족주의자들을 잊어버린 적이 없었다. 그들은 평화를 추구하는 세계에서 독일의 자리를 확보하기 위해 그가 극복해야 할 장애물이었다.

독일의 민주주의가 회복되자 반민주적인 민족주의자들은 점점 더 필사적으로 격렬하게 저항했다. 대기업은 노조를 약하게 만들고, 국가가 관리하는 임금 중재 제도를 없애고 싶었다. 군대는 무기 구매 비용을 더 확보하고 싶었다. 농부들은 독일 농업을 집단 파산으로 몰아넣고 있다고 생각하는 농산물 수입과 무역 협상을 중단시키고 싶었다. 불만의 뿌리는 같았다. 세계에서 독일의 위치가 1차 세계대전 패배 그리고 영국과 미국의 경제력으로 정해졌다는 것이다. 그리고 대기업·군대·농부들은 똑같은 해결책을 들먹였다. 독일의 최대 정당인 사회민주당(군국주의에 반대하고, 국제 협력을 좋아하고, 민주주의·노동자·도시를 수호하는)의 권력을 빼앗는 일이었다. 이는 사실상 사회민주당이 만들어낸 민주주의를 끝내고, 농부·군인·대기업 경영자들을 위한 새로운 정치 기반을 찾는다는 뜻이었다.

바이마르 공화국은 다른 종류의 분노와 증오로도 부글부글 끓고 있었다. 독일 국민은 온갖 이유로 극심하게 분열되어 있었다. 시골 사람들은 종교, 성 정체성과 도덕의 전통을 깨뜨리는 대도시가 싫었다. 수백만 명의 독일인은 특히 동유럽에서 1차 세계대전 후에 쏟아져 들어오는 난민들을 보고 불안해졌다. 기독교와 가톨릭 집단 모두 전쟁과 혁명으로 인한 스트레스 때문에 반유대주의가 심해졌다. 서로 다른 두 가지 불만이 특히 압도적인 다수를 차지하는 신교도들 사이에서 합쳐졌다. 바이마르 공화국은 너무 유대인과 가톨릭의 세력이 강하고, 너무 현대적이고, 너무 도시적이고, 결국 도덕적으로 너무 타락했다고 느꼈다. 반유대주의 같은 문화코드는 언제나 무엇인가를 향한 불만을 실제 이상으로 표현한다. 반유

히틀러를 선택한 나라

대주의 때문에 독일의 민주주의가 끝장나거나 히틀러가 등장한 건 아니었다. 그러나 반유대주의는 민주주의에 반대하는 사람들이 그들이 몹시 싫어하는 민주적인 세계 질서를 비판할 수 있는 도구가 되었다.

바이마르 공화국 체제를 뒤집으려고 했던 집단 중 히틀러 같은 인물이 통치하는, 야만적이고 무법적인 독재정부를 원하는 사람은 거의 없었다. 그저 각자의 문제를 가장 쉽고 빠르게 해결하고 싶었을 뿐이다. 또한 반대 세력과 타협하는 게 죽도록 싫었다. 나치가 불만 세력, 특히 농촌 지역 신교도의 분노를 가장 잘 포섭한다는 걸 증명하면서 정치 방정식이 바뀌었다. 1929년 이후의 어느 정도 세력 있는 반민주 연합에 히틀러와 나치가 빠진 적이 없었다.

히틀러와 나치 없이는 아무 일도 못한다는 게 재계 지도자들과 군 지휘관들의 심각한 문제였다. 민주주의는 그들에게 크게 도움이 되지 않았다. 그들의 관심사는 유권자의 과반수 표는커녕 최다 득표도 이끌어낼 수 없어서였다. 반면 히틀러는 노동운동을 탄압하고 군대를 재건하는 데 상당히 도움이 될 수 있었다. 그렇지만 어떤 대가를 치러야 했을까? 독일의 보수적인 정치 엘리트는 점점 더 히틀러와 협력할 방법을 찾을 수밖에 없다고 결정했다. 히틀러와 나치 운동을 이용하기 위해서였다. 그러지 않으면 자신들이 자기 이익을 너무 많이 포기해야 했다.

장검의 밤은 히틀러를 향해 주류 정치인들이 추파를 보낸 일의 결말이었다. 후겐베르크에서 브뤼닝, 파펜과 슐라이허, 융과 보제까지 보수주의자들은 차례차례 허를 찔리고, 밀려났다. 그들은 적잖이 힌덴부르크 대통령에게 배신당했다. 힌덴부르크 대통령은 무슨 수를 써서라도 위대한 지휘관이자 통합의 주역으로서의 명망을 지키면서 우파 민족주의 정부를 만들겠다는 대단히 중요한 목표를 이루려고 노력했다. 결국, 힌덴부르크는 한때 '보헤미아 졸병'이라며 무시했던 히틀러에게 사로잡혔다. 그러고는 히틀러가 1930년대 초의 정치적 분열을 극복하고, 자신의 명망을 지켜줬다고 믿으면서 평온하게 눈을 감았다. 사실 힌덴부르크는 히틀러를 총리로 임명하는 바람에 자신이 그렇게 노심초사하며 지키려고 했던 명망을 분명히 그리고 영원히 망쳐버렸다.

바이마르 민주주의의 종말은 갈수록 배타적인 음모론과 비합리성에 치우치는 문화 속에서, 거대한 반정부 운동이 엘리트들의 복잡한 이기주의와 결합한 결과였다. 바이마르에서의 민주주의 종말을 이국적인 나치 깃발, 다리를 높이 들어 올리는 돌격대원들의 행진과 분리해 바라보자. 갑자기 모든 게 가깝고 친숙해 보인다.

바이마르 시대 독일 정치가들은 대체로 교활했지만, 이상할 정도로 순진한 면이 있었다. 최악의 가능성을 상상할 수 있는 사람은 거의 없었다. 문명국가에서는 히틀러에게 투표할 수 없다고 생각하는 사람들도 있었다. 히틀러가 총리가 되자 수백만 명의 독일인은 그의 재임 기간이 짧고, 힘이 없을 것으로 예상했다. 독일은 법을 잘 지키기로 유명한 데다 문화적인 나라였다. 독일 정부가 어떻게 제도적으로 독일 국민을 야만적으로 만들 수 있었을까? 유대계 독일인은 독일에 깊이 동화되었고, 애국심이 넘쳤다. 많은 유대계 독일인은 상황이 점점 더 나빠져도 고향인 독일을 떠나지 않으려고 했다. "나는 독일인이고 독일인들이 제 자리로 돌아오기를 기다리고 있다. 그들은 어딘가에 숨어 있다"[67]라고 빅토르 클렘퍼러Victor Klemperer는 일기에 썼다. 그는 유대교 랍비의 아들이자 1차 세계대전의 참전용사로 독일에 머무르기로 했고, 기적적으로 살아남았다.

트레블링카와 아우슈비츠 강제수용소, 바비 야르 학살이나 2차 세계대전이 끝나기 전 마지막 몇 달 동안 이뤄진 죽음의 행진을 1933년에 상상할 수 있었던 독일인은 거의 없었다. 상상도 할 수 없는 일을 미리 내다보지 못했다고 그들을 비난할 수는 없다. 그러나 순진해서 앞으로 무슨 일이 벌어질지 도통 몰랐기 때문에 끔찍한 비극이 벌어졌다. 나중에 태어난 우리에게는 당시 독일인보다 유리한 점이 한 가지 있다. 그들의 사례를 참고할 수 있다는 점이다.

# 감사의 말

책을 끝내면서 결정적인 도움을 준 분들에게 감사의 뜻을 전하는 일은 항상 즐겁다.

가장 먼저 내 대리인 스콧 멘델Scott Mendel 그리고 출판사에서 내 책을 담당한 편집자 폴 골로브Paul Golob에게 감사하고 싶다. 그들이 창조적인 영감으로 나를 격려해주지 않았다면 이 책은 결코 나올 수 없었다.

이런 책은 다른 학자들의 수많은 연구를 바탕으로 쓸 수밖에 없다. 이 책을 쓰는 동안 바이마르 공화국 말기와 나치의 부상에 관한 엄청난 양의 눈부신 연구들을 읽으면서 행복했다. 많은 학자들에게 빚을 지면서 이 책을 써 내려 갈 수 있었다.

몇몇 동료들은 이 시기에 관한 나의 생각에 아주 많은 영향을 주었다. 다그마어 헤르초크Dagmar Herzog 교수는 독일 신교도와 성의 역사에 관한 어마어마한 지식으로 내게 많은 도움을 주었고, 자신의 조부 리하르트 카르벨의 연구까지 알려주었다. 크리스토프 키미히Christoph Kimmich와 정기적으로 점심을 먹으면서 대화를 나눈 일 자체가 공부가 되었다. 이전에도 그랬듯이 크리스토프는 고맙게도 이 책의 원고를 읽고 폭넓고 세심하게 조언해주었다. 헬레나 로젠블랫Helena Rosenblatt은 친절하게도 내 프랑스어 번역에 대해 조언해주었다.

금본위제 그리고 1930년대 초의 금융 위기에 대한 몇몇 자세한 내용을 이해하도록 도움을 준 벤저민 프리드먼 교수Benjamin Friedman, 배리 아이컨그린Barry Eichengreen 교수, 에드먼드 클링건Edmund Clingan 교수에게도 감사의 말을 전하고 싶다.

재능이 아주 뛰어난 내 대학원 제자 카이 볼터링Ky Woltering은 바이마르 시대의 독일 신교도 연구에 엄청나게 많은 도움을 주었다. 카이는 인내심과 유머로 내가 20세기 중반의 정치와 신학의 관계에 대해 상당히 잘 이해할 수 있게 해 주었다.

또한 원고를 꼼꼼하게 교열해준 제나 돌런Jenna Dolan에게도 감사드린다. 그의 도움 덕분에 많은 실수를 바로잡을 수 있었다.

말할 것도 없이, 아직도 남은 실수와 잘못된 판단은 모두 내 책임이다.

이 책은 내 아내 코리나Corinna가 옆에서 지켜보아야 했던 네 번째 책이다. 아내는 늘 그렇듯 너그러운 마음과 유머로 나를 진심으로 대했다. 아내에 대한 고마움은 말로 다 표현할 수 없고, 아내가 없는 삶은 상상도 할 수 없다.

이 책의 주제와 우리가 살고 있는 시대를 생각할 때 헌신의 소중한 가치에 대해서는 더 말할 필요도 없다.

# 더 읽을거리

나치의 부상과 바이마르 민주주의의 몰락에 관한 문헌은 어마어마하게 많다. 일반 독자를 위한 이 짧은 책에는 방대한 문헌 중 일부밖에 실을 수 없었다. 본문에서 인용한 문헌 외에 내 생각을 넓혀준 다른 책들(동의하지 못하는 내용이 있을 때도 있지만)도 독자들에게 알려주고 싶다. 이 목록이 모든 내용을 포함하고 있다고 말하고 싶지는 않다. 그러나 관심 있는 독자라면 이 책들을 읽으면서 더 많은 정보를 얻고, 다양한 관점을 가지라고 권하고 싶다.

- 바이마르 공화국에 관해 연구한 몇몇 중요한 책들은 분명 굉장히 다양한 관점들을 드러내고 있지만, 그 주제에 관해 여러 생각을 하는 출발점으로 삼을 수 있다.

  Detlev Peukert, 《*The Weimar Republic: The Crisis of Classical Modernity*》((New York: Hill and Wang, 1989).

  Hans Mommsen, 《*The Rise and Fall of Weimar Democracy*》(Chapel Hill: University of North Carolina Press, 1998).

  Heinrich August Winkler, 《*Weimar 1918~1933: Die Geschichte der ersten deutschen Demokratie*》(Munich: C. H. Beck, 1993). 이야기체로 쓴 뛰어난 역사책이다.

  Eberhard Kolb, 《*Die Weimarer Republik* 8. Auflage》(Oldenbourg Verlag, 2013). 구판은 영어로도 읽을 수 있다. 《*The Weimar Republic* 제2판》(New York: Routledge, 2004).

Eric D. Weitz, 《*Weimar Germany: Promise and Tragedy*, 2nd edition》 (Princeton: Princeton University Press, 2013). 최근에 나온 가장 깊이 있는 요약본이다.

**• 1918년 혁명과 초기 공화국에 관해서는 다음 책들이 있다.**

Joachim Petzold, 《*Die Dolchstosslegende: Eine Geschichtsfälschung im Dienst des deutschen Imperialismus und Militärismus*》(East Berlin: Akademie-Verlag, 1963).

Richard Bessel, 《*Germany After the First World War*》(Oxford: Oxford University Press, 1993).

Mark Jones, 《*Founding Weimar: Violence and the German Revolution of 1918-1919*》(Cambridge: Cambridge University Press, 2016).

Thomas Weber, 《Wie Hitler zum Nazi Wurde: Vom unpolitischen Soldaten zum Autor von Mein Kampf》(Berlin: Ullstein, 2016).

**• 다양한 방식, 바이마르 공화국과 그 후의 남녀 문제와 성적 취향 문제를 중심으로 연구한 가장 흥미롭고 중요한 최근 작업으로는 다음 책들이 있다.**

Julia Sneeringer, 《*Winning Women's Votes: Propaganda and Politics in Weimar Germany*》(Chapel Hill: University of North Carolina Press, 2002).

Wendy Lower, 《*Hitler's Furies: German Women in the Nazi Killing Fields*》(Boston: Houghton Mifflin Harcourt, 2013).

Robert Beachy, 《*Gay Berlin: Birthplace of a Modern Identity*》(New York: Alfred A. Knopf, 2014).

Laurie Marhoefer, 《*Sex and the Weimar Republic: German Homosexual Emancipation and the Rise of the Nazis*》(Toronto: University of Toronto

Press, 2015).

- 독일의 국제연맹 가입에 관해서는 다음 책들이 있다.

  Susan Pedersen, 《*The Guardians: The League of Nations and the Crisis of Empire*》(New York: Oxford University Press, 2015). 독창적이면서 탁월한 이야기가 담겨 있다.

  Henry Ashby Turner, 《*Stresemann and the Politics of the Weimar Republic*》(Princeton: Princeton University Press, 1965)). 훨씬 오래전 책이지만 역시 도움을 많이 받았다.

- 외국의 영향 그리고 바이마르 공화국의 독일인에게 미래가 어떻게 보였는지를 연구한 몇몇 생각을 불러일으키는 책들도 있다.

  Mary Nolan, 《*Visions of Modernity: American Business and the Modernization of Germany*》(New York: Oxford University Press, 1994).

  Rüdiger Graf, 《*Die Zukunft der Weimarer Republik: Krisen und Zukunftsaneignungen in Deutschland 1918-1933*》(Munich: Oldenbourg Verlag, 2008).

  James Q. Whitman, 《*Hitler's American Model: The United States and the Making of Nazi Race Law*》(Princeton: Princeton University Press, 2017). (《히틀러의 모델, 미국》, 마티, 2018)

- 기업과 경제에 관해 일찍이 연구한 책으로는 다음이 있다.

  Gerald D. Feldman, 《*Iron and Steel in the German Inflation 1916~1923*》(Princeton: Princeton University Press, 1977).

  Henry Ashby Turner, 《*German Big Business and the Rise of Hitler*》(New

York: Oxford University Press, 1985).

Harold James, 《*The German Slump: Politics and Economics, 1924~1936*》(Oxford: Clarendon Press, 1986)

Gerald D. Feldman, 《*The Great Disorder*: Politics, Economics and Society in the German Inflation, 1914~1924》(New York: Oxford University Press, 1993)

Peter Langer, 《*Macht und Verantwortung: Der Ruhrbaron Paul Reusch*》(Essen: Klartext Verlag, 2012).

## • 바이마르 공화국의 정치 전반에 관해서는 다음 책들이 있다.

Richard F. Hamilton, 《*Who Voted for Hitler?*》(Princeton: Princeton University Press, 1982).

Thomas Childers, 《*The Nazi Voter: The Social Foundations of Fascism in Germany 1919~1933*》(Chapel Hill: University of North Carolina Press, 1983).

Peter Fritzsche, 《*Rehearsals for Fascism: Populism and Political Mobilization in Weimar Germany*》(New York: Oxford University Press, 1990).

_____, 〈Did Weimar Fail?〉, 《*Journal of Modern History* 68. no. 3》(1996), 629~656쪽.

Donna Harsch, 《*German Social Democracy and the Rise of Nazism*》(Chapel Hill: University of North Carolina Press, 1993).

Larry Eugene Jones, 〈'The Greatest Stupidity of My Life': Alfred Hugenberg and the Formation of the Hitler Cabinet, January 1933,"〉(*Journal of Contemporary History*, no. 1(1992), 63~87쪽). 이외에도 큰 도움이 되는 그의 학술지 논고들이 많다.

_____ 편, 《*The German Right in the Weimar Republic: Studies in the History of German Conservatism, Nationalism and Antisemitism*》(New York: Berghahn Books, 2016).

- 1930년대 초 공화국의 마지막 위기에 관해서는 오래되었지만, 여전히 가치가 큰 책들이 많다.

Karl Dietrich Bracher, 《*Die Auflösung der Weimarer Republik: Eine Studie zum Problem des Machtverfalls in der Demokratie*》(Düsseldorf: Droste Verlag, 2000). (《바이마르 공화국의 해체》, 나남출판, 2011)

_____, Wolfgang Sauer, Gerhard Schulz, 《*Die nationalsozialistische Machtergreifung: Studien zur Errichtung des totalitären Herrschaftssystem in Deutschland*》(Berlin: Ullstein, 1974).

William Sheridan Allen, 《*The Nazi Seizure of Power: The Experience of a Single German Town 1930~1935*》(Chicago: Quadrangle Books, 1965).

Thilo Vogelsang, 《*Reichswehr, Staat und NSDAP: Beiträge zur deutschen Geschichte 1930~1932*》(Stuttgart: Deutsche Verlags-Anstalt, 1962).

_____, 《Kurt von Schleicher: Ein General als Politiker》(Göttingen: Musterschmidt Verlag, 1965).

Alex Schildt, 《*Militärdiktatur mit Massenbasis? Die Querfrontkonzeption der Reichswehrführung um General von Schleicher am Ende der Weimarer Republik*》(Frankfurt: Campus, 1981)

- 독일의 젊은 역사학자 라이너 오르트*Rainer Orth*가 최근 연구한 내용을 담은 탁월한 이 책은 폰 파펜 부총리 집무실 집단의 저항을 새로운 시각으로 바라볼 수 있게 해준다.

Rainer Orth, 《Der Amtssitz der Opposition: Politik und Staatsumbaupläne im Büro des Stellvertreters des Reichskanzlers in den Jahren 1933-1934》(Cologne: Böhlau, 2016). 독일어로 1천 쪽에 달하는 그의 연구가 곧 번역돼 전 세계 독자들에게 소개되기를 기대한다.

# 주

## 서장

1.  Rudolf Diels, "Die Nacht der langen Messer ··· fand nicht statt," *Der Spiegel*, June 2, 1949, p. 22.

2.  Rudolf Diels, *Lucifer Ante Portas: Zwischen Severing und Heydrich* (Zürich: Interverlag, 1949), p. 144, translation from J. Noakes and G. Pridham, *Nazism 1919–1945: A Documentary Reader*, vol. 1: *The Rise to Power* (Exeter: University of Exeter Press, 1998), pp. 140-41.

3.  Amtlicher Preussischer Pressedienst bulletin, February 28, 1933, Bundesarchiv Berlin-Lichterfelde R 43 II/294.

4.  Willi Frischauer, *The Rise and Fall of Hermann Goering* (Boston: Houghton Mifflin, 1951), p. 4.

5.  Benjamin Carter Hett, *Burning the Reichstag: An Investigation into the Third Reich's Enduring Mystery* (New York: Oxford University Press, 2014), p. 30.

6.  파펜의 언급은 다음 책에서 인용. Joachim Fest, *Hitler: Eine Biographie* (Berlin: Ullstein Taschenbuch, 1998), p. 528.

7.  Gottfried Reinhold Treviranus, *Das Ende von Weimar: Heinrich Brüning und seine Zeit* (Düsseldorf: Econ Verlag, 1968), p. 366.

8.  슈탐퍼의 발언은 위의 책에서 인용.

9.  Max Fürst, *Gefilte Fisch: Und wie es weiterging* (Munich: Deutscher Taschenbuch Verlag, 2004), pp. 658-59.

10. Adolf Hitler, "Zeugenaussage vor dem IV. Strafsenat des Reichsgerichts in

Leipzig," September 25, 1930, in Christian Hartmann, ed., *Hitler: Reden, Schriften, Anordnungen. Februar 1925 bis Januar 1933*, Bd. 3: *Zwischen den Reichstagswahlen Juli 1928–September 1930*, Teil 3: *Januar 1930–September 1930* (Munich: K. G. Saur, 1995), pp. 434-451.

11. Erich Ebermayer, *Denn heute gehört uns Deutschland ... Persönliches und politisches Tagebuch: Von der Machtergreifung bis zum 31. Dezember 1935* (Hamburg: Paul Zsolnay Verlag, 1959), p. 17.

12. '국민과 국가를 보호하기 위한 대통령 긴급명령'은 "Verordnung des Reichspräsidenten zum Schutz von Volk und Staat," *Reichsgesetzblatt* 17, February 28, 1933.

13. Walther Kiaulehn, *Berlin: Schicksal einer Weltstadt* (Munich: C. H. Beck, 1997), p. 567.

14. Wolf Jobst Siedler, "Glanzvolles Zwischenspiel auf abgeräumter Bühne, die lange Wirkung der kurzen Dauer," in Ruth Glatzer, *Berlin zur Weimarer Zeit: Panorama einer Metropole* (Berlin: Siedler Verlag, 2000), pp. 17-18.

15. 예를 들어 Volker Ullrich, *Hitler: Ascent, 1889–1939* (New York: Alfred A. Knopf, 2016), pp. 8-10.

16. 이 주제와 관련해서는 특히 Adam Tooze, *The Deluge: The Great War and the Making of Global Order* (London: Penguin Books, 2014); Robert Boyce, *The Great Interwar Crisis and the Collapse of Globalization* (New York: Palgrave Macmillan, 2009).

17. Joachim Fest, *Hitler* (New York: Harcourt, 1974), p. 380.

18. 위의 책, p. 381.

19. Ullrich, *Hitler*, p. 374.

20. Theodor Heuss, *Hitlers Weg: Eine historisch-politische Studie über den Nationalsozialismus* (Stuttgart: Union Deutsche Verlagsgesellschaft, 1932), pp. 100, 160-163.

1. 이전 쪽 "혁명이 성공하고 있다는 사실을 안다. 또 혁명을 무산시킬 수는 없 어도 … "부터는 Maximilian, Prince of Baden, *The Memoirs of Prince Max of Baden*, trans. W. M. Caulder and C. W. H. Sutton (New York: Charles Scribner's Sons, 1928), p. 351

2. 앞 문단 "막스 대공은 황제가 있는 곳에서 벌어지는 드라마를 알지 못한다" 부터는 Wolfram Pyta, *Hindenburg: Herrschaft zwischen Hohenzollern und Hitler* (Munich: Siedler Verlag, 2007), pp. 365-69.

3. 이전 쪽 "에베르트는 '너무 늦었습니다'라고 대답한다. 그 방의 다른 사회민 주당 당원들이 … "부터는 Prince Max of Baden, *Memoirs*, pp. 357-63.

4. Adolf Hitler, *Mein Kampf: Eine kritische Edition*, ed. Christian Hartmann et al. (Munich: Institut für Zeitgeschichte, 2016) (이하 *MK*), Bd. 1, 551-53.

5. 문단 내 "자신들의 '조용한 독재를' 시작했다"부터는 Martin Kitchen, *The Silent Dictatorship: The Politics of the German High Command Under Hindenburg and Ludendorff* (London: Croom Helm, 1976), p. 22. '조용한 독재(silent dictatorship)'는 그의 용어다.

6. Anthony McElligott, *Rethinking the Weimar Republic: Authority and Authoritarianism 1916–1936* (London: Bloomsbury, 2014), p. 20.

7. 위의 책, p. 16.

8. 위의 책, p. 19.

9. Joachim Riecker, *Hitlers 9. November. Wie der erste Weltkrieg zum Holocaust führte* (Berlin: Wolf Jobst Siedler, 2009), pp. 28-32.

10. Ulrich Herbert, *Geschichte Deutschlands im 20. Jahrhundert* (Munich: C. H. Beck, 2014), pp. 181-83.

11. 위의 책, pp. 187-88.

12. Frederick F. Blachley and Miriam E. Oatman, "Hugo Preuss Talks on the Weimar Constitution," *Southwestern Political and Social Science Quarterly* 6, no. 3 (December 1925): 252-53.

13. 바이마르 헌법 조문은 Ernst Rudolf Huber, *Dokumente zur deutschen Verfassungsgeschichte*, 3rd ed. (Stuttgart: Verlag W. Kohlhammer, 1991), 4:151-79.

14. McElligott, *Rethinking*, pp. 184-85.

15. Blachley and Oatman, "Hugo Preuss," p. 254.

16. 홈스의 주장은 Oliver Wendell Homes Jr., "The Path of the Law," *Harvard Law Review* 10 (1897): 457.

17. Benjamin Carter Hett, *Death in the Tiergarten: Murder and Criminal Justice in the Kaiser's Berlin* (Cambridge, MA: Harvard University Press, 2004), p. 218.

18. Roshan Magub, *Edgar Julius Jung, Right-Wing Enemy of the Nazis: A Political Biography* (Rochester, NY: Camden House, 2017), p. 18.

19. Sally Marks, "The Allies, Germany, and the Versailles Treaty, 1918-1921," *Journal of Modern History* 85, no. 3 (September 2013): 632-33.

20. 하프너의 회고는 Sebastian Haffner, *Defying Hitler* (Lexington, MA: Plunkett Lake Press, 2014), p. 23.

21. 추크마이어의 회고는 Carl Zuckmayer, *A Part of Myself* (New York: Harcourt, 1970), p. 143.

22. Peter Fritzsche, *Germans into Nazis* (Cambridge, MA: Harvard University Press, 1997), p. 19.

23. Jeffrey Verhey, *The Spirit of 1914: Militarism, Myth, and Mobilization in Germany* (Cambridge: Cambridge University Press, 2004), p. 20.

24. 위의 책, p. 217.

25. Riecker, *Hitlers 9. November*, p. 63.

26. John W. Wheeler-Bennett, *Hindenburg: The Wooden Titan* (London: Macmillan, 1936), pp. 234-39.

27. Verhey, *Spirit of 1914*, pp. 213 and 219.

28. 위의 책, p. 222.

29. Riecker, *Hitlers 9. November*, p. 58.

30. Tooze, *Deluge*, pp. 11-12.

31. Erich Ludendorff, *The Nation at War* (London: Hutchinson, 1936).

32. Martin Kitchen, "Militarism and the Development of Fascist Ideology: The Political Ideas of Colonel Max Bauer, 1916-18," *Central European History* 8, no. 3 (September 1975): 206.


## 2장 히틀러의 등장

1. 이전 쪽 "공무원들은 그의 안전을 걱정했다. 공산주의자들이 그를 공격할지도 … "부터는 Benjamin Carter Hett, *Crossing Hitler: The Man Who Put the Nazis on the Witness Stand* (New York: Oxford University Press, 2008), pp. 65-66 and 92.

2. 이전 쪽 "나치의 선전부장 요제프 괴벨스가 쓴 … "부터는 위의 책, pp. 93-98.

3. 이전 쪽 "변호사이자 자유주의 신문의 칼럼니스트인 루돌프 올덴이 … "부터는 위의 책, p. 102.

4. Ullrich, *Hitler*, p. 97.

5. 하이덴의 기록은 다음 책에서 인용. Stefan Aust, *Hitlers erster Feind: Der Kampf des Konrad Heiden* (Reinbek bei Hamburg: Rowohlt, 2016), p. 84.

6. Ullrich, *Hitler*, p. 7.

7. Hitler, *MK*, 1:617.

8. 위의 책.

9. 위의 책

10. Hitler, *MK*, 2:1477.

11. Adolf Hitler, *Hitler's Second Book: The Unpublished Sequel* to Mein Kampf, ed. Gerhard Weinberg (New York: Enigma Books, 2006), p. 111.

12. Ian Kershaw, *Hitler 1936–1945: Nemesis* (New York: W. W. Norton, 2000) (이하 *Nemesis*), p. 555.

13. Ernst Hanfstaengl, *Hitler: The Missing Years* (New York: Arcade Publishing,

1994), p. 266.

14. Ian Kershaw, *Hitler 1889–1936: Hubris* (New York: W. W. Norton, 1998) (이하 *Hubris*), p. 281.

15. Aust, *Hitlers erster Feind*, pp. 141-42.

16. Brigitte Hamann, *Hitler's Vienna: A Dictator's Apprenticeship*, trans. Thomas Thornton (New York: Oxford University Press, 1999), p. 7.

17. Kershaw, *Hubris*, pp. 3-5.

18. 문단 내 "그렇지만 히틀러 자신은 그 말이 진짜일까 봐 두려워했고 … "부터는 Robert G. L. Waite, *The Psychopathic God: Adolf Hitler* (New York: Basic Books, 1977), pp. 128-31.

19. August Kubizek, *The Young Hitler I Knew*, trans. Geoffrey Brooks (London: Greenhill Books, 2006), p. 54.

20. Ullrich, *Hitler*, p. 21.

21. Hamann, *Hitler's Vienna*, pp. 34-35.

22. Hitler, *MK*, 1:453.

23. Thomas Weber, *Hitler's First War: Adolf Hitler, the Men of the List Regiment, and the First World War* (Oxford: Oxford University Press, 2010), p. 48.

24. Hitler, *MK*, 1:461-65.

25. 위의 책.

26. Weber, *Hitler's First War*, 특히 chap. 7에서.

27. Ullrich, *Hitler*, p. 59.

28. 위의 책; Weber, *Hitler's First War*, chap. 7.

29. Ullrich, *Hitler*, p. 60.

30. Hitler, *MK*, 1:553-57.

31. Weber, *Hitler's First War*, pp. 250-52.

32. 위의 책, pp. 250-51 and 257.

33. 위의 책, pp. 350-51; Ullrich, *Hitler*, pp. 79-80.

34. Hitler, *MK*, 1:209 and 1:225.

35. Hamann, *Hitler's Vienna*, pp. 202 and 352; Weber, *Hitler's First War*, pp. 250-51.

36. Weber, *Hitler's First War*, pp. 255-56 and 258-59.

37. 히틀러가 상관에게 보낸 메모는 Hitler to Gemlich, September 19, 1919, in Noakes and Pridham, eds., *Nazism*, 1:12-13.

38. Noakes and Pridham, eds., *Nazism*, 1:13. 1920년 봄, 히틀러는 모든 유대인의 '멸종'을 요구하는 연설을 했다. 이에 대해서는 *Hitler: Sämtliche Aufzeichnungen 1905–1924*, ed. Eberhard Jäckel (Stuttgart: Deutsche Verlags-Anstalt, 1980), pp. 119-120. 게르하르트 와인버그(Gerhard Weinberg) 교수에게 감사드린다.

39. Wolfgang Schivelbusch, *The Culture of Defeat: On National Trauma, Mourning, and Recovery*, trans. Jefferson Chase (New York: Picador, 2001), p. 255n31.

40. Kershaw, *Hubris*, p. 124.

41. Hitler, *MK*, 1:579.

42. Kershaw, *Hubris*, p. 125; Ernst Deuerlein, "Hitlers Eintritt in die Politik und die Reichswehr," *Vierteljahrshefte für Zeitgeschichte* 7 (1959): 177-227.

43. Kershaw, *Hubris*, p. 126.

44. 위의 책, p. 145.

45. 히틀러의 연설 내용과 당시 반응은 Reginald H. Phelps, "Hitler als Parteiredner," *Vierteljahrshefte für Zeitgeschichte* 11 (1963): 274-330 and 294-95.

46. Aust, *Hitlers erster Feind*, pp. 21 and 82-84.

47. 쿠비체크의 회고는 Kubizek, *Young Hitler*, pp. 157 and 174-75.

48. Hanfstaengl, *Hitler: The Missing Years*, p. 133.

49. Kubizek, *Young Hitler*, p. 182.

50. Ullrich, *Hitler*, pp. 389-90.

51. 문단 내 "물가가 폭등하면서 … "부터는 Richard J. Evans, *The Coming of*

the *Third Reich* (New York: Penguin, 2004), p. 105.

52. Kershaw, *Hubris*, p. 216.

53. Ullrich, *Hitler*, p. 173.

54. Jonathan Wright, *Gustav Stresemann: Weimar's Greatest Statesman* (New York: Oxford University Press, 2002), "Introduction."

55. 위의 책, p. 2.

56. 위의 책, p. 498.

57. 위의 책, chap. 1.

58. 위의 책, chap. 2.

59. 위의 책, chap. 3.

60. 위의 책, pp. 106-7.

61. Wright, *Stresemann*, p. 494; generally, Zara Steiner, *The Lights That Failed: European International History 1919–1933* (New York: Oxford University Press, 2005), chaps. 7 and 8.

62. Wright, *Stresemann*, pp. 323 and 518.

63. 위의 책, p. 332.

64. 위의 책, p. 499.

65. 위의 책, p. 370n196.

66. John A. Leopold, *Alfred Hugenberg: The Radical Nationalist Campaign Against the Weimar Republic* (London and New Haven: Yale University Press, 1977), pp. 1-2.

67. 위의 책, pp. 8-20.

68. 위의 책, pp. 21-23.

69. Hugenberg, "Block oder Brei?," in Herbert Michaelis et al., eds., *Ursachen und Folgen vom deutschen Zusammenbruch 1918 und 1945 bis zur staatlichen Neuordnung Deutschlands in der Gegenwart* (Berlin: Dokumenten-Verlag Dr. Herbert Wendler, 1959-1978), 8:350.

70. Wright, *Stresemann*, pp. 373-74.

71. 위의 책, p. 514.

72. 위의 책, pp. 434 and 408.

73. 위의 책, p. 469.

74. 위의 책, p. 501.

75. 문단 내 "9월 30일, 슈트레제만은 마지막 연설에서 ⋯ "부터는 위의 책, p. 482.

76. Ullrich, *Hitler*, pp. 201-2 n70.

77. 위의 책, pp. 201-2.

## 3장 피의 5월

1. Thomas Kurz, *"Blutmai": Sozialdemokraten und Kommunisten im Brennpunkt der Berliner Ereignisse von 1929* (Berlin: Verlag J. H. W. Dietz Nachf., 1988), pp. 13-14.

2. Fürst, *Gefilte Fisch*, p. 567.

3. Kurz, *"Blutmai,"* pp. 29-30.

4. Fürst, *Gefilte Fisch*, pp. 568-69.

5. Kurz, *"Blutmai,"* pp. 32-33.

6. 위의 책, p. 45.

7. 위의 책, pp. 36-40.

8. Bericht über die von dem Ausschuß zur Prüfung der Mai-Vorgänge am 6.6.1929 im Großen Schauspielhaus Versammlung, Landesarchiv Berlin A Pr. Br. Rep. 30 Tit. 95 Nr. 21731, Bl. 110.

9. Kurz, *"Blutmai,"* p. 63.

10. 위의 책, pp. 42, 47-48.

11. Hett, *Crossing Hitler*, p. 55.

12. Matheo Quinz, "The Romanisches Cafe," in Anton Kaes et al., *The Weimar Republic Sourcebook* (Berkeley and Los Angeles: University of California Press, 1994) (이하 Kaes et al., *Weimar Republic Sourcebook*), pp. 415-17.

13. David Clay Large, *Berlin* (New York: Basic Books, 2000), p. 191.

14. Eric D. Weitz, *Weimar Germany*, New and Expanded Edition (Princeton: Princeton University Press, 2013), pp. 77-78.

15. Markus Wolf, *Man Without a Face: The Autobiography of Communism's Greatest Spymaster* (New York: PublicAffairs, 1997), p. 25.

16. Jürgen Falter, *Hitlers Wähler* (Munich: C. H. Beck, 1991); Walter Dean Burnham, "Political Immunization and Political Confessionalism: The United States and Weimar Germany," *Journal of Interdisciplinary History* 3, no. 1 (Summer 1972): 1-30.

17. Kershaw, *Hubris*, p. 228.

18. Falter, *Hitlers Wähler*, pp. 51-52 and 368-72.

19. 문단 내 "하지만 1925년에 독일인 6250만 명 중 ⋯ "부터는 Wolfram Pyta, *Dorfgemeinschaft und Parteipolitik 1918–1933: Die Verschränkung von Milieu und Parteien in den protestantischen Landgebieten Deutschlands in der Weimarer Republik* (Düsseldorf: Droste Verlag, 1996), p. 37.

20. Shelley Baranowski, *The Sanctity of Rural Life: Nobility, Protestantism, and Nazism in Weimar Prussia* (New York: Oxford University Press, 1995), pp. 6-8, 20, and 39.

21. 위의 책, pp. 118-22.

22. 위의 책, p. 102.

23. Large, *Berlin*, 164.

24. Wilhelm Stapel, "The Intellectual and His People," in Kaes et al., *Weimar Republic Sourcebook*, pp. 423-25.

25. Baranowski, *Sanctity*, p. 111.

26. Weitz, *Weimar*, p. 77.

27. Kurt Tucholsky, "Berlin and the Provinces," in Kaes et al., *Weimar Republic Sourcebook*, pp. 418-20.

28. Baranowski, *Sanctity*, 129; Hett, *Burning the Reichstag*, pp. 80-81.

29. Shulamit Volkov, *Germans, Jews and Antisemites: Trials in Emancipa-*

*tion* (New York: Cambridge University Press, 2006), pp. 113-115.

30. 위의 책; Hermann Graml, *Antisemitism in the Third Reich*, trans. Tim Kirk (Oxford: Blackwell, 1988), pp. 67-68.

31. 윗 문단 "여기에서 반유대주의로 나가기는 너무 쉬웠다. 정치에서 반유대주의는 포퓰리즘 … "부터는 Volkov, *Germans, Jews, and Antisemites*, pp. 118, 129, and 135-39.

32. Peter Hayes, *Why: Explaining the Holocaust* (New York: W. W. Norton, 2017), pp. 53-56.

33. Graml, *Antisemitism*, p. 80.

34. Ullrich, *Hitler*, p. 231.

35. Eva Rosenhaft, *Beating the Fascists: The German Communists and Political Violence* (New York: Cambridge University Press, 1983), p. 30.

36. 문단 내 "한 가지 요인은 구조적이었다"부터는 Fritzsche, *Germans into Nazis*, p. 79; Wolfram Pyta, *Die Weimarer Republik* (Berlin: Landeszentrale für poli-tische Bildungsarbeit, 2004), p. 156.

37. 문단 내 "국가인민당은 국익을 위해 1920년대에 몇 차례 국회에서 자신들의 이념과 정반대인 정책을 지지했다"부터는 Thomas Mergel, "Das Scheitern des deutschen Tory-Konservatismus: Die Umformung der DNVP zu einer rechtsradikalen Partei 1928-1932," *Historische Zeitschrift* 275, no. 2 (2003): 325-26 and 337.

38. Wheeler-Bennett, *Wooden Titan*, pp. 3-4.

39. 위의 책, pp. 26-29.

40. Anna von der Goltz, *Hindenburg: Power, Myth, and the Rise of the Nazis* (Oxford: Oxford University Press, 2009), p. 19.

41. Henry Ashby Turner, *Hitler's Thirty Days to Power: January 1933* (Reading, MA: Addison-Wesley, 1997), p. 4.

42. von der Goltz, *Hindenburg*, p. 14.

43. Pyta, *Hindenburg*, p. 21.

44. von der Goltz, *Hindenburg*, p. 14.

45. Harry Graf Kessler, *Tagebücher 1918 bis 1937* (Frankfurt: Insel Taschenbuch, 1996), p. 698.

46. 다음 책에서 인용. Pyta, *Hindenburg*, p. 15.

47. von der Goltz, *Hindenburg*, p. 15.

48. Pyta, Hindenburg, pp. 18-19.

49. 위의 책, p. 19.

50. 위의 책, pp. 559-60.

51. 레베초가 지켜본 광경은 위의 책, p. 333.

52. von der Goltz, *Hindenburg*, p. 93.

53. 문단 내 "1930년, 독일제국산업협회는 … "부터는 *Ursachen und Folgen*, 8:101-3.

54. Harold James, "Economic Reasons for the Collapse of the Weimar Republic," in Ian Kershaw, ed., *Weimar: Why Did Democracy Fail?* (London: Weidenfeld and Nicolson, 1990), p. 40.

55. Vincenz Müller, *Ich fand das wahre Vaterland* (East Berlin: Deutscher Militärverlag, 1963), p. 199.

56. Turner, *Hitler's Thirty Days*, p. 20.

57. Irene Strenge, *Schleicher: Politik im Reichswehrministerium am Ende der Weimarer Republik* (Berlin: Duncker und Humblot, 2006), pp. 12-13.

58. Müller, *Wahre Vaterland*, p. 196.

59. Otto Meißner, *Staatssekretär unter Ebert — Hindenburg — Hitler* (Hamburg: Hoffmann und Campe Verlag, 1950), pp. 257-58.

60. Michaelis et al., *Ursachen und Folgen*, Bd. 8, Doc. 1922, p. 711.

61. 앞 문단 "오랫동안 독일 주재 프랑스 대사를 지낸 앙드레 프랑수아-퐁세는 … "부터는 Andre Francois-Poncet, *The Fateful Years: Memoirs of a French Ambassador in Berlin*, 1931-1938, trans. Jacques LeClercq (New York: Howard Fertig, 1971), pp. 28-29.

62. Strenge, *Schleicher*, pp. 11 and 54-55.

63. Müller, *Wahre Vaterland*, pp. 223-24.

64. 위의 책, pp. 219 and 224-25.

65. "Moscow Document," in Henry Ashby Turner, *Hitlers Weg zur Macht: Der Januar 1933*, trans. Enrico Heinemann and Thomas Pfeiffer (Berlin: Ullstein, 1999), p. 184. 해당 문서 전문은 영어판 원서에는 게재되지 않았다.

66. 위의 책, p. 182.

67. Strenge, *Schleicher*, pp. 46-51.

68. 위의 책, p. 62.

69. 위의 책, p. 60.

70. Müller, *Wahre Vaterland*, p. 223.

71. McElliigott, *Rethinking*, p. 78.

72. Weitz, *Weimar*, p. 152; James, "Economic Reasons," p. 31.

73. Theo Balderston, *Economics and Politics in the Weimar Republic* (Cambridge: Cambridge University Press, 2002), p. 79.

74. Liaquat Ahamed, *Lords of Finance: The Bankers Who Broke the World* (New York: Penguin Books, 2009), pp. 324-25.

75. 브뤼닝에 대한 스타이너의 평가는 Steiner, *Lights That Failed*, p. 641.

76. Pyta, *Weimar*, p. 99.

77. Francois-Poncet, *Fateful Years*, p. 4.

78. Heinrich Brüning, *Memoiren: 1918–1934* (Stuttgart: Deutsche VerlagsAnstalt, 1970), p. 243.

79. 위의 책, p. 211.

80. 위의 책, p. 247.

81. William L. Patch, *Heinrich Brüning and the Dissolution of the Weimar Republic* (New York: Cambridge University Press, 1998), p. 136.

82. Strenge, *Schleicher*, p. 63; Treviranus, *Weimar*, p. 115; Brüning, *Memoiren*, pp. 150-51.

83. Strenge, *Schleicher*, p. 67; *Akten der Reichskanzlei: Die Kabinette Brüning I und II* (1930-1932) (이하 *AdR Brüning*), ed. Tilmann Koops (Boppard am Rhein: Boldt Verlag, 1982); *Verhandlungen des Reichstages*, 427:4727-

30.

**84.** Jürgen Falter, *Wahlen und Abstimmungen in der Weimarer Republik* (Munich: C. H. Beck, 1986), pp. 90, 100, and 111.

**85.** Fritzsche, *Germans*, p. 173.

**86.** Hermann Graml, *Zwischen Stresemann und Hitler: Die Aussenpolitik der Präsidialkabinette Brüning, Papen und Schleicher* (Munich: R. Oldenbourg Verlag, 2001), pp. 48-53.

**87.** Wright, *Stresemann*, p. 476.

**88.** Ferdinand Siebert, *Aristide Briand: Ein Staatsmann zwischen Frankreich und Europa* (Erlenbach-Zürich: Eugen Rentsch Verlag, 1973), pp. 545-47.

**89.** *AdR Brüning*, Bd. 1, Dok. 68.

**90.** Siebert, *Briand*, p. 553.

**91.** 문단 내 "이전에는 총리를 지냈고 1930년에는 독일의 중앙은행 총재였던 한스 루터처럼 ··· "부터 C. Edmund Clingan, *The Lives of Hans Luther, 1879–1962: German Chancellor, Reichsbank President, and Hitler's Ambassador* (Lanham, MD: Lexington Books, 2010), p. 87.

**92.** Müller, *Wahre Vaterland*, p. 349.

## 4장 세계화와 대공황

**1.** "Laubenkolonie Felseneck," *Die Rote Fahne*, January 20, 1932.

**2.** Bundesarchiv Berlin-Lichterfelde R 22/66804, *Adam und Genossen*, judgment, December 22, 1932, pp. 23-35.

**3.** 이전 쪽 "베를린 북부의 몇몇 돌격대원 부대, 모두 합해 200명 정도가 1월 18일 저녁에 ··· "부터는 위의 책.

**4.** Adolf Hitler, *Reden, Schriften, Anordnungen 1925–1933* (이하 Hitler, *Reden*), 3:3, ed. Christian Hartmann (Munich: K. G. Saur, 1995), pp. 418-19.

5. Ernst Hanfstaengl, *Zwischen Weißen und Braunem Haus: Memoiren eines politischen Aussenseiters* (Munich: R. Piper Verlag, 1970), p. 207.

6. Ullrich, *Hitler*, p. 231.

7. Kessler, *Tagebücher*, pp. 677-78.

8. Ullrich, *Hitler*, p. 233; Bella Fromm, *Blood and Banquets: A Social Diary* (New York: Harper and Brothers, 1942), p. 25.

9. Michaelis et al., *Ursachen und Folgen*, 8:93.

10. Fritzsche, *Germans*, p. 150.

11. Michaelis et al., *Ursachen und Folgen*, 8:92.

12. Fromm, *Blood and Banquets*, p. 25.

13. Balderston, *Economics and Politics*, p. 84; Ahamed, *Lords of Finance*, p. 400; Thomas Ferguson and Peter Temin, "Made in Germany: The German Currency Crisis of July 1931," *MIT Department of Economics Working Paper Series*, February 2001, p. 12.

14. Siebert, *Briand*, p. 562.

15. Robert Paxton, *The Anatomy of Fascism* (New York: Vintage, 2004), pp. 83-84.

16. Berlin and Its Environs, 6th ed. (Leipzig: Karl Baedeker, 1923), p. 50.

17. Noakes and Pridham, *Nazi Germany*, 1:14-16.

18. 위의 책, 1:15-16.

19. Karl Wilhelm Dahm, *Pfarrer und Politik* (Cologne: Westdeutscher Verlag, 1965), pp. 104-9. 바이마르 공화국의 신교도에 대한 이러한 인용을 알려주고, 그들의 관점을 설명해 준 카이 볼터링(Ky Woltering)에게 특히 감사드린다.

20. 문단 내 "독일 신교도들의 세계관으로는 전쟁을 끝내고 … "부터는 Karl Wilhelm Dahm, "German Protestantism and Politics, 1918-39," *Journal of Contemporary History* 3, no. 1 (January 1968): 33.

21. R. Seeberg, 위의 책에서 인용, p. 40.

22. Victoria Barnett, *For the Soul of the People: Protestant Protest Against*

*Hitler* (New York: Oxford University Press, 1992), p. 16.

23. Michael Wildt, *Hitler's Volksgemeinschaft and the Dynamics of Racial Exclusion: Violence Against Jews in Provincial Germany 1919–1939*, trans. Bernhard Heise (New York: Berghahn Books, 2012), p. 84.

24. 이전 쪽 "개신교 공동체를 구축한 후 20세기의 대중 정치에 동원할 '국민 교회'를 만든다는 생각이었다"부터는 Richard Karwehl, "Politisches Messiastum," *Zwischen den Zeiten* 9 (1931): 520 and 530-31. 다그마어 헤르초크 (Dagmar Herzog)에게 감사드린다.

25. Dagmar Herzog, conversation with the author, February 2017.

26. Joachim Fest, *Plotting Hitler's Death: The Story of the German Resistance* (New York: Metropolitan Books, 2006), p. 316.

27. Martin Niemöller, speech of December 22, 1946, Microform No. 252, WWII Era Records of the WCC, Yale Divinity School. 카이 볼터링(Ky Woltering)에게 감사드린다.

28. Karwehl, "Politisches Messiastum," p. 531.

29. 위의 책, pp. 519-20.

30. Riecker, *Hitlers 9. November*, p. 115.

31. 문단 내 "전쟁이 끝난 다음 날, 보수 성향 신문 《크로이츠 차이퉁》은 …"부터는 Fritzsche, *Germans*, p. 111, 뒤따르는 논의도 대체로 Fritzsche를 바탕으로 한다.

32. 위의 책, pp. 182 and 200; 전체적으로, Pyta, *Hindenburg*, pp. 583-84.

33. 문단 내 "당시 유럽에서는 민주주의가 발달한 곳에서만 …"부터는 Paxton, *Anatomy of Fascism*, p. 81.

34. 이 문단의 논의는 Fritzsche, *Germans* 바탕.

35. Hitler, *Second Book*, pp. 24-25.

36. Fritzsche, *Germans*, p. 173.

37. 뷜로의 발언은 Hermann Graml, *Bernhard von Bülow und die deutsche Aussenpolitik. Hybris und Augenmass im Auswärtigen Amt* (Munich: Oldenbourg, 2012), pp. 33-34.

38. Ahamed, *Lords of Finance*, pp. 11-13. 1·2차 세계대전 사이 세계의 금본위제 운용에 대한 거의 완벽한 논의는 Barry Eichengreen, *Golden Fetters: The Gold Standard and the Great Depression 1919–1939* (New York: Oxford University Press, 1992). 이러한 점들을 조언해 준 아이컨그린(Eichengreen) 교수, 벤저민 프리드먼(Benjamin Friedman) 교수, 에드먼드 클링건(Edmund Clingan) 교수에게 감사드린다.

39. Tooze, *Deluge*, pp. 487-88.

40. 문단 내 "1924년 도스 계획안에 따라 …"부터는 Ahamed, *Lords of Finance*, p. 325.

41. Clingan, *Luther*, p. 98.

42. Michaelis et al., *Ursachen und Folgen*, 8:118. 은행가 Carl Melchior의 말을 인용한 발언이었다.

43. 뷜로의 주장은 Graml, *Bülow*, pp. 33-34.

44. 브뤼닝의 주장은 Michaelis et al., *Ursachen und Folgen*, 8:109.

45. 문단 내 "독일은행의 한스 루터는 …"부터는 위의 책, 8:118.

46. 위의 책, 8:5.

47. 위의 책, 8:7.

48. 위의 책, 8:7-8.

49. Peter D. Stachura, *Gregor Strasser and the Rise of Nazism* (London: George Allen and Unwin, 1983), p. 3.

50. 위의 책, pp. 12-13.

51. 위의 책, p. 14.

52. *Verhandlungen des Reichstages*, 446:2511.

53. 위의 책, 446:2520.

54. 트레비라누스의 발언은 *Zwischen Stresemann und Hitler*, p. 53.

55. 뷜로의 주장은 Graml, *Bülow*, p. 92.

56. Annemarie H. Sammartino, *The Impossible Border: Germany and the East, 1913–1922* (Ithaca, NY: Cornell University Press, 2010), pp. 2 and 120.

57. 위의 책, p. 10.

58. Hett, *Burning the Reichstag*; Michael Mann, "Were the Perpetrators of Genocide 'Ordinary Men' or 'Real Nazis'?" *Holocaust and Genocide Studies* 14, no. 3 (2001): 331-66.

59. 문단 내 "1928년, 스탈린은 프랑스와 독일의 관계가 좋아져 … "부터는 Rosenhaft, *Beating the Fascists*, p. 30.

60. Hermann Weber, *Die Wandlung des deutschen Kommunismus: Die Stalinisierung der KPD in der Weimarer Republik* (Frankfurt: Europäische Verlagsanstalt, 1971), pp. 362-64.

61. Hitler, Hossbach Memorandum, in Noakes and Pridham, *Nazism*, 3:74-75.

62. Ludendorff, *Nation at War*.

63. Stefan Ihrig, *Atatürk in the Nazi Imagination* (Cambridge, MA: Harvard University Press, 2014), p. 223.

64. 위의 책, p. 224.

65. Michael Kellogg, *The Russian Roots of Nazism: White Emigres and the Making of National Socialism, 1917–1945* (Cambridge: Cambridge University Press, 2005), pp. 1-4.

66. Peter Longerich, *Goebbels: A Biography*, trans. Alan Bance et al. (New York: Random House, 2015), pp. 26 and 29.

67. Kershaw, *Hubris*, pp. 180-82.

68. Hans Woller, "Machtpolitisches Kalkul oder ideologische Affinität? Zur Frage des Verhältnisses zwischen Mussolini und Hitler," in Wolfgang Benz et al., eds., *Der Nationalsozialismus: Studien zur Ideologie und Herrschaft* (Frankfurt: Fischer Taschenbuch Verlag, 1993), p. 46.

69. 위의 책, p. 52.

70. 위의 책, pp. 52-54.

71. 위의 책, pp. 54-60.

72. 문단 내 "그 대가는 오스트리아의 영토였다가 … "부터는 Weinberg, Introduction to Hitler, *Second Book*, pp. xiv–xxi.

73. 이전 쪽 "1928년 선거 운동 기간에 사회민주당과 민족주의 신문들은 히틀러

가 티롤 남부에 … "부터는 Douglas G. Morris, *Justice Imperiled: The Anti-Nazi Lawyer Max Hirschberg in Weimar Germany* (Ann Arbor: University of Michigan Press, 2005), pp. 254-72; Allan Cassels, *Mussolini's Early Diplomacy* (Princeton: Princeton University Press, 1970), pp. 171-72.

74. Paxton, *Fascism*, pp. 80-81.

75. Ihrig, *Atatürk*, p. 228; Kellogg, Russian Roots, p. 1.

76. Patch, *Brüning*, p. 151.

77. Brüning, *Memoiren*, pp. 222-24.

78. Ferguson and Temin, "Made in Germany," p. 31.

79. Heinrich August Winkler, *Weimar 1918–1933: Die Geschichte der ersten deutschen Demokratie* (Munich: C. H. Beck, 1993), p. 405.

80. Ferguson and Temin, "Made in Germany," pp. 18-19.

81. Graml, *Zwischen Stresemann und Hitler*, pp. 81 and 152-53.

82. 위의 책, pp. 77-79.

83. Winkler, *Weimar*, pp. 403-5; Brüning, *Memoiren*.

84. Winkler, *Weimar*, p. 406.

85. 이는 Hermann Graml이 다음 책에서 전개한 설득력 있고 영리한 주장이다. *Zwischen Stresemann und Hitler*, p. 97.

86. 이 관점은 Boyce가 다음 책에서 제시했다. *Interwar Crisis*, p. 310.

87. Graml, *Zwischen Stresemann und Hitler*, p. 155.

88. Ferguson and Temin, "Made in Germany," p. 34; Winkler, *Weimar*, p. 408.

89. Ferguson and Temin, "Made in Germany," p. 36.

90. Patch, *Brüning*, pp. 160-62.

91. Brüning, *Memoiren*, p. 413.

92. Patch, *Brüning*, p. 156.

93. Winkler, Weimar, p. 415.

94. 이는 다음 책의 전체적인 주장이다. Ferguson and Temin, "Made in Germany."

95. 문단 내 "맨 먼저 오스트리아의 주요 은행이 … "부터 Barry Eichengreen, *Hall of Mirrors:* The Great Depression, the Great Recession, and the Uses — and Misuses — of History (New York: Oxford University Press, 2015), pp. 142-43 and 149-51.

96. Patch, *Brüning*, pp. 201 and 219.

97. 위의 책, pp. 201-4.

98. 브뤼닝의 대공황 대응에 대한 의문점은 전문가들 사이에서 뜨거운 논쟁거리다. 논쟁은 1970년대의 크누트 보르하르트(Knut Borchardt)의 연구로 시작되었다. 보르하르트는 당시에도 만연했던 케인즈주의 통설에 반대하며, 바이마르 공화국의 경제가 "병들었고" 정부가 돈을 빌리는 게 불가능했기 때문에 브뤼닝이 그렇게 대응할 수밖에 없었다고 주장했다. 앞서 토머스 퍼거슨(Thomas Ferguson)이나 피터 테민(Peter Temin) 같은 다른 이들은 독일 정부의 재정 문제 해결을 불가능하게 만든 것은 브뤼닝의 정치적 선택이었다고 주장했다. 내 주장은 다음 책들의 논의를 따른다. Ferguson and Temin, "Made in Germany," Edmund Clingan, *Finance from Kaiser to Führer: Budget Politics in Germany 1912–1934* (Westport, CT: Greenwood Press, 2001), and Clingan, *Luther*. 또한 Knut Borchardt, *Perspectives on Modern German Economic History and Policy*, trans. Peter Lambert (Cambridge: Cambridge University Press, 1991), 특히 chaps. 9, 10, 과 11; Eichengreen, *Golden Fetters and Hall of Mirrors*; Boyce, *Interwar Crisis*.

99. Tooze, *Deluge*, pp. 502-3.

100. Brüning, *Memoiren*, p. 293.

101. Joseph Goebbels, *Kampf um Berlin: Der Anfang* (Munich: Eher Verlag, 1934), p. 28.

102. 위의 책, p. 21.

103. 위의 책, p. 27.

104. 베를린의 정치 폭력에 대한 논의는 다음 도서에 부분적으로 기초한다. Rosenhaft, *Beating the Fascists*; Pamela E. Swett, *Neighbors and Enemies: The Culture of Radicalism in Berlin* (Cambridge: Cambridge University

Press, 2004); Hett, *Crossing Hitler*; and Hett, *Burning the Reichstag*.

105. 펠제네크 주말농장 습격은 Hett, *Crossing Hitler*, pp. 149-50.

106. Richard Bessel, "Violence as Propaganda," in Thomas Childers, *The Formation of the Nazi Constituency, 1919–1933* (London: Croom Helm, 1986), pp. 131-46.

107. 문단 내 "1932년 5월 국회 토론회에서 한 나치 의원이 … "부터는 *Verhandlungen des Reichstages*, 446:2486.

108. Michaelis et al., *Ursachen und Folgen*, 8:398.

109. 위의 책, 8:399.

110. 위의 책, 8:400.

111. Swett, *Neighbors and Enemies*.

112. 문단 내 "1931년 10월, 민족주의 우파들이 브라운슈바이크 주의 … "부터는 Hermann Beck, *The Fateful Alliance: German Conservatives and Nazis in 1933 — the Machtergreifung in a New Light* (New York: Berghahn Books, 2008), pp. 72-73.

113. Beck, *Fateful Alliance*, pp. 72-73.

114. Joseph Goebbels, diary entry October 12, 1931, TB, Teil 1, Vol. 2/II, pp. 122-23.

## 5장 흔들리는 보수 정권

1. Joseph Goebbels, diary entry for March 1, 1932, TB Teil 1, Vol. 2/II, pp. 230-31.

2. Franz von Papen, *Der Wahrheit eine Gasse* (Munich: Paul List Verlag, 1952), p. 187.

3. Diary entry of Schwerin von Krosigk, in Karl-Heinz Minuth, ed., *Das Kabinett von Papen* (Boppard am Rhein: Boldt Verlag, 1989) (이하 *AdR Papen*), vol. 2, doc. 239b, p. 1038.

4. Brüning, *Memoiren*, p. 379.

5. Aust, *Hitlers erster Feind* p. 157.

6. Strenge, *Schleicher*, pp. 77-78; Michaelis et al., *Ursachen und Folgen*, 7:537-48.

7. Strenge, *Schleicher*, p. 81.

8. Winkler, *Weimar*, 422; *AdR Brüning*, 2:1470-77.

9. Winkler, *Weimar*, p. 422.

10. 문단 내 "브뤼닝 총리의 계획이 자신이 경멸하는 … "부터는 Patch, *Brüning*, pp. 184-85.

11. Winkler, *Weimar*, p. 422.

12. 위의 책; Wright, *Stresemann*, p. 341.

13. Patch, *Brüning*, pp. 184-85; Winkler, *Weimar*, p. 425.

14. Brüning, *Memoiren*, p. 386.

15. 위의 책, pp. 467-68.

16. Strenge, *Schleicher*, pp. 83-84.

17. Wheeler-Bennett, *Wooden Titan*, p. 356.

18. Brüning, *Memoiren*, pp. 518-19.

19. Winkler, *Weimar*, p. 445.

20. 위의 책

21. Hanfstaengl, *Hitler*, pp. 176 and 196.

22. Winkler, *Weimar*, p. 448.

23. 위의 책, p. 452.

24. 문단 내 "브뤼닝은 그 선거가 자신의 총리 자리에 대한 국민투표이고 … "부터는 Patch, *Brüning*, p. 247; von der Goltz, *Hindenburg*, pp. 153-54.

25. Falter, *Hitlers Wähler*, pp. 123-24.

26. Patch, *Brüning*, p. 247.

27. Winkler, *Weimar*, p. 414.

28. *AdR Brüning* 2: 692; Strenge, *Schleicher*, p. 90; Winkler, *Weimar*, pp. 447-48 and 454.

29. Strenge, *Schleicher*, pp. 89-94.

30. Brüning, *Memoiren*, p. 580.

31. Patch, *Brüning*, pp. 251-52.

32. Rudolf Fischer, *Schleicher: Mythos und Wirklichkeit* (Hamburg: Hanseatische Verlagsanstalt, 1932), p. 10.

33. Strenge, *Schleicher*, p. 95.

34. Brüning, *Memoiren*, p. 547.

35. 위의 책, pp. 547-52.

36. Joseph Goebbels, diary entry for April 24, 1932, TB, Teil 1, Vol. 2/II, p. 265; diary entry for April 25, 1932, TB, Teil 1, Vol. 2/II, p. 268; diary entry for April 26, 1932, TB, Teil 1, Vol. 2/II, p. 268; diary entry for April 27, 1932, TB, Teil 1, Vol. 2/II, p. 269.

37. 문단 내 "괴벨스는 4월 27일에 … "부터는 Joseph Goebbels, diary entry for April 27, 1932, TB, Teil 1, Vol. 2/II, p. 269; diary entry for April 25, 1932, TB, Part 1, Vol. 2/II, p. 268.

38. Joseph Goebbels, diary entry for April 29, 1932, TB, Teil 1, Vol. 2/II, p. 271.

39. Joseph Goebbels, diary entry for May 9, 1932, TB, Teil 1, Vol. 2/II, p. 276.

40. Winkler, *Weimar*, p. 465; *Brüning, Memoiren*, p. 587.

41. Strenge, *Schleicher*, p. 106.

42. "Joseph Goebbels, diary entry for May 12, 1932, TB, Teil 1, Vol. 2/II, p. 279.

43. Joseph Goebbels, diary entry for May 25, 1932, TB, Teil 1, Vol. 2/II, p. 288.

44. Brüning, *Memoiren*, p. 600.

45. Joseph Goebbels, diary entry for May 25, 1932, and May 31, 1932, TB, Teil 1, Vol. 2/II, pp. 288-93.

46. Rainer Orth, *Der "Amtssitz der Opposition?" Politik und Staatsumbaupläne im Büro des Stellvertreters des Reichskanzlers in den Jahren 1933–1934* (Cologne: Böhlau Verlag, 2016), pp. 29-31.

47. 위의 책, pp. 33-35.

48. Ihrig, *Atatürk*, pp. 103 and 119.

49. Orth, "*Amtssitz,*" p. 37.

50. 위의 책, pp. 41-42.

51. Papen, *Wahrheit*, p. 185.

52. Francois-Poncet, *Fateful Years*, p. 23.

53. 문단 내 "하지만 파펜은 5월 26일, 자를란트에서 … "부터는 Papen, *Wahrheit*, pp. 184-85.

54. Orth, "*Amtssitz,*" p. 55.

55. Winkler, *Weimar*, p. 479.

56. Hett, *Crossing Hitler*, p. 129.

57. McElligott, *Rethinking*, p. 193.

58. Kessler, *Tagebücher*, pp. 709-10.

59. 문단 내 "딜스는 프로이센 정부와 공산당 사이 … "부터는 Ott to Friedrich von Papen, December 26, 1949, Institut für Zeitgeschichte ZS 279 Eugen Ott.

60. Hett, *Burning the Reichstag*, pp. 31-32.

61. 괴벨스가 임명 사실을 미리 안 사실은 Joseph Goebbels, diary entry for July 20, 1932, TB, Teil 1, Vol. 2/II, pp. 323-24.

62. Huber, *Verfassungsgeschichte*, 4:563.

63. Franz von Papen, radio address, July 20, 1933, Deutsches Historisches Museum/ Deutsches Rundfunkarchiv, Stimmen des 20. Jahrhunderts: Preußen in Weimar, audio compact disc, 2001.

64. Hett, *Burning the Reichstag*, p. 82.

65. Daniel Siemens, *Stormtroopers: A New History of Hitler's Brownshirts* (New Haven: Yale University Press, 2017), pp. xiv–xviii.

66. Huber, *Verfassungsgeschichte*, 4:574-77.

67. Siemens, *Stormtroopers*, pp. xiv-xviii.

68. 위의 책, p. xix.

69. Beck, *Fateful Alliance*, p. 81.

70. Siemens, *Stormtroopers*, p. xix.

71. Wolfram Pyta, *Die Weimarer Republik* (Berlin: Landeszentrale für politische Bildungsarbeit, 2004), p. 143.

72. Strenge, *Schleicher*, p. 138.

73. Irene Strenge, *Machtübernahme 1933: Alles auf legalem Weg?* (Berlin: Duncker und Humblot, 2002), pp. 92 and 98.

74. Huber, *Verfassungsgeschichte*, 4:158 and 4:160.

75. 브뤼닝의 회고는 Heinrich Brüning, "Ein Brief," *Deutsche Rundschau* 70, no. 7 (July 1947): 13.

76. Joseph Goebbels, diary entry for August 5, 1932, TB, Teil 1, Vol. 2/II, p. 333.

77. *AdR Papen*, Dok. 99n4, p. 380; Strenge, *Schleicher*, p. 134.

78. *AdR Papen*, Dok. 99, pp. 378-86.

79. Joseph Goebbels, diary entry for August 12, 1932, TB, Teil 1, Vol. 2/II, p. 338.

80. Joseph Goebbels, diary entry for August 11, 1932, TB, Teil 1, Vol. 2/II, p. 337.

81. Joseph Goebbels, diary entry for August 12, 1932, TB, Teil 1, Vol. 2/II, p. 338.

82. Joseph Goebbels, diary entry for August 13, 1932, TB, Teil 1, Vol. 2/II, p. 339.

83. Joseph Goebbels, diary entry for August 14, 1932, TB, Teil 1, Vol. 2/II, p. 340.

84. *AdR Papen*, Dok. 101, pp. 391-92.

85. 문단 내 "이런 위협은 오토 마이스너가 대화를 … "부터는 Strenge, *Machtübernahme*, p. 78.

86. Strenge, *Schleicher*, p. 135.

87. Ernst Rudolf Huber, "Carl Schmitt in der Reichskrise der Weimarer Republik," in Helmut Quaritsch, ed., *Complexio Oppositorum: Vorträge und*

*Diskussionsbeiträge des 28. Sonderseminars 1986 der Hochschule für Verwaltungswissenschaften Speyer* (Berlin: Duncker und Humblot, 1988), pp. 33-70.

88. *AdR Papen*, Dok. 120, pp. 474-79; Strenge, *Schleicher*, p. 143.

89. 문단 내 "괴링은 나치 전략을 또다시 암시하듯 … "부터는 Strenge, *Machtübernahme*, p. 103.

90. 문단 내 "앙드레 프랑수아-퐁세는 그다음에 무슨 일이 벌어졌는지 … "부터는 Francois-Poncet, *Fateful Years*, pp. 38-39.

91. Noakes and Pridham, *Nazism*, 1:106.

92. "Versammlung," Bundesarchiv Berlin-Lichterfelde R. 8005 Bd. 60.

93. Strenge, *Schleicher*, p. 163.

94. 위의 책, p. 171.

95. 위의 책, pp. 172-73.

96. 위의 책, p. 178.

97. Papen, *Wahrheit*, pp. 243-44.

98. 위의 책, p. 244. 슐라이허가 총리가 되어 정확히 뭘 하려고 계획했는지는 논쟁의 여지가 있다. 예를 들어 헨리 애슈비 터너(Henry A. Turner)는 슐라이허가 슈트라서를 내각에 끌어들여 나치를 분열시키려 했다는 견해에 반대한다(Turner, "The Myth of Chancellor von Schleicher's Querfront Strategy," *Central European History* 41 [2008] : 673-81). 슐라이허가 12월 1일 모임에서 세운 전략에 대한 유일한 출처가 파펜의 매우 부정직한 회고록이라고 그는 지적한다.

사실, 적어도 전략의 요점은 마이스너가 그 모임에서 기록한 노트들(in Huber, *Verfassungsgeschichte*, 4:621)과, 슐라이허와 관계가 좋아 정보를 얻은 것으로 보이는《포시셰 차이퉁 *Vossische Zeitung*》의 기사("Der General," December 11, 1932)에 암시되어 있었다. 또 카를 슈미트의 제자이자 후배였던 법사학자 에른스트 루돌프 후버(Ernst Rudolf Huber)는 슈트라서 세력과도 연합전선을 구축하는 협상에 자신과 슈미트가 어떻게 참여했는지를 기억했다(Huber, "Carl Schmitt in der Reichskrise," 47).

물론 파펜의 회고록에서 믿을 수 없는 부분이 확실히 많지만, 이 경우 파펜의 설명은 신뢰할 만하다고 볼 수 있다. 터너도 주장했듯이 나치를 분열시키려는 슐라이허의 발상은 안 좋던 슐라이허의 후대 평판을 오히려 좋아 보이게 하는데, 파펜은 회고록에서 슐라이허를 나쁘게 보이게 하는 데 치중하고 있었다. 6장의 8번 주석에서 보듯이, 파펜의 설명은 같은 시기의 다른 자료와 일치한다.

99. Papen, *Wahrheit*, p. 244.

100. 위의 책, pp. 244-45.

101. Lutz Graf Schwerin von Krosigk, diary entry, December 2, 1932, *AdR Papen*, Bd. 2, Dok. 239b, pp. 1036-38.

102. Papen, *Wahrheit*, p. 250.

## 6장 오만과 욕망

1. 이전 쪽 "열다섯 살인 멜리타 마슈만은 부모에게 … "부터는 Melita Maschmann, *Account Rendered: A Dossier on My Former Self* (London: Abelard-Schuman, 1964), pp. 9-12.

2. Joseph Goebbels, diary entry for January 31, 1933, TB, Teil 1, Vol. 2/III, p. 120.

3. Edmund Forschbach, *Edgar J. Jung. Ein konservativer Revolutionär 30. Juni 1934* (Pfullingen: Verlag Günther Neske, 1984), p. 54.

4. Bernd Küster, *Max Liebermann. Ein Maler* (Hamburg: Eller und Richter, 1988), p. 216.

5. 문단 내 "횃불을 든 사람들이 히틀러 총리 관저 창문 앞을… "부터는 Verhey, *Spirit of 1914*, p. 224.

6. 문단 내 "이제 힌덴부르크 대통령은 대통령 관저로 사용하던 … "부터는 Pyta, *Hindenburg*, p. 808.

7. 문단 내 "그들 중에는 슈트라서, 슐라이허, 게레케와 친구 사이인 … "부터는

Stachura, *Strasser*, p. 100.

**8.** Strenge, *Schleicher*, pp. 173 and 178-80. 5장 99번 주석에서 언급했듯이, 역사학자들은 슐라이허의 전략에 대해 논쟁해 왔다. 슐라이허가 총리가 되자마자 '연합전선' 전략을 추구했었고, 그 전략의 핵심은 사회민주당원 및 노조원들과 동맹을 구축할 뿐만 아니라 슈트라서를 내각에 끌어들이고, 슈트라서를 이용해 나치를 분열시켜 나치 의원 60명을 끌어들여 과반수 내각을 이루는 것이라는 점은 오랫동안 기정사실로 여겨져 왔다. 최근 학계에서는 그 해석에 의문을 제기했다. 앞서 5장 주석 99번에서 살폈듯이, 헨리 애슈비 터너는 그것이 슐라이허의 계획이라는 증거가 신뢰할 수 없는 파펜 회고록에 기초한다고 주장했다.

그러나 파펜이 슐라이허에게 적대감을 품었다는 점을 고려하면 파펜의 설명은 오히려 그럴듯하고, 사실 1932년 11월 29일 프랑스 대사 앙드레 프랑수아-퐁세가 파리에 한 보고와 같은 훨씬 더 믿을만한 자료들(아래 참조)에 의해 뒷받침된다. 또 다른 참고자료는 괴벨스의 일기다.

괴벨스는 당시 일기를 윤색한 판본을 《카이저호프에서 총리실로*Vom Kaiserhof zur Reichskanzlei*》라는 제목으로 1934년에 출판했다. 원본 일기는 냉전이 끝난 후 모스크바에서 발견되어 뮌헨의 현대사 연구소에 의해 2006년 학술판으로 출판되었다. 가장 최근의 괴벨스 전기 작가인 페터 롱제리히(Peter Longerich)는 1934년 판본에서는 슐라이허가 나치를 분열시킬 목적으로 슈트라서에게 제안한 일이 명시적으로 언급됐지만, 1932년 작성된 미수정 원문에서는 보이지 않는다고 주장했다. (또한 그는 괴벨스의 일기 1934년 판본이 슐라이허가 한 제안의 "유일한 출처"라고 말한다. 그리고 본문에서 다룬, 슐라이허가 실제로 슈트라서에게 제안을 했었다고 말하는 파펜의 회고록과 프랑수아-퐁세의 11월 29일 보고서와 1933년 1월 보고서를 무시했다.) 롱제리히는 1934년 판본이 출판되었을 때(1934년 1월) 괴벨스에게 슈트라서는 명백한 정적이었기에 복수에 거리낌이 없었으며, 그에 따라 괴벨스가 슈트라서에 대한 사실을 과장했다고 주장한다.

의심할 여지없이, 괴벨스의 일기는 파펜의 회고록처럼 부정직한 묘사들로 가득하고 비판적으로 읽어야 한다. 하지만 슈트라서와 관련된 부분은 롱제리히

가 주장한 것만큼 명확하지 않다. 사실 1932년 12월 일기에 괴벨스는 슈트라서가 슐라이허 내각에 합류해 나치를 분열시키려 할 것이라고 믿었다. 괴벨스는 12월 9일, 전날 일을 기록하며 슈트라서가 "장관이 되고 싶어 한다. … 행동에 나섰다"라고 했다. 조금 뒤엔 슈트라서가 "슐라이허 내각에 있기를 원한다. 그들에게서 곧 연락이 올 것이라고 생각한다"라고 적었다. 다음날 괴벨스는 "슐라이허의 쿠데타는 실패했다. 우리는 국가인민당이 아니며 우리에겐 트레비라누스가 단 한 명만 있다"라고 썼다. 이는 후겐베르크의 리더십에 반발한 고트프리트 트레비라누스가 국가인민당을 분열시킨 것을 언급한 것이다. 분명 괴벨스는 나치의 유일한 트레비라누스가 슈트라서라는 뜻으로 말했다. 그렇지만 슈트라서는 자신이 아무리 원해도 다른 이들을 당 밖으로 이끌어낼 수 없었다.

이 경우 괴벨스가 1934년 판본에서 덧붙인 슈트라서의 '배신'에 대한 언급은 완전한 사후 조작이라기보다 당시 그가 작성한 메모를 구체화한 것일 가능성이 크다. 괴벨스의 일기 원본은 물론 파펜의 설명과도 일치한다. 대체로 슐라이허가 연합전선 전략을 추구했고 슈트라서와 다른 많은 나치를 자기편으로 끌어들이려 했다는 설명이 가장 그럴듯하고 증거와 일치하는 것으로 보인다. Longerich, *Goebbels, pp. 194–95; Joseph Goebbels, Vom Kaiserhof zur Reichskanzlei* (Munich: Franz Eher Nachf., 1938), pp. 196-202; Goebbels, *Die Tagebücher von Joseph Goebbels*, ed. Elke Fröhlich, Teil 1, Bd. 2/III (Munich: K. G. Saur, 2006), entries for December 9 and 10, 1932, pp. 77-79 참조.

9.  Stachura, *Strasser*, pp. 10 and 96-105.

10. Francois-Poncet to Herriot, November 29, 1932, *Documents Diplomatiques Francais*, 1932-1939, 1re Serie, Tome II (Paris: Imprimerie Nationale, 1966), p. 89.

11. Anton Golecki, ed., *Das Kabinett von Schleicher* (Boppard am Rhein: Boldt Verlag, 1986) (이하 *AdR Schleicher*), Dok. 5.

12. Strenge, *Schleicher*, p. 183.

13. *AdR Papen*, Bd. 2, Dok. 232.

14. Strenge, *Schleicher*, p. 183.

15. 위의 책, p. 182.

16. *AdR Schleicher*, Dok. 25. The Moltke quote is catchier in German: "Erst wägen, dann wagen."

17. 문단 내 "12월 5일, 나치와 사회민주당은 … "부터는 Strenge, *Schleicher*, p. 201.

18. 문단 내 "12월 초, 나치 지도자들이 히틀러의 방식을 … "부터는 Joseph Goebbels, diary entry for December 9, 1932, TB, Teil 1, Bd. 2/III, pp. 77-78. Text of Strasser's letter in Stachura, *Strasser*, pp. 113-14.

19. Kershaw, *Hubris*, pp. 399-400.

20. Stachura, *Strasser*, p. 115.

21. 문단 내 "그는 사임하자마자 친구에게 편지하면서 … "부터는 위의 책

22. 위의 책, p. 116.

23. Joseph Goebbels, diary entry for December 24, 1932, TB, Teil 1, Bd. 2/III, p. 89.

24. Joseph Goebbels, diary entry for January 10, 1933, TB, Teil 1, Bd. 2/III, pp. 102-3.

25. 문단 내 "슈뢰더가 나치와 협력할 방법을 찾을 수 있어야 한다고 … "부터는 Papen, *Wahrheit*, pp. 253-54.

26. Freiherr von Schröder, Vernehmung, June 18, 1947, Institut für Zeitgeschichte ZS 557.

27. Papen, *Wahrheit*, pp. 255-56.

28. Joseph Goebbels, diary entry for January 10, 1933, TB, Teil 1, Bd. 2/III, pp. 102-3.

29. 문단 내 "1월 16일 내각 회의에서 그는 힌덴부르크가 … "부터는 *AdR Schleicher*, Dok. 56, cabinet meeting January 16.

30. Francois-Poncet to Paul-Boncour, January 7, 1933, *Documents Diplomatiques Francais*, 1re Serie, Tome 2, pp. 375-76.

31. Kershaw, *Hubris*, p. 415.

32. Francois-Poncet to Paul-Boncour, January 25, 1933, *Documents Diplomatiques Francais*, 1re Serie, Tome 2, pp. 528-29.

33. Joachim von Ribbentrop, *The Ribbentrop Memoirs* (London: Weidenfeld and Nicolson, 1954), pp. 1-15.

34. 위의 책, p. 21.

35. Turner, *Hitler's Thirty Days*, pp. 114-15.

36. Ribbentrop, *Memoirs*, p. 23; Papen, *Wahrheit*, p. 265.

37. Turner, *Hitler's Thirty Days*, p. 116.

38. Ribbentrop, *Memoirs*, p. 23.

39. *AdR Schleicher*, Dok. 56, Anlage 2.

40. 슐라이허의 저녁 식사 발언은 "Moscow Document," in Turner, *Hitlers Weg zur Macht*, p. 185.

41. Turner, *Hitler's Thirty Days*, pp. 128-30; "Moscow Document," in Turner, *Hitlers Weg zur Macht*, p. 179.

42. Huber, *Verfassungsgeschichte*, 4: 651.

43. Papen, *Wahrheit*, p. 266.

44. Huber, *Verfassungsgeschichte*, 4: 655. 하머슈타인-에쿠오르트(이하 하머슈타인)가 힌덴부르크에게 불가피하다면 군대의 입장에서 히틀러 정부가 파펜-후겐베르크 내각보다 낫다고 말했지만, 힌덴부르크는 이를 "오스트리아 졸병" 총리를 만들겠다는 생각으로 받아들여 반발했다고 한스 몸젠(Hans Mommsen)은 기록했다. 몸젠의 추측은 분명 논리적이지만, 하머슈타인이 남긴 회의 기록과는 모순된다. 게다가 몸젠의 저서 영어판에는 이에 대한 주석이 없지만, 독일어판에는 이와 정면으로 모순되는 자료를 안내하는 주석이 달려 있다. Thilo Vogelsang, *Reichswehr, Staat und NSDAP: Beiträge zur deutschen Geschichte 1930–1932* (Stuttgart: Deutsche Verlags-Anstalt, 1962), pp. 378-79. 이 도서에는 하머슈타인이 힌덴부르크에게 히틀러에 대한 "경고를 했다"라는 관점이 담겨 있다. 하머슈타인의 회의 기록은 1935년에 작성되었는데, 당시 그는 히틀러에 대한 지지를 숨기기 위해 자신의 이야기를 왜곡할 이유가 없었다. Mommsen, *The Rise and Fall of Weimar*

*Democracy* (Chapel Hill: University of North Carolina Press, 1998), pp. 522-23; Mommsen, *Aufstieg und Untergang der Republik von Weimar 1918–1933* (Berlin: Ullstein, 2009), p. 631, 687n44 참조.

45. Turner, *Hitler's Thirty Days*, p. 117.

46. Ribbentrop, *Memoirs*, pp. 24-25; Papen, *Wahrheit*, p. 269.

47. Otto Meissner, *Staatssekretär unter Ebert, Hindenburg, Hitler* (Hamburg: Hoffmann und Campe Verlag, 1950), p. 266.

48. Francois-Poncet to Paul-Boncour, January 24, 1933, *Documents Diplomatiques Francais*, 1re Serie, Tome 2, pp. 504-5.

49. Strenge, *Machtübernahme*, pp. 108-9.

50. Huber, *Verfassungsgeschichte*, 4: 649-50.

51. Brüning, "Ein Brief," p. 15.

52. 사회민주주의 지식인들에게 비판받은 사실은 Pyta, *Weimar*, p. 151.

53. *AdR Schleicher*, Dok. 71.

54. 위의 책, Dok. 72.

55. 문단 내 "대규모 일자리를 만들기 위한 자금 제공을… "부터는 Turner, *Hitler's Thirty Days*, p. 133.

56. Papen, *Wahrheit*, p. 69.

57. Joseph Goebbels, diary entry for January 29, 1933, TB, Teil 1, Bd. 2/III, p. 118.

58. Ribbentrop, *Memoirs*, p. 26.

59. Joseph Goebbels, diary entry for January 30, 1933, TB, Teil 1, Bd. 2/III, p. 119.

60. 위의 책.

61. Meissner, *Staatssekretär*, p. 270.

62. Joseph Goebbels, diary entry for January 31, 1933, TB, Teil 1, Bd. 2/III, pp. 120-21.

63. Fest, Hitler, p. 528.

64. Francois-Poncet to Paul-Boncour, January 30, 1933, *Documents Diplo-*

*matiques Francais*, 1re Serie, Tome 2, pp. 542-43.

65. Erich Ebermayer, *Denn Heute gehört uns Deutschland: Persönliches und politisches Tagebuch* (Hamburg: P. Zsolnay, 1959), p. 13.

66. Joseph Goebbels, diary entry for January 31, 1933, TB, Teil 1, Bd. 2/III, pp. 120-21.


## 7장 획일화

1. 하그 부부의 체포 및 수감은 Lina Haag, *Eine Handvoll Staub: Widerstand einer Frau 1933–1945* (Frankfurt: Fischer Taschenbuch Verlag, 1995), pp. 8-18.

2. 마리아 얀코프스키의 체포와 수감은 *Braunbuch über Reichstagsbrand und Hitlerterror*, facsimile of the original 1933 edition (Frankfurt: Roderberg Verlag, 1978), pp. 210-12. 해당 도서의 대다수 내용, 특히 국회의사당 화재를 다룬 부분은 신뢰할 수 없지만, 얀코프스키의 체포 및 수감과 관련된 사실은 다른 이들의 기록으로도 뒷받침된다. 예를 들어 다음 도서가 있다. Wilhelm Hoegner, *Der schwierige Aussenseiter: Errinerungen eines Abgeordneten, Emigranten und Ministerpräsidenten* (Munich: Isar Verlag, 1959), p. 93.

3. Haag, *Eine Handvoll Staub*, p. 23.

4. Hett, *Burning the Reichstag*, pp. 69-71.

5. 히틀러 제국의 헌법이라는 표현은 Ernst Fraenkel, *The Dual State: A Contribution to the Theory of Dictatorship* (New York: Oxford University Press, 1941), p. 3.

6. Hett, *Burning the Reichstag*; Benjamin Carter Hett, "'This Story Is About Something Fundamental': Nazi Criminals, History, Memory, and the Reichstag Fire," *Central European History* 48, no. 2 (June 2015): 199-224. 최근까지도 역사학자 사이에서는 마리뉘스 판데르 뤼버가 혼자 일을 벌였다

는 견해가 지배적이었다. 견해가 같고 가장 영향력 있는 작가로는 프리츠 토비아스(Fritz Tobias)가 있었다. Tobias, *Der Reichstagsbrand: Legende und Wirklichkeit* (Rastatt: G. Grote'sche Verlagsbuchhandlung, 1962), translated into English, though at half the length, as Tobias, *The Reichstag Fire* (New York: Putnam, 1964). 토비아스의 견해는 유력한 역사학자 한스 몸젠이 지지했다. Mommsen, "Der Reichstagsbrand und seine politische Folgen," *VfZ* 12 (1964): 365.

하지만 1990년대 중반에 방대한 원본 문서들을 접할 수 있게 되면서 논의의 흐름이 바뀌었다. 특히 Marcus Giebeler, *Die Kontroverse um den Reichstagsbrand: Quellenprobleme und historiographische Paradigmen* (Munich: Martin Meidenbauer Verlagsbuchhandlung, 2010); Hersch Fischler, "Neues zur Reichstagsbrandkontroverse," in *Der Reichstagsbrand und der Prozeß vor dem Reichsgericht*, ed. Dieter Deiseroth (Berlin: Verlagsgesellschaft Tischler, 2006); Alexander Bahar and Wilfried Kugel, *Der Reichstagsbrand: Geschichte einer Provokation* (Cologne: PapyRossa Verlag, 2013) 참조.

2014년에 필자는 서독 정보기관의 고위 관리기도 했던 프리츠 토비아스가 전직 나치 경찰관의 명예 회복과 효과적인 냉전 선전을 위해 공식 명령을 받아 책을 집필했다는 사실을 틀림없이 입증하는 문건을 발견했다. 토비아스는 증거를 조작하고 자신과 견해가 다른 역사학자들을 협박하기도 했다(Hett, " 'This Story Is About Something Fundamental' " 참조). 그러나 모든 역사가들이 새 증거와 토비아스의 유감스러운 역할을 인정할 의향이 있는 건 아니다. 이에 대해선 다음 책을 참조하길 바란다. Richard J. Evans, "The Conspiracists," *London Review of Books* (*LRB*), May 8, 2014, and "Letters," *LRB*, June 5, 2014. 이에 대한 필자의 긴 대답은 다음 사이트를 참조하길 바란다. http://urban.hunter.cuny.edu/~hett/reichstag.html.

7. 문단 내 "1932년 8월에 히틀러와 힌덴부르크가 만난 직후, … "부터는 *Hermann Pünder, Politik in der Reichskanzlei. Aufzeichnungenaus den Jahren 1929–1932*, ed. *Thilo Vogelsang* (Stuttgart: Deutsche Verlags-

Anstalt, 1961), p. 141.

8. 이 문단은 다음 책의 주요 주장을 따른다. Strenge, *Machtübernahme*.

9. 나치가 권력을 어떻게 잡을지 신중히 생각하고 합법적인 과정을 계획했다는 진술은 역사학자들 사이에서는 '의도주의' 해석으로 통했다. 이러한 해석은 2차 세계대전 직후 등장해 몇 년간 명백해 보였다.

   의도주의 해석에 도전한 게 소위 '기능주의' 해석이었다. 기능주의 역사학자에는 마르틴 브로스차트(Martin Broszat)나 한스 몸젠 같은 저명한 학자들도 있다. 이들은 의도주의 해석이 역설적으로 히틀러의 천재성과 선견지명에 대한 나치의 선전을 반영한다고 보고 "히틀러 중심적"이라며 거부했다. 기능주의자들은 제도와 구조, 계획도 예견도 못한 사건과 결과의 영향에 더 방점을 둔다. 나치 간의 경쟁 때문이기도 하고, 권위주의적인 정당이나 국가가 주변의 모든 것을 통제할 수 없기 때문이기도 하다.

   의도주의-기능주의 논쟁은 1960년대부터 시작해 70·80년대에 불붙어 날 선 발언이 자주 오갔으며 나치 독일에 대한 모든 연구의 토대가 되었다. 1990년대에야 양측이 본질적으로 타협점을 찾으면서 논쟁은 완화되었다. 그렇지만 최근 소위 "신의도주의"라는 경향이 생겨났다. 이레네 슈트렝에(Irene Strenge)의 저작은 미국의 역사학자 티머시 스나이더(Timothy Snyder)의 저작과 함께 신의도주의로 분류될 수 있다. 특히 다음 책을 참조하길 바란다. Timothy Snyder, *Bloodlands: Europe Between Hitler and Stalin* (New York: Basic Books, 2010).

10. 윗 문단 "성명서를 보면 나치가 1918년 혁명을 얼마나 충격적인 경험으로 … "부터는 Michaelis et al., *Ursachen und Folgen*, Bd. 8, pp. 377-79.

11. 문단 내 "괴벨스의 신문인 《데어 안그리프》 … "부터는 Hett, *Burning the Reichstag*, pp. 67-68.

12. 문단 내 "괴벨스는 얼마 후 일기에 히틀러와 … "부터 Joseph Goebbels, diary entry for September 16, 1931, TB, Teil 1, Bd. 2/II, pp. 99-100.

13. Martin Schuster, "Die SA in der nationalsozialistischen "Machtergreifung" in Berlin und Brandenburg 1926-1934" (Berlin: PhD dissertation, 2005), pp. 222-25.

14. Joseph Goebbels, diary entry for January 30, 1933, TB, Teil 1, Bd. 2/III, p. 119.

15. Joseph Goebbels, diary entry for February 1, 1933, TB, Teil 1, Bd. 2/III, p. 121.

16. Diels, *Lucifer Ante Portas*, p. 131.

17. 해당 문장은 Karl-Heinz Minuth, *Die Regierung Hitler* (Boppard am Rhein: Boldt Verlag, 1983), Bd. 1, pp. 29-30.

18. Hett, *Burning the Reichstag*, pp. 47-49; Daniel Siemens, *Horst Wessel: Tod und Verklärung eines Nationalsozialisten* (Munich: Siedler Verlag, 2009), pp. 96-98.

19. Longerich, *Goebbels*, pp. 289-90.

20. 문단 내 "브라운슈바이크에 살던 한 여성은 3월 초에 … "부터는 Hedda Kalshoven, *Ich denk so viel an Euch. Ein Deutsch-Holländischer Briefwechsel 1920–1949* (Munich: Luchterhand Literaturverlag, 1995), p. 168.

21. Brüning, *Memoiren*, p. 652.

22. Longerich, *Goebbels*, pp. 81-82.

23. Pamela E. Swett, *Selling Under the Swastika: Advertising and Commercial Culture in Nazi Germany* (Stanford, CA: Stanford University Press, 2014), p. 42.

24. 위의 책, pp. 42-43.

25. Hett, *Death in the Tiergarten*, p. 154.

26. Mark Mazower, *Dark Continent: Europe's Twentieth Century* (New York: Knopf, 1999), pp. 101-2.

27. 융의 기록은 Edgar J. Jung, *Sinndeutung der deutschen Revolution* (Oldenburg: Garhard Stalling, 1933), pp. 42-43 and 46.

28. Peter F. Drucker, *The End of Economic Man: A Study of the New Totalitarianism* (New York: John Day, 1939), pp. 18-19.

29. 위의 책, pp. 13-14.

30. 위의 책, p. 84.

31. Michaelis et al., *Ursachen und Folgen*, Bd. 8, pp. 129-30.

32. Carl Severing, *Mein Lebensweg*, Bd. 2 (Cologne: Greven Verlag, 1950), pp. 375-76.

33. Ernst Toller, *Eine Jugend in Deutschland* (Reinbek bei Hamburg: Rowohlt, 2006), p. 8.

34. Aust, *Hitlers erster Feind*, pp. 89-90.

35. Heuss, *Hitlers Weg*, p. 129.

36. Aust, *Hitlers erster Feind*, pp. 147-48.

37. 모우러의 발언은 Philip Metcalfe, *1933* (Sag Harbor, NY: Permanent Press, 1988), p. 156.

38. Max Domarus, *Hitler: Speeches and Proclamations 1932–1945: The Chronicle of a Dictatorship*, trans. Mary Fran Gilbert (Wauconda, IL: Bolchazy-Carducci Publishers, 1990), 1:252. I have slightly corrected the translation by referring to the German edition of Domarus's compilation.

39. Richard J. Evans, *The Third Reich in Power* (New York: Penguin, 2005), pp. 148-49.

40. 조머펠트의 주장은 Martin H. Sommerfeldt, *Ich war Dabei: Die Verschwörung der Dämonen* (Darmstadt: Drei Quellen Verlag, 1949), pp. 31-32.

41. 디벨리우스의 연설은 "Staatsakt" in *Verhandlungen des Reichstages*, Bd. 457, p. 4.

42. Pyta, *Hindenburg*, p. 822.

43. 디벨리우스의 연설은 "Staatsakt," p. 4.

44. Hoegner, *Der schwierige Aussenseiter*, pp. 92-93. 일부 번역은 Noakes and Pridham, *Nazism*, 1:159-60.

45. 문단 내 "히틀러는 긴 연설로 논쟁을 … "부터는 Domarus, *Hitler*, 1:275-85. 독일어판을 참고해 번역을 바로잡았다.

46. 벨스의 연설은 위의 책, 1:287-89.

47. 위의 책, 1:290-95. 실러의 희곡은 Flora Kimmich의 번역을 따랐다. *Wallenstein: A Dramatic Poem*, trans. Flora Kimmich, with an introduction by

Roger Paulin (Cambridge: Open Book Publishers, 2017).

**48.** Brüning to Hans Bernd Gisevius, August 20, 1946, IfZ ED 82; Brüning, "Ein Brief," pp. 17-18.

**49.** Evans, *Coming of the Third Reich*, p. 381.

**50.** 법 조항은 German Historical Institute, *Deutsche Geschichte in Dokumenten und Bildern*, Bd. 7, http://germanhistorydocs.ghi-dc.org/sub_document.cfm?document_id2325.

**51.** "Hitlers Lagebesprechungen am 23., 25., und 27. April 1945," *Der Spiegel*, October 1, 1966; Kershaw, *Nemesis*, p. 814.

## 8장 "우리가 그를 제거해야 해"

**1.** Fritz Günther von Tschirschky, *Erinnerungen eines Hochverräters* (Stuttgart: Deutsche Verlags-Anstalt, 1972), pp. 188-89.

**2.** 이전 쪽 "아침 8시부터 치어슈키와 보제는 헤르만 괴링의 집무실에서 … "부터는 위의 책, pp. 189-91.

**3.** 위의 책, pp. 191-94.

**4.** Orth, "*Amtssitz,*" p. 497.

**5.** 위의 책, p. 498.

**6.** 위의 책, pp. 498-500.

**7.** 슐라이허 숙청 과정은 "Zur Ermordung des Generals Schleichers," *Vierteljahrshefte für Zeitgeschichte*, Bd. 1 (1953), pp. 71 and 85-86.

**8.** Rainer Orth, *Der SD-Mann Johannes Schmidt. Der Mörder des Reichskanzlers Kurt von Schleicher?* (Marburg: Tectum Verlag, 2012), p. 148. 긴텔은 그 살해에 관해 좀 더 상세하면서도 중요한 지점에 대해선 일관된 설명을 개인적으로 남겼다. 라이너 오르트는 저서 제목에 이름을 밝힌 나치 보안대원이 슐라이허 살해범이며, 체포 임무로만 투입됐지만 개인적인 신경과민으로 우발적으로 살해했을 것이라고 설득력 있게 설명했다.

9.  치어슈키와 융의 짧은 만남은 Tschirschky, *Erinnerungen*, pp. 194-95; Orth, *"Amtssitz,"* pp. 503-4. 융의 시신이 발견된 위치는 자료들 간에 모순이 꽤 있다. 베를린의 북쪽(아마 오라니엔부르크)으로 옮겨진 건 분명해 보인다. 전직 게슈타포 장교 한스 베른트 기제비우스(Hans Bernd Gisevius)에 따르면 그곳이 융의 시체가 발견된 곳이다. 시신은 베를린 북부의 라이니켄도르프 지역에서 발견되었을 가능성도 있다.

    *"Amtssitz,"* pp. 503-4.

10. Magub, *Jung*, p. 14.

11. Tschirschky, *Erinnerungen*, p. 103; Joachim Petzold, *Papen: Ein deutsches Verhängnis* (Munich: Buchverlag Union, 1995), p. 176.

12. Magub, *Jung*, p. 81; Petzold, *Papen*, p. 176.

13. Orth, *"Amtssitz,"* p. 445.

14. 위의 책, pp. 305 and 402.

15. Forschbach, *Jung*, p. 16.

16. Magub, *Jung*, p. 200.

17. 위의 책, pp. 183, 199, and 201.

18. Forschbach, *Jung*, p. 81.

19. Tschirschky, *Erinnerungen*, p. 96.

20. 위의 책, pp. 96-97.

21. 위의 책, p. 98.

22. 위의 책, pp. 100-104.

23. Orth, *"Amtssitz,"* pp. 359-67.

24. 위의 책, pp. 356-57; Forschbach, *Jung*, p. 104; Tschirschky, *Erinnerungen*, p. 135.

25. Orth, *"Amtssitz,"* p. 900n959.

26. Hett, *Burning the Reichstag*, p. 136.

27. Alfred Rosenberg, *The Political Diary of Alfred Rosenberg and the Onset of the Holocaust*, ed. Jürgen Mattäus and Frank Bajohr (New York: Rowman and Littlefield, 2015), p. 36.

28. Orth, *"Amtssitz,"* pp. 446-47.

29. 위의 책, pp. 359-67; Tschirschky, *Erinnerungen*, pp. 108-9.

30. Orth, *"Amtssitz,"* pp. 378-80.

31. 위의 책, pp. 396-97.

32. 부총리실 집단의 국회의원 선거 계획은 Forschbach, *Jung*, pp. 88-89.

33. 이전 쪽 "부총리실 직원들은 80명 가까운 후보 명단을 만들어 … "부터는 Orth, *"Amtssitz,"* pp. 404-12.

34. Forschbach, *Jung*, p. 85.

35. Orth, *"Amtssitz,"* p. 419.

36. Petzold, *Papen*, p. 176.

37. Tschirschky, *Erinnerungen*, pp. 177-78.

38. 융의 초안에 관해서는 "Denkschrift Edgar Jung," in Marek Maciejewski, "Edgar Julius Jung und der Nationalsozialismus. Zur Geschichte der 'konservative-revolutionären' Opposition gegen Hitler," in Gerhard Ringhausen and Rüdiger von Voss, eds., *Widerstand und Verteidigung des Rechts* (Bonn: Bouvier Verlag, 1997), pp. 12-21.

39. Tschirschky, *Erinnerungen*, p. 172.

40. Orth, *"Amtssitz,"* p. 463.

41. 파펜의 연설 원문은 Forschbach, *Jung*, Appendix, pp. 154-74.

42. Tschirschky, *Erinnerungen*, p. 172.

43. 히틀러의 연설은 *Hitler*, 1:464.

44. Forschbach, *Jung*, pp. 120-21.

45. Orth, *"Amtssitz,"* pp. 475-76.

46. Papen, *Wahrheit*, p. 344.

47. Pyta, *Hindenburg*, p. 845.

48. 위의 책, p. 848.

49. Joseph Goebbels, diary entry for June 18, 1934, TB Teil 1, Bd. 3/I, p. 65.

50. Orth, *"Amtssitz,"* p. 471. See also "Hitler Halts Move to Ban Stahlhelm; Papen Aide Seized," *New York Times*, June 28, 1934.

51. Arnal to Barthou, June 27, 1934, *Documents Diplomatiques Francais*, 1er Serie, Teil 6, 795.

52. Joseph Goebbels, TB June 23, 1934, p. 68.

53. Orth, *"Amtssitz,"* pp. 478-79; "Goebbels Berates 'Gentlemen' Critics," *New York Times*, June 22, 1934.

54. Arnal to Barthou, June 27, 1934, *Documents Diplomatiques Francais*, 1er Serie, Teil 6, 795.

55. Joseph Goebbels, diary entry for June 25, 1934, TB Teil 1, Bd. 3/I, p. 69.

56. Orth, *"Amtssitz,"* p. 480.

57. Orth, *"Amtssitz,"* p. 480.

58. Rosenberg, *Political Diary*, p. 35.

59. 문단 내 "그러나 룀이 쿠데타를 일으키려고 한다는 이야기는 … "부터는 Siemens, *Stormtroopers*, p. 164; Eleanor Hancock, "The Purge of the SA Reconsidered: 'An Old Putschist Trick?' " *Central European History* 44, no. 4 (2011): 671-72.

60. 문단 내 "치어슈키는 게슈타포 지하실에 갇혀 있는 동안 … "부터는 Tschir-schky, *Erinnerungen*, p. 195.

61. Michaelis et al., *Ursachen und Folgen*, Bd. 10, pp. 195-96.

62. Joseph Goebbels, diary entry for July 6, 1934, TB Teil 1, Bd. 3/I, p. 76.

63. Francois-Poncet to Barthou, July 18, 1934, *Documents Diplomatiques Francais*, 1er Serie, Teil 6, p. 996.

64. Petzold, *Papen*, pp. 226-27.

65. Papen, *Wahrheit*, pp. 352-66.

66. Fabian von Schlabrendorff, *Offiziere gegen Hitler* (Berlin: Siedler Verlag, 1984), p. 109.

67. Victor Klemperer, *I Will Bear Witness: A Diary of the Nazi Years*, vol. 2 (1942-1945), trans. Martin Chalmers (New York: Random House, 2001), pp. 63-64.

# 찾아보기

히틀러를 선택한 나라

## 정당, 국가, 단체

## 주제어

# 히틀러를 선택한 나라
민주주의는 어떻게 무너졌는가

| 초판 1쇄 발행일 | 2022년 4월 22일 |
| --- | --- |
| 초판 3쇄 발행일 | 2022년 9월 7일 |

| 지은이 | 벤저민 카터 헷 |
| --- | --- |
| 옮긴이 | 이선주 |

| 펴낸이 | 김효형 |
| --- | --- |
| 펴낸곳 | (주)눌와 |
| 등록번호 | 1999.7.26. 제10-1795호 |
| 주소 | 서울시 마포구 월드컵북로16길 51, 2층 |
| 전화 | 02-3143-4633 |
| 팩스 | 02-3143-4631 |
| 페이스북 | www.facebook.com/nulwabook |
| 인스타그램 | www.instagram.com/nulwa1999 |
| 블로그 | blog.naver.com/nulwa |
| 전자우편 | nulwa@naver.com |
| 편집 | 김선미, 김지수, 임준호 |
| 디자인 | 엄희란 |

| 책임편집 | 임준호 |
| --- | --- |
| 표지·본문 디자인 | 페이퍼컷 장상호 |

| 제작진행 | 공간 |
| --- | --- |
| 인쇄 | 더블비 |
| 제본 | 라정문화 |

ⓒ눌와, 2022
ISBN 979-11-89074-47-0 03900